· 教育家成长丛书 ·

蓝继红
与诗意教育

LANJIHONG YU SHIYI JIAOYU

中国教育报刊社 · 人民教育家研究院 组编

蓝继红 著

北京师范大学出版集团
BEIJING NORMAL UNIVERSITY PUBLISHING GROUP
北京师范大学出版社

图书在版编目（CIP）数据

蓝继红与诗意教育/蓝继红著；中国教育报刊社人民教育家
研究院组编组编. —北京：北京师范大学出版社，2015.10
（2024.8重印）
（教育家成长丛书）
ISBN 978-7-303-19379-0

Ⅰ.①蓝… Ⅱ.①蓝… ②中… Ⅲ.①小学教育－教学研究
Ⅳ.①G622.0

中国版本图书馆 CIP 数据核字（2015）第 186459 号

图 书 意 见 反 馈	gaozhifk@bnupg.com 010-58805079
营 销 中 心 电 话	010-58802135 010-58802786
北师大出版社教师教育分社微信公众号	京师教师教育

出版发行：北京师范大学出版社　www. bnup. com
　　　　　北京市西城区新街口外大街 12-3 号
　　　　　邮政编码：100088
印　　刷：北京虎彩文化传播有限公司
经　　销：全国新华书店
开　　本：787 mm×1092 mm　1/16
印　　张：23.75
字　　数：386 千字
版　　次：2015 年 10 月第 1 版
印　　次：2024 年 8 月第 2 次印刷
定　　价：78.00 元

策划编辑：伊师孟	责任编辑：刘文平
美术编辑：焦　丽	装帧设计：焦　丽
责任校对：陈　民	责任印制：马　洁

教育家成长丛书

编委会名单

总　顾　问：柳　斌　顾明远

顾　　　问：叶　澜　田慧生　林崇德　陈玉琨

编委会主任：杨春茂

编　　　委：（按姓氏笔画为序）

主　　　编：张新洲

副　主　编：赖配根　王瑜琨　汪瑞林

总 序

教育是国家发展的基石，教师是基石的奠基者。古人云："国将兴，必贵师而重傅。"兴国必先强教，强教必先重师。党中央、国务院高度重视教师队伍建设。2013年教师节，习近平总书记在给全国广大教师的慰问信中指出："百年大计，教育为本。教师是立教之本、兴教之源，承担着让每个孩子健康成长、办好人民满意教育的重任。"2014年，在第30个教师节前夕，习总书记到北京师范大学视察并发表重要讲话，指出："一个人遇到好老师是人生的幸运，一个学校拥有好老师是学校的光荣，一个民族源源不断涌现出一批又一批好老师则是民族的希望。"《国家中长期教育改革和发展规划纲要（2010—2020年)》也明确提出，"有好的教师，才有好的教育"，要"努力造就一支师德高尚、业务精湛、结构合理、充满活力的高素质专业化教师队伍"。"倡导教育家办学"，要创造有利条件，鼓励教师和校长在实践中大胆探索，创新教育思想、教育模式和教育方法，形成教学特色和办学风格，造就一批教育家。"两个一百年"奋斗目标的实现、中华民族伟大复兴中国梦的实现，归根结底要靠人才、靠教育，而支撑起教育光荣梦想的，是千百万的教师。

时代呼唤好老师。有一流的教师，才有一流的教育；有一流的教育，才有一流的国家。出名师、育英才、成伟业，是时代赋予我们教育战线的神圣使命。"所谓大学者，非谓有大楼之谓也，有大师之谓也。"好学校、好教育的最重要标准，就是要有好老师。一所学校、一个地区，乃至一个国家，如果教师有理想、有爱心、有学识、有高超的教育艺术，那么即使硬件设施有些简陋，家长、学生也会心向往之。教师是中国梦的奠基者。教师的重要使命，就是为每个孩子播种梦想、点燃梦想，并帮助他们实现梦想。每一间平凡的教室，每一节朴实的课，都不仅是知识的传递，而且是人类文明精神的接续、人生梦想的起航。正是有亿万个孩子梦想的放飞、绽放，中国梦才更加光彩夺目。如果说中国梦最坚实的土壤是学校，那么教师就是最伟大的"筑梦师"，他们用默默无闻、孜孜不倦的智慧劳动，让每一颗年轻的心灵都与中国梦激情相拥。

倡导教育家办学，造就一批好老师，首先要尊重、珍惜我们的本土智慧、本土创造。教育家不是凭空产生的，而是扎根于自己的民族文化土壤，同时吸收人类文明成果，从而创造出独特而生动的教育实践、教育智慧和教育文明。五千年源远流长的中华文明，不但形成了有我们民族特色的教育理论体系，而且涌现出了千千万万优秀的教育家，有被推崇为"大成至圣先师""万世师表"的孔子，有"匹夫而为百世师，一言而为天下法"的韩愈，有"捧着一颗心来，不带半根草去"的人民教育家陶行知，等等。改革开放40年来，随着教育改革的不断深入，教育战线涌现出了一大批杰出教师。他们痴情于教育事业，坚守理想信念和教育良知，在三尺讲台上默默耕耘、刻苦钻研，同时以敢为天下先的精神大胆创新，不断进取、不断超越，形成了各具特色的教育思想和教学风格。正是他们的成功探索和实践，创造了具有中国风格的教育经验，丰富了具有中国特色的教育理论宝库。原由教育部师范教育司组织编写，现由中国教育报刊社人民教育家研究院组织编写的"教育家成长丛书"，就是要向这些宝贵的本土创造性的教育经验致敬。

当前，教育领域综合改革正在深入推进，考试招生制度改革的大幕已经拉开，立德树人、培育和践行社会主义核心价值观成为大中小学教育的头等任务。可以预见，中国教育将发生深刻的变革，将从"中国制造"向"中国创造"转变。"没有革命的理论，就没有革命的运动。"没有适合中国土壤、具有中国智慧的教育理论，就不可能为未来的中国教育改革提供有效的指导。我们的教育要向"中国创造"飞跃，必然要首先创造属于我们自己的教育理论，而不是"言必称希腊"或者老是贩卖欧美的教育理论。170多年前，美国思想家、诗人爱默生发表了著名演说《美国学者》，号召美国知识界："我们依赖旁人的日子，我们师从他国的长期学徒期时代即将结束。在我们周围，有成百上千万的青年正在走向生活，他们不能老是依赖外国学识的残余来获得营养。"由此，美国迈入精神立国阶段。

如今，我们也面临与爱默生同样的情形。随着我国GDP已从世界第二向第一迈进，我们要自觉养成强烈的"中国意识"，独立的中国文化品格，并由此去环视世界，去改造本土实践，去创造属于我们自己的精神养料——这在教育界显得尤为紧迫。"教育家成长丛书"，旨在把我们本土教育实践中蕴含的中国智慧提炼出来，从而形成具有时代意义的中国特色的教育话语体系，再以此去观照、引领、改造中国的教育实践，为伟大的教育改革提供经验、理论支持，也为未来的教育家提供丰富、可资借鉴的精神养料。

让我们为中国教育的伟大未来一起努力吧！

2018年3月9日

前　言

　　见证着中国基础教育半个世纪的春华秋实，代表着中国基础教育教学成果的最高成就——"首届基础教育国家级教学成果奖"，闪耀着李吉林、窦桂梅、吴正宪、张思明、洪宗礼、唐江澎、邱学华、于永正、孙双金、薄俊生、龚春燕等一大批优秀教师的名字。而上述这些教师杰出代表恰恰都是《人民教育》"名师人生"栏目中最受读者喜爱的名师，都是"教育家成长丛书"的作者。

　　"教育家成长丛书"（以下简称"丛书"），是在第 20 个教师节前夕，为了研究、总结、宣传和推广我国众多优秀中小学教师的先进教育思想和鲜活宝贵的教育教学经验，培养造就一大批德才兼备的优秀教师和杰出的教育家，促进教师队伍整体素质的提高，根据教育部党组安排，由师范教育司组织编写的一套凝聚着一大批教育家成长智慧的大型教育丛书。

　　"丛书"自 2006 年问世以来，不但得到国务院和教育部领导同志的高度重视，而且先后印刷多次尚不能满足广大读者的需求。这其中的奥秘何在？

　　当你翻开"丛书"，每一部著作都讲述着一位教育家成长的故事。这些著作主要从"成长历程""思想概述""课堂实录"和"社会反响"等方面全景式反映其教育思想、教育智慧、专业精神和专业人格的形成过程与教学实践过程。这是教育家成长的基本素质所在。

　　当你沿着教育家成长的足迹走近他们的时候，你会融入这些带有"草根色彩"、扎根中华教育实践大地、充满田野芳香的真实感人的教育故事中。

当你从"丛书"中，从这些当年和自己一样的普通教师，成长为今天受人尊敬的教育家的成长过程中受到启迪，当你触摸着自己的心，把学生的成长和祖国的未来紧紧连在一起的时候，你会真切地感受到教育家离我们并不遥远。

当你用整个身心蘸着自己的生活积累去品味"丛书"中的每一部著作的"成长历程"时，在一位位名师不断学习、不断超越自我、不断超越学科教学的求索足迹中，你会读懂"教育是事业，其意义在于奉献"的丰富内涵。

当你研读"丛书"中的每一部著作的"思想概述"，和每一位名师展开心灵对话的时候，都会深深地感受到，一名教师对教育独立的理解与执着的追求有多么重要。从一名普通的教师成长为受人尊敬的教育家的过程中，你会读懂"教育是科学，其价值在于求真"的深刻含义。透过"丛书"，你会看到一代代教师用爱与智慧塑造民族未来的教育理想。

随着我们从"知识核心时代"走向"核心素养时代"，教师教育教学活动的视野已拓展到人的生存与发展的方方面面。教师要结合自己的教学实践去感悟"教育理念是指导教育行为的思想观念和精神追求"，应该把爱化为自己的教育行为，让爱充盈课堂，触摸到一个个灵动的生命，让爱产生智慧，让爱与智慧在学生心中留下岁月抹不去的美好回忆，让教育者和受教育者都感受到教育的幸福。这是"丛书"给我们的启示，也是每位教师应有的胸怀和视野。

时代呼唤教育家。为了进一步把我们本土教育实践中蕴含的中国智慧提炼出来，从而形成具有时代意义的中国特色的教育话语体系，以此去观照、引领、创新中国的教育实践并在更大范围加以推广，"丛书"将由中国教育报刊社人民教育家研究院继续组织编写，希望能够在更广大教师的心田中播种教育家成长的智慧，从而出更多的名师，育更多的英才，成就中华民族复兴的伟业。这是时代赋予广大教育工作者的神圣使命。如果广大教师能在每位教育家成长、探索教育智慧的过程中受到启迪，形成自己的教育智慧，则实现了我们编辑这套"丛书"的初衷。

"教育家成长丛书"
编委会
2018 年 3 月

目 录
CONTENTS
蓝继红与诗意教育

回望前尘路漫漫

寻找适合孩子的习作教学

飞翔以教材为翼

每个人都是校长的学校

源于感动的幸福

不是尾声

回望前尘路漫漫

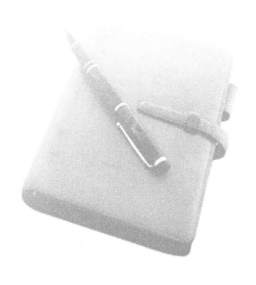

一、教书是为了救自己

多年以后，我脑海里都经常会浮现出那个矮小瘦弱的小女孩的形象。

我看见她在妈妈的指导下掰着手指数数，可是好容易数清楚了，妈妈要她重新再数一次的时候，她总是又忘记了。她也不知道为什么，那些歪歪扭扭的阿拉伯数字对自己就是那么陌生，远不及那些看似复杂的方块汉字亲切、可爱。

我看着小女孩的背影走进小学的校门。那时她并不知道自己对文科的喜爱和对数学的恐惧会给自己带来什么，但是她很快就知道了。

从她进入小学后不久，她就成了语文老师所宠爱的孩子。她的作文经常被老师在班上当成范文给同学们念，她也理所当然地成为同学们学习的榜样，每节语文课，她似乎都罩在美丽的光环中——老师喜爱的眼神和同学们钦佩羡慕的眼神组成的光环。可是，当语文下课铃响起，这光环就立刻消失了，而数学上课铃响起的时候，她似乎就变成了另一个人。老师发下来的满是红叉的作业本，没有做完一半的数学题……不是老师不爱她，而是她太缺少让老师爱的表现。上节课的榜样在这节课又成为老师和同学们厌弃的对象，小女孩坐在座位上，头埋得深深的，无地自容。

小学五年级的时候，她写了一篇作文，题目是《我的理想》。在那篇作文里她说：

我长大以后，要当一名老师。我要做一名爱学生的老师，认真批改作业，不会不爱学生，特别是不会不爱我这样的学生，我要对他们特别特别好，我要做一个每天都对着孩子微笑的老师。

写完了作文，我看见她合上了她的作文本，封面上写着她的名字：蓝继红。

那一年，我十岁。

很难体会这样的感觉，每天随着课程表的变化，我就在两个极端之间来回游移。记得小学的时候，我的一位语文老师姓汤，他的一只脚是残疾的，他十分喜欢文学。记忆中，他很喜欢拓碑，于是他居然经常骑自行车搭着我跑到杜甫草堂，甚至跑到青城山脚下去拓碑，给我讲碑刻，讲杜甫的诗歌。

我现在都还记得，一天，汤老师带着我到杜甫草堂，就在水槛边坐下，汤老师以他一贯沉静的语气对我说：

"蓝继红，你知道吗，这里就是一千多年前杜甫住过的地方，他在这里喝酒，在这里钓鱼，还在这里写诗。"

我似懂非懂地点着头，这时，绵绵的细雨从天上洒下，洒在树上、瓦上，洒在草堂碧绿的小草上，在水槛前的池塘里，画出千万个美丽的圆圈。我把小手伸出去，接住屋檐滴下的雨水，清凉，似乎能沁人心脾。

"细雨鱼儿出，微风燕子斜……"

汤老师抑扬顿挫地念出两句诗。

"你知道是什么意思吗？"

我茫然地摇摇头。

"就是现在的景象啊！天上下起了细细的小雨，洒在池塘里，鱼儿浮出了水面，享受这细雨的滋润。微风吹起来，燕子穿梭在空中，似乎都有些倾斜了。这首诗就是杜甫在这里写的。"

我瞪大了好奇的眼睛，年幼的我怎么也想象不到，一位一千多年前的诗人，在同样的空间和同样的场景中，能为一千多年后的我们留下如此美丽的诗句，给我们撒播下如此神奇的诗歌种子。

多年以后，这首诗一直是我印象最深的杜诗之一。现在，汤老师已经过世了，他曾经给我讲过的这首《水槛遣兴》，我请书法家写了出来，请人裱糊了，挂在我办公室的墙上，每当看到它的时候，我就会想起汤老师，想起那个下着绵绵细雨的春日，想起坐在他后座时我心里暗暗下定的决心：我就要当这样的一个老师，让学生感觉到，跟他在一起很幸福的老师。而现在我更知道，正是汤老师和其他一些老师，影响了我的一生。

小学毕业，我上了初中，但是对语文的喜爱和对数学的恐惧似乎还是没有什么改变。记得那时我的语文老师姓王，王老师经常在课堂上表扬我，说我普通话很好，将来可以成为一个演说家。在同学们羡慕的眼光中，我似乎都觉得自己已经成了一个英姿飒爽的演说家了。而令我更难忘的，是中学时遇到的一位数学老师高老师，我学生时代最大的教育奇迹就这样发生了。

高老师从来不批评我，也不说我笨得不能完成作业。那时候"文革"刚过，教育正在走上正轨，课业压力已经很大了，每次作业我最多只能完成一半。我记得他老人家头发都白了，总是眼里满含慈祥地看着我说：

"你尽量做，能做多少算多少，别害怕。"

他总是告诉我：

"你做不出作业，只是因为你没有信心，我都对你有信心，你为什么就没有呢？"

然后他又俯下身子对我说：

"你做不出来，我给你讲，慢慢地你就会做了。"

可是，经常是他讲了之后我还是不懂。但从那时候开始，我觉得学习数学特别有兴趣，更重要的是，我觉得老师对我这么好，我不能给他丢脸。于是我生平第一次认认真真去学数学。就在那个学期的一次检测中，我居然考了全班第一名！那在以前是多么不敢想象的事情！老师拿着我的卷子，在班上表扬我，说我聪明努力，进步很快，要全班同学向我学习。几十年过去了，那种感觉还是那样清晰，仿佛就发生在昨天，让我终生难忘。在我幼小的心灵里第一次明白，这个世界上的老师不是以学科来划分的，只要他爱学生，他就能改变学生，这更坚定了我当一名老师，当一名好老师的信念。

初中毕业，成绩优异的我可以继续读高中，考大学，但是我毫不犹豫地在志愿上填下了师范学校：我要当一名小学老师，一名爱孩子的老师，救那些和我一样的孩子，其实也就是救自己。

二、一波三折的面试

也许从我下决心当老师那一天起，就注定了我将走上一条崎岖坎坷的路，而且这崎岖坎坷是相伴始终的，从我进入师范学校的面试就开始了。

多年以后，师范学校的彭伯初老师跟我开玩笑："我们险些失去了教育战线的一个优秀老师。"我总是浅浅地笑。其实，当年正是彭老师发现了我，给了我机会，才使我能走入师范学校，成为一名教师。

这一切要从我的面试说起。

师范学校的第一次面试我就没有通过。当我走进考场的时候，一看那么多老师，那么严肃的考场，一下子被吓蒙了，脑子里面一片空白。老师问我任何问题，我都说不知道，平时的灵气聪明荡然无存。后来有老师告诉我，他们一看我个子这么矮小，就半开玩笑半认真地说：这样的孩子，将来怎么能镇得住讲台，怎么能够当老师。于是打算淘汰我。可是下来之后一查笔试成绩，我笔试成绩又十分优秀。于是，又给了我第二次面试的机会。

第二次面试，人少了一些，气氛也不是那么严肃，我心里稳定多了。可是这次老师们要我表演唱歌跳舞，而我拘谨的性格让我根本不敢在众人面前表演，结果可想而知，我又被淘汰了。

这时，彭伯初老师说：

"我面试了一千多个孩子，问了同样一个问题：你喜欢什么。蓝继红是唯一一个说喜欢写作文的孩子。这样的孩子，可以培养。"

就这样，领导和彭伯初等老师商量，给一些像我一样的孩子安排了第三次面试。

这次，面试的老师特别少，其中就有彭伯初老师。面试开始了，但是这次面试与以往任何一次都不一样：彭老师拿来一本小学课本，上面有一幅画，画着一所学校，学校里飘扬着五星红旗。彭老师说：

"我知道你喜欢写作文，但是面试肯定不可能写。那么你就看着这幅画，口头作文吧。"

我拿过了书，看着图，不假思索地开始了口头作文。我念完之后，评委老师频频点头，我知道，我通过了。

就这样，我走进了师范学校的校门。那一年，我十三岁。

三、师恩难忘

师范学校对我以后的从教，奠定了一生受益的基础。主要是因为我遇到了一群非常痴迷教育的老师，这是我最幸运的事情。

我们的班主任王起都是化学老师，在我记忆中，他似乎从来不会对学生生气。有时候我们上课吵闹了，他总喜欢把眼镜往上面一抬，拉到额头上，然后用很夸张的语调说一句："摩尔浓度。"事实上摩尔浓度并不是这堂课的内容，但是他略带夸张的表演逗得我们哈哈大笑，笑过之后，我们的注意力又重新回到课堂上了。

　　王老师很辛苦，他家住九眼桥的四川大学校区，师范学校在文庙后街，相距很远。王老师每天五点钟起床，骑车到学校，每天六点钟，我们就听到他在学校跑步的声音。过一会儿，他就会伴着铃声到宿舍走廊门口叫我们起床。天天如此，风雨无阻。

　　那时候我第一次知道，我们犯错误的时候，可以有另一种批评。王起都老师把我们叫到他的办公室，给我们提供住校生难得享用的泡菜和豆瓣佐餐，他坐在旁边，看着我们美美地吃，然后跟我们说你错误在哪里，你怎么可以做得更好。这样的教育，怎么可能不深入学生的内心，影响他们一生呢？

　　二年级之后，我们的班主任是马学元老师，他被我们称为"神探老师"，至今都让我难忘的，是他对我们"猫头鹰专辑"事件的处理。

　　有一次，我们对食堂有意见，就把意见全部写在小黑板上，还郑重起了个名字，叫"猫头鹰专辑"，晚上偷偷放到食堂门口。第二天一早，小黑板前围满了人，议论纷纷。学校知道之后急也不是气也不是，直接找到了马老师。马老师想都没想就把我们几个叫到他面前：

　　"是不是你们干的？"

　　我们低着头承认了。

　　马老师大笑：

　　"你们最好别瞒着我做什么事，不管你们做什么，我都马上会知道。"

　　他并没有夸张，那时候不管是我们有了进步还是犯了错误，甚至谁跟谁谈恋爱，马老师都一清二楚。那时候，我们觉得他简直是神探。现在才知道，他对学生的这种了解，是建立在他对学生无私的关心和无微不至的爱的基础之上的。他喜欢和我们沟通谈心，经常谈到很晚，然后送我们回宿舍，之后他才在夜色中回家。假期里，我们同学还常能收到他的来信，每个人的信都不一样，激情洋溢，殷殷叮嘱，切切希望溢于言表。

　　知道是我们闯的祸，马老师没有责骂我们，爽朗地笑了：

　　"我肯定是被批了，而且很惨，老头子（指校长）肯定不会饶了我。可是有什么办法呢？谁让我碰上你们这群老二呢？（老二是成都俗语，指因娇惯而经常淘气的在家中排行第二的孩子，我们班同学中的老二很多）你们的猫头鹰第二辑和第三辑在哪里？拿给我看看，我要欣赏一下。"

在师范学校，我没有遇到一位作风简单粗暴的老师，这对我以后的从教影响是深远的。

曾经参加我的面试，并力主给我机会的彭伯初老师也给我们上过一年的语文课。每次上课之前，他常常都不是先讲课，而是先在黑板上写一首诗，有时候是古典诗词，有时候是他自己写的诗，他的书法十分漂亮，看他写字完全是一种享受，这对我们也产生了潜移默化的影响。有时候讲课讲到高兴处，他会就课文内容即兴赋诗一首，写在黑板上。这样的语文教学，这样的语文老师，怎么能不对我们产生巨大而深远的影响呢？

姜蜀菲老师也是一位语文老师，是一位漂亮而知性的女性。姜老师讲课充满激情，心地却如水晶一样透明单纯。让我难忘的是她的坦诚，在上课的时候，她总是与我们进行平等的交流和探讨，乃至她自己认为自己教学不完善或者有误的地方，她都主动提出，与我们商量。这种襟怀坦白的教学方式，也深深影响了我后来的教学。姜老师治学态度严谨，尤其尊重我们的学习起点和相关思考。每学期她都要我们准备一个很厚的笔记本，在上课之前，就要我们自己查找资料，了解课文，并把自己对课文的感受写上去。笔记本不定期上交，她会在我们的笔记上做很多的批注，多半是鼓励的话，比如称赞我们见解很独到，资料很丰富，勤于思考等。于是，下次做笔记的时候，我们就会力争做得更完备更丰富，什么都不为，只是为了得到老师满含真诚的表扬和鼓励。她上课的时候一般也不是她先讲，而是由笔记做得好的同学先探讨自己对课文和作家作品的认识。事实上，是姜老师教会了我们怎么自学，怎样解读文本，这对我们的影响是巨大的。多年以后，我的学生也有这样的一个笔记本，他们也许不知道，这是老师的老师在很多年以前传下来的。

教心理学的刘锦英老师也是一位美丽的女老师，她教书十分仔细、认真。每次上课，她总是用富有魅力的讲演带着我们在教育心理学的世界里遨游，使我们这群从来没有接触过这个学科的孩子听得如痴如醉。自然，她也成了我们心中的偶像。记得一次心理学作业，为了获得老师的好感，我十分认真地做了，由于害怕自己字写得不好，连平时的书法都进行了很大改变。作业本发下来之后，我看见上面有一个巨大的红钩，下面是老师的批语：

"这不像是蓝继红的字。多练习，相信你能提高。"

我看了之后很受刺激：我费尽心机写出来的"新"字体，莫非老师不喜欢？而那时我是像现在的孩子追星一样地喜欢我的老师啊！于是我又把作业重新抄了一遍，这次用的就是我平时使用的字体。交上去之后，刘老师十分感动，她认为我十分认真。事实上，我就是那样一个孩子，那个一心想得到老师喜欢和肯定的孩子，为了得到这些，我什么都愿意做。那时候，我依稀明白，一个优秀的老师，对孩子能产生什么样的影响。

所有这些老师们各自有各自的特点，但又有一个共同点：都喜欢看书。所以我们也模仿老师，"疯狂"地看书。周末的时候，几个同学约好，带着馒头，背着装满水的军用水壶，到省图书馆看书，一坐就是一天，晚上，在画室画画，深更半夜都不出来。进师范学校之前，我性格内向孤僻，话都不敢多说一句，但是从师范学校毕业之后，我变成了另外一个人，一个充满了对教育的渴望，更充满了对未来的自信的人。因为从这些老师身上，我看到了自己的目标：做一个充满爱心、勤奋刻苦、认真细致的老师。我相信，唯有这样的老师，才能使千千万万的学生感受到教育的爱，感受到学习的乐趣。

四、从教研员到小学老师

1985 年，我从师范学校毕业了。我想，我很快就可以圆我的梦，成为一名光荣的人民教师了。为了这一天，我已经期待了很久，也做足了准备。

我的毕业实习只有短短的一个月，我几乎是全身心投入工作，与孩子们打成一片，虚心向老教师求教、学习，就在那时，我写出了我最早的案例之一：

发现了"冬冬"

三四分钟过去了，一年级教室还像先前一样闹哄哄的，又过了好一会儿，教室里终于不再吵了，在值日生的口令里，孩子们先后站了起来，奶声奶气地叫道："老师，您好！"声音拖得长长的，显得甜甜的。

见习中的我终于松了口气，替上课教师悬着的一颗心放了下来，孩子们总算进入了课堂。

老师高速度、快节奏的教学吸引了多数孩子的注意力。这样一来，4 组 5 号位置上的那个穿蓝色运动服的小男孩就显得特别突出了。他丝毫没有意识到自己是在上课，而且完全沉浸到另外一种快乐里去了。他的快乐就在那一个普普通通的放在哪里也不会引人注目的绿色垫纸板上。只见他把绿色垫纸板轻轻地托起来，手猛一松，垫纸板飘然落地，于是，他一个蛙跳蹬开凳子扑到垫纸板上，把它捡起来，然后，又重复刚才所做的一切。他就这样托起来、捡起来……我看不见他的面部表情，但我能猜到他一定是眉飞色舞。也许，此时在孩子的心里正有一只绿色的小鸟在起飞、下落吧，或者是一只海鸥正掠海而过，停在一条小小的渔船上……可是，这里既不是广阔的天空，也不是无垠的大海，而是一个几十平方米的小小教室，老师含有怒气、带有威严的声音终于响了起来：

"睿睿、睿睿！"

"睿睿"，我心中重复着这个名字，这就是周校长给我们介绍的那个全年级闻名的调皮鬼，果然名不虚传！我轻轻一撞坐在身边的同学廖蓉："怎么样，颇有几分冬冬的味道。"

"嗨，纯粹的'冬冬'。"廖蓉肯定地判断。

"冬冬" 真多

一天多的接触，使我有个很突出的感觉："冬冬"真多！

门边坐着一个大眼睛的姑娘，火红的外套使她显得分外的天真，薄薄的爱翘起来的嘴唇又带出几分倔犟。这就是我认识的第一个女孩茜茜，她上课的乐趣在于蹦到门边去开门，因为她的位置对于开教室门有特别的优越性。她就坐在门边，门口或窗外有人过路，她就会真诚而亲切地冲着别人招手。

4组4号那个总是戴顶小黄帽子的小男孩叫立立，看样子他每天上课时必须要下位一次，至少也得在位置上站一站，要不，他那双小手和两只小脚可就真不知该怎么发挥作用了。

1组还有一个专门在座位上转一圈的小男孩，小小的个子，总是流着两条长长的鼻涕，我笑着说："大治，脸上能开火车吗？还不快把那两条铁轨去了。"

那个大脑袋的男孩有个上课看八方的毛病，窗边的葛明、海洋，这边的亮亮、浩浩，还有大个子庆庆、胖乎乎的晖晖、瘦瘦的杨柳……

"冬冬"真是数都数不完，仔细算算，两天来已认识了十二个"冬冬"。如果一节课里，这十二个"冬冬"一起行动，那教室可就龙腾虎跃，翻江倒海啦。我暗自想着，也在思考对付这十二个"冬冬"的办法。

金牌诞生了

《窗边的小姑娘》里改变那个特别的女学生——"冬冬"的办法是从她的兴趣入手。但是，我们中国的小学校毕竟不同于日本，很多条件限制了我们，根本不可能像小林宗作先生那样。那么，我们该怎么办呢？

我们以为学校教育过多地约束了孩子们，童年在这种约束中逐渐远离本色，自由、快乐、趣味正在教育中渐渐远去。教育自然要规范孩子，但老师更多地应该考虑在规范孩子的过程中也能有更多的快乐送给孩子。怎样为孩子们创造一种有个性、有乐趣又有意思的生活呢？

猛然间，我想到了金牌。金牌是孩子们熟悉的体育奖章，特别是自中国女排夺冠以来，孩子们会比以往任何时代的孩子更懂得金牌的价值。就在班上开展一次夺金牌的活动吧。

我们多方考虑，制定了获得金牌的三个简单又明确的条件：①不随便告状（我们希望孩子们能独立地处理一些事，能变得勇敢一些，少一点娇气）。②不随便疯打（这为了顺应学校课间文明休息的要求，但从我们内心来说感到很为难。孩子们下课没有任何游乐玩具，怕高年级的学生打他们，不准他们下楼去玩，也不准他们上楼，怕影响楼上班级，因此，他们的活动场所只有半条走廊，活动量大的男孩子不疯打，又能做些什么呢？可疯打又容易出事，我们只能明文禁止，再想办法丰富他们的课间活动）。③发言举手（不举手发言是这个班课堂混乱的重要表现，必须及时纠正）。

当天，我们买回了做金牌的全部用品，赶制了 62 枚金牌。这些金牌寄托了我们的心意、希望，望着它们，我们会心一笑：哈哈，让金牌的诱惑帮顽童们回心转意，痛改前非吧！

想不到的事情

内心的喜悦使我们忘了考虑其他事情，当我们把金牌发到当天表现最好的三位学生手里时，突然发生了一件完全在我们意料之外的事情。

　　"金牌有啥子了不起嘛！假的。"

　　"我回去喊我爸爸做个真的，比老师的还提劲！"

　　这两个孩子的话好像是站在山巅说的，霎时招出四面八方的回音，连续好几个孩子都应声表示赞成，我一看，发言的全是翘着小嘴的小男孩。真是一群小孩子！既然爸爸做得比老师做得好，他们能得到爸爸做的，那应该高兴啊，可是却是这样一副失落的表情。多么可爱的小家伙啊，毫无掩饰地暴露内心的秘密，一颗颗渴望得到金牌的心明明白白呈现在我们面前。

　　"爸爸做的金牌，除了比老师的好看以外，还能表示什么呢？"廖老师一个问题一下子把孩子们问住了，虽然有几个孩子的小嘴又翘了几翘，可终于没有说出什么来。

　　"当老师把一枚闪闪发光的金牌发给你的时候，你知道老师心中还会怎么想吗？"我接着廖老师的话又问了一句。

　　孩子们陷入暂时的沉寂，转瞬又冲着我们七嘴八舌地嚷起来。

　　"发言该怎么办？"廖老师边说边做了个举手的动作，孩子们纷纷举起了手，动作和神情都在告诉我们他们内心又明白了许多。我们再一次强调金牌获得的条件，满怀激情地鼓励孩子们明天都去争取金牌，相信他们都能达到老师的要求。

　　放学路上，我和廖老师又分别和几个翘嘴的调皮孩子边走边随意地聊天，约好明天彼此都要给面子，他们少顽皮，我们多提醒，争取得金牌。最后，我们和几个顽童在孩子间才有的拉钩承诺的游戏中分手告别。

　　其实，明天能不能得金牌并不重要，重要的是每一天都要不一样，每一天都要有希望。每一个孩子都要有快乐，有回忆。

有意思的美术课

　　一年级四个班的孩子完全不同：一班显得老实，课堂纪律好，但思维差一些；二班的孩子特别热情，易激动；三班最好动，最不爱静心倾听；四班调皮鬼多，爱无法无天地乱跳。针对这四个班的特殊情况，我的美术课用了四种教学方式。在一班，我通过变魔术引入教材，激起孩子们极大的兴趣，用多种方式开阔孩子们的思维；在二班，我指挥他们唱《洗手巾》，并告诉他们可以边哼歌边画画。这样做，主要是由于图画内容很简单，而他们对美术的热情过高，需要寻找途径帮他们释放热情的缘故；在三班，我讲故事，而且，讲课的语调、语气变化很多，以此来吸引孩子们，始终集中他们的注意力；四班是美术特色班，我就有意安排了难度较大的教材，在讲课中我也反复强调画的难度，防止孩子们掉以轻心，随随便便……就这样，上完 4 节课下来就累得筋疲力尽了，我趴在桌上，什么也不想，静静地休息起来。

"嘿，小蓝，你看学生的作业。"指导老师叫我看学生的语文作业，我感到奇怪极了，难道这作业会和我这个美术实习老师有什么联系？没等我反应过来，他就念起来："今天，来了一个新的美术老师，上课很好玩，我真高兴。"

念完了，指导老师又说："这些娃娃真有意思。"

"是啊，有意思，真有意思。"我微微一笑，在心里说了一句，只觉得一种说不出的满足在心中升起。从这以后，我更加认真地准备美术课，努力上好美术课。当我在一班上完我的最后一节美术课，刚走到教室门口时，突然，全班所有的孩子几乎都站起来，使劲地喊起来："蓝老师，再见、再见！"孩子们的举动太突然了，我并没有告诉孩子们今天是我最后一次给他们上美术课，是几个聪明的小伙伴算出来的。我一时不知怎么办才好，只是使劲地对他们说再见，我的眼睛潮湿了。

我想，做老师的给孩子们一点点爱，一点点理解，一点点帮助，孩子们会以十倍的纯真和爱来回报。如果老师不努力把课上得有意思，上到孩子们心上，能对得起他们吗？除了让课有意思一点，我别无所能。课上得是否有意思，不完全在孩子，更多地在于老师心中是否有孩子。

这是另一种滋味

由于我考虑不周，在语文课组词、造句练习中，发了一个很容易让课堂变得自由混乱的指令："用你们喜欢的字组词。""用你们喜欢的词造句。"结果，孩子们立刻高度兴奋地挑选起字词来，小手像树林一样举起来，不待我提问，就按捺不住地在位置上说起来，我抽起来发言的孩子声音小，未抽到的又在大声说，这样一来，教室里乱糟糟一片。这一乱刚平，又发生一乱，我课前准备不充分，忘了带课堂作业到教室，孩子们由于没有本子做作业而闹起来，这一闹就没有听清我的作业要求，于是又一混乱出现在我的课堂上，嚷的嚷，跳的跳，俨然一个自由市场。

我没有想到，从来也没有想到，我会上这么糟糕的课。下课铃一响，我真想一下子冲到没人的地方去大哭一场。可是，孩子们还在等着我这个班主任发课间点心给他们呢。我不得不强抑感情，含笑做完我该做的事。我脸上带笑，心却在流泪……不能怨孩子，只能怨自己。

我常说，躲开了失败也就躲开了成功，躲开了悲伤也就躲开了快乐。哪有一帆风顺的事呢？我想，我应该也能够实现我的这些话。泪，终于没有流下来，我也渐渐冷静了，开始仔细想我的这节空前失败的语文课。

上课前，我就想过这节课失败的可能性是80%，因为在这堂课里我安排了很多新尝试。导致第一次乱的那个口令也是新尝试之一。我这样做的目的是想适应学生个性发展的需要，激发起他们的兴趣，把课上得有意思，而不是司空见惯的样子。现在看起来，这种方法虽能较好地调动学生的学习积极性，但很容易影响知识传授的系统性、全面性，比如"亡"字就几乎没有学生用它组词、造句。如果，在今后的教学工作中还要用到这样的教学方法，就应特别注意课堂的组织：

第一，要求明确，面对个别，照顾全体。当一个同学组完词或造完句以后，请全班同学齐答"他用的哪一个字造的句"之类问题把年幼且不善于倾听的学生组织进教学活动中，关注同学的发言，而不是只顾自己说个尽兴。

第二，明确发言举手，别人发言认真听的常规要求。

第三，引导学生用所有字组词、造句。可以这样引导："看看，剩下的词真的没有小朋友喜欢吗？""小朋友不喜欢它，我喜欢它，谁能用老师最喜欢的词造句呢？"等等，保证课堂没有知识传授的缺失。

课，不能天天都是老面孔，要有新意，要适合孩子的心，更要精心设计。在自己不会精心设计时，就要学会多总结，发现问题，及时纠正。这样的课才会真正有意思。

我是妈妈的独苗苗

"小朋友，现在都想想，该怎么样用'妈妈'来说一句表达小朋友心情的话呢？"

我的话音刚落，教室里就热闹起来，孩子们纷纷举手要求发言，我一看孩子们这股积极性也来了劲，为了不扫他们的兴，我想了个新的开火车的方法。"好，一组想说的孩子们都站起来。"孩子们莫名其妙却又兴致勃勃地站了起来，其他孩子也不闹了，诧异地看我要干什么。

"你们不是都想说吗？今天，我想让每一个想说话的孩子都站起来说。从你这儿开始，把你们想说的话都说出来。依次开火车，要求又快又清楚。"

"我是妈妈的好儿子。"

"我是妈妈的独苗苗。"

一个大脑袋的男孩充满稚气的声音刚一停，全班同学就情不自禁地叫起来。"我也是独苗苗。""我还是……"

我做了个表示安静的动作，效果不大，激动了的小娃娃哪里顾这些，我突然想起一个办法，转身在黑板上画了株可爱的小苗苗，嫩绿的小叶子像在做广播操的小孩子。望着这棵小苗，孩子们呵呵地笑了，重归课堂。

"这棵苗苗好看吗？"

"好看。"

"嗯，这就是一棵独苗苗，现在很好看，可风一吹，它就趴下了。"边说我又边画一棵被风吹趴下的苗苗。

"再看看，现在这棵苗苗还好看吗？"

"不好看了。"孩子们几乎是同时答了出来。

我随手又在刚才那棵独苗苗的周围画了一些小草，它们互相依靠，互相支撑。

"哦，可是这棵苗苗来到这个苗苗集体里，它就好看了，因为在这里它和伙伴们在一起不怕风把它吹弯腰，也不怕雨会冲走它，它长成了一棵好苗苗，我们小朋友也是这样，你们在家里是独苗苗，可到了学校，独苗苗们在一起就成了苗苗集体，我希望每一个孩子都来做这个苗苗集体的好苗苗。好，老师也想用'妈妈'来说一句话：我是妈妈的好苗苗，小朋友们，都来说说这句话好吗？"

……

其实，这个句子像学生那样造，本身也没有错，做妈妈的独苗苗也不错，可我总觉得孩子们造这样的句子显得优越感太强，"我"的成分太重，我希望能把集体、把他人通过点点滴滴的话语注入他们的心田，使他们心中也渐渐装上集体，装上他人。

这个案例是不久前，我在家里一个久被遗忘的发黄的笔记本里找到的，现在看起来，那时的语言是如此稚嫩，思想也是那样单纯甚至幼稚。但是，看到这个案例，我也想起了那时即将登上讲台的我的坚持和执着。那时候，我也相信，如果我能登上讲台，我一定能成为一个优秀的老师，甚至能成为一个名满天下的名师。那时候我就有了一个小小的"野心"，我仿照拿破仑的名言为自己创造了一句"名言"："不想当特级教师的教师不是好教师。"而即将跨出校门的我，根本没有想到，万一我不能成为教师呢？可是，这个似乎没有可能性的可能还是出现了。

师范学校毕业了，我的派遣证上，注明的不是我去哪所学校报到，而是派我去市教科所当语文教研员。

我大吃一惊，哭着找到老师，说我不想当教研员，我想当老师。老师们好心劝慰我，说很多人想去都去不了，这次是教育局来选人，指名要的我。后来一想，大概是在师范学校包括我实习的时候，我写过几篇小论文和一些教育随笔，教育局的领导觉得我有作教育研究的潜质，于是挑选了我吧。万般无奈之下，我只好到教科所上班了。

上班的第一天，我就找到领导，说我不想当教研员，想当老师，提出要调动工作。领导很不赞成，要我服从国家分配，还说要我巩固专业思想。我觉得很委屈，我认为我的专业思想不需要巩固，我朝思暮想的，就是走上三尺讲台，成为一名教师。

在教科所我待了两年，在这两年中，我一直想走。虽然领导们不断地做工作，但是我还是想到我向往的讲台上去，经常因此掉泪。可是领导和单位都不同意我走，因此只好学着做教研员。

两年以后，我在成都市开了我的第一个讲座，以教研员的身份为成都市的骨干教师和区县的教研员讲语文过渡大纲。那次会议，等到该我讲的时候，很晚了，听众们都已有些不耐烦。但是我上去之后，很快吸引了大家，讲座进行得出乎预料的顺利，结局也算圆满。下来之后，很多人问我是哪个大学毕业的，哪个专业的。这让我也看到了我做教研员的希望，也打算好好地做下去。那一年，我十九岁。

就在这时，我遇到了人生的第一个重大挫折。

一天，我刚到一个区县讲了过渡大纲回来。领导看到我回来了，把我叫到他办公室，跟我说了一件事：接到上级一个文件，说大中专毕业生没有经过第一线锻炼就直接做研究工作的要清退，而我就在清退之列。领导对我说：

"你自己出去找工作吧，找一个你喜欢的也接收你的单位，我们这里你不能待了。"

　　虽然我一直想离开，但是以这种方式离开，却是没有料到的，心里十分难过，哭得很伤心。

　　下班后，我骑着自行车，漫无目的地在成都的街道上走着。这时候我感觉自己就是一棵没人照管的小草，只能自生自灭。我想，车到哪里哪里就是我的工作单位，听天由命吧！顺着一条陌生的路我时而骑车，时而推着车步行。不知走了多久，走到了成都火车北站，我心里想：是不是买一张票，坐上火车去找单位呢？一抬头，我发觉我正站在成都铁路一小门前。

　　成都铁路一小的田惠文校长在我做教研员的时候认识，我走进学校，找到田校长，劈头就问：

　　"你们学校要不要我？"

　　她以为我开玩笑，爽朗地笑着说："要你啊，想要还要不到呢！"

　　可是我一下子哭了，善良的田校长发觉我不是开玩笑，抱住我，问我究竟怎么回事儿，我哭着告诉田校长原委。田校长说：

　　"我们学校要你，但是你还是要来上一节课，让大家看看。"

　　这样，我从一名教研员变成小学老师，到了成铁一小。

　　这次挫折对我来说很难说是好事还是坏事：以这样不"光彩"的方式离开教科所，任何人都是难以接受的；但是我也由此终于成为一名教师，隐藏在心中的名师"野心"，不是也有可能成为现实了吗？

　　到了成铁一小之后，我每天很认真备课，认真上课。田校长像妈妈一样照顾我，帮助我，学校里的其他教师也对我毫无保留地传授经验，指点我的教学，使我获益良多。就在这里，我参加了第一次外出赛课。

　　记得那是成都金牛区的教师赛课，我们带着孩子们出去上课。那时要带着孩子出去是很困难的，本来联系好的车到时候却没来，我们急坏了，只有分批坐三轮赶到会场，到了之后，我和孩子们几乎以冲锋的速度冲进讲课的礼堂。我心里紧张得要命，根本没底，在后台，工作人员上前给我别上微型话筒，我浑然不知。田校长关切地问：

　　"你好点儿没有？"

　　我像女儿抱住妈妈一样抱住她，带着哭腔说：

　　"我好害怕……"

我话音刚落，就听见台下观众席一片哄笑——我根本不知道，麦克风已经装好，我的话已经通过话筒传给了全场的评委、老师和学生！就在哄笑声中，我走上了台，开始执教我的第一堂比赛课：《草船借箭》。说来也奇怪，台下惶惶然不知所措的我，走上讲台之后，似乎把所有的恐惧、害怕、忧虑都忘了，沉着投入地教学。那次，我获得了一等奖第一名。

这是我第一次教学取得成功，也是我第一次知道，原来我可以上这样的课。这次比赛使我对自己的教学再次充满了信心，我相信，自己在 25 岁以前，一定能成为特级教师。可是，25 岁生日过了，我没有成为特级教师，却发生了另一件事。

我的一个师傅是位很优秀的教师，在成铁一小可以说囊括了所有荣誉称号，也备受学生和家长的爱戴。可是她不幸得了癌症，后来走了。我一直很伤心，她走之前，我送给她一个对我来说非常贵重的礼物，甚至希望，我的礼物能挽救她的生命。可她最后还是放下她的亲人、学生和我走了。她留下的班成了我的班。每天进出在她曾经工作的地方，似乎能感觉到她曾经的生命脉动，但是一切又真的随风而去。我突然觉得，人生最后的归途如此一致，不管你留下了什么，生命消逝时都是同一种姿态，那时候知道很多事情是可以放下的，包括特级教师的梦想。于是，从那时候，我开始变化了，变得非常平和。那年，孩子出生了，我给孩子起名叫徐也可，生命中的很多东西，其实就是无可无不可，让生命顺其自然。少了很多功利的驱使，也许，这样的生命才是从容的，美好的，也是完整的。

生命的态度平和了，并没有影响我对教学的思考；相反，也许是因为这种平和，使我能够静下心来摸索，我终于成为一名小学语文教师了。在这条路上，我要走多远？我能走多远？我应该成为一个怎样的小学语文教师？这些思考，从我开始踏入教育的那一天起就伴随着我，直到现在，我也没有停止过这样的思考。

寻找适合孩子的
习作教学

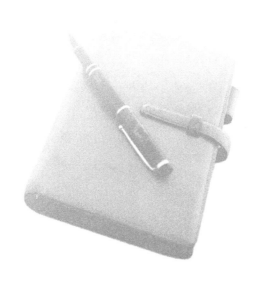

让我们先来看一则报道：

独特的"这一篇"
——记蓝继红老师的一次随堂习作课
《成都教育》特约记者

"荣誉是游移的白云，教育事业才是永远的青山。"

"成功时要有失败的预感，失败时要有成功的风度。成功和失败都是人生最宝贵的经验。我不断地在成败中扩展自己的路，我不断地在荣辱中取得人生新经验，充实自己……"

蓝继红回顾自己走过的十几年的教师生涯，总是充满深情。从痴心一片地将教书育人作为职业，到视为事业，虔诚地奉献所有的精力、才智、挚爱，蓝继红尝过众多成功的欢乐，更感受过种种失败的沮丧。但种种变异、坎坷从未让她沉浮于得失，怀疑于选择，畏惧于艰辛。因为，她看重自己的事业，她在意自己是一个小学教师，这是她一生为人为事的自信与尊严。许多人在"非笑"中失去勇气，而蓝继红随时警示自己葛拉西安的箴言："人生旅途，没有一帆风顺，不能停滞，任由自己成为落叶残阳；不断鞭策磨砺自我吧，步入坦途，丰盈人生。"

回味着蓝老师的话，走进蓝老师的课堂，更能发现站在讲台上的这位文弱的女教师温文尔雅的微笑和不高的嗓音中透出的自然、平和、睿智与才情。课堂上和谐的氛围、严谨的思辨、创造的激情会在不知不觉中感染你，让你情不自禁地和教室里的其他人一起享受难忘的课堂时光。

（一）思辨的课堂

蓝老师的习作评讲课是在自然得犹如拉家常一样的交谈中开始："我们在写作文时，笔不会停，脑子也不会停，总会天南海北地想点儿什么。能回忆出来，上周写作的那一刻你在想什么吗？"她从容平静地等待学生静静地回想，次第举手。从学生看似平常的回答中，敏锐地捕捉到思维的亮点，写下今天的课题：独特的"这一篇"，思考的门由此打开。

镜头一：蓝老师认为，一个老师要善于把自己智慧地隐藏在学生的后面，把思考和表现的机会让给孩子，让孩子尽显精彩。在评讲作文前她这样说："听别人的文章时，思想是不会睡去的。要边听边想，你能建议在听的时候，该想些什么吗？"学生的思维非常活跃，纷纷发表自己的见解："他（它）独特在哪里？""这篇文章为什么独特？""还有什么不足的地方？""它能给我们什么启示？"不难看出学生提出的问题，正是这一节课同学们需要思考的。然而，"得"哪有"悟"更重要？蓝老师就是用一句简单的话语激发出学生的思维的灵感，让学生们提出自己的问题，自然而然地调动起了学生的主动性和积极性。

镜头二：在学生建议思考它"为什么独特"时，蓝老师在黑板上上下并排写下两个不同的"他""它"，平中出奇地问了一句："这里该用'他'还是用'它'呢？"教室里一下子陷入了瞬间的寂静。片刻，就有学生兴奋地嚷道："该用第二个'它'，因为它指的是作文。"蓝老师微笑着颇有深意地问道："那么这一个'他'一定就错了？这两个'他''它'之间有没有联系呢？"一个问题将学生的思维引向了更深层次的思考。学生思考着，终于有了宁静过后的感悟。他们好像猛然明白了什么，相互补充道："'他'是指作者，'它'是指作者写的文章。没有独特的'他'，哪来独特的'它'。这个独特的'它'离不开独特的'他'。"蓝老师用微笑夸奖着这群孩子，学生也笑了。这不就是作文和做人的道理吗？这又让我们想起了蓝老师在语言教育中的感悟：在语言文字明亮而纯净的深处，书写着与文字一脉相承的中国的"道"、乡土的"梦"、民族的"情"、现实的"思"……是精神的凝固。她竭尽热忱，带领孩子畅游语言文字中别有洞天的世界，去思考发现，去欣赏灿烂星河，学会思考，学会阅读，学会习作，学会担当乃至于做人。

镜头三：蓝老师选了两篇习作评讲，第一篇习作非常朴实，好比美术作品的白描。第二篇习作以新颖的儿歌形式打动了同学的心。蓝老师看出了同学们的心思，在学生赏析两篇习作之后提出这样一个问题，引发学生深入思考："是不是雨儿同学用了儿歌形式，苗苗没用，那雨儿就一定比苗苗写得更好呢？"课堂上刹那消失了先前的热烈和欢悦，同学们纷纷陷入沉思，转而进入诚挚的讨论，提出新的看法："习作可以用各种形式来表达，每种方式都有被作者选中的道理。""两篇文章都很好，因为它们都很独特，表达的是自己才有的独特的想法。如果我们在写文章时，能借鉴它们各自的优点，巧妙融合，创造自己独特的风格，那不是更好吗？"正如蓝老师所总结的那样：言为心声，贵在情真。真实的情感表达才是独特真实的表达。表达是你的，它就是最好的。

（二）激情的课堂

听蓝老师的课，身临蓝老师和学生的交往情境中，随时能感到一种冲动，一种想参与课堂中的冲动，一种对于学生参与课堂其中的积极状态的赞叹的冲动，情不自已。调动学生发言的积极性，才能使课堂充满激情，洋溢成长中的生命的姿态与活力。在开课之初，学生突见如此多的陌生面孔涌入教室，难免有几分紧张，不敢回答问题。蓝老师并未做过多的解释，而是幽默机智地问学生："1＋1＝？"学生诧异地瞪大了眼睛，教语文的老师为什么提出如此简单的数学问题？蓝老师笑眯眯地说："不要以为这是蓝老师提出的问题，就有什么特别的答案。其实有些问题的答案原本就很简单。"学生会意地一笑，从这笑中，我看到了学生的自信心，许多学生的手因此而大胆地举了起来，课堂氛围变得轻松、自然、和谐。最充满激情的要算左右兵团大比拼，当蓝老师在黑板上写下左和右两个字时，课堂已经沸腾起来了，有的学生甚至欢呼雀跃，原来这是学生们喜欢的一种比赛方式。以左右两个大组为比赛单位，看谁答得最好，谁的思维最敏捷，谁的答案最独特。同学们的作文也在比赛中被一一点评，一个不少。看到同学们激情地投入在课堂上，可以看出，他们已经把上蓝老师的课当成了一种课堂生活，无须很多的刻意，无须很多的表演，无须很多的预设，他们就是他们自己。

（三）创造的课堂

听蓝老师的课，真是一种感动，课堂的分分秒秒都能让人感到一节课就是师生四十分钟的生命交往，能感受到作为教师在四十分钟的课堂上的生命价值，我愿意和蓝老师一路走来，一块儿经历生命课堂的每一刻时光。在这里，学生是自尊的；在这里，学生是自主的；在这里，学生是自由自在的。蓝老师在课堂上与孩子们的真诚相处，蓝老师在课堂上与孩子们的平等对话，蓝老师在课堂上与孩子们的心心相通，都让你不由自主地感动，单从这一节普通的习作评讲课的题目"独特的'这一篇'"就能够深深地感受到在蓝老师的心中，学生与学生的习作没有森严的等级划分，每篇习作都和它的小主人一样，以一种别人无法取代的独立状态而存在，每个学生都是最优秀的独立个体。"独特的'这一篇'"，短短的六个字，就使学生轻易地模糊了对自己习作和别人习作之间，谁好谁不好的心理差距，取而代之的是感受到自己习作在蓝老师心中平等的地位，进而萌发出了强烈的思考和创作欲望。看着孩子们兴奋的眼神，我在想，每一个蓝老师的学生，还会在今后的日子里创作出多少独特的习作，多少弥漫激情、呈现师生创意的课堂。

蓝老师的课堂，哪怕仅仅是一节想象中的普普通通，没法再有什么新鲜感的习作评讲，却那么意外地吸引了我和所有走进课堂的人，两节课内容丰富，节奏明快，学生的文章长到全文，短到一个词语的妙用几乎都被老师和学生或多或少地点到，学生的成就感溢于言表，在各种变换的教育环节中不断生成小小的课堂高潮。临下课了，作文课又变成了记者招待会。原来，请同学上台宣读自己的文章时，她轻轻一句话就帮助孩子找到了新的角色：你就是这个记者招待会的召集人，下面的人都是你请来的记者，你想想该怎么做，孩子顿然大悟，对着大家深深鞠躬："各位记者女士，各位记者先生们，早上好。今天把大家请来，是想请大家对我的作文提出宝贵的意见和建议。下面我把作文读给大家听，希望各位不吝赐教。"别开生面的开场白，让台下的听众们露出了微笑，更使不少孩子的眼神亮了起来。台上孩子的念诵声刚落，台下的孩子已迫不及待地纷纷举手。而此刻的蓝老师已悄然坐在学生中间，也兴趣盎然地举起了手……谁分得清何为师，何为生？又有谁愿意去分清呢？

在蓝继红的课堂上，学生们被她爱抚着、引导着，她被孩子们关心着、影响着，亲密无间，经历了一次次思维的萌芽和酝酿，一次次文字的推敲与锤炼，体会着独特表达的欢快，玩味着获取的弥足珍贵。和童年相连的故事萦绕着他们的生活，永远充满生命的单纯和激情。作为一名老师，她牵着孩子们的手，与书为伴慢慢地走，感念着教育理想的高尚，感受着成就梦想的富足，她的内心充满说不尽的惬意。

这篇报道对我的习作教学多有溢美之词，让我惭愧，但是，对习作教学的思索，的确是贯穿我教学的始终的。思索是思想的推进器，当我们在感叹"作文难教"的时候，多问几个"为什么"，也许才是最重要的。

一、追问——孩子为何不爱习作

（一）关于孩子是否爱习作的调查——实话实说

我们先把目光聚焦到现实中来，我曾对我新接的班级进行过一项有关作文喜爱程度的调查，共调查 30 名同学。其结果显示：10％的学生喜欢作文；50％的学生对于作文的兴趣一般；有 30％的学生对于作文没兴趣；另外 10％的学生很讨厌作文。老师们可以随机调查，在学校随便问一个孩子是否喜爱写作，得到的答案十有八九是不喜欢。

（二）孩子对待表达的原本状况——孩子的需要与天性

作文，作为小学教学中的重点内容，在我们孩子的眼里竟是这样的地位。这不得不引起我的深思！什么叫作文，其实就是自己的所见所闻所感表达出来，小孩子的天性就是爱看爱说爱问，他们整天会像个小麻雀一样叽叽喳喳的，他们愿意将自己的快乐、烦恼、兴奋向人倾诉。他们喜欢表达、渴望表达，这是孩子对待表达的原本状况，这是他们的需要，这是他们的天性。

我们来看下面这个案例，看一下当孩子以他们的眼光来观察思考世界时，会有怎样的表达呢？

一位五年级的孩子是这样表达的：

我顺着那女孩手指的方向看去，一朵雪白的菊花，花朵足有盆子那么大，像一个皮球似的，下面的枝干似乎已失去它存在的意义，稀疏的菊叶衬托着沉重的花朵，看上去极不协调，要不是人们用竹片给它托着，花朵的重量一定会把枝干压断！

小女孩的话似乎提醒了老师，觉得这菊花有种奇形怪状的感觉。百分之七十的菊花或是重心失衡，或是营养过剩，不是头重脚轻就是发育不全，没有了菊花应有的芬芳，反倒有一股因肥腴而变质的臭味。

难道，这也是美？恍然间，我看到公园池塘边长出一株野菊花，它随风晃动，傲霜独立，多美呀！那是一种自然协调的美。再看公园上千个品种的菊花，显得那样的不自然，不协调，失去了菊花应有的光泽，也失去了菊花应有的真正美——自然美。难怪，菊花没有引来蜜蜂和蝴蝶，反倒引来不少的苍蝇。菊花是属于大自然的，经过人为不恰当的改变，菊花不再有它的美了。你看，那绿油油的小草，还有那菊叶丛中的小野菊，多美呀！

看了菊展，我仿佛看到了科学家在培育新品种时的艰辛和汗水。但这次菊展却并没有给我留下美好印象。如果，非要用一句话来形容那些菊花的姿态和样子，有一句话再合适不过了——头重脚轻根底浅。但愿我们的科学家能培养出一些离人们生活更近，更自然，充满生机和活力的菊花来，让我们的生活更美。

这个孩子的老师夏英在读了孩子的习作后这样为孩子写下一段评语。

评语一：自然固然是美的。经过科学家培育出的菊花也是美的。它们各有各的美。美的内容是丰富多彩的。清新典雅是美，绚丽多姿是美，古朴自然也是美，正是科学技术的发展为我们创造了更多的美。我想，只要科学不以破坏自然为代价创造美，那么，它创造出来的美就是可以接受的。

面对孩子的真实的观察与思考，言辞尖锐又童言无忌地表达，老师表现出对孩子表达的尊重与理解，又给予循循善诱的引导，其意其情令人感佩。可是很快，老师修正了自己的评语，又为孩子写下一段新评语：

评语二：本来写了上面的评语。但再看你的文章，我被你说服了，所以我决定取消我上面的评语。我真正读懂了你的文章，其实你欣赏的不仅仅是菊花的外表，更是菊花的气质即它所蕴含的精神。而经过改良培育的菊花只见其形不见其神，所以不美了。我惊叹于你细致的观察与敏锐的思考以及不同凡响的表达。我欣赏你，佩服你。

从上面这篇孩子的作文和老师的评改我们不难看出孩子天性想象力丰富，看问题有时有自己的独到的一面，我们当老师的应走进孩子的世界，去了解他们的想法，并及时给予肯定、鼓励，满足他们内心那种希望被理解、被认可、被赞美的需要。我想当孩子的天性得到保护，兴趣被激发，需要得到了满足，他想不爱作文都难。

（三）孩子不爱习作的原因——对接天性　呵护需要

我们要找到孩子不爱写作的原因，对接孩子的天性，呵护孩子的需要。孩子不爱写作的原因有以下几点：

1. 无趣

没有意思，没有乐趣。习作成为一种完全意义上的任务，孩子必须在规定的时间完成。往往是题目、内容、要求固定，不管孩子是否喜欢，必写没商量。作为老师我们真的要思考：什么样的教学活动适合正在成长的学生？那就是贴近学生生活、贴近学生兴趣和需要的作文。让孩子感到无趣还有个原因是：写作被老师有意无意地当成了一种惩罚的手段。看看以下这些情况在我们的身上曾经发生过吗？比如：马上要放国庆 7 天长假了，今天考试考了 95 分以上的写作文 1 篇，90～95 分的写 2 篇，90 分以下的写 3 篇。孩子们一听，那是几家欢喜几家愁。用考试的分数来决定放假写作文的篇数，考得越高作文越少。今天上课不听讲就写不少于 800 字的反思；和同学产生矛盾先写不少于 500 字的情况说明书。孩子一听肯定后悔得肠子都发青了，早知如此何必当初呀！这些手段或许对教育孩子起到了一些警示作用。但不知道我们老师意识到没有，我们的这些做法实际上深深伤害和打击了孩子写作的积极主动性，孩子的潜意识把作文和惩罚画上了等号。孩子们有了这种看法，你说他们还会觉得作文有趣吗？

2. 无话

面对习作题目，习作时间，原本能说会道的孩子不知道怎么了，他感到无话可写，无从下笔。

写什么？怎么写？不知道怎么写，但又不能不写？怎么办？总不能让老师看见自己不动笔在发呆，那问题可就严重了，管他呢，写几行了事。面对孩子对写作无话、无语怎么办？那老师得想办法，帮助他们找话。比如：写一种自己喜欢的动物。怎样帮助孩子找话？我们可以先做一个现场大调查，来激发孩子的兴趣——看过动物的举手，养过动物的举手，抱过动物的举手，和动物睡过觉的举手？调查完后，老师可以总结道："没想到我们班的孩子都那么喜欢小动物，都有自己的动物朋友，那你能想办法用语言让我们见见你的这个动物吗？"孩子的表达兴趣一下子就被调动了。我上这节课时，有个孩子说道："我家小狗长着圆圆的大眼睛。"然后我就问其他孩子从他的话中你看到了什么。有孩子说道："我看见他家的狗眼睛长得很圆，还很大呢！""那有多大你看到了吗？"我问道。"不知道。"他摇摇头。"有这么大。"介绍小狗的孩子立刻用手势比画给大家看。那我接着引导："哟，这么大的眼睛，孩子们你们觉得像什么呢？"孩子们说像硬币、像玻璃弹珠等说了很多。接着我继续引导："瞧，小狗眼睛的大小，我们可以用一个我们大家都特别熟悉的东西来做比较，这样就可以让别人一目了然了。"我再让介绍小狗的孩子重新介绍，他说："我家的小狗的眼睛圆圆的，像两个亮晶晶的玻璃球。"这样在老师一步一步地引导下孩子就知道怎样写具体了。接下来我说："老师也有自己的动物朋友，想见见它吗？"孩子们一听可带劲儿了，都说想见。然后我提出要求看看老师是怎样表达的。然后我就念自己写的范文。念完后请孩子们谈，你得到什么启示？孩子们说除了写小动物的样子还可以写它怎么吃饭，它的性格等。说是写的前提，通过这样的引导孩子就不会觉得无话可写，无从下笔了。

3. 无彩

即是无人喝彩。老师的评价不能吸引他，让他感到评价没有为他喝彩，写作成为一种孤旅。孩子需要在他的习作之旅上，得到更多的关注。怎样评价才能让孩子感觉有意思呢？如何为孩子喝彩，我在此提出一些看法与大家一起探讨。

第一是要想让学习成为孩子的一种内在需要，就要告诉孩子们任何事物皆有感情，只有你热爱它，它才会爱你。所以要帮孩子找到三种感受：

我爱语文，语文爱我；

我爱老师，老师爱我；

我爱习作，习作爱我。

要让孩子在头脑里有这个观念，让他们知道只有投入才有收获。这样才能通过我们的教学有力地支持孩子，发掘他们内在的需要。

第二，我们要告诉孩子们上课要力争两种学习状态。一是发言最积极：因为口头表达是写作的基础，想得精彩才能说得精彩，说得精彩才能写得精彩。发言积极也就暗示思路敏捷，写作才可能快。二是写作要尽心、静心：尽心尽力，全情投入。静能生慧，要静静地思考，静静地写，静静地修改。当然，从孩子的天性出发，也要适当允许因过分投入而偶尔发出声音。当孩子们在课堂上做到了这两点就要及时为他喝彩。

具体的教学实践中，我们可以采取灵活的评讲方式。

我们可以尝试用比赛的方式讲评。全班每个孩子准备三张纸卡，分别写着：提问、欣赏、建议。然后全班分成左右两个兵团进行 PK 比赛，第一轮比赛比好词佳句，学生可以自我推荐，还可以推荐自己兵团别的同学写得特别好的词句，推荐完

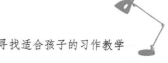

毕后，全班孩子根据推荐的这句话，就自己不明白的问题举提问卡发问，若很欣赏这句话就举欣赏卡，然后说出自己欣赏的理由，如果你有更好的建议就举建议卡。老师也参与到孩子们的评讲中来，适时引导。最后给这好词佳句记分。第一轮结束后，左右两兵团分别计算自己的积分，再进入第二轮。第二轮比赛比特别的创意。根据老师批改作文后会留在孩子习作上的批注和勾画，孩子朗读推荐相关语句，沿用第一轮的举卡方法进行生生评价。第二轮结束后，左右两兵团分别计算自己的积分。最后进入第三轮。第三轮比赛精彩片段等。在课堂上参与推荐和评价的孩子都可以加分。最后将所有的分数汇总，评出比赛冠、亚军团。比赛的轮次、内容、分值都可以根据评讲需要安排，裁判和记分员也可视课堂现场而定。这种评讲方式能极大地调动孩子学习的积极性，在比赛的同时面向全体学生，欣赏点评大量作品，提高写作能力。

案例：《礼物》习作评改教学实录
何　萍

一、总结习作情况，发现（寻找）修改空间

师：上周我们以《礼物》为题写了作文，52个孩子紧紧地围绕着"礼物"这个话题，写了52个故事，我细细地品读了每一篇文章，心底里涌起了这样的诗：

一个孩子，一份记忆；

一件礼物，一个故事。

52个孩子52支笔，

描画出件件礼物令我赞叹不已。

引得我更想知道，在它们之中，凝聚着怎样的情谊？

让我和你——

了不起的小作者一起，

为回忆添上闪亮的点睛一笔！（学生热烈鼓掌）

师：谢谢你们的掌声，谢谢你们的礼物，刚才那些话语也是老师献给你们的礼物。

师：到底你们习作中写了哪些礼物，让老师这么激动，这么兴奋呢？谁愿意来读一读你的礼物，和大家分享一下？

（一生读习作中写礼物"长寿龟"样子的语段）

师：多有意思的长寿龟，机灵又可爱，你们看见他的礼物了吗？在哪里？就在我们的眼前，在你的心里，在他的笔下，多了不起呀！我们一起为他喝彩！

（学生专注地听，并热烈地鼓掌）

（一生读习作中写生日礼物"自行车"的语段）

师：哇，一辆多么帅气的自行车，就像帅气的你一样！（该生不好意思地笑了，其他学生则开心地笑了，课堂氛围轻松，师生关系融洽。）

师：瞧，孩子们笔下的礼物就是这样的各不相同，不仅选材丰富而且礼物的样子也写得生动形象。

师：其实打动我们的不仅仅是礼物的样子，更重要的是礼物里动人的故事。请静静地读读自己的习作，准备把你感人的故事读给大家听。

（学生静静地读文章，积极准备。教师则慢慢巡视，偶尔与个别学生悄声交流。课堂很安静。该过程大约2分钟。）

师：谁愿意读读自己认为很"亮"的作文？

（一生读自己的习作）

其余学生思考：你觉得自己习作中最亮的是什么？他的习作哪里最打动你？

（学生交流）

师：他的文章之所以感人，就因为他的习作是按照我们讨论的那样：（课件显示三个要求，帮助学生发现修改空间）写好了样子，写清了过程，写出了他的心情。那么我们是不是都做得这么好呢？看看自己的习作，你觉得还有哪些方面需要进一步修改和完善？

生：不知道该怎么来写自己的心情？

生：不知道收礼物的过程该怎么写才叫好？

师：是呀！要让文章有真情实感，当然要表达自己的心情，要把故事写得感人，当然要把送礼物或收礼物的过程展示出来。今天这节作文课，我们就一起来努力，把我们的文章修改得更好。有信心吗？

生：（齐声）有！

二、修改

师：今天我们评改作文仍然采用积分制，今天轮到谁做记分员了？

（在大家羡慕的目光下，1名小记分员走上讲台）

师：现在我们征求一位勇敢者，把自己的习作提供出来，我们一起修改。

（生纷纷举手，在师生商议下推出1名学生）

师：请小作者来读一读他的文章，其余的同学和他一起默读，一边读一边想：你欣赏什么？有什么建议？

（生读习作）

师：小作者，你今天修改的第一步是把这些错别字和使用不恰当的标点修改了，要把它改得文从字顺。（生现场修改，其余学生安静地看，并及时交流。在生生互动下基本改得文从字顺。）

师：那么其他同学，你欣赏他什么地方？（课堂顿时变得热闹起来，学生纷纷亮"欣赏"牌，生生互动交流。课堂氛围融洽。）

生：我很欣赏他写自己送礼物时的那一连串动作，这些动词用得都很准确。

师：你很会欣赏，所以老师也在这里加上了珍珠符号。

（转过头对小作者）我从你这一连串的动作中，就体会到了你的情感。

生：他写自己送礼物时还写了对方的神态，我觉得这样写就让我们仿佛看到了当时的情景一样。

师：你欣赏了他的动作，感受了他的真情，难怪评委给你这么高的分！

（又对小作者）我听出来了；我感觉到了；我相信同学们和我都明白了，为了表达你的真情，你突出了神态。

生：我觉得他那一段回忆、联想写得特别好，让文章一下就生动具体了。

师：（对小作者）哦，我听出来了，你是在中间插上了这么一段回忆。看看，你是不是很幸福，那么多人欣赏你。那么继续，谁给他提点修改建议？

……

（在这种融洽、平等的课堂氛围中，生生互动、师生互动评改习作，学生积极参与评改，教师及时点拨方法。连小记分员也忍不住举手发表自己的意见，甚至师生最后同台表演，让点点滴滴的生活再现课堂。）

师：（总结）孩子们，我们刚才的讨论，你一言我一语，字字句句让我们看到了你们曾经经历过的那个生活片断，多彩的生活点点滴滴在我们眼前浮现，到现在我们都还沉浸在那个生活情境中，从刚才你们相互的欣赏和建议中来看，你们已经领悟到了这种办法，我相信你们一定能把这种办法用到自己的习作修改中去。有信心吗？

生：（士气鼓舞）有！

师：总结第一轮比赛左、右兵团得分。

（得胜者——左兵团欢呼雀跃，掌声雷动。）

师：让我们把掌声送给右兵团：为他们加油！

（教室里再次响起热烈的掌声，暂时落后的右兵团队员们备受鼓舞。课堂气氛友好、热烈。）

三、第二轮比赛：表达——让字字句句的语言传情

师：同学们你们不知道，读了你们的作文，我有多激动，昨晚我也写了《礼物》这篇作文，因为很急，也许不一定是佳作，也许不一定有你们写得好，因为我是成人，我写的是成人的感觉，而你们是孩子，写的是孩子的感觉。

（读）

师：你们发现没有，除了写接受礼物，我还写了什么？

（两三名学生谈启发）

师：在我写的时候，我曾经经历过的这个故事，点点滴滴的回忆就出现在了我的脑海中，当时的情景就像放电影一样，让我浮想联翩，我当时的心情就是通过插入这些想法写出来的。而且写的时候我还特别地注意选择词句，让字字句句都能传递我的情感。

师：下面我们将运用刚才学到的这些方法修改习作，请自己选择一个最想改的段落修改。

（生修改自己的习作，教师巡视。约5分钟。）

师：谁来展示一下自己的修改成果？

（一生读自己修改前后的片段）

师：（问小作者）你最欣赏自己哪一处的改法？

（问其余同学）你最欣赏他哪一处的改法？他哪一处的修改让你很受启发？

（学生交流，教师做这一轮的记分员，为学生的精彩发言记分。）

师：（总结）让点点滴滴的生活再现，让字字句句的语言传情——写作时是这样，修改时也是这样，孩子们，请永远记住：真实的生活，难忘的经历，既带给我们写作的灵感，更带给我们修改的灵感！

板书设计：

礼物

让点点滴滴的生活再现

让字字句句的语言传情

我们也可以设定某一主题做专题式评讲，这种评讲指的是就专门对特定的专题，如场面描写、肖像描写、文章文采、结构安排等进行评讲。一课一评，一评一得。

我们还可以来用"2+1"式评讲。这种评讲侧重在小组进行交流评议，大家在四人小组组长的带领下，根据这次习作的要求给学习伙伴提出两个优点，一个缺点。

另外，还可以自评、互评或者师评。自评就是自己写完作文后给自己一个评价。互评就是两个孩子之间相互阅读对方的作文然后给予评价，可以是同桌互评，也可以是好朋友之间的互评，形式多样。每次作文下来至少有十个孩子，老师必须和他们预约时间，逐个地面对面地进行批改评价，对于老师的评价和建议，学生拿上笔立刻进行修改。这样的评价和帮助更加具有针对性。每学期下来，班上的所有孩子都要有一次老师面批的机会。在评价时，特别是对那些作文相对较差的孩子，教师一定先要沙里淘金，差中寻优，不要放过一个标点、一个词、一句话、一个标题。除了这三种评价外，老师们还可以让家长也参与到对孩子作文的评价上来。

我们还可以在批语的形式上创新，用真诚而有创新的评语为孩子喝彩：

（1）对话式

特级教师贾志敏老师的学生的习作和他写给孩子的批语。

"特殊"的礼物

我的家在浙江的一个小岛上，平时，我住宿在学校。最近，妈妈给我寄来了一份"特殊"的礼物。它是一封很平常的信，信里夹着一张剪报，剪报的题目是《争虾与让瓜》，旁边还清晰地写着五个字：请认真理解。

文章讲了两个真实的故事。第一个故事讲，一位母亲买了十三只对虾，读四年级的儿子吃了十二只，母亲也想尝尝鲜，夹了一只对虾到自己碗里，不料儿子见了，一下子把虾抢回自己碗里，还大声嚷嚷："这是我的！"这使那位母亲十分伤心。第二个故事讲了一位母亲和女儿在摊边吃西瓜，七八岁的小女孩吃完西瓜，还津津有味地啃着瓜皮。母亲见了，就把另一块西瓜递给她，那女孩连忙摆着小手，说："我吃过了，那是留给爸爸的，我不要。"

我想：看故事看过了就好了呗，妈妈为什么还要我认真理解？平时再三叮嘱的话"在学校里听老师的话，好好学习，天天向上"这些在信中都没有写，偏偏又寄了这剪报来。道理何在？我认为妈妈让我远离家乡，来上海读书的目的，不仅是学好文化知识，更重要的是学会怎样做人。我认为那个四年级的小男孩，自私贪婪，他的东西谁也不许动，说明了他是一个不懂关心他人的人。

想到这里，我这才深深觉得这剪报确实是一份"特殊"的礼物。

批语：

有句古话："可怜天下父母心。"孩子，是父母的作品，是父母的希望，是父母生命的延续。因此，孩子健康成长，是做父母的唯一心愿。

一封很平常的信，信里夹着一张剪报，剪报上刊登的是一篇《争虾与让瓜》的文章，旁边还清晰地写着五个字：请认真理解。除此之外再也没有别的什么东西了，连妈妈平时再三叮嘱的话也没有留下片言只语。

小作者没有过多地描述自己的心理活动，只是将故事内容叙述了一下。因为故事本身就有着震撼人心的力量。毋庸讳言，小作者已经"理解"了母亲的良苦用心。文末的最后一句话便是佐证：

"我这才深深觉得这剪报确实是一份'特殊'的礼物。"

"学作文，也是学做人。"教作文的我，读了这篇习作以后，对此更深信无疑了。

读了上面贾老师的作文批语，你一定会觉得很新奇，并会立即冒出这样一个疑问：怎么贾老师的批语里没有我们耳熟能详的"选材新颖、叙述清晰、结构严谨、中心明确"这些评价字眼？有的尽是师生间似散文语言式的平等谈话和交心！这究竟是怎么回事儿呢？

我们不难看出，贾老师"对话"式的作文批语，首先是"人"的对话，是师生

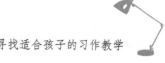

之间凭借学生作品而进行的敞开心扉的心灵交流、情感畅谈和生命对话，是师生共同成长的一段宝贵而富有的精神生命历程。作文批改中的贾老师，已和学生的作品、学生的精神世界融为一体，成为一个和蔼可亲的学生作品的真心拜读者、欣赏者、分享者，而不是一个严肃无情的指点"江山"的作文"判官"，贾老师和学生同"情"——同喜、同忧、同想、同感，在这个过程中写出自己对作品的独特感受，与学生交心，提出自己的真诚看法。第一节话，就是贾老师和学生谈了自己读文后的感受，很动情，很真切，且切中要害。学生读了以后肯定会受到情感上的共鸣，并成为他精神世界里重要的一部分。此时，师生之间会多一分理解，多一分沟通，多一分信任。师生在这种平等宽松的氛围中共同得到发展。且听贾老师的肺腑之言："学作文……对此更深信无疑了。"学生的进步已毋庸置疑，令人惊叹的是贾老师在批改学生的作文中也得到了发展，他的超俗不凡的作文教学智慧是在读了、批了学生一篇又一篇的习作中形成的、发展的、"深谙"的！而这，正是师生生命发展的重要历程！的确，"学作文，也是学做人"，这是贾老师站在"人"的发展的高度来看待作文教学的，同样他把这个理念倾注到他对学生的作文评价上。他始终密切关注作文背后的主体——"人"，关注学生的"人性"，关注学生作为一个成长中的"人"的发展需要。这是我们很多语文教师欠缺的，恰恰是贾老师的高明之处！

其次，贾老师"对话"式作文批语是"技巧"的对话。应该说，老师在作文批语中给学生提出一些习作的知识，强调一些写作的技能、技巧，诸如选材、立意、用词造句、谋篇布局方面等，这也是很需要的。但贾老师往往把它放在第二位，因为他深知：习作的主体是"人"，是美的心灵、真的情感、善的思想，而这些，正是学生写作文的基础，更是学生为人的根本。试想，离开了这一切，让学生作文还有多大意义？

贾老师的"技巧"对话也与众不同，可谓别具一格。他对学生的评点从没有"词句生动、选材新颖、中心明确、条理清晰"等这些抽象、枯燥、空洞、乏味的话语，让学生看了似懂非懂、捉摸不定，而是设身处地地站在学生的角度，用叙家常般的口吻同学生一道回顾文章的精要过程、精彩之处，在此过程中给学生以个性化的指导，字斟句酌，绝不雷同，或赞扬，或鼓励，或建议，没有指责、批评、训斥，语言亲切自然，准确扼要，又恰到好处，使学生看得见，摸得着，想得到，力求让学生感同身受，乐于接受老师的观点，在"随风潜入夜，润物细无声"中让学生积淀写作知识，积累写作方法，逐渐提高学生的写作水平。上述《"特殊"的礼物》作文批语中二、三、四小节，就是贾老师对这篇习作在"技巧"方面与学生的真诚对话。这是贾老师作文批语的又一大高招，也是贾老师作文教学取得成功的又一法宝，令人赞叹不已！

（2）欣赏式

曾经看到过这样一个幽默故事：一位私塾老先生在批阅学生作文时发现有三篇不同寻常的作文卷，他分别给它们加上评语。第一篇写了标题后，只写了一个"夫"字就没了，他评曰："大有作文之势！"第二篇仅有标题，连"夫"字也没有，他评曰："引而不发，妙也！"第三篇干脆白卷，连标题都没有写，他还是给他加上一个评语："清白可喜。"这当然是个笑语，带着某些讽刺意味，但笑过之后，逆向思考一下，我认为它还颇有一些启示意义，那就是写作文批语时注重掌握鼓励的学问。教师的眼睛不能专找学生的不足，还应发现优点给予鼓励。从某种意义上来说，好作文不一定是老师教出来的，但可能是教师鼓励出来的。人们常说，教育的艺术，说到底是一种鼓励的艺术，写作文评语也是如此。一个语文教师必须在评语中贯彻鼓励性原则，敢于鼓励，善于鼓励。教师批改作文不是法官判案，不必那么拘泥，可坚持鼓励优点但不纵容缺点的做法。茅盾上小学时，老师在他的《宋太祖杯酒释兵论》的文末，写下这样的批语："好笔力，好见地，读史有眼，立论有识，小子可造。其竭力用功，勉成大器！"在《秦始皇汉高祖隋文帝论》的文末，该老师的评语更为精彩："目光如炬，笔锐似剑，洋洋千言，宛若水银泻地，无孔不入……"读着这样的文字，我们可以想象少年的茅盾该是如何受其感发和激励。因此，我在评语中常常这样写："一腔真情皆在篇首涌现，耐读！""此处刻画十分传神，令人拍案！""文章写得很有灵气，想象已然展开翅膀……"

（3）斧正式

针对学生写作实际，可以这样写批语：

"请你想一想，这句话里的动词和名词是否搭配？"（不写"搭配不当"）

"你思考一下，《我的老师》与《我和老师》在选材上是否一样？"（不写"选材不当"）

这样下批语，多用商榷性口气又不失指导性，学生易于接受，也乐于接受。

譬如一学生不能正确运用标点符号，一逗到底，老师写了这样的批语："句号瞪着圆圆的眼睛，引号的眉毛挑了起来，感叹号哭起了鼻子——我的主人，你怎么忽视我在文中应有的位置呢？"还有一位老师，当他看到一篇错别字很多的作文时，批语道："你这篇作文从内容到结构，都挺不错的。可惜错别字太猖狂，害得那些非错别字们个个唉声叹气，叫苦连天。为了伸张正义，来不及跟你商量，我已经把这些错别字揪出来示众，请你各打它们五十大板，然后关押起来，什么时候改造好了，再放它们出来。"这些批语，诙谐中见师情，幽默中见力量，学生会在一笑中受到思想震动，认识不足，学到知识，这恐怕要比直说更引人深思吧！

这样的批改，给学生留下了思考的余地，学生在教师的点拨下，不仅"知其然"而且"知其所以然"，从中悟出修改道理，提高写作能力。正所谓"投石水中，涟漪片片"，教师何乐而不为呢？

当然，写好评语还必须做到语言生动活泼给人美感。教师要求学生写作文用语力求生动活泼，这是言教；教师评语也努力于此，这是身教。学生可在潜移默化中受到良好影响。

在新课程理念下，我们应当顺应孩子的天性，共同寻找适合孩子的习作教学世界。

二、习作——小学写作教学的新定位

《全日制义务教育语文课程标准（试验稿）》对出现在各阶段的写作教学分别给予了新的名称。一、二年级叫写话，三年级至六年级叫习作，七年级至九年级叫写作。经历九年这样有层次的写作学习生活，孩子们将拥有一个又一个提高写作能力和水平的平台，走过一条从"趣味写话""率性习作"（是为让作文成为儿童真实生活的需要，打破作文为迎合教师、完成作业的学生习作心理障碍，自由表达）到"公民自由写作"（就是要让学生自觉地意识到，写作是他作为一个公民的权利和义务。作为权利，写作应该得到尊重，不容侵犯，不需要屈服于权势，也不需要放弃自己自由表达的权利。就像有些人所说，我写故我在。）的写作之路。

小学写作教学也因此有了新的内涵和定位：

（一）对学生的新理解：个性写真

课程标准这样说道：写自己想说的话，写想象中的事物，写出自己对周围事物的认识和感想。能不拘形式地写下见闻、感受和想象，注意表现自己觉得新奇有趣的或印象最深、最受感动的内容。

"个性"，一般是指在先天素质基础上，受社会生活条件制约而形成的独特而稳定的具有一定倾向性和动力性的各种心理品质的总和。不能反映孩子内心世界的习作，也就失去了习作的本质意义。

我们应尊重孩子的个性和个性差异。每一个参与习作的孩子都是有独特个性的主体，他们在习作的过程中，都需要写自己的意思，写自己的实话、真话、心里话，做富有个性的独特的意思表达。习作是孩子澄澈、透明、自由的心灵世界的写真，应该写生活作文，写童心作文。

（二）对写作的新解读：自由表达

为学生的自主写作提供有利条件和广阔空间，减少对学生写作的束缚，鼓励自由表达和有创意的表达。习作教学要尽可能给学生提供自由表达的时空，少一些硬性的要求，多一些鼓励和激发。不必过于在意表达的差异，应鼓励学生"我手写我心"。把习作与生活联系，重观察、重体验、重思考、重真情实感，写真话、写实话、写心里话、写童话，不写假话、空话。鼓励想象和幻想，鼓励有创意地表达。淡化文体，激发学生的写作兴趣，真正让学生喜欢写，善于写。

看到什么，听到什么，想到什么，就写什么；想写什么，就写什么；想怎么写就怎么写。大胆表达、自由表达，有创意地表达。在表达中感悟表达，积累表达的经历和体验，学习表达，最终形成自己的表达。

著名教育学家陶行知先生在《创造的儿童教育》一书中提出了"五大解放"理论。

1. 解放儿童的头脑，使他们可以想

陶行知先生指出："儿童的创造力被固有的迷信、成见、曲解、幻想层层包裹布缠了起来。我们要发展儿童的创造力，先要把儿童从迷信、成见、曲解、幻想中解放出来。"时间过去了几十年，虽然迷信已不再是禁锢儿童思想的裹布，但这并不意味着儿童的头脑就被解放了。看看我们的作文教学现实吧！

案例1：五年级学生在写《我的妈妈》这篇作文之前，老师给学生规定了本文要反映出伟大的母爱。学生挠头抓耳，苦思冥想老半天后，一个学生说："老师，我从小就失去了妈妈，怎么写？"另一个学生说："老师，我妈妈很自私能写吗？"还有的学生说："老师为什么非要写伟大的母爱，可不可以写爱唠叨的妈妈，爱打麻将的妈妈呢？""不行！"老师斩钉截铁地说道。顿时，学生都傻了眼，埋头纷纷编造起来。几十分钟后四十多位伟大的母亲纷纷新鲜出炉了。老师肯定了学生们能围绕中心选材写作。

这就是束缚儿童头脑的裹布——老师或教材预先设定的中心，作文教学就是指导学生围绕中心区寻找或编造生活素材。除此之外，作文教学中老师的权威言辞，教学方式的灌输，不许这样，不许那样的死规定，把儿童的头脑里一层外一层地裹了个严严实实。请问裹布里的头脑还有创造性吗？

解放儿童的头脑吧，让他们选自己想写的材料，让他们按照自己的思维去思想去创造，从而发挥他们头脑的真正的作用。请看另一位老师《我的妈妈》教学片段：

案例2：第一步，老师和学生一起拟题，一会儿黑板上出现了许多好题目，如《爱管闲事的妈妈》《爱打扮的妈妈》《妈妈的手》《妈妈的小秘密》等。第二步，老师引导学生回忆生活中真实的妈妈，一会儿教室里像炸开了锅，同学们互相介绍自己的妈妈。第三步，老师鼓励孩子根据自己真实的妈妈，选择合适的题目作文，几十分钟后，四十多位活生生的、各具个性的妈妈出现在老师和学生的面前。

解放儿童的头脑，就要鼓励学生发表新思想，提出新问题，发现新事物，让他们大胆进行写作。我们要提倡童言无忌，提倡思维无禁区，如写妈妈既可以写她的伟大无私，也可以写她的渺小和贪婪；写比赛既可以赞颂胜利者，也可以讴歌失败者。儿童的思想解放了，束缚解脱了，他们一定会敢想、敢说、敢写；套话、假话、大话、空话肯定能消失；而新思想、新观点、新见解、新思路必定会层出不穷。

2. 解放儿童的双手，使他们可以玩

陶行知先生认为："中国对于小孩子一直是不许动手，动手则要打手心，往往因此摧残了儿童的创造力。"他认为小孩子的双手要解放出来，让小孩子有动手的机会，这与《语文课程标准》中提出的"让学生在写作实践中学会写作"的理念是一致的，不解放儿童的手，怎能谈得上写作实践，怎么让学生去积累素材，收集材料，对材料进行提炼加工呢？因此，在作文教学中，我们要让他们去做他们应该和愿意做的事，从而达到目的。请看下面成功的教学案例：

教师在指导学生写人教版第八册习作训练《放风筝》看图作文时，先和学生一起制作风筝，学生人人动手个个参与，制成了大大小小、各式各样的风筝。在此基础上老师要学生说说风筝制作过程，推销推销自己的风筝，然后带领同学到操场放风筝。回到教室后，老师发动学生查找有关风筝的知识，兴趣盎然的学生有的写出了制作风筝的说明文，有的介绍放风筝的过程，有的谈制作风筝、放风筝后的感受。这位老师引导孩子制作风筝—说风筝—放风筝—了解风筝—写风筝，在这些过程中学生的好奇心得到了激发，学生的合作学习能力、收集整理能力都得到了提高。

3. 解放儿童的嘴，使他们可以谈

陶行知先生指出："中国一般是不许说话。小孩子得到议论的自由，特别是问的自由，才能充分发挥他们的创造力。"因此，他认为："小孩子有问题要准许他们问。从问题的解答里，可以增进他们的知识"。但我们的作文教学现实有时却违背了这一常规。请看这个案例：

师：请同学们仔细观察烧不坏的手帕的实验过程，然后说说老师是怎样一步一步做实验的。

过一会儿，实验做完了，学生纷纷举起了手，老师一看大喜，心里想这些孩子真乖，上课真认真。可学生起来却说道："老师，这是什么手帕呀，怎么烧不坏？"另一学生继续说："难道真没办法烧坏它？"这时老师气急败坏地说："刚才我问的是什么问题，你们回答的是什么？"（教室又鸦雀无声了。）其实这时我们应顺应孩子的需要，让他们大胆提问，然后一起动脑筋去解决问题。这样学生的潜能才会不断被开掘，思维不断放飞，天性不断彰显，能力不断提高。

4. 解放儿童的时间空间，让他们在自由宽松的空间发展

陶行知先生指出："要解放小孩子的空间，让他们去接触大自然中的花草，树木，青山，绿水，日月，星辰以及社会。"创造需要广博的基础。解放了空间，才能收集丰富的资料，扩大认识的眼界，孩子的表达能力只有在自由宽松的环境中才能得以激发、培植、发挥。

但我们在要求自由表达的同时一定要注意：

1. 孩子对语言的规范

现在孩子的作文有滥用网络语言的现象。下面请看一篇刊登在《东方新报》上的作文：

那个星期天，妈妈带我去逛 200。我的 GG 带着他的恐龙 GF 也在 200 玩，GG 的 GF 一个劲儿地对我 PMP……

不知道各位老师有没有读懂这个孩子写的文章，反正我当时看得是一头雾水。后来看了看下面的注释才恍然大悟。大家请看：

200 代表英文 ZOO，这是动物园的意思。GG 是哥哥。恐龙是网络中长相有点丑的女孩的统称。GF 是女朋友，PMP 是拍马屁。小作者倒是做到了自由表达，用我手写我心，但是作文是思想的交流，这些语言阻碍了与他人的交流，所以老师应强调规范使用语言文字。

2. 注意引导孩子对生活怀有健康的情感

因为在自由表达时孩子们的作文中有时会流露出一些灰色甚至是黑色的调子。如一位小学生写的《我的妈妈》中写道：

我恨我自己为什么会投胎到何家，妈妈把我当成这个家的局外人，什么事都不考虑我，都不和我商量。她老是以为我是三岁的小娃娃，什么都不懂。

妈妈脾气不好，常常无缘无故发脾气。国庆在家这几天，她一方面不让我离开家；另一方面又常骂我天天待在家里，我挺不好受。

最近她老是和爸爸吵架，没完没了，到后来竟发展到要离婚。那天，两人又打起来了。我赶紧拉住爸爸说："别打了，别打了!"可事后妈妈还骂我不帮忙。

妈妈根本不了解我。我爱好什么，对什么感兴趣，她一点儿也不知道。那天早上，我正在兴奋地挥洒着我的画笔，一幅大作的诞生让我乐不可支。妈妈却不高兴了，说："你就只会画这些东西，有什么出息，顶什么用!"

哎，对着妈妈，我好烦。

我们能读懂小作者的怨恨，我们也对她的处境表示同情和理解。但是我们不能听之任之，应帮助孩子从灰色基调的心绪中解脱出来。比如这篇文章，可以告诉小作者：我们不可以一味地沉浸在灰色、阴冷、埋怨的情绪中，我们要借作文审视自己的情绪，然后调整自己的心态，以乐观的心态愉快地面对一切，甚至去影响和改变现状。我们承认妈妈是有做得不太漂亮的地方，但作为女儿的是否应该这样想："爸爸、妈妈之间也有许多矛盾，妈妈有许多解不开的心结，因而显得心情烦躁；我们一味地要求能得到妈妈的爱，我们在生活中给予了妈妈多少爱呢?"这样一想我们的文章也就不再是牢骚满腹，相反可能成为一篇充满人情味的好作文。老师在修改文章的同时，其实也在转变孩子的一种人生态度。

（三）对教师的新要求：解放心灵

1. 解放心灵　突破框范

孩子是本能的缪斯和独特文化的拥有者，"儿童在本能上是一种缪斯性的存在，儿童文化则是一种缪斯性的文化。这种缪斯性的文化主要表现为充满旺盛的想象力，具有诚挚的情感，怀着艺术化的生活态度。"（朱自强《小学语文文学教育》）儿童的这种独有的天性和文化特质是极其可贵的来自童真世界的人性资源，又是儿童进行写作学习，求得自身的发展的天然原动力。这种文学性感觉、思维和语言，会一直延续到儿童期，艺术的本能在小学阶段的儿童身上，还显示着强大的力量。所以，习作教学要关注孩子，竭尽全力地去理解孩子，孩子们喜欢阅读的书，喜欢看的电视，老师都要尽可能地去读读去看看，这样才能真正地走进孩子的世界，积极地给予孩子支持和帮助，发现孩子的亮点。我们只有尊重孩子独特的审美体验和儿童化的语言，才能真正解放儿童的手脚，解放孩子的心灵，让他们写真话，写出自己的话。

老师要丢掉头脑中的框，丢掉教案预设的框，丢掉范本习作的框，真实感受生活，思考指导作文。有时教师要求学生写的作文，最好自己先写一写。写与不写大不一样。写范文，你就会真切地体会到这次作文哪些地方需要指导，该怎样指导。除了和学生一起写同一内容、同一体裁的作文，教师还可用笔和学生一一进行对话、谈心。学生把最想说的话写给老师，老师把最想说的话写给学生。这既是学生练笔，教师"下水"，又是师生心灵的对话。其作用，对学生来说，不仅是学作文，而且是学做人；对老师来说，不仅指导了学生学习语文，而且可以从中向自己的教育对象——学生学习，做到相互沟通，教学相长。

2. 尊重童言　扎实基础

"思想宏通的人，语言自然宏通；卓越的语言自然属于卓越的心灵。"苏霍姆林斯基在《帕夫雷什中学》里说得好："一个好老师意味着什么？意味着他热爱孩子，了解孩子，不会忘记自己也曾经是个孩子。"我们老师应站在孩子的角度，从孩子心灵出发，守护孩子的童言、童真、童趣、童心，解放孩子的心灵。

这时，我们更要注意扎实习作的基础：

基础需要　孩子需要热爱习作，这可以通过外界激励获得，比如教师可以设立最长作文奖、动作描写奖、精彩细节奖等奖项，鼓励孩子喜欢习作，热爱习作。孩子还得形成内在需要，教师可以引导孩子养成写周记、日记、读书笔记的好习惯，让孩子具有强烈的表达愿望、感受表达的乐趣。

基础观察　在习作教学阶段，教师应该引导孩子知道观察事物要按一定的顺序。应帮助学生掌握一定的基础观察技巧，如眼睛看、鼻子闻、手触摸、身体感知、心灵体会等。

基础积累　教师应该教会学生注重字词句积累，注重对生活的观察，学习寻找自己的语言，尝试表达自己的观察结果，积累别人的语言和积累自己的语言同步进行。

基础想象　习作教学其实很简单，简单到只需要图画、形象和语言。而这些都植根于想象中。教师要从教学生打比方开始培养学生的想象能力。

基础表达　有些孩子追求描写的生动，但是却忽视了常理和情感色彩的表达，下面这两个例子就属于此类：①唧的一声，我来了一个急刹车，可还是把老太太撞飞了，满篮子鸡蛋亦随风飞舞。②解放军叔叔匍匐前进，就像一条条绿色的菜青虫在地上蠕动。教师要与学生在鉴别中学会合理合情地表达。

基础修改　教师要引导孩子善于发现自己或别人作文的好词佳句，为别人和自己喝彩，还要善于发现文章中的错字病句，找准病因对症下药，掌握基础修改的技巧，学会修改习作。

三、反思——习作教学曾经的误区

我们有过厚重的习作教学经验积累，为我们在新理念下的探索提供了宝贵的可借鉴的资源，也有许多值得我们反思的误区。

束缚：

以教师的名义——用不恰当的写作目的与要求束缚孩子。

以立文的名义——用不切实的写作方法和技巧框范孩子。

以考试的名义——用不全面的检测等次和分数制约孩子。

束缚表现为如下的一些误区：

（1）**模式固定**：教学基本按"题目—范文—写作—批改"的模式推进。

（2）**老生常写**："一件有意义的事""一个熟悉的人"类似习作常写不衰；擦桌子、推车子、让位子等材料常选不息。

（3）**纠缠技巧**：比喻多少个？拟人多少个？开头怎么办，结尾如何写？在写作技巧中兜圈子。

（4）**求全责备**：对孩子的作文一味地求全责备，压抑学生的创作激情和表达欲望。

（5）**放任自由**：一任孩子随性写作，对明显的价值观偏离和文理不通的问题也任其存在。

（6）**倒置源流**：一项调查显示，学生作文时遇到的最大困难是作文没有材料可写。究其根源，就是平时忽视了生活积累。现在的学生，他们生活的范围本来就很有限，再加上来自方方面面的压力和限制，他们就只能在"四角的天空下"生活了。所以要让学生有话可说，首先要尽可能地给学生留出时间和空间，让他们多接触、多参与各种各样的生活实践，并培养学生"看、想、记"的良好习惯，作文时就不愁没有素材了。

叶圣陶讲："生活就如源泉，文章犹如溪水，源泉丰盈而不枯竭，溪水自然活泼地流个不歇。"可我们却舍弃了生活这个源泉，去追逐范文，生拉硬套。在作文课上采用填鸭式：学生按着老师出的题目，仿着老师的范文，按着老师认可的提纲，填着老师准备好的词语，编造着自己的作文。这样做的结果，使学生脱离了生活，闭塞了思路。久而久之，当学生独立作文时自然无"话"可说。

当然，我们在习作教学时一定要注意：防止矫枉过正。

"自由表达"在作文教学中只能是现实的策略之一，同时也应是我们所要追求的目标，片面强调砸碎限制，冲破常格，抛弃规矩，直奔"自由"而去，有悖于作文教学规律。这种误区主要表现有：

1. 视统一指导为自由与个性的大敌，否定或者放弃一切统一指导

比如，有人对特级教师于永正老师的作文课颇有微词，认为学生的习作鲜有个性。就公开发表的课例来看，于老师的作文指导往往是：或者开展各种活动，或者创设生活情境，就同一内容让学生动口说，动笔写，在这过程中，引导学生积极主动参与讨论写作方法和语言运用。这种在提供同一写作素材基础上的统一指导，指明了构思的方向，激活了语库，启示了写法，使学生少走了弯路，提高了效率。毋庸讳言，在这样的统一指导下，由于内容相同，学生习作往往因此存在类同有余、个性不足的遗憾，但我们相信，一次次成功的写作经历和经验的内化与外向迁移，同样能让学生"自能作文"，最终实现"自由表达""个性表达"的目的。

当然，在统一指导过程中，对那些在成人看来离奇稚嫩甚至荒谬可笑却是学生的独特感受和体验的内容，应细心呵护；对学生的创造与智慧要给予热情洋溢的鼓励。同时还应把统一指导与自由习作结合起来，广开迁移渠道，促进"规矩"向"巧"的转化。

2. 视模仿为自由与创造的束缚，不屑或者反对适当的模仿

有人向一位写字教学成绩斐然的老师取经，答曰：第一，描红；第二，天天描红；第三，天天认真描红。在认真严格的描红中，学生掌握了字的结构规律和书写的基本方法，水涨船自高。相反如我，习字历程中，从未机械刻板地去描红，而直接进入"自由"和"创造"，与汉字打了数十年交道，"个性"虽有，却始终近乎涂鸦。何以如此？抛弃"规矩"，越过起点和基础，急功近利地追求"个性"，放手"创造"，与揠苗助长何异！

当然，模仿要着眼于创造。模仿主要是借助"原型"的语言形式、写作方法，来表达自己的思想感情，这种"旧瓶装新酒"的本身，就包含一定程度的创造。就方法与形式而言，允许模仿并非主张拘泥"原型"，生搬硬套，也要鼓励变化，鼓励对多种"原型"融会贯通，灵活运用。同时，根据学生的实际，模仿要与作为策略的"不拘形式""自由表达"结合起来，以期让学生尽快进入作文的自由王国，能够意到笔随，尽享自由创造的快乐。

反思我们教师自己的成长，我们让学生热爱写作，那老师爱写作吗？

世界著名数学家吴文俊教授的成长史，他到大学三年级，还没有喜欢上数学。但就是因为大学三年级时一位武老师给他们上课，武老师的数学课可神奇了，唤醒了吴文俊，从此他狂热地爱上了数学，创造了世界数学史上的奇迹。试想一个语文老师自身都不热爱写作，他如何引导学生去享受习作。老师真的应该爱上写作，这是语文老师的基本素养，必备的素养，这不是过高的要求。有了这个素养，我们的习作教学才能达到一个新的高度。

认真研究新课程标准和我们的小学阶段教材是每位语文老师不得不考虑的问题。首先需要我们每位老师系统学习课程标准中关于习作的每一条规定，尤其对第二、第三学段的习作要求，一定要一条条学习，一点点分析，彻底读透这些要求，明白这些要求具体指的什么，明白自己如何在自己的教学中体现这一切，还要熟悉整套小学教材（包括习作教材）。因为老师只有认真研究新课程标准和我们的小学阶段教材，才能站在一个更高的高度，有计划、系统地去进行作文教学，孩子才能实实在在地获得提高。

四、寻找——适合孩子的习作教学世界

我相信：习作的源头来于生活，习作的基石在于阅读，习作的能力成于巧练，习作的水准凝于思考。生活实践、阅读实践和写作实践是孩子习作生活的有机组成部分。寻找适合孩子的习作世界可以从这三个方面开始：

生活实践：习作活动不是单纯的写作训练，它首先表现为孩子的真实的生命过程与经历。我们应当把精彩的外面世界引进教室，让生活走进孩子的习作，让习作与生活同在。

无欲不举笔：感受丰富生活，激活写作激情。

无趣难下笔：品味生活情趣，焕发写作热情。

无情难成文：体会人间真情，喷涌写作真情。

1. 指导观察体验生活的事实空间

给学生提供交流各自生活经历的机会，对学生间接获得生活经验进行指导，实现信息资源共享，奠定素材积累的基础。小学现行课程安排一周仅有两堂习作课。于是小学传统的一篇作文教学往往是分两课时完成，要求学生在八十分钟内于教室完成，指导拟稿、修改、誊写。似乎学生习作所需的信息全部储存于大脑之中，习作时只要提取后稍作加工即可，这显然是不现实的。"倚马可待"的奇才自古以来有几个？更何况刚刚学写作的小学生。这样看来，学生在习作指导的课堂"无话可说，

无话可写"应是情理之中。从这个角度看责任不在学生，而在于教师，是我们教师使学生远离了丰富多彩的习作源泉——生活。因此我们习作教学首先打破"一篇习作教学就是两课时的习作教学"这沿袭了几十年的做法，而让我们的习作时空飞出课堂，走进学生的生活。因此我们习作指导首先要做"为学生的自主写作提供有利条件和广阔空间"。比如我们可以在作文课前一天、一周，甚至几周让学生明确习作的要求，放手让其到生活中去搜集信息，精心构思，充分拟稿。因此，一篇作文的练习周期不是两课时，而应根据具体习作的要求，可以是一周，也可是两周，甚至一个月。学生所写之作当然不是"空话"与"套话"，而是他们眼中的世界与生活。我们可以带领孩子做到：①领略自然景观，体验绚丽多彩的自然生活。利用假期到祖国各地去旅游观光，欣赏祖国的大好河山，领略神州大地的名胜古迹；利用双休日到野外观察自然风光，动植物的状态等，体验大自然的风雪雷电、日出日落，感受大自然的情怀。②关注社会动态，体验纷繁复杂的社会生活。教师有目的地带领学生参观工厂，访问各界人士，让每个学生都当当小记者，进行采访活动，了解超级市场、城市环保和乡村变化，创造与他人交流的机会，注意搜集信息，关注社会动态，多收听、收看新闻节目，留心周围的新生事物，了解社会动态。③开展课外活动，体验丰富多彩的学校生活。通过组织春游、秋游、野炊，开展小制作、小发明、小实验等各项技能竞赛，举行歌舞、小品等文艺联欢活动，体育竞赛、美术、书法作品展览以及看电影，上街参加公益宣传等活动，让学生感受学校生活，体验学校生活的乐趣。④布置"生活作业"，体验喜怒哀乐的家庭生活。有意识地让学生做些力所能及的家务，参加一些简单的农活或手工劳动，学一些劳动本领，体验劳动中的苦与乐，感受家庭生活的冷与暖。

2. 指导观察体验生活的想象空间

幻想是一种与自我生活愿望相结合，指向美好未来的想象。幻想是小学生生活的重要组成部分，是滋养学生习作成长的一方沃土。喜欢想象，乐于幻想，是儿童的天性和特长，甚至年纪越小，幻想越丰富，越大胆，越离奇。孩子们常常想到星月以上的境界，想到地面下的情形，想到花卉的用处，想到昆虫的语言；想飞上天空，想潜入蚁穴……我们强调自由习作要抓住这一天性，放飞学生的想象，让学生的心中活跃着栩栩如生、呼之欲出的意象，让学生每作一次作文，想象力、创造力就得到一次释放，生命灵性就得到一次拓展。

例：

一位三年级的小朋友就这样幻想着海底世界的故事。

小丑鱼和鲨鱼的悄悄话

在皎洁的月光下，一条勇敢的小丑鱼，游向深不见底的鲨鱼洞穴，它边游边想：为了我们小丑鱼能继续生存，我只有冒冒这个险，我一定要去说服鲨鱼和我们友好地生活在一起。

它来到鲨鱼洞前，轻轻地游进去，勇敢地叫醒了鲨鱼头领："喂，大家伙"。鲨鱼睁开眼，见是一条小丑鱼，不由一愣，然后咧开大嘴嚷道："小丑鱼，你不怕我吃你？"

小丑鱼摆摆尾巴轻声说："别，别，鲨鱼哥哥，我有事找你，我们能出去谈谈吗？"

小丑鱼和大鲨鱼浮出水面，在波光粼粼的海面上，开始了从未有过的悄悄话：

"鲨鱼哥哥，我们小丑鱼的数量因为你们的捕食而急剧下降"，小丑鱼用颤抖的声音说，"请您高抬贵手，放了我们吧!"

鲨鱼的脸上露出尴尬的神色，它喃喃地说："我也不想吃你们，可我们住在西南角，那里只有你们存在，我们不吃你们，可怎么活呀？"

看到鲨鱼为难的样子，小丑鱼不作声了，似乎也犯了难。忽然，小丑鱼像是想到了什么，蹿到了水底，用嘴拔起一根水草放进鲨鱼的嘴里："味道怎么样？这可是我们最爱的食物哦。绝对绿色食品，有益身体健康。"

鲨鱼咂了咂嘴："似乎味道不错，关键是能降低胆固醇。"想到这些，它快乐地张开大嘴，拔下一大堆水草，带回去让大家尝尝，"明天，我们也许就吃这个了。"

小丑鱼充满期待地望着游远的大鲨鱼，想到以后安宁的生活，满心欢喜。这一条勇敢机智的小丑鱼，用一根小水草，改变了鲨鱼的胃口。它是一条多么让人引以为豪的小丑鱼啊！

阅读实践：生活是习作的源泉，阅读则是习作的基础。老师要鼓励学生课余多阅览各类书籍，在校安排时间指导学生有目的、有计划地阅读、摘抄、讲演、交流

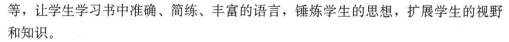

等，让学生学习书中准确、简练、丰富的语言，锤炼学生的思想，扩展学生的视野和知识。

一要及时向学生推荐适合他们年龄特点，并有利于他们身心健康的书籍。如：阿拉伯故事集《天方夜谭》，叶圣陶的《稻草人》，笛福的《鲁滨孙漂流记》，高尔基的《童年》，朱自清的《背影》《春》以及中华经典《千家诗》《弟子规》等，让他们快活地遨游于书海，在生动曲折的情节和朴实自然的语言中找到乐趣，从而收到教育陶冶情操的效果。

二要鼓励学生坚持不懈地进行读书积累。苏霍姆林斯基很早前就说过："应该把读书笔记作为作文教学的重要内容之一。建立在大量阅读基础上的读书笔记，既是学生对所读读物产生感受和认识的文字记录，也是一种表达能力的训练。"所以要在指导学生大量阅读的前提下，鼓励他们认真积累好词佳句、优秀片段、以丰富他们语言材料的仓库。比如可以定期出版手抄报，展示风采，激发兴趣。

三要坚持开展轻松愉快的读书交流活动。比如利用晨会、午会的三分钟至五分钟时间，让学生轮流向同学讲述自己最喜欢的一句话、最受启发的一则故事、最重要的一则新闻、最感动的一件事、最佩服的一个人等。天天如此，月月如此，这样不仅丰富了学生的知识，交流了感受，而且锻炼了学生的胆量，提高了学生的口头表达能力，取得一举多得的效果。

四要指导学生认真阅读，在课内、课外读物中积累写作材料。入选语文课本内的课文大都是名篇佳作。学习时，除了要求学生向作者学习怎样观察、认识自然、认识社会外，更重要的是向作者学习怎样运用语言来表达，做好语言的积累工作。我在这方面要求学生做到两点：一是每人备一本读书笔记，随身携带，对于课文中的精彩片段、妙词佳句、成语格言等分别整理并在班内定期交流，相互学习；二是要求背诵精彩片段和名言警句，这样，背得多了，作者的语言就成了学生自己的语言，运用时就得心应手。

写作实践：好的表达是一场精神的盛宴，当孩子能观察到自己想观察的事物，能感觉到自己想感觉的事件，能说出或写出自己想表达的感受时，是非常幸福的时刻。我们的习作教学就追求着这样的时刻。

例：

孩子的习作本：晚上，星空像孔雀尾巴，已经展开在我们的头顶上了。

而我们在土耳其诗人西克梅特的作品中可以读到这样的诗句：

"像孔雀尾巴一样的星空，

已经在我们头上展开。"

我们还可以在当代一位作家的小说《辽阔的星空中》读到这样的开头："星空，像孔雀尾。"

小作者的习作中已经把这两个材料融会贯通了。

《语文课程标准》强调小学生作文要"对写话有兴趣""乐于书面表达""能不拘形式写下见闻、感受和想象""注意表现自己觉得新奇有趣的或印象最深，最受感动的内容""为学生的自主写作提供有利条件和广阔空间，减少对学生写作的束缚，鼓励自由表达和有创意的表达"。这既是一种教学要求和建议，更是一种新的教育观念，需要我们不断地探索和实践。

飞翔以教材为翼

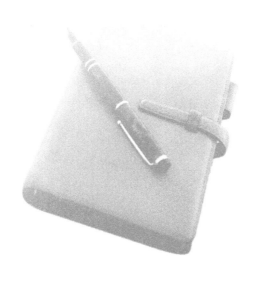

　　《语文课程标准》指出："教师应创造性地使用教材，积极开发课程资源，灵活运用多种教学策略，引导学生在实践中学会学习。"教材是教师与学生活动互相联系的脚本，是组织教学过程的基础，是教学内容和形式相统一的典范。正如苏霍姆林斯基在《论教育素养》中所说的："教师越是能够运用自如地掌握教材，那么，他讲解就越是情感鲜明，学生听课后需要花在教科书上的时间就越少。这是教师素养中的一个非常重要的特征。"是的，教师只有充分而又认真地钻研教材，才能针对学生认识实际，设定现实的情境，汲取学生切身的生活体验，与学生展开直接的、面对面的对话，这样，学生才会习得富有真情实感的、能动的、有活力的知识，学生的人格才会真正得到陶冶；只有深入钻研教材，与作者共喜共忧，同乐同悲，才能用自己的情感去感染学生，一起"披文入境""入境悟神""悟神动情"，在教学中作一首令人回肠荡气的诗篇，谱一曲让人心驰神往的乐章，演一幕摄魂夺魄的戏剧。钻研教材是教师专业发展的基础，质疑语文教材是教师专业发展的体现，教材的二度开发是实现语文教师专业发展的重要有效途径。

　　著名特级教师沈大安在讲学中举过一个生动的例子，他说有位语文老师在教学《狐狸和乌鸦》时是这样提问的：同学们，大树底下有什么啊？学生说，大树底下有个洞。洞里有什么呢？学生说，洞里住着一只狐狸……还有一位教师上《小马过河》第二段，老师问，有一天，老马对小马说什么呢？学生马上就都举手了，老马说，你已经长大了，能帮妈妈做点儿事吗？（课文中都写着呢！）老师很高兴，说，对，那么，小马是怎样回答的呢？学生说，小马说，怎么不能呢？我很愿意帮你做事。老师表扬说，同学们很会动脑筋，你们再看看，老马又是怎么说的呢？……一堂课，就这样老师问，学生答。看上去小手如林，对答如流，可是热热闹闹的背后是什么呢？

　　正如一首小诗所说："钻研教材深，沙里出黄金。钻研教材透，听课是享受。钻研教材精，解牛如庖丁。钻研教材巧，幼苗成材早。"因此，钻研教材、正确使用教材是非常重要的。我愿意把我多年的思索写下来，与大家一起探讨如何钻研小学语文教材。

一、认识——与小学语文教材结缘

要钻研语文教材，我们首先要了解小学语文教材的功能与结构。语文教材不是供传授的经典，不是供掌握的目的，不是供记忆的知识仓库，而是供教学使用的材料。面对新课程标准，教师和学生不是"材料员"而是"建筑师"，他们是材料的主人，更是新材料和新教学智慧创生的主体。那么，究竟什么是语文教材呢？

（一）小学语文教材是什么

早期的小学语文教材主要是小学语文教科书，即小学语文课本。随着时代的发展，虽然教材的概念不断地扩大，但小学语文教科书（课本）仍是主体、核心。如今，教材的概念已远不是一本书和几十篇课文了，一本书对于学生来说是"杯水车薪"，生活处处皆语文，生活处处皆教材。目前我国小学语文教材包括：教科书、教学指导书（或称教学参考书）、补充读物、教学挂图、幻灯片、字词卡片、录音带、录像带、光盘等。由此可见，语文教材是与语文教学相关的资料的总和。

案例：苏教版小学《语文》第 8 册第 6 组讲读课文《黄山奇松》

师：看了题目，你想到了我国与黄山奇松齐名的哪些自然风光？

生：我想到了吉林雾凇。冬天的早晨，松花江江畔的十里长堤，在阳光的照耀下，一棵棵树上缀满了晶莹闪亮、千姿百态的雾凇，真是美丽。

生：我想到了举世闻名的钱塘江大潮。每年农历八月十八，钱塘江大潮以它特有的气势，吸引了成千上万的中外游客，那江潮是那么快，潮位是那么的高，潮声是那么的响。

生：我想到了甲天下的桂林山水。那里的山是那么奇，那里的水是那么的清澈，那么平静。

师：你看，我国的风景名胜数不胜数。这是我们的骄傲和自豪。下面，该到黄山去看看那里的奇松了。（引导读课文，略）

师：学习了课文，我们对黄山奇松有了更深的了解。同学们，黄山是无边的画，

　　　　除了奇松，那里还有其他奇特的景色，能把你知道的向大家介绍介绍吗？

生：我从网上下载了黄山的风景图片，我想向大家介绍。（借助视频展示仪介绍温泉和奇石）

师：老师也在网上下载了有关黄山景色的资料（课前下发，资料主要介绍了黄山的奇石、云海、奇松、温泉和黄山的春媚、夏翠、秋色、冬韵等），请大家拿出来读一读，从中感受到了什么？

　　（生阅读资料）

师：谁来说说这些资料给你留下了什么样的印象，你感受最深的是什么？

生：我感受最深的是黄山的奇石，它们大小不同，形态各异，它们使我们看到了各种事物栩栩如生的形象。要是有一天我真的去黄山看看这些奇石该有多好啊。

生：我感受最深的也是那里的奇石，遍布山野的石头几乎每一块都有它的奇特的样子，真是不可思议。

生：我感受最深的是黄山冬天的景色，它是那么的迷人。我总认为，黄山的冬天特别冷落，没什么风景可言。但在看了图片和文字资料后，我觉得黄山的冬天也是别有一番风味，甚至更能叫人陶醉。

师：同学们，大自然赋予我们美妙的而奇特的景色。学习了这篇课文，老师想请你们课后搜集我国其他自然风光的资料，文字的，图片的，文字图片结合的都可以。每人可确定一个景点搜集整理，如一个人感到困难，可几个人一组搜集整理。通过整理，以形成我们自己编辑的《自然风光集》。

　　在这个案例中，教师不仅用了教材，还使用了从网上下载的黄山的奇石、云海、温泉和黄山的春媚、夏翠、秋色、冬韵等资料，拓展了教材的空间，让学生多角度地感受，通过联想、对比、阅读资料、交流对话等方式，增大了学生的课堂信息容量。这样，学生对黄山奇松的印象更深刻，对文本的理解也能更准确。

（二）小学语文教材有什么用

　　语文教材的功能主要体现为三个方面：语文教材是课程目标的载体；语文教材是教师指导学生学习语文的载体；语文教材是学生学习语文的凭借。

1. 语文教材是课程目标的载体

语文课程应该培育学生热爱祖国文字的思想感情，指导学生正确理解和运用祖国语文，丰富语言的积累，培养语感，发展思维，使他们具有适应实际需要的识字写字能力、阅读能力、写作能力、口语交际能力。

案例：人教版小学《语文》第 12 册《世纪宝鼎》

教师在引导学生初读课文，整体感知后，引导想象思考："同学们，为表达我国政府和人民对联合国，对世界人民的良好祝愿，世纪宝鼎这一个珍贵的礼物集中了哪些人的智慧和心血呢？"从而引出了"设计者、铸造者、装运者、赠送者、介绍者"等一批人物，继而让学生选择其中的一个角色，凭借课文和以往的积累，明晰角色任务（从设计者的精心设计，装运者的安全准时，赠送者的现场发言，介绍者的现场介绍等）。在此基础上要学生选择充当其中一个角色，并假想国家领导接见时的情境，要他们想象自己面对国家领导时的激动心情和真心表白。学生有的说："这是祖国对我的信任，是人民对我的期望，我一定竭尽全力，圆满完成国家和人民交给我的任务。"有的说："请首长放心，请祖国放心，我一定圆满完成任务，请祖国等待我们胜利的消息吧！"

接着，教师建议大家根据自选的角色，仔细阅读课文，认真准备。学生神情激动，全心投入，教师行间巡视，及时指点，在各自准备后，教师又建议学生按角色分组交流，完善计划，然后选派代表登台介绍。"设计者"是这样介绍的：作为"世纪宝鼎"的设计者，能在"世纪宝鼎"设计成功后的今天，向大家介绍设计的过程，真有一种说不出的快乐和轻松。接到国家交给的为联合国 50 周年设计礼品的任务，我激动得几天睡不着觉。向联合国赠送礼品，不仅要能表达良好的祝愿，而且要能展示国家的形象。对苏州刺绣、杭州丝绸、景德镇陶瓷等工艺品和知名字画等，我都先后有过考虑。那次，我到大街上散步，想去寻找灵感，在市建行大厅内，看到了鼎，我不禁眼睛一亮。是啊，在远古的时候，鼎是中国先民的一种炊具，后来又发展成为了礼器。从成语"钟鸣鼎食"和"一言九鼎"就可以看出鼎在中国古代社会生活中的独特地位。而且鼎作为一种重要礼物，象征着团结，统一和权威，是代表和平、发展、昌盛的吉祥物。因此，以鼎作为礼物，不仅意义深远，而且可露天存放，供众多的人参观，产生更大的影响。主意拿定了，我就着手设计了……（叙述设计宝鼎的大小含义，略）你看，最终设计定型的就是今天出现在大家眼前的鼎。我们的整个设计过程就是这样，我们认为，靠自己的努力为祖国争得了荣誉，我们感到无比的自豪。谢谢大家！（掌声）

课文介绍的世纪宝鼎，创意于中国传统鼎文化，可以说是中国鼎文化的继承和发展，而小学生对此接触较少。课文内容的重点，应是对"世纪宝鼎"样子的介绍和对其文化内涵、艺术价值的说明，要达成这样一个教学目标，并非易事。教师以语言文字为载体，在学生熟读课文后，创设了"设计者、铸造者、装运者、赠送者、介绍者"等角色，变枯燥、死板的复述为生动活泼的表演、讲述，学生状态投入，情感体验真实，何愁达不到教学目标呢？

2. 语文教材是教师指导学生学习语文的载体

语文教材是教师教学工作的主要依据。它为教师采用创造性的语文教学策略提供有利条件、有利于规范教师的语文教学行为，有利于培养学生的语文素养，有利于提高教学质量。

案例：北师大版小学《语文》第十册《微笑》

师：请孩子们细细地读读诗句，透过这诗句你仿佛看到了什么样的画面？一边读一边思考，在那些最能让你眼前浮现出画面的词语下做上记号。

生：（学生读诗自学）

师：（教师巡视了解情况）带着你的感受和你的学习小伙伴交流你的想法！

生：（学生交流自己想象到的画面，教师适时进行指导，引导学生表达完整，并进入情境）

师：刚才老师深入到一个小组听了他们的交流，非常有意思，下面咱们全班来交流一下。

生：一个微笑让我看到了家庭温馨的画面。

师：举个例子呢？一个微笑让家庭充满温馨，很多同学都在这个句子下面做了记号，想想通过这句诗，我们看到了怎样的画面呢？

生：从"温馨"这个词我看到了一个家庭很美好。

师：能说出美好的具体情形吗？

生：家庭和睦相处。

师：你就举自己家的例子吧！

生：我在吃完晚饭后，会和爸爸妈妈在一起散步，看书，下棋⋯⋯

师：这肯定是一幅温馨和睦的画面，对吧？带着这样的感受读读这句话。

生：（深情读诗）有了它，家庭充满温馨。

师：你的家庭是一个幸福温暖的家庭，从你的朗读中我们已经感受到了。

生：我勾的词语是"兴隆荣耀"，我妈妈在做生意，她每次都微笑着迎接买主，所以很多人都喜欢到我妈妈的店铺来交流或者是买东西。

师：可以想象你妈妈的店铺一定非常热闹，把这个热闹的情境给咱们读一读。

生：（高声朗读）有了它，生意兴隆荣耀。

师：你们瞧，这就是微笑的作用，所以有了它——家庭充满温馨（引读），有了它生意兴隆荣耀——（引读）它使——陌生者不再陌生（引读），它是——朋友间交流的暗号（引读）。

师：有人说，微笑能让两个陌生的心彼此靠近，想不想试一试？

师：孩子们，把头转过去，看一看这后边陌生的老师，你们从不曾见面，你们从不曾认识，你们看到了什么？

生：（学生转头看后面听课的老师，老师们都冲着孩子们笑，孩子们一边看，一边不好意思地笑）

师：告诉大家，你们看到了什么？

生：（激动）我看到每个老师都给我们微笑，给我们鼓励。

师：你感觉怎样？

生：我感觉心里非常温馨，都说眼睛是心灵的窗户，老师们用温暖的目光注视着我们，让我感觉很舒服。

（掌声）

师：说得真好，所以诗里说——

生：（齐读）"它使陌生者不再陌生，它是朋友间交流的暗号。"

师：（手指放嘴，做一个静的动作）注意是暗号，我们再来读。

生：（齐读，读"暗号"声音一下变小）

师：同学们从第 4 节想象到了很多画面，那第 5 节呢？

生：我勾了"重燃希望的火苗"，我曾经有一次考试失败了，而我的同学们给我一个微笑，让我重新振作了起来。

师： 我相信，在大家的鼓励下你一定能考取一个更好的成绩。

师： 你们瞧，希望的火苗因为微笑而燃烧了起来，多美好呀。一起来读这句话。

生： 每次回家，学习以后非常劳累，不想写作业了，但是家里人给我一个微笑，让我振作起来，又鼓起了学习的信心和勇气。

师： 微笑让你充满了力量，你读这句话。

生： （读的声音比较小）

师： （感觉没力量）我还想听听其他孩子来读这句话。

生： （高声朗读）

师： （称赞）我感受到了你充满了力量，你的疲劳消失了。大家一起来读。

师： 对悲伤者它还有如太阳，所以说诗人认为微笑比所有的礼物都有效。（板书单元主题词——礼物）

师： 这神奇的微笑，这充满魔力的微笑，是人世间最有效的礼物，所以我们这个单元的主题词就是——礼物。多有意思的微笑，把 2 个小节连起来读一读。

师： 读着这样的诗句你还联想到了哪些跟微笑有关的画面呢，你的眼前还浮现出了什么样的情境呢？让我们的心离开这间教室，来到操场上，来到大街上，来到陌生人中间，细细体会你能看到什么画面呢？

生： 我还看到在一辆公共汽车上面，一位叔叔为老奶奶让座，老奶奶脸上露出慈祥的微笑。（鼓掌）

师： 有了微笑，车厢里充满了浓浓的情意。

生： 在学校考试成绩没考好，老师给他一个鼓励的微笑。

师： 老师鼓励他，让他重燃了希望的火苗，争取下一次的成功。

生： 在课堂上，发言的同学因为紧张说不出话来，老师给他一个微笑，能让他鼓起信心，再次举手。

师： 老师的微笑让他充满了自信。

生： 在教室里，李老师给我一个微笑，让我们不再陌生。

师： 那你感觉我们现在还是陌生人吗？

生： 不是了，是朋友了。

师：微笑让我们成了好朋友。

生：我仿佛看到一位老师手抱着很多的书和教案，一位小朋友不小心碰到了老师，老师手中的书和本子掉了下来，小朋友停下了脚步，帮助老师拾起书本。老师对那位小朋友点头微笑。

师：微笑让我们彼此宽容。（鼓掌）

生：在马路上，一位年轻的叔叔捡起路边的果皮，把它扔进垃圾桶，经过的一位阿姨给了他一个美好的微笑。

师：多么温馨的画面，让我们感受到了和谐美好。（鼓掌）

师：有了微笑让我们的世界充满了和谐与美好，刚才所有的掌声都是给你的，你说得多好。

师：这么多充满浓浓诗意的画面，我们就可以用我们的笔，像诗句这样把它写出来。拿出你的纸笔把刚才想象到的画面用诗一般的语言表达出来。

生：（开始自创诗）

生交流自创诗：

生1：一个微笑，多么美好，
　　　　让人和人之间，
　　　　架起，友谊的桥梁。
　　　　有了它，世界充满和谐，
　　　　有了它，人们有了自信；
　　　　它使世界充满了快乐，
　　　　它使失败者抬起了头。

生2：
　　　　有了它，社会充满和谐，
　　　　有了它，世界更加团结；
　　　　它使彼此有如亲人，
　　　　它是人类快乐的源泉。
　　　　有了它，我们不再悲伤，
　　　　有了它，世界其乐融融；
　　　　它使世界没有战争，

它是悲伤的天敌。

生3：

有了它，学习充满了自信，

有了它，和谐的社会处处见真情；

它使我们鼓起勇气，战胜困难，

它是我不可缺少的一部分。

它使我们的生活美好，

它为失败者找回信心；

对于人类它是个开心果，

比所有礼物都惹人喜欢。

师：孩子们的小诗深情款款，让微笑的画面萦绕在我们的脑海里，是如此的温馨和浪漫。

李诚老师凭借教材，在小小的几个环节中，既培养了学生的口头表达能力、运用词语的能力，又培养了学生理解词语、学习表达方法的能力，长此以往，学生的语文综合素养会得不到提高吗？对此，从李老师的课后自评中我们更能生动地感受到：

《微笑》是一节诗歌课，诗人以微笑为话题，引出了微笑这一人世间最为温馨，却又最为平常的举动，乃是人一生最好的身份证这一中心，它是理解整首诗唯一的难点，作为老师我一直在思考到底教给学生什么或者说学生应该学到什么；老师该如何教；诗歌的特质是抒情，诗歌阅读的基本方法是"体悟"。"体"是入乎诗中，"悟"是出乎诗外；"体"是读者走上语言的桥梁与诗人晤见、对话、交流，"悟"是感受诗人思想情感并生成新的思想与新的情感。所以真正意义上的诗歌教学，不应该是浅表地积累语知、剖析结构、学习技巧，而是要在体悟的基础上，理解诗人倾注在作品中的情感和思想，实现读者与诗人心灵的对话、灵魂的拥抱、精神的交融和思想的同构。通过让学生感知具体形象的画面，达到对诗意的品味和感悟，唤醒生活的积淀，感受生活的情感，提升对生活的认识。在课堂设计中以小见大，抓住细微处作为切入点，引发学生学习兴趣，再配合生动精彩的诗意语言的引导，让学生自由地想，大胆地说，尽情地写，尽可能释放生命深处的创造能量，这样我们才能在课堂上读到孩子们充满稚气和童真的诗文。

3. 语文教材是学生学习语文的凭借

语文教材作为"无言的教师",打破了教师对教学内容的垄断,并使学生减轻了笔记抄写和记忆的负担。教材成为帮助学生系统、高效有序地获取知识的主要工具,也是培养学生语文思维能力和形成社会道德的重要途径,同时为自学提供了便利条件。可以毫不夸张地说,小学语文课本中的文章都是经过千锤百炼的精品,其中不少是名家的手笔。这些课文不仅具有很强的思想性,而且文笔流畅,语言丰富,是小学生学习借鉴的优秀范文。因此,要善于凭借教材,利用每一篇课文,通过教学使课文的东西内化为学生自己的东西。

只有凭借课文,通过读才能培养学生的语感,体会到作者遣词造句之确切、之精妙,才能真正感悟到作者是怎样通过语言文字表情达意的。对于课文中的精彩段落,则更应不惜时间,运用多种形式,让学生反复诵读,甚至于达到熟读成诵的程度。学生读的过程就是吸收的过程,积累的过程,也是内化的过程。

案例:北师大版小学《语文》第六册《雨铃铛》

师:(拿出"丁零当啷"的词卡疑惑地问)刚才还有小朋友听到了丁零当啷的声音。这又是谁的声音呢?(生纷纷举手,情绪高涨)

生:(喜悦)这是雨铃铛的声音。

师:哦,这就是金波爷爷送给我们的雨铃铛,孩子们,我们来读一读这两行诗,边读边想象,雨铃铛什么样?

生:(边自读边想象)房檐上,挂水珠,好像串串小铃铛。

师:你的脑海中浮现出雨铃铛的样子了吗?谁来给我们讲讲。

生:雨铃铛一串串地挂在房檐上,像糖葫芦。

师:哦,我看见了,雨铃铛是挂在房檐上的,一串一串的。

生:雨铃铛是小雨珠连成的,亮晶晶的,是透明的。

师:(摸摸孩子的小脸)听你说,我觉得雨铃铛好漂亮啊!
谁还想说一说呀?

生:雨铃铛还会摇晃,风一吹就摇。胖胖的,圆圆的,像停电时保安叔叔用的那种铃铛。要很多个串在一起。

师:(惊喜)多有趣!难怪我们叫它雨铃铛。带着你的想象一定能把这句话读好。

生：（有感情）房檐上，挂水珠，好像串串小铃铛。

师：雨铃铛真美，我也想来读一读，我邀请女生和我一起读。

　　（女生齐读）

师：可爱的雨铃铛还发出了（师拿出"丁零当啷"词卡，生说"丁零当啷"）的声音。

师：我们都来当当雨铃铛。你想怎么读这个词，你心中的雨铃铛会发出什么样的声音？

生：（声音清脆，节奏轻快）丁零当啷。

师：这串铃铛真清脆，真可爱。

生：（摇头晃脑）丁零当啷。

师：摇头晃脑的样子，就像风中的雨铃铛。

生：（拉长了声音，变换了节奏）丁——零——当啷！

师：雨铃铛真是惹人喜爱的小精灵。

生：（变着调子，像唱歌）丁——零——当——啷！

师：真是神奇的雨铃铛，还会变着调子唱歌呢！大家来合读，我请刚才这几个小朋友来读雨铃铛丁零当啷的声音。四个小朋友用接龙读书的方法来读。其余的小朋友读前面四行诗，让我们一起来享受雨铃铛给我们带来的快乐吧！

　　陈嫒老师的这一教学设计突出和强化了读的训练，让学生在读中理解，在读中体会，结合词语的读，于读中感悟雨铃铛的声音与形象，再加之老师适时的点评，贴近孩子的感受，不仅加深了对课文的理解，而且能领悟到作者遣词造句的贴切、精妙。

二、走进小学语文教材

　　小学语文教材是教师进行语文教学的基本材料，也是小学生认识语文世界的媒体。对语文教材进行钻研和分析，涉及教学流程的众多方面，是教学成败的关键，也是语文教学设计的基础。掌握对语文教材的钻研技能，是教师富有探究性的行为。

（一）小学语文教材的特征

小学语文教材是一种"文选型"教材，它指的是以所选范文作为主体的一种教材类型。所以我们叫它文本教材。什么是文本？用法国当代哲学家利科的话来说，"文本就是由书写而固定下来的语言"。当然不能说写下来的零散语句都是文本，文本可以看作是言语的作品，是一个构造起来的整体。它完全不同于说的言语。因而小学语文这种文本教材也就具有其独有的特征。

1. 小学语文教材的文学性

小学语文教材是一种文学教材，既然是文学教材，前提当然已经承认其是文学。情感性、形象性、整体性、模糊性，这些文学特性小学语文教材全都拥有。因而语文教师在面对教材时，要遵循文学教材的完整性，不要对它进行机械似的肢解；要考虑它的模糊性，不要用自以为"清晰"的语言，将文学的语言变得僵死；要尊重它的形象性、情感性、艺术性，考虑艺术作品的空间"留白"，激发学生的真情，让学生用自己的体验、感受和想象去填补。

小学语文教材还是一种独特的文学教材，其独特性表现在它的儿童文学性，可以说，儿童文学是小学语文教材的主体性。从现行的各种小学语文教材来看，具有纯粹的儿童特点，都是站在儿童的角度，以儿童的视角、以儿童的心灵在观察世界，解读世界。其中大量的儿歌、儿童诗、童话、寓言、儿童故事、儿童散文、儿童小说等都是纯粹的儿童文学。因此，对小学语文教师来说，就应该站在儿童的角度去钻研和分析教材。

在教《秋天的图画》时，老师让孩子用自己喜欢的方式把秋天带进课堂，有的学生制作了黄叶标本；有的学生画了秋天的图画；有的学生读了自己写的秋景日记；有的学生背诵了和秋天有关的诗歌；还有的学生端来了一盆盛开的菊花……他们根据自己的理解、观察，感受到了秋天。

关于童心，斯霞老师曾给我们举过这样两句孩子写的话：

（1）昨天，有个法国阿姨，到我们学校来参观，法国阿姨是女的，我们请她坐小汽车。

（2）向日葵一天天地长大了，有的比老师还高，有的比同学还高。

关于例（1），斯霞老师这样说，孩子唯恐别人不知道阿姨是女的，就写上了那么一句，这正是孩子的特点。因为在儿童时期，他们对阿姨等词的意义还不完全理解，只要他们不说"法国阿姨是男的"，我觉得没有什么关系。

关于例（2），斯霞老师这样说，孩子有长度的观念，可是不知道怎样来表达。在生活中他知道老师比同学高，就把高的向日葵与老师比，矮的就与同学比，成人绝不会这样比。但出于孩子的思维，是可以保留的。

儿童的视角就是那么奇特，所以老师在处理教材时，一定要"蹲下身子"，站在孩子的角度去研读探究。

2. 小学语文教材的教育性

所有的教材都具有教育性，而独具文学性的小学语文教材的教育性是有其独特性的。这种独特性首先表现为独特的语言教育性，文学性特点决定了语文教材的语言是不同于其他教材的语言的，它具有多义性和弹性，会因阅读者的生活体验和想象力的不同而变得各不相同，这恰好可以促成学生对本民族语言的丰富感受力和深入的理解力。

像寓言、童话这类文学作品的虚构性和超现实性非常有利于通过阅读教材，通过文学语言这种媒介培养学生的想象力和思维能力。有人说过："一千个人读《王子复仇记》，就会有一千个哈姆雷特。"每个孩子阅读的角度不同，对文本的感受当然会有所差异，只要言之成理，都应该受到肯定。当然，语文教材并不是仅止于文学语言的知识教育，它也应该在进行文学语言教育的同时，引导学生透过文学语言的艺术形象所蕴含的思想、情感，帮助学生感悟真善美，教会学生思考人生，培养学生健全的人格。

案例：人教版小学《语文》《狐假虎威》

（读完书后）

师： 读得真好！同学们，狐假虎威是个成语，用来比喻自己没有本事的人，借着别人的力量来吓唬人。就像这篇课文中的狐狸，借着老虎的威风把小动物们吓跑了，连老虎也被它骗了。你们想对这只狐狸说什么啊？

生： 我不喜欢你，因为你自己没有本领，靠着老虎的本领来吓唬人。

生： 狐狸啊狐狸，你总是这样说谎骗人，就像《狼来了》中的小孩，以后就没人相信你了。

生： 我不喜欢你，因为你太狡猾了！

生： 我觉得这只狐狸挺好的，它挺聪明的呀，靠着这个办法从老虎手里逃走了。

师： 遇到坏人威胁我们时，如果我们打不过他，可以想办法逃脱或用智慧战胜他。可是，大家还记得《狐狸与乌鸦》这篇课文吗？那只狐狸骗走了乌鸦嘴里的肉，你能说它聪明吗？

生： 不能。

师： 为什么呢？

生： 因为它是不劳而获，是靠花言巧语来骗取别人的食物。

师： 是的，这点我们不能学习。那这篇课文中的狐狸呢，你们觉得值得学习吗？

生： 不值得，它是用小聪明在骗人，不仅骗了老虎，还骗了所有小动物。

生： 它非常狡猾，不值得我们学习。

生： 它可以用其他的办法逃走，不能像这样自己没本事还去借着别人的本事吓唬人。

师： 是啊，在实际生活中，我们要学聪明的狐狸用智慧与坏人作斗争，千万不要学狡猾的狐狸去骗人。

阅读是极具个性化的行为，作为教师，首先要珍视学生在解读文本的过程中，表现出来的情感态度与价值观，在上述案例中，学生对本文的体验是多元的，我们要特别关注学生的自我感受，使他们的阅读行为，成为他们自我理解、自我成长的过程，让每个学生在读中积累思维，展开丰富的情感活动，获得个人感受。但是，多元解读时既要激情燃烧，又要理性思考。既要尊重学生的独特体验，也要注意健康的价值取向。因为在解读文本时，学生的阅读体验可能存在偏差，教师应该引导他们在此基础上进行讨论、探究，坚持正确的价值取向。语文学科饱含着人文性，只有真正做到既传授语文知识，培养语文能力，又塑造健康人格，才能使学生的语文能力真正得到提高，才能实现语文教育的目的和价值。本课的教学中，对狐狸的正确看法和认识，正是体现了这一点。只有这样，才能有利于学生形成良好的个性和健全的人格，才能培养学生积极向上的情感。

（二）小学语文教材的钻研思路

正因为小学语文教材是一种独特的文学教材，所以它的钻研与文学的欣赏阅读有相通之处，我们可以从文学阅读的方法中找到研读小学语文教材的新思路。

1. 接受美学的阅读理论

接受美学，又称接受理论和接受研究，是由 20 世纪 60 年代联邦德国康士坦茨大学教授姚斯和伊瑟尔等五名文艺理论家创立的一个美学派别。接受美学强调研究读者的重要性。确定读者的中心地位，是接受美学的重要主张。读者之所以重要，就在于"读者在阅读中不是被动地感知，而是充分调动能动性和自己的想象力、直观能力、体验能力和感悟力"，认为，"接受者从作品中能领悟出意想不到的意义来"。读者的能动作用决定了文学作品在不同时期的地位和价值，而且读者还能间接影响文学作品的再生产。

在小学语文教学中，学生对教材的阅读无疑是文学接受的一种形式。接受美学理论启示我们，教师应该以新的思维和视角研究教材，以新的观念和态度对待教材的接受者——学生。比如，接受美学强调并重视读者在文学价值实现活动中的能动作用，将读者置于突出的重要地位的方法，能促进教师在语文阅读教学活动中与学生之间的互动，发挥学生在解读教材中的能动作用，改变教师单方面阐释作品并单方面向学生灌输的传统教学方法。

案例：人教版小学《语文》第 11 册 19 课《第一场雪》

师：同学们说得多好啊！这是多大、多美的一场雪啊！见到这么美的一场雪，人们的心情是怎样的呢？

生：高兴！快乐！开心！（学生七嘴八舌地说）

师：请同学们读读课文，找找直接表现人们喜悦之情的句子。

（学生默读课文，并在书上画句子，不久纷纷举手）

生：我找到的句子是："嗬，好大的雪啊！"

师：（点击这句话，屏幕显示）假如是你，当你推开窗户，突然看到这么大、这么美的一场雪，你会怎么说这句话呢？

生：嗬——好大的——雪啊！（读得很抒情、很优美）

师：你真是一个温柔的女孩子，读得多么抒情啊！其他同学呢？也许你不是这样说的。

生：嗬，好大的雪啊！（读得很兴奋，语速很快）

师：一听你的话，就知道你是个热情的男孩子，读得真棒！（面对全体）同样的一句话，性格不同、理解不同就会读出不同的味道来。同学们，照着你自己的想法去读吧！（学生开始练读）

生：老师，我觉得配上一个动作可以读得更好。

师：那就让我们见识一下吧！

生：（做一个推开窗户的动作）嗬，好大的雪啊！（鼓掌）

生：（一边拍手一边跳着说）嗬，好大的雪啊！（鼓掌）

生：（没有动作）嗬，好大的雪啊！（掌声更响，这是一名跟班随读生）

师：说吧，照你们的想法去读去做吧！

（课堂里非常热闹，每个学生都高兴地读起来了）

师：还有表现人们喜悦之情的句子吗？

生：我还找到了一句"那欢乐的叫喊声，都快把树枝上的积雪震落下来了。"

师：（点击句子，屏幕显示）孩子们在叫些什么，喊些什么呢？（屏幕显示孩子嬉戏图）（学生纷纷举手）

师：不用举手，就在座位上叫出来、喊出来。

（学生叫起来了，但有些拘谨）

师：就当自己来到了雪地里，动起来吧，把你的快乐都喊出来吧！

（胆大的学生先动起来了，不久，教室里热闹极了，有的喊："打中了，打中了！"有的喊："看你往哪儿躲？"也有的轻轻地说："真亮呀，真美呀！"……）

师：瞧你们高兴的，难怪作者说："那欢乐的叫喊声，都快把树枝上的积雪震落下来了。"

师：（播放轻松的音乐）你们快乐吗？

生：（齐声响亮地）快乐——

师：喜欢这场雪吗？

生：喜欢——

师：就带着这样的心情读好这个片段，先自己练一练，再请同学上来读。

（学生练习有感情地朗读，然后教师请一位朗读水平为中上等的学生上台，递给她话筒，并播放音乐，这位学生朗读起来了。音乐伴奏的效果非常好，所有的学生，连同她自己都惊讶了）

师： 觉得她读得怎么样？

生： 我觉得她读得特别有感情，今天的进步很大。

师： 读得很成功，读出了自己的理解。你们想向她挑战吗？

（许多同学举手，教师又请了一位学生朗读，读得非常好，学生热烈地鼓掌）

师： 既然大家这么喜欢这段文字，何不把它背出来呢？

（学生练习背诵……）

课文不仅描写了胶东半岛一场大雪的美丽景象，更表达了作者的喜悦之情。在这个案例中老师没有让学生被动地感知文章，而是采用了各种方法，能动地引导学生来朗读，运用学生的想象力、直观力、体验能力和感悟力体会文章，让学生感受作者的喜悦之情，达到了良好的教学效果。

2. 模糊阅读理论

模糊阅读是指：由于语言文字与内容对应关系的不确定性、不明晰性和不具体性，造成读者在阅读过程中难以一下子通过语言文字准确地、清楚地把握住语言内容的一种阅读心理。例如："杏儿一个接一个落在地上，我连忙弯腰去捡，不一会儿就捡了一衣兜。奶奶把小淘淘和他的伙伴都叫了过来，一人分给五六个，剩下的几个留给了我。看他们吃得那样香甜，奶奶的嘴角上露出了微笑。我有点儿不高兴，奶奶却笑着说：'果子大家吃才香甜。要记住，杏儿熟了，让乡亲们都尝尝鲜。'"这是小学语文课文《杏儿熟了》中的一段，其中，"吃得那样香甜"中的"那样"，"我有点儿不高兴"中的"有点儿"，还有"不一会儿"，都很难明晰地标出它们的状态、程度和具体时间，如果一定要让学生说出它们的意思，难免"强人所难"，这要求我们老师在处理课文时，不能把文章剖析得支离破碎，该精讲要精，但该模糊、该放过的应该"点到即止"，重诵读，重积累，重感悟，重意蕴，重心领神会。

3. 整体阅读

我们所说的整体阅读是指：阅读要从整体入手，从整体把握，要自上而下地分析，从整体结构到各个组成部分的特性，而不能孤立地通过各个部分的分析来认识整体。文学语言的这一整体性，启示我们，在语文教学中，不能单一地停留在词典的意义上去理解、解释教材的语言。因为融入教材中的文学语言，总是超越词典上的含义，而获得了与作品整体不可分割的意义功能和在语境中生成的语言内涵。比如苏轼《饮湖上初晴后雨》题目中的"饮"字在词典里的解释是"喝"，而在题目中的意思是"欣赏"，如果孤立地理解该字，就无法整体把握题目的意境。

4. 欣赏阅读

欣赏阅读是一种非功利性的阅读方式，它是以放松心态来欣赏作品，从而获得自然的阅读体验和真实的审美质感的阅读，它是文学教育的前提和基础。在李诚老师的课堂上是这样愉悦欣赏的。

案例：北师大版小学《语文》第十册《微笑》

师：当你面对自己的时候需要一个微笑，当你面对别人的时候需要一个微笑。所以——（出示6、7小节 生读：

如果匆忙中我忘记对你微笑

请原谅我，

而善良淳厚的你

能否给我一个微笑？

永远微笑吧！

在人生的旅途上，

最好的身份证就是

微笑）

师：如果匆忙中我忘了对你微笑，你会怎样？

生：对你微笑。

生：还是报以微笑。

师：你们真是善良淳厚的孩子，所有善良淳厚的孩子我们一起读——（7小节）

师：让我们把这个词记在纸上，记在心里，写在你的语言摘录本上！（教师板书"善良淳厚"，学生练写）

师：拥有了微笑，你的心灵将充满灿烂与芬芳，生活中不能缺少微笑，让微笑在我们每一个人的身边传递吧！——读8小节。

师：现在，大家知道为什么微笑是最好的身份证了吧，因为——

生：因为它能让我们的家庭充满温馨，不怕失败，充满力量。

师：它有着无穷无尽的作用。

生：它给我们留下终生美好的印象。

师：能够永远珍藏在我们彼此的心中。

生：让我学会宽容。

生：人人都能给予对方的。

师：如此的简单却让我们收获幸福。

师：所以文中这样写道——

生："永远微笑吧，人生最好的身份证就是微笑。"

师：（描红板书"最好的"）人一生的道路很长很长（板书：一生）而你们的人生刚刚起步，让我们怀揣微笑这张身份证走上我们的征途吧！再读8小节。

师：朗诵——晴天，我微笑。

　　雨天，我微笑。

　　登上顶峰，我微笑。

　　跌到谷底，我依然微笑。

　　我快乐我微笑，我——

生：悲伤我微笑。

师：人生的征途，无论我们有怎样的经历，我们都需要微笑，笑对人生，笑对天地万物，永远微笑吧——再读8小节。

师：让微笑作证，它是我们一生中——最好的身份证！

师：告诉大家一个秘密，北京奥运会开幕式的文艺表演，最后将是五大洲万人儿童的笑脸，所以微笑不仅属于中国人，它更属于全世界，全人类，全地球所有的人。（板书：地球人）

师：我们把微笑记在心里，带着微笑，把你最喜欢的诗句记在心底！读一读，背一背你最喜欢的诗句！

师：下课了，让我们微微笑，挥挥手，友谊天长地久，下次见面别忘了送我一个——微笑！

由于欣赏阅读是在一种放松的心理状态下进行的，又是排斥功利目的的，因此它获得的是真实、自然的审美感性体验，对于语文教师和肩负学习任务的学生而言，就能从自己的欣赏阅读体验出发对作品进行判断与评价，做出具体的解说和分析，这是语文教学活动的必要准备。

（三）小学语文教材的钻研方法

对于小学语文教材的分析与处理，教师的首要工作是精通教材，而精通教材必须阅读语文教材以及与教材有关的书刊。这项工作可以分为三个层次：通读、精读、多读。

1. 通读

通读是指把整个学段（第一学段或第二学段）的语文教材通读一遍，不论哪个年级的任课教师都应如此。通读的目的是对整套语文教材内容有一个比较全面系统的了解，前面讲过不论是哪一套小学语文现行教材都有一套自己的编排体系，这样才能领会教材的宏观结构和基本内容，理解教材的编写意图，把握教材的内部联系。作为语文学科的教师，如果不了解本学科上下年级的教材内容，教学中将会出现前后脱节或时紧时松的现象，不能科学地安排教学进度，难以有计划地完成教学任务。

2. 精读

精读是指对将要使用的语文教材细心阅读，大至每一单元训练要求，小至每一课的知识要点都要认真领会，仔细推敲。精读的目的是吃透语文教材，对教材内容不仅要知其梗概，而且要掌握内涵。教师理解教材越深越透，上起课来越得心应手。

精读，不仅要读语文教材，而且还要读学生的语文水平。根据教师在平时教学中，对学生语文素质实际情况的了解，在读教材时要进行换位思考，即教师从学生的立场上去思考，哪些学生可能会产生什么样的反应，哪些学生又会表现出什么样的思维倾向和特点，并尽可能地体现到实际教学情境中去。

精读另一层含义是对语文教材的再认识、再理解。要用批判性的眼光审视教材，根据课文的具体内容进行再认识、再解剖、再理解，从而对教材的分析、整合、构建做好前期的准备工作。

3. 多读

一个优秀的教师应该有极其开阔的教学视野。古今中外，天南地北，全在胸中，课堂上才能得心应手，挥洒自如。广阔的教学视野依赖于广博的阅读。苏联教育家苏霍姆林斯基有一段很精辟的分析："为什么教师要懂得那些课堂上并不学习的东西以及那些跟中学所学的教材没有直接联系的东西呢？这是因为：关于学校教学大纲的知识对教师来说，应当只是他的知识视野中的起码常识。只有当教师的知识视野比学校教学大纲宽广得无可比拟的时候，教师才能成为教育过程的真正的能手、艺术家和诗人。"读书的范围尽可能广一些，思考尽可能深一些，这是一个长期的、艰巨的"备课"过程。语文教师不仅要读本学科方面的书，还应该读些小说和相关教育理论方面的书籍。此外，还应该多读些教育报刊上有关语文教材分析和教学经验的文章，这对掌握和运用教材很有帮助。在多读的过程中，摘录相关知识，分类储存，经常查阅，作为分析教材时的参考和借鉴，这是十分有益的。

（四）把握教材的重点、难点和关键处

我们经常讲，课堂教学时，很重要的一条要突出重点，突破难点。因此分析教材，就要找到重点，发现难点，抓住关键处。

1. 重点

什么是重点？所谓重点，是语文教材中最重要的、最基本的中心内容，是教师安排教学结构的主要线索，是教师必须着重阐明的部分，学生必须牢固掌握的部分。如何分析重点呢？

第一，要明确重点的相对性。一节语文课的重点内容是相对而言的。因而，一个单元里的精读课文既有重要的部分，也有非重点的内容；另一方面，某一内容在该单元内可能是重点，在全书中就不一定是重点了。

第二，根据教材的主次确定重点。分析课文重点时，应当首先分析清楚单元的内在联系，其次要明确各单元在整体中的地位，再根据各单元教材的教学目的，来确定教材中的重点内容。一般来说，每本语文教材都有重要训练点，每篇课文都有重点段，每节（课）又有重点内容。教师在对教材内容进行深入分析、统观全局的基础上，确定教学重点，并紧紧围绕重点内容设计教学，通过各个教学环节、各种教学手段，突出教学重点。

第三，根据教材的难易程度确定重点。一般来说，讲读课文是教学的重点，里面也有很多训练点，而阅读课文一般是让学生自主感知，自主学习的。

第四，根据学生的已知或未知情况确定重点。分析教材时应注意，已学的内容不能作为新课的重点。有时从局部分析，某问题是某节的重点，但由于这个问题前面已经学过，就不能作为新课的重点了。

有时候，重点内容不易确定，要经过反复推敲，才能分析得出。这就要求教师在实践中，要结合以上各种方法，钻研教材，全面衡量，做出正确的判断。

2. 难点

所谓难点，是指学生感到难以理解或接受的内容。这些内容之所以成为难点，产生的原因有三：一是由于知识本身抽象、复杂难以理解而成为难点；二是客观存在的事物现象属于宏观或微观世界，不能全面地、直接地感知，难以形成真实的表象而形成难点；三是一些区域性的事实材料多而复杂，容易混淆不便记忆，也可能成为难点。掌握难点形成原因后，就不难发现，凡符合上述三点之一者都可能是难点内容。

因此在分析教材时，要根据具体内容的特点和学生的知识基础来确定教学难点。应当注意的是，分析重点和难点时，应明确两者的关系。一般来说，难点大多数是重点，尤其是第一种原因形成的难点多为教材重点。但也有些难点不一定是重点，重点也不一定都是难点。对于既是难点又是重点的内容，教学时要多花些工夫；对于非重点的难点，只要能解决疑难就行了。另外，任何一节教材内容都有其重点，但不一定都有难点。

3. 关键处

所谓关键处，是指在学生理解和掌握知识过程中起关键性作用的那些知识，即通常说的"教学突破口"。只有把握住教学关键，才能突破难点，突出重点。教学关键点的确定，要在明确教学重点、难点的基础上，在新旧知识的结合点上做文章。

案例：北师大版《语文》第 11 册《荷塘旧事》

执教老师的第一次试讲时，她让孩子们读书，抓住"往事"一词提问：这是怎样的一件往事？往事为什么会变成旧事？孩子们带着问题去读书，发现真的是很早很早以前的事情了，是他还可以光着屁股去游泳的时候的事情。就像翻开旧旧的纸，

翻开旧旧的发黄的老照片那种感觉，往事已在时光的沉淀中化作旧事。孩子体会得挺好。

孩子体会到荷塘很美，有的孩子说读到"来到塘边，只见满塘浮光跃金，如繁星闪烁"的时候，仿佛看到了月光洒在湖面上，微风从湖面上吹过，波纹点点，银色月光像在梦中跳动一样。孩子们说"繁星闪烁"让人看到荷塘里面的光点这闪一下那闪一下，天上也有繁星闪动，你分不清是湖里的光还是天上的光在闪动，还是看荷塘的人的心在闪动。孩子们读"塘四周的树木在微光下形成一围黑绿。整个月牙恰似一弯晶莹的新月嵌在田野上"时说，没有那一圈黑绿，如何去映衬塘中星光的闪动。有的孩子说到苏州金鸡湖边看过，那里就没有那种黑绿，人们在岸边造了很多灯，晚上看湖面有很多灯光闪动，但不是课文中那种美，而是人造的美。所以课文里面描写出来的荷塘太美了。

课堂上陶醉于书中的孩子用心品味语言，让我们拍案叫绝的体会太多了。后来孩子们读荷塘里发生的让人难忘的旧事，并为它们一一起名，孩子们写了很多，写满了黑板，老师带领着孩子们把这些旧事嚼了又嚼，品了又品。

老师们都觉得课上得真好，我也觉得好。但是在研究的时候我问了一句话：如果这篇课文放在四年级或者五年级，这么上真好，因为一、二年级以识字为重点，学会阅读，理解一些语言文字的美，学会审美，学会感悟。三、四、五年级深入一步，细致一些去阅读，品味词语句子，咬文嚼字，这也是应该的。但是这篇文章现在放在了六年级，我们还是这样去教这篇课文吗？我们还是这样抓一个词一个句子吗？

我以为我们要有思想地解读课文，为孩子的个性解读形成独特的思想打下基础，不能只是把玩文字。犹如收藏文物，由初始阶段只是把玩文物，到后来，是追寻文物背后的故事；再进一步，追寻文物背后的价值。这些价值与故事合二为一，于是产生一种挚爱。我们小学语文学习也是这样，三、四年级是把玩文字的过程，五、六年级是追寻文字价值去形成思想的过程。所以六年级教材出现了一个很特别的栏目，叫作"我的视角"，这是以前没有的，为什么现在会有？我们看文章，不就是各有各的不同吗？前一段时间我跟一个老师研究《井底之蛙》，老师就竭力引导学生让青蛙跳出来，可是青蛙自己就一定想跳出来吗？比如我，别人都觉得当校长好，可是我就觉得当语文老师好，我成天就想跳回去，我错了吗？我就想当语文老师这只"井底之蛙"，而不想当校长这只"小鸟"，因为我觉得这份快乐不是我的快乐。每个人有每个人的快乐，愿意住在井底下的青蛙，难道就不好吗？为什么不可以反过来想这个问题呢？还有"不扫一屋何以扫天下"这句话，我也问老师：这个道理就一定是正向推出去的吗？扫一屋就一定能扫天下？未见得！所以，"我的视角"非常重要。

让我们来看看这篇文章中"我的视角"：

第一个：作者在文中多处运用了比喻，令我在阅读的时候似乎也看到了荷塘美丽的景色；

第二个：我觉得城里人和乡下人之间在心理上也有一道天然的线，我不喜欢这道线。乍一看这句话跟文章压根联系不上，但是仔细看看，一个城里人，自己的孩子都要上学了，而他反复回忆的事情居然是他光着屁股时候的事情，是与那群乡野之人的事情，是那片连名字都叫不出的荷塘里发生的事情，为什么？为什么这件事情被丁丁读出了一个"边缘线"？很多老师被我问蒙了，马上去找，果然找到了一个"边缘线"。我说这关键词确实很要紧。

文章最后一句：我怀念那荷塘，在那里我认识了大自然和谐的美和人类淳朴的爱。那么这种和谐的美和人类淳朴的爱从哪里来？和谐的美当然是荷塘之美，淳朴的爱当然是我们在荷塘里那些故事。我是一个城里人，我跳到荷塘里逞能，不怕越过那道边缘线，结果差点儿被淹死，他们救了我，但是他们没有那种惯常的救人的反应，一般情况下，救人的人多着急啊，救出来了之后马上抱着他安慰他，被救的苏醒过来之后马上行礼表示感谢，这才是救与被救正常的情感。可是看文本里面，我被救出来之后，吓得哇哇大哭，一个劲地吐水，他们却围着我哈哈大笑，他们可逮着机会嘲笑我这个城市小少爷了，他们笑得那么放肆，那么自由自在，而我却在笑声中感觉到一种憨直淳朴的爱。这是普通的情感吗？不是。只有我能理解这群孩子，只有这群孩子能够理解我，我们是不一样的人，城里人和乡下人。我是因为要逞能而差点儿被淹死，他们是土著，本真地要救我。他们觉得救我没什么可以值得说的，他们更想做的事情是要笑我：看你这个城里人，看看你的下场！而在这笑声当中，我们彼此理解，成为更好的朋友，那道边缘线在友善的笑中消失了。所以这份情感，才更深地打动了我这个城里人，多少年以后，也不能忘掉。我可以忘了他们的名字，可以忘了那个村庄的名字，但是这一群孩子我不能忘。

当我们把教材读到这个程度的时候，我们就会不再漠视这个"边缘线"，而会把边缘线当作解读文章最重要的一个切入点——关键点。所以我和老师达成共识，今天的课是讲这篇课文的第一课时，是起点，还要上第二课时，那才是六年级的语文课堂，让孩子读了课文之后心灵有所触动，能形成自己的思想，能用自己的眼睛去读文字，用自己的脑袋去思考。

由于我们是这样解读文本的，我们的第一个起点将是宽度阅读。第一个环节：美读荷塘之美，用一个总的问题串起教学：为什么多年以后荷塘还时时出现在我的眼前？根据孩子的回答串起课文：景很美，事有趣……然后用美读再次感受荷塘的美。这时候孩子们嘴里诵读，心里自然有一幅关于荷塘美景的画。

再和孩子一起去发现比美更重要的东西。我读到文中荷塘之美的文本之后，凭我自己内心直觉说：不是很美嘛，这个文字哪儿能跟一些经典作家描写荷塘的文字相媲美呢？相信我们的心灵，相信我们读课文的感觉。可是作者就是说它美，而且说是和谐之美，那么我们就要追问，为什么美？我提醒大家注意一个词："野"，这节课老师就要带着孩子们去发现荷塘的野之美。这种美不是朱自清笔下的人工荷塘之美，是没有人照顾的，原生态自然而然的无拘无束的野，那份天造之美。这里课文解读就变了，这就是思想了。

老师和孩子们一起讨论："天下的荷塘如此之多，荷塘的美又是如此不同，我们刚才读过这么美的一片荷塘，我们原来还读过很多有关荷塘之美的文章诗歌，有过很多关于荷塘之美的记忆，我们能不能想一想说一说这些荷塘各种各样的美呢？"孩子们会跟老师一起说很多很多的这样的荷塘之美，然后切入一个思考拐点，我们文中的荷塘，与我们记忆中的荷塘，它的美不一样究竟在哪里？最大的不同之处在哪里？引导孩子发现"野"字，感觉它的不一样。

我们摘了一段萧红《呼兰河传》中的语言："花开了，就像花睡醒了似的；鸟飞了，就像鸟上天似的；虫子叫了，就像虫子在说话似的。一切都活了，都有无限的本领，要做什么就做什么，要怎么样就怎么样，都是自由的。倭瓜愿意爬上架就爬上架，愿意爬上房就爬上房；黄瓜愿意开一朵黄花就开一朵黄花，愿意结一个黄瓜就结一个黄瓜，若再不愿意，就是一个黄瓜也不结，一朵花也不开，也没有人问它。玉米愿意长多高就长多高，它若愿意长上天去，也没有人管。"多自由自在啊，它将让孩子更深刻地理解荷塘的野之美，这才算是在原来把玩文字的基础上独特地解读文本。

接下来，我们会和孩子一起进入深度阅读。当我们定位野趣之后，就要去体会乡野孩子那种天然和淳朴，那种拿很多事不当回事，又拿很多事当回事的淳朴，就是文本中那种憨直之情。我甚至建议老师查字典体会憨直淳朴是什么意思，要牢牢抓住课文里这个句子："那笑声是多么憨直淳朴。"这群孩子干了什么让我感觉憨直淳朴？我被淹了，我希望他们做什么？我渴望什么？他们做的又是什么？想象那堆孩子放肆地笑，对他的担忧渴望不管不顾。而我却觉得这帮憨直的孩子就是这样，我忘不了他们手牵手铁链般地把我拖到了岸上，这份救命的恩情，这份他们根本不在乎甚至不需要我感谢的情感，因此我们不需要任何沟通，这道边缘线消失了，我们一起体会憨直的笑声，体会为什么到现在这笑声仍在我心里回荡。

这里就完成了对课文里边缘线的解读，完成了为什么这个地方那一群人此情此景会一直在我的记忆里，但我以为还要和孩子共同感悟一个意思：不管是过去还是现在的生活，多多少少都会有这一条边缘线，但是有了这憨直淳朴的爱，就会使我们的生活多一点儿和谐。语文毕竟不是政治课，不用去讲太多的道理，但是实际上，边缘线是永恒的，只要有城市农村的差别。它会像文章中的一样，时而鲜明，时而淡化，时而分明，时而消失，时而又出现，这才是真实的生活。我们得用真实的态度去解读文本，才可能把我们的文本读好。

另外，在分析教材确定其知识点的时候，还应该深入挖掘语文教材中每个"知识点"的"智力价值"和"情感价值"，以便通过有关知识的教学，对学生进行思想品德、科学态度和科学方法的教育，达到促进学生全面发展的教学目标。

三、创造性地使用教材

（一）创造性使用教材的含义

创造性地使用教材，是《语文课程标准》对广大教师提出的要求。创造性地使用教材是指教师在充分了解和把握课程标准、学科特点、教学目标、教材编写意图的基础上，以教材为载体，灵活有效地组织教学，拓展课堂教学空间。创造性地使用教材是教学内容与教学方式综合优化的过程，是课程标准、教材内容与学生生活实际相联系的结晶，是教师智慧与学生创造力的有效融合。

案例：北师大版小学《语文》二年级《书的世界》

师：现在，我们来一个小小的比赛：看谁说得多。说什么呢？说你喜欢的书的名字。

生：（纷纷举手）

生：（摇头晃脑地）我喜欢的书有《格林童话》《安徒生童话》《老虎的故事》。

生：（上气不接下气地）我喜欢的书有《成语故事》《中外民间传说故事》《十万个为什么》《上下五千年》《龙珠》……

师：看来孩子们喜欢的书三天三夜也说不完，书的世界真是浩瀚无比。刚才，丁丁、冬冬听小朋友说了那么多书名，可羡慕了。他们想知道你们这些书是怎么得来的？你能告诉他们吗？

生：丁丁，我这本书是妈妈带我去新华书店买的。

生：冬冬，我告诉你吧，我这本书是妈妈在她学校的阅览室里帮我借的。

生：丁丁、冬冬，你们一定猜不到，我这本书是我自己在我家附近的报刊亭买的。

……

（学生从自己已有的生活经验出发，充分地说获得书的各种途径。同时读词、识字：报刊亭、阅览室、出版社）

师：谢谢小朋友，你们的话让丁丁想起来了，有个地方能买到好多好多的书。到了那里，简直就像游进了书的海洋一般。是什么地方呢，小朋友能猜到吗？

（在学生说的基础上，教师通过 CAI 课件——课文主体插图"书的世界"向学生展示获得图书的两大途径之一买书的方法：如何在那么大的书城中找到自己喜欢的书。借助图片展示购书过程，同时认读图片上的词语。图片依次为：成都购书中心—少儿部—文学馆—中外文学名著专柜）

师：冬冬也想起来了，离她家不远有一个借书的地方，那里面的书和书城里的书一样多。是什么地方呢，你知道吗？

生：（齐声）图书馆——

（CAI 课件出图，认读词语：图书馆）

师：你去图书馆借过书吗？我们班有一个同学也去图书馆借过书，想看看她是怎么借书的吗？（播放录像，学生观看录像）

师：我们现在知道了获得书的另一种方法——借书。

（让学生初步了解获得图书的另一途径——借书的基本方法：办借书证—遵守规则借阅图书—按时归还）

师：（总结、巩固）要得到一本书的方法可真多！我们可以去……（教师点击CAI课件出示课文主体插图——书的世界，学生一边说途径，一边再次认读"图书馆""出版社"等词语）

（生生互动：学生说自己喜欢的书的名字，教大家认读书名，并简单介绍书的内容或自己觉得书中最精彩的部分。课堂气氛很热闹）

这是一个开放的课堂，何萍老师十分注重创设情境，利用讲述、观看课件、录像等方式，促使学生回顾课外的生活经历，来学习、领会课内的新知识，将教材内容与学生生活实际相联系，体现了教师创造性使用教材的能力。

（二）创造性使用教材对教师提出新的要求

首先，它要求教师进一步树立课程意识，以新的课程观（学生观、教材观、课程资源观）来重新审视、规划教学目标、内容和方法，以更高、更宽的眼光来设计教学、看待学生，而不仅仅局限于教材和一时的教学效果。

其次，教师在创造性使用教材中应充分认识教学目的的重要性。每节课、每次活动都应有明确的教学目的，否则容易形式化——为活动而活动，为体验而体验，为了创造性地使用教材而轻率、刻意地去更改教材内容，等等。教学手段与教学目的和谐一致的原则是创造性使用教材的基本着眼点与归宿。

案例：把课堂还给学生，让乐趣浸润课堂
——《我的影子》教学反思
叶 华

课堂是释放心灵、喷涌情智、感受乐趣、体验成功的家园，好的课堂能成为孩子们的乐园。教师要与学生建立新型的亲密学习伙伴关系，把课堂还给学生，让乐趣浸润课堂。在《我的影子》一课的教学中，我和孩子们共度了一段快乐时光，它

带给我们的兴奋久久萦绕，带给我的思考一直都在。

一、感受阅读的乐趣

读中质疑，读中领悟，读中表演，读中创造，读中拓展。语文课离不开一个"读"字，玩味朗读不是为了读懂课文，而是在习得阅读方法的过程中尽可能多地感受到阅读的乐趣，促使学生课外主动阅读，养成一生热爱阅读的习惯。本单元（北师大版第三册第五单元）以好奇为主题，通过引导学生关注苹果落地、自己的影子这些常见的生活现象，调动学生观察自然现象的兴趣，激发学生强烈的好奇心，鼓励学生用自己的眼睛观察，用自己的心灵感受，用自己的方式研究。影子是有趣的，阅读关于影子的课文，更应该是充满童趣的过程。也只有快乐的阅读过程，才更能激发孩子们的好奇心，伴随他们去快乐地探索。反思本课教学，我充分发挥学生的主体作用，使孩子们投入到不同形式的阅读活动中，自我感悟、玩味朗读，使他们感受到阅读的乐趣和这些生活现象中蕴含的乐趣。

（片段一：反复品读）

师："我"是怎么发现影子的？

生："我"是在夜晚的路灯下发现影子的。

师：对！你能把课文中的句子读给大家听听吗？

生："走到路灯下，我忽然发现地上有自己的影子。"

师："我"是怎么发现影子的，有一个词很重要。

生："忽然。"

师：请你用朗读来表达。

（生读这句话时突出了"忽然"一词）

师：我听出来了，你把"忽然"这个词读得有点儿快，为什么？

生：因为"我"是一下子就发现了自己的影子。

师："忽然"还可以换作什么词？

生："我"突然发现地上有自己的影子。

师：你发现了影子，高兴吗？

生齐：高兴！

师：怎么从朗读中表达出这种高兴呢？（学生练读、教师范读、学生品读、齐读）

（片段二：读中拓展）

师：（指板书小结）我的影子会跟我做，会变长短，还会捉迷藏，我的影子是什么样的影子呢？用个词语来说说。

生：活泼的影子。（调皮的影子、变来变去的影子、有魔法的影子、快乐的影子、可爱的影子、变形的影子、变长短的影子……）

师：你想向影子提个问题吗？

生：你为什么是黑色的？

师：请你先称呼什么样的影子，然后再向它提问，就更有礼貌了。

生：丑丑的影子，你为什么是黑色的？

生：会变魔术的影子，你为什么会变来变去呢？

师：啊，课文中的小作者也是提的这个问题，你愿意读一读吗？

（指导有感情地朗读第四自然段）

师：读得真好，你还想提问吗？

生：机灵的影子，你为什么总跟着我？

生：黑乎乎的影子，你为什么不像现实中的人一样站起来呢？

生：亲爱的影子，你会永远是我的朋友吗？

师：还有这么多人想提问，那就把你心中的问题说给同桌听听吧！

（片段三：以演促读）

师：无论我做什么，影子都会——

（众生七嘴八舌道：跟着我学）

师：谁还想来读一读这几句话？（生纷纷举手）

师：请一对同桌上台来合作，一人读，一人表演，好吗？

（学生情绪高涨，兴致勃勃地欣赏）

师：他们的合作怎么样，你们来评一评！

生：方芮，你表演的影子很可爱。

方芮：谢谢你的夸奖。

生：方芮，你挥手的时候要把手举高一点。

（方芮将手举高，挥了挥手）

生：这样就好多了。

生： 方芮，你蹦蹦跳跳的时候不要站在原地跳，要蹦过来跳过去的。（生边说边做蹦跳的动作）（方芮看了以后，跟着做）

生： 方芮，你不要像木头人似的蹦蹦跳跳（生模仿她刚才全身有些笔直僵硬的动作），要高兴一点儿。（方芮听了，有些发愣）

师： （替方芮解围，帮她追问）你为什么觉得表演蹦蹦跳跳时，要高兴一点儿呢？

生： 因为影子总跟着我学，很好玩呀！

师： （面向全体同学）你们觉得呢？赞成他的意见就用掌声支持一下他！（多数学生鼓起了掌）

师： 你们也说说理由吧！

生： 影子很调皮，他是我的好朋友。

生： 我喜欢和影子一起玩。

生： 影子很可爱。

师： 方芮，你下次愿意把影子演得高兴一些是吗？（方芮笑着点头）

生： 方芮，最后一句话"我做什么，它就做什么"你没表演出来。

方芮： 那你说可以怎么演？

　　　　（该生一边读这句话，一边连续做了两次双手拍肩的动作）

师： 还有谁也想来演一演这句话？想想还可以做什么动作？（略）

师： 有了这么多好建议，我相信你们和同桌的合作一定更出色，开始吧！

　　（同桌合作表演读）

　　边读边演，能提高低年级学生的阅读兴趣。这里的表演是语文课玩味朗读、感受乐趣的一种形式，它不是为了课堂好看而设计的花样，而是自始至终借助完善表演的过程来深化词句的理解、情感的体会，使表演成为提高语文素养的载体。表演的过程就是语言训练的过程，它有效地摒弃了烦琐讲解的枷锁，在重回自读自悟的自然本色的同时，将课堂还给了学生，突出了生生之间的碰撞和启发，使孩子们在阅读过程中学得自主，学得愉快，学得有效。

　　二、享受识字的乐趣

　　（片段四：学生交流记字小窍门）

生齐： 记字小窍门，你有我有大家有！耶！

生： 我记"捉"字，提手旁代表手，捉人要用手，足就是脚，这就是捉。

师：谁受他的启发，能说得更简单点儿？

生：提手旁代表手，足就是脚，捉人又要用手又要用脚。

生：手脚并用就是"捉"。（生鼓掌）

师：用成语来记这个字，真了不起！

生：手抓脚跑就是"捉"。

师：真形象！

生：提手旁代表一个人的手，足代表另一个人的脚，合起来就是一个人去捉别人。

师：哦，不是自己捉自己，而是一个人去捉别人。你说得很准确，把这个小窍门画成两幅漫画，一定很有意思。

为了避免教师的烦琐讲解和学生单调乏味的死记硬背，鼓励学生自主参与、个性识字，我在班上开展了"记字小窍门，你有我有大家有"的活动。初期由教师做好一些示范，如编儿歌记字、表演动作记字、讲故事记字等。通过一定量的积累，学生受到启发后，我在课堂上提供机会，让他们互相交流自己的记字小窍门，呈现多元的记字过程。尝试了一段时间，我发现孩子们学习生字的时候，不再习惯等着老师来教，而是常常主动地想办法去记字，而且迫切地想向别人介绍自己的好办法。识字的趣味性大大激发了他们识字的自主性，同时识字的自主性又大大地增加了识字的趣味性。在这种良性循环中，他们渐渐成为识字的主人。我发现孩子们渐渐成为课堂的主人，他们的小窍门越来越多、越来越妙，他们的思维也越来越活跃，识字兴趣越来越浓厚。他们的记字小窍门在课堂上总也说不完，我又不失时机地鼓励他们动手把记字小窍门写下来、画下来。如——

"闯"：一匹马飞快地闯进门里来。

"扇"：最古老的扇子是一户人家用羽毛做成的。

"宿"：宝盖头代表房子，房子里住了一百个人，就是宿舍。

"聪"："耳"代表耳朵听话，别人讲的话他总能听懂，可见他很聪明。

三、享受作业的乐趣

作业不再是知识点的重复，而是讲究个性与合作，具有综合性、开拓性，甚至放权由学生自主选择、自主设计。我在练习与拓展中设计了多项不同的作业，以四人小组为单位，自主选择一项综合作业，合作完成，再全班交流，体会作业带来的乐趣。如通过画画检查孩子是否掌握有关影子的科学知识；通过猜字谜教给学生识字小窍门；通过字词填空总结规律、积累词汇；通过补充阅读材料扩大学生的知识面；通过做实验培养学生动手动脑的能力；通过猜脑筋急转弯让孩子灵活运用有关影子的科学知识……

附《我的影子》练习与拓展：

1. 猜一猜。（脑筋急转弯）

有一天，丁丁在阳光下玩，忽然发现自己的身前有一个长长的影子。"哇，这是我的影子！"丁丁自言自语地说，"我要超越自己的影子！"丁丁努力地向前跑着，可是不管他向前跑多远，跑多快，影子总是在他前面。这时有个人对丁丁说了一句话，丁丁马上照他说的去做，一眨眼就让影子跑到自己的背后去了。你知道这个人说的是什么吗？

2. 照样子填空。

"护"的意思和（扌）有关，读音和（户）相同。

"影"的意思和（　）有关，读音和（　）相近。

"抬"的意思和（　）有关，读音和（　）相同。

"城"的意思和（　）有关，读音和（　）相同。

"饭"的意思和（　）有关，读音和（　）相近。

"洋"的意思和（　）有关，读音和（　）相同。

3. 照样子写词语。

挥挥手＿＿＿＿＿＿　＿＿＿＿＿＿

蹦蹦跳跳＿＿＿＿＿＿　＿＿＿＿＿＿

自言自语＿＿＿＿＿＿　＿＿＿＿＿＿

4. 请画出图中的小朋友的影子。（图略）

5. 做实验，观察影子的变化。

在桌子中间放一个杯子。①点燃一支蜡烛，放在杯子旁边。②移动杯子的位置，让杯子与蜡烛的位置发生前后左右和远近的变化。③杯子保持不动，在杯子的各个方向先后点燃多支蜡烛。

6. 猜本课生字：

太阳照在京京身上。（影）

又用手来又用脚,手脚并用。(捉)

7. 读一读(本课补充阅读材料):

地球上各个地方的影子是不同的。北极圈里是影子的"大人国",因为那里的太阳光斜斜地照着,影子在雪地上拉得长长的。赤道附近是影子的"小人国",因为那里的太阳当空高高挂,影子变得小又小。

不同的灯光下的影子也是不一样的。仔细观察电灯光下的影子,你会发现影子中部特别黑暗,四周稍浅。而日光灯下的影子是灰蒙蒙的一团,连轮廓也不易看清。那灯光的影子会不会影响医生给病人做手术呢?别担心,人们早已发明了——无影灯。

8. 拍一拍,拍手儿歌:

(1)影子在左,影子在右。影子是个好朋友,常常陪着我。

影子在前,影子在后。影子是只小黑狗,常常跟着我。

(2)影子影子捉迷藏,灯在前,影子在后;灯在后,影子在前;

灯在左,影子在右;灯在右,影子在左;影子影子真顽皮。

从该案例可以看出老师并不盲从教材,因为教材仅仅只是一个"例子",她从生活实际出发,从学生的理解能力着眼,创造性地使用教材,让课堂变得真实亲切而富有人情味。

(三)怎样创造性地使用教材

1. 准确理解教材是创造性使用教材的基础

教材是主要的教学资源,是教与学的重要凭借。要创造性地使用教材,必须以准确理解教材为基础。准确理解教材,一是要从宏观上把握教材的编写意图、编写体系;二是要从微观上正确把握各册的教学要求,深入钻研每篇课文。要引导学生与文本对话,首先,老师要先与文本对话,"以其昏昏,使人昭昭"是不可能的。老师钻研教材,要做到深入浅出,"深入",就是"潜心会本文",感悟、理解课文的思想内容、表达特点;"浅出",就是能用浅显的语言把自己对课文的理解表达出来,让学生听得明白,理解得顺利。如,《一个中国孩子的呼声》中,"世界并不太平,不少地区还弥漫着战争的硝烟,罪恶的子弹还威胁着娇嫩的'和平之花'",这句话是全文理解上的难点,怎样使学生明明白白地理解呢?首先,要让学生理解"罪恶

的子弹""和平之花"的意思，接着，老师可举具体例子说明战争或恐怖活动对和平的威胁，然后让学生模仿举例，用大量的感性认识帮助体会这句话的含义。假如老师不能"深入"理解这句话的意思，是不能"浅出"地引导学生理解句子的含义的。

2. 明确教学目标是创造性使用教材的重要保证

教学目标是一切教学过程的出发点，又是教学过程的归宿，创造性地使用教材必须确保教学目标的实现。一切围绕目标教学，杜绝任何浮华的形式。为活动而活动，为表演而表演，为体验而体验，为改变教材而改变教材等做法，都必须坚决杜绝。离开教学目标来奢谈什么创造性使用教材，好比是在射"无的之箭"，不仅是浪费时间，还可能使不严谨的学风给学生带来潜移默化的严重的负面影响。

案例：北师大版小学《语文》第 8 册第二十一课《圆明园的毁灭》

师： 读了两遍课文，现在我发现每位同学脸上的表情与刚才（上课前）完全不一样了，咱们把读了这篇课文的感情统统写在了每位同学的脸上。现在我问大家，你读了这篇课文，心里是什么滋味？

生： 我觉得英法联军是无耻的强盗！

生： 我痛恨英法联军！

师： 他读出一个英法联军无耻，他读出一个痛恨。

生： 我觉得英法联军简直毫无人性！

生： 圆明园的毁灭是当时清政府的腐败无能！

生： 对于圆明园的毁灭我很难过，因为这是中国历史上的耻辱！

师： 他读出一个难过、痛心、恨。（板书："恨"字）注意"恨"这个字的写法，竖心，先两边后中间。这位同学说了，他一恨英法联军，二恨腐败无能的清朝政府。同学们，你读到课文哪一段最恨？

生： 第 5 自然段。

师： 读到第 5 自然段最恨，请同学们再把第 5 自然段读一读，把你的恨读出来。

（学生自由读课文第 5 自然段）

师： 请你读第 5 自然段。

（一生站起来读）

师： 请坐。看黑板（板书：掠、搬、毁、放火），价值连城的国宝统统掠走，这个"掠"活化了侵略者的嘴脸，这是第一可恨。二可恨，人拿不动的就用牲口搬。三可恨，实在运不走的就任意破坏。同学们，任意破坏的是无价之宝呀！最可恨，他们企图放火烧毁罪证，罪行是活的东西，销毁得了吗？同学们再看书，这是帝国主义的嘴脸，一齐把最后一段读一读，1860年10月6日——读。

（生齐读）

师： 请告诉我，为什么英法联军毁了一座圆明园，就激起我们那么大的恨，那么大的怒？读课文第2、3、4自然段，用一句话回答问题，边读边做记号。要会读书，会读书的人能把三段话读成一句。如果你发现了请做记号。这三个自然段，总起来写了什么？

（教师指导）

师： 一边读，一边思考，"读书切忌在慌忙，潜于功夫兴味长"，要静心、专心读书。（教师指导）

师： 为什么英法联军毁了一座圆明园，就激起我们那么大的恨？

生： 因为它是当时世界上最大的博物馆、艺术馆。

师： 书读了一半。

生： 因为圆明园不但建筑宏伟，而且收藏着最珍贵的历史文物。（板书：不但而且）

师： 看黑板，这就是第2、3、4自然段告诉我们的。它不但建筑宏伟而且是最大的博物馆、艺术馆，收藏着最珍贵的历史文物。所以它毁灭了，使每一个中国人痛心，使每一个中国人都对英法联军、对当时腐败无能的清朝政府痛恨，读一读，这叫会读书，告诉我，课文哪几个部分写的是建筑宏伟？谁来读，请你读。

（一生读第2、3、4自然段。生读的过程中，师进行讲解，引导学生从字里行间去感受圆明园建筑的宏伟）

师： 同学们，如果圆明园现在还完好地保存着，你会以一种怎样的心情去读第2、3自然段？

（学生情之所至，声情并茂地朗读，自豪之情油然而生）

师： 如果它完好无损地保存着，我们每个中国人现在看了该是多么自豪。可惜，它被英法联军掠走了，搬走了，毁掉了。让我们记住这一天，1860 年 10 月 6 日，这是中国人民的国耻日，拿好书读。1860 年，读——

师： 记住中华民族的奇耻大辱。

文章的字里行间流露着作者的思想感情，只有通过反复读才能品味出来。老师让学生通过抓关键词、句或巧妙地将两部分截然不同的内容让学生进行比较，细细体会理解文章蕴含的思想感情。老师没有从朗读技巧上过多地指导，情感是体会出来的，是感悟出来的。勾词、读句、品文等教学设计指向性极强，均是要让学生体会到圆明园的毁灭对每个中国人来讲都是奇耻大辱！

3. 有效教学是创造性使用教材的出发点

有效教学，是当代教学的一个科学理念。它指的是教学要有利于调动学习积极性主动性，有利于学生学会学习，能够在单位教学时间里取得最好的教学效果。把有效教学作为创造性使用教材的出发点，教学法的运用，就会着眼于三维目标的实现，着眼于调动学生的主动参与，在突破教学难点、突出教学重点上着力，在培养学生的创新意识和引导语文实践上着力。如，课文的感悟、理解，就不仅仅是从文字到文字，画意浓的课文，也可以用画一画的方法帮助理解课文；情节性强的课文，可以演一演；语言的积累，就不仅仅是对所指定词语的抄抄写写，积累的内容学生可以自由选择，积累的方式由学生自己定；课文语言的运用，也不仅仅是复述课文内容，根据课文特点，可以是采访，可以是导游，可以是设计广告词，可以是对白……总之，着眼于有效教学可以是教学法的运用，"条条大路通罗马"，使教学进入自由王国。教师的引导是有效教学的基本保证。要充分发挥教师在教学中的引导者、合作者的作用，实行启发式和讨论式的教学。如，在思维的阻碍处启发，使学生的思路畅通；在思维的模糊处启发，使学生的思维得以清晰，得以深刻；在兴趣的减弱处启发，使学生再次激起求知欲；在合作学习处于停顿时启发，使合作学习有新的话题……

案例：人教版小学《语文》第 8 册第二十五课《古诗三首》中的《赠汪伦》

当老师讲完有关李白写作此诗的故事再配以音乐范读后，学生产生了极大的兴趣。每组成员都迫不及待展开了学习。读、画、说、记，学得不亦乐乎。经过十分钟左右的学习，各组相继亮出组牌，告知学习完毕。在交流汇报过程中，有的组全员出动，分工合作，声情并茂地朗诵了此诗，有的组派出代表（不一定是优秀生）解释了"将""欲行""忽闻"等词语，有的组提出疑问"如何理解'踏歌声'"……显而易见，学生对本诗重点、难点都把握得较正确。紧接着教师便出示讨论题：①"桃花潭水深千尺，不及汪伦送我情"的字面意思指什么？②仔细读读，想想这句话说明了什么，这句话的实际意思是什么？③李白要离开桃花岛了，汪伦的感受怎样呢？你觉得是用怎样的脚步来送行的？④汪伦带着乡亲为李白送行时，李白的感受又是怎样呢？他当时会想写什么？学生又投入了第二轮分组练习中，①～②问在合作学习中不难解决，③～④问要求学生展开想象，发散思维。难点突破后，老师又出示了尝试练习题（可任选一项或几项）：①有感情地背诵此诗，试着默写。②简要说说此诗之意，试着改写。③小组表演当时的情境。各个层次的学生积极参与到学习中，有个体活动，也有集体活动，并能踊跃发言。

在上述案例中，教师先通过四个问题，确定了一条符合学生思维发展的思考路径，不露痕迹地将学生的思考由浅入深带向更高层面，随后，让学生有选择地完成课堂活动，可背诵、默写，可将诗改编为故事，可合作表演诗句情境。学生可根据自己的水平、爱好来选择练习，这种可供选择的空间，实际正体现了老师的智慧，教师的引导是潜藏的、隐形的、高明的。

4. 新的课程观是创造性使用教材的动力源

早在唐朝，诗人王之涣就道出"欲穷千里目，更上一层楼"的奥秘。创造性地使用教材，也要有新境界，才会有新突破。首先，以新的课程观（学生观、教材观、课程资源观）来重新规划教学目标、教学内容，把能促进学生可持续发展的长远目标作为我们的一贯追求，我们就不会斤斤计较一节课学生掌握了多少知识；学生情感的升华，或学习过程的充分经历会使我们倍感欣慰。以更高、更宽的目光来设计教学、看待学生，该放手处，让学生充分自主，老师"惜言如金"；该精讲处，老师咬文嚼字，发挥得淋漓尽致。

案例：人教版小学《语文》第 11 册第十三课《一夜的工作》

师：可能有同学对周总理劳苦感受特别深，有的对鞠躬尽瘁感受特别深，也可能有人对简朴感受特别深，好，就抓住极其简单这个词，带着这个词再读书，看看书的字里行间，哪些句子，让你对这一点有了更加深切的了解，请把它用线画下来，明白吗？

（师巡视，学生小声讨论）

师：（拍手）现在了解一下，哪些同学对这一夜的简朴感受特别深，而且找到了相应的句子？好，这位男同学，请你读读。

生：室内陈设极其简单。一个不大的写字台，两张小转椅，一盏台灯，如此而已。

师：读得非常好，很流利，让咱们一起来读读他找的这句话。

生齐读：这是高大的宫殿式的房子，室内陈设极其简单。一个不大的写字台，两张小转椅，一盏台灯，如此而已。

师：告诉大家，哪个词在你的眼前跳了出来？

生：极其简单。

师：请你再读，把"极其简单"这种感受读出来。

生1：（有感情地读）

师：好，太好了。齐读，体会体会"极其简单"这四个字。

生：（齐读）

师："如此而已"，是的，你们知道这高大的宫殿式的房子曾经是谁住过的地方？也可以猜猜。

生1：毛泽东。

师：注意，是高大的宫殿。

生2：末代皇帝溥仪。

师：你说得没错，这个人比溥仪更大。这是清朝摄政王载沣住过的房子，摄政王就是……摄政王的宫殿，可能会有哪些陈设？

生1：古董。

师：怎样的古董？

生1：无价之宝。

生2：西洋沙发。

生3：黄金美玉珍宝。

生4：奇花异草，山水盆景。

师：这是……曾经是那么昂贵的陈设，但是当这座高大的宫殿成为我们总理居住的房子时，读下去——

生：（接读）"室内陈设极其简单……"

师：岁月……曾经有那样多的奇珍异宝、家具，如今成了总理住的地方。……这就是我们的总理！同学们，"极其简单"真的简单吗？

生：简单。

师：对，陈设是简单，但对总理来说简单吗？不简单，不简单是——

生：极其不简单。

师：你们知道，这高大的宫殿是谁住的吗？周总理是堂堂一个总理，他有……的权利，有……的权利。对于总理办公的地方，它应该有什么？

生1：沙发。

生2：字画。

生3：文房四宝。

生4：很大的办公桌。

师：你觉得太小了，甚至放不下更多的文件。对吗？

师：但是当这座房子成了总理的办公地方，但现在室内——

（生接读："室内陈设极其简单，一张……"）

师：本来……沙发、办公桌，……总理本应该……但现在——

（生接读："室内陈设极其简单，一张……"）

师：你说极其简单，简单吗？

生：不简单。

师：什么不简单？

生1：周总理这个人。

生2：品质不简单。

生3：性格不简单。

生4：精神不简单。

师：精神不简单嘛！说得多好！当你读这句话时，……

师：此时此刻，当你读这句话时，你是怎样的心情？你是怀着一种怎样的心情来读这句子的？

生1：敬佩。

生 2：崇高。

生 3：佩服。

师：来，我们一起来带着这种心情读读句子。

（生齐读句子）

这是特级教师王崧舟带着学生理解"这是高大的宫殿式的房子，室内陈设极其简单。一个不大的写字台，两张小转椅，一盏台灯，如此而已。"这一句话的操作片段，教师紧扣"极其简单"这个关键词语，让学生反复品读，适当补充历史资料，学生自然而然就明白简单的是办公室的陈设，不简单的是周总理简朴的精神。可见，于重点处的咬文嚼字对学生深刻理解文本是非常必要的帮助。

5. 有效地利用教材、开发教材是创造性使用教材的正确方法

长期以来，语文课程资源结构单一，表现为：一个大纲、一本教材、一个课堂，因此导致了"校校同课程，师师同教案，生生同书本"的局面。课程资源的载体形式往往偏重纸张印刷品，甚至把书面文字载体作为唯一的课程资源加以固化，而对于开发多样化课程资源载体形式则重视不够。事实上，尽管教材作为素材性课程资源的载体，直到现在依然是重要的课程资源，但随着社会的进步，它已经不是唯一的课程资源，而且它的作用正呈下降趋势。《语文课程标准》专辟一节来阐述语文课程资源这个问题，这在以往的教学大纲中是从来没有过的。这应该归功于对语文课程资源意识的觉醒和对母语教育特点的审视。增强课程的资源意识，是实行课程改革的必然要求之一。早在 20 世纪 80 年代，就有不少名教师提出"大语文"的概念，在语文教学界，也逐渐形成一种共识：语文学习的外延与生活相等。但是正式从"课程资源"的角度提出"要有强烈的资源意识"，要"努力开发，积极利用"语文课程资源，尚属首次。如果语文课程资源的内涵，还是停留在教科书及其围绕它的直接的教学辅助材料上，语文素质教育就难以落实，语文课程的改革就仍然是悲哀的。有鉴于此，《语文课程标准》引导教师和学生走出"课堂为中心""教科书为中心"的误区，用多种分类来呈现语文课程资源的新概念，因此，在认识上我们要打破教材作为唯一课程资源的思维定势，合理利用多种媒体建构语文课程资源的结构，从而体现时代发展对语文课程的多样化要求。

（1）对课程资源的认识

何谓语文课程资源？语文课程资源指语文学科的物资、动力的来源。《语文课程标准》中称语文课程资源包括课堂教学资源和课外学习资源。例如：教科书、教学挂图、工具书、其他图书、报刊、电影、电视、广播、网络、报告会、演讲会、辩证会、研讨会、戏剧表演、图书馆、博物馆、纪念馆、展览馆、布告栏、报廊、各种标牌广告等。另外，自然风光、文物古迹、风俗民情、国内外的主要事件、学生的家庭生活以及日常生活话题等都可以成为语文课程的资源。除此之外，我们认为老师和学生也应该是一种课程资源，而且应是课程资源的最重要资源及活资源，因为老师和学生是上述大量抽象资源的生成者和创造者，是师生互动、探究的资源。

我们一起来看看下面这个教案：

　　　　（上课了，老师、学生进入了角色。）

师： 同学们好！看看外面的天气，看看课本，今天我们学哪一篇课文好呢？

　　　　（学生纷纷向外张望，七嘴八舌，议论纷纷。大多数学生说：老师，学《雨点》吧！）

评： 师巧妙地利用难得的天时资源，把学生引入学习课文的最佳情境之中，学生也很机灵，他们也知道老师今天可能要讲《雨点》。老师不死扣教材顺序，灵活处理，可以说老师在巧妙地利用天公帮忙，完成教学任务。

师： 好！今天老师就和同学们一起学习《雨点》。（板书课题）老师提议：全体起立，说一声谢谢天公作美，帮我学习课文。

　　　　（学生全体起立，在笑声中齐喊：谢谢天公作美，帮我学习课文。趣味、情境教学可谓恰到好处。）

师： 拿起课本面向窗外，大声地、尽情地、美美地读几遍课文吧！看谁能把雨点逗笑了。

评： 生美滋滋地读着课文，带着亲切的情感，读呀读呀。师在这里放手让学生读，因为学生还有一定的朗读基础。在我们听的过程中也确实感到学生一遍比一遍读得好。有的学生不时抬头望望窗外的雨点，看雨点是不是笑了。儿童天真的表情，叫人好激动。

师： （微笑着拍了三下手）雨点雨点下吧！同学们停下。

师： 同学们读得真好！老师听见小雨点都笑了。大家静下来，侧耳细听，是不是小雨点在笑？

　　　　（教室顿时一片寂静，学生们在屏住呼吸静静地听。刚才还是琅琅一片读书声，立即又变成一个无声的世界。）

生：（一个小女孩沉不住气了）老师，我听见了小雨点在小声地笑。

师：是吗？谁还听见了？

生：老师，我也听见了。

生 2：老师，我也听见了。

师：别给老师说，给你周围的同学说一说。（学生纷纷互相说，有说"哈哈笑"的，有说"嘿嘿笑"的，有说"嘻嘻笑"的……）

生：（突然有一位学生举起手说）老师，我怎么听不见呀？

评：大部分学生都笑了。我们也笑了。笑什么？笑这个同学傻吗？笑这个同学说真话了吗？请看老师是怎样处理的？

师：是吗？可能小雨点笑的声音小，你听不见。下课后，你站在雨地里听一听，一定能听见。好吗？老师也希望大家都到雨中去听雨点的笑声。

评：这位学生点了点头。老师处理得恰到好处，我们相信这位同学下课后在雨地里一定能听见雨点的笑声。同学们也乐意去听，去体验亲近大自然的乐趣。

师：（把半盆水端在讲桌上）老师这里准备了一个池塘，咱们到教室外面看看雨点怎样在池塘里睡觉的。

（学生走出教室，站在楼道里，我们也成了学生中的一员。老师把水盆放在了院子里，任雨点往里下。）

师：雨点落进池塘里干什么去了？

生：（齐声）在池塘里睡觉。

评：这样对话真巧妙，一边表演，一边说出了课文。

师：（师蹲在雨中，慢慢地让水流出来，在院子里成了小溪，师指着小溪说）雨点落进小溪里干什么去了？

生：在小溪里散步。

师：（师让水流得快了，师指着流动较大的水，说）雨点落进江河里干什么去了？

生：在江河里奔跑。

师：（把水全倒出来，成了一片海洋，师指着海洋说）雨点到海洋里干什么去了？

生： 在海洋里跳跃。

师： 同学真聪明，老师问什么你们都知道。

评： 教师用很形象的实地表演，让学生初步认识了"池塘""小溪""江河""海洋"的特征。

师： （让同学回教室）同学们闭上眼睛，想象刚才的情境，再读几遍课文。

评： 这个情节好！学生对刚才的表演兴趣盎然，联想又很丰富。师不说背，而说读，而且是闭着眼睛读，这就是教学艺术！学生没压力，轻松愉快，学生在师巧设的情境中，不知不觉会背诵课文了，也能理解课文了。

师： 同学们看一看，小雨点给我们带来几个生字呢？抄一抄，写一写，让小雨点看一看，是不是难住了我们？

评： 师又巧妙地把学生的注意力引到了学习生字上，并且学生不以为是作业，乐学爱学，能学会。

在整堂课中，教师充分利用了已有的资源，如天气、教材，将水盆端入教室，模拟溪水、河水、海洋等情境，是教师在钻研教材后开发的相关课程资源，是极有创意的一个设计。教师还灵活把握课堂现场生成的资源，如学生称听不到雨点声，教师顺势而导，鼓励学生亲身到室外感受雨点，聆听雨声，又将大自然这个广博的资源纳入学生的视线，不可谓不高明也！

语文课程资源的特点是广泛性、生活性和实践性。语文课程丰富的人文内涵对学生精神领域的影响是深广的，学生对语文资源的反应又往往是多元的；因此，语文教育的重要特点是熏陶感染作用。在熏陶感染的过程中来引领学生的价值取向。同时，语文是实践性很强的课程，应着重培养学生的语文实践能力，而培养这种能力的主要途径也应是实践。因而语文课程资源的特点和语文教育的特点是相通的，是相融的，是一致的。"我们的实际生活就是我们的全部课程，我们的课程就是我们的实际生活。"（陶行知）而语文教育是通过对语文资源的占有、开发、利用，从而达到对学生的教育。

（2）语文课程资源的开发和整合

语文课程资源的开发，就是寻找一切有可能进入语文课程、并能与语文教育教学活动联系起来的资源。语文课程是学习母语的课程，与其他课程学习相比较，学习母语有着得天独厚的环境条件。中国的儿童从小就处于汉语、汉字的包围之中，满耳皆汉语，满目皆汉字，这就使得学习语文，既有优越的条件——无与伦比的语言环境，又有丰厚的语言、文化资源。因而有人说，语文学习的外延和儿童生活的外延相等。如何有效地开发并利用好母语学习的课程资源，对于提高语文教学的效率，提高学生母语学习的兴趣和质量，有着极其重要的意义。从目前的研究成果看，多渠道开发和利用语文课程资源可以从以下几个方面进行。

①开发并利用好语文教材，发挥教材的多种功能。教材作为重要的课程资源，其开发和利用的重点是研究和处理教材。教材不仅仅是学生学习语文知识，提高语文能力的文本，还承担着丰富学生生活经验，提高人文素养，培养创新精神和实践能力，养成良好的学习习惯等诸多任务。因此，在课堂教学中，要倡导自主、合作、探究的学习方式，让学生借助教材这个例子，主动理解和体验，有所感悟和思考，获得情感熏陶和思想启迪，通过对教材的学习领悟到教材以外的东西，从而获得学习方法，形成正确的学习态度和习惯，综合提高语文素养。

案例:《春天的手》

《春天的手》这首儿歌，通过拟人的手法描写春天里的美丽景象，处处表现了勃勃生机，在学到课文的最后一自然段"拉住春天的手，春天就在你心头"时教师让学生展开联想，继而启发谈话，激发观察兴趣："美丽的春天来了，温暖的阳光照耀着大地，在这美丽的春天，我们去看看春天的变化，感受春天的手，好不好呀？"学生立刻欢呼起来。教师把学生分四人小组活动，各小组确定一名组长，组员服从指挥，组长带领组员分散去认真观察，寻找"春天来了"的种种迹象。教师巡回作适当指导。孩子们个个像快乐的小鸟，在校园里找起了春天。他们迫不及待地向教师汇报他们的发现。

"老师，我看到那棵小树发芽了！"

"老师，你看你看，小草变绿了！"

"老师，秋风吹掉的叶子又回到树上了！"

"老师，冬天人们变胖了，现在又变瘦了，因为我们穿的衣服少了！"

"老师，我看到蚯蚓从泥土里钻出来了！"

"老师，我感觉到春天的手在抚摸我！"……

　　回到教室，教师不失时机地提出让各小组之间互相交流的想法，并提出交流要求：有顺序地回忆，有层次地说：天气怎样？一些树、花、草有什么变化？有没有小虫、鸟儿？湖水的颜色怎么样？人们的衣着有何变化？围绕"春天来了"有层次、有顺序地说一句或一段话。教师针对学生认识上的偏差和说话中的错误，及时指点。全班交流时，学生每人都说出了自己的观察结果，"春天来了，小树长出了新芽了！""春天来了，小草变绿了，大地穿上了绿装！""春天来了，春姑娘把人们变苗条了！""春天来了，蚯蚓从泥土里钻出来了！""我找到了春天，春天的手在抚摸我！"……

　　我们可以想见整节课学生们的脸上必定都会洋溢着笑容。说一千道一万，不如亲身走一遍。在暖阳融融的日子，到大自然中聆听春的声音，感受春的活力，岂非比在教室里枯燥讲解"春天到了，春天的手在抚摸我"更有效？文本来源于生活，课内连接着课外，利用一切可利用的资源，学生收获的不仅仅是知识，还有情感的体验。

　　②创导生动活泼自主学习方式，改变单一的讲授文本为主的教学方式。一定要改变把学生禁锢在课堂里、日复一日地重复口耳相授、单调枯燥的教学方式。采取多种多样的能充分体现学生自主学习、自主实践的形式，如上网、读课外书、询问、讨论，在课前、课后搜集资料，组织新闻发布会、故事会、朗诵会、讨论会，演课本剧，办手抄报，编习作集等。让学生在丰富多彩、生动活泼的语文实践中学习语文，在讲述、讨论、交流、品评、操作等活动中促进发展，形成扎实的语文能力，并且体验语文学习的乐趣。

案例：语文综合实践活动《小小推销员》

　　教师先让学生观看《推销康佳彩电》的录像片，随后讨论：录像中的那位叔叔在推销什么商品？他是用什么方法介绍产品的？这种介绍方法好吗？为什么？他在推销中用了哪些具体方法？初步让学生感受推销行为。然后再观看《推销"中华"铅笔》录像片。讨论：推销员是抓住铅笔的什么特点进行推销的？你学会了这样的推销方法了吗？在比较两位推销员的异同后，学生对推销的方法和技巧有了一定感受。然后让学生自由组成商品交易小组，把自己准备的商品向小组的同学进行推销，并请推销效果良好的同学向大家介绍自己的推销经验。

　　在接下来的"推销竞赛"中，由老师提供商品，让学生自找对象进行推销活动，通过再次的实践验证别人的经验或发现自己独特的方法。最后由推销实物过渡到推销自己这个人。

教师把生活中常见的推销行为纳入课堂，让学生课堂实践操作如何推销。学生通过观看影片、听同学介绍经验、亲身实践，观察、表达、聆听等多方面的能力均得到不同程度的发展，在这样生动有趣的课堂中，学生不仅发展了能力，也品尝到了语文学习的乐趣。

③开展丰富的语文实践活动，拓展语文学习的空间。课堂只是小天地，天地乃为大课堂。要充分利用当地的自然、人文景观，如，风景名胜、博物馆、纪念馆，引导学生在自然、社会的大课堂中观察、调查，获取信息，学习语文。要根据学生心理特点和兴趣爱好，开展丰富多彩的语文实践活动或把握一些临时事件，即兴生成课程资源，让学生把学习与生活融合起来。

案例：一堂别开生面的语文课

（一位教师在出差一星期回到学校后，设计了这样一节"与众不同"的语文课。）

师：同学们，老师出差一星期，你们想我吗？

生：（齐声）想！

师：今天见到老师，你可有问题想问？

生：有！老师我们有很多问题想问您。

师：那好，我今天就召开个"记者招待会"，接受各位小记者的提问。大家可要畅所欲言！

生：老师，那么长的时间你到哪里去了？

生：您去那里干什么？

生：那儿的学生是否和我们一样聪明？

（对以上三个问题老师逐个回答，但较简单。）

生：（显然还不满足）老师，您能为我们具体介绍一下绍兴这个地方吗？因为我还没有去过。

师：好，绍兴是个历史文化名城，那儿人才辈出，名流荟萃……（简要介绍）我国著名的文学家、思想家鲁迅就是绍兴人。对于鲁迅，我想你们是有所了解的。

生：对，我们学过的一篇课文《三味书屋》写的就是鲁迅的故事。

生：（回忆《三味书屋》的内容）

师：作为大文学家、思想家的鲁迅，一生创作了许多文学作品，其中他最喜欢的一篇小说就是《孔乙己》。（具体讲述孔乙己的故事，学生听得津津有味。）

师：现在，鲁迅先生虽然离开了我们，但《孔乙己》这篇小说却流传至今，成为经典著作，供我们后人学习。其中写到的"孔乙己茴香豆"已成为绍兴的一大特产，深受前去观光的中外游客的青睐。这回，老师特意买了一袋，作为我送给大家的一份礼物。

（老师拿出茴香豆，分发给学生品尝。学生有的很小心地捡起一颗，端详一番，慢慢放进嘴里，轻轻地嚼着；有的则显得有些激动，抓起一把就塞进嘴里，撑得鼓鼓的嘴巴只能使劲地嚼动……过了一会儿，"真香！""真好吃！"的赞叹之声便开始不绝于耳。）

师：谁来说说你品尝到的茴香豆？

生：（分别从茴香豆的形状、颜色、味道等方面介绍，形象生动。）

师：（课堂总结）今天的语文课就上到这里，作业是完成一则日记，题目可以是《孔乙己》，也可以是《老师回来了》，还可以是《一堂别开生面的语文课》。行吗？

生：（大声回答）行！

教师借助出差事件，把握学生的好奇心理，即兴生成了这堂作文课的内容。通过这节课，学生不仅对绍兴名城有所了解，肯定对绍兴特产茴香豆也会记忆犹新。如果今后学生外出旅游，也带回一些当地特产或能对游览之地的情况娓娓道来，难道不是老师播下的种子开花结果了吗？

④创设多彩的有利于母语学习的校园环境。校园是学生学习、生活的主要场所，不妨合理地利用校园、教室等场地，创设多彩的校园文化，将这些设施赋以生命的活力，将这样的环境作为语文课程资源之一，以熏陶学生的情感，促进学生语文能力的发展。有些学校在教室里张贴学生自己的书法、绘画作品，发动学生精心布置班级的"图书角""阅读栏""我会读""我真行"评比栏，"看谁写得棒"习字栏，

在校园的草坪写上"小草正在睡觉，请不要打扰她"等充满爱心和诗意的话语，让学生在多彩校园环境中通过各种渠道感受语文，学习语文，在充满真、善、美的环境中陶冶情操，健康成长。

⑤开发并形成各具特色的校本课程。在课程教材改革中，不少学校在分析学校的办学优势和资源配置的基础上，结合实际情况开发出构建各具特色的校本课程。根据学校特点开设的校本课程往往形式活泼，新颖有趣，能激起孩子语文学习的兴趣。比如有的学校开设了"画与写"的课程，让孩子在画画的同时，为图配话，并将这些作品编成班级刊物。而成都市草堂小学依托杜甫草堂文化，开展了经典诵读活动，并编写了相关的校本教材，已形成了独具特色的校本课程。

案例：叶华老师执教的诗歌教育校本课程《请风儿来做客》

酝酿阶段：引导孩子们回忆自己的诗歌之缘，选出自己最喜爱的古诗，由此确定本期古诗诵读活动的主题。

准备阶段：在书中和网上查找资料，收集有关风的诗歌，做《风之语》诗卡；在生活中找寻风儿，想想有什么好办法把风儿带到教室里；每人做手工诗集本或折纸等手工作品；诗社美工部制作奖品——小诗签；在自主选择、自主感悟中学习几首或几句自己最喜欢的关于风的诗。

实施阶段：

一、演风画风　点燃诗情

在引入课题后，让学生进行四人小组活动，在组内介绍自己带来的风：学生有的扇扇子，有的飞纸飞机，有的用嘴吹……然后请几名学生将自己带来的风在全班进行展示，大家根据展示开动脑筋，即兴配上相应的诗句。如学生表演吹泡泡，则配诗"风儿在五颜六色的泡泡里"；学生表演转风车，则配诗"风儿在欢快的风车里"；学生展示自己为风画的画，则配诗"风儿在美丽的图画里"……

然后一起朗读集体的智慧：

风儿，风儿，在哪里？

风儿在五颜六色的泡泡里！

风儿在欢快的风车里！

风儿在美丽的图画里！

......

二、诗海吟风　激荡诗情

由此及彼，让学生由课堂的诗作联想到课外读过的有关风的古诗，分两个大组进行背诵比赛。于是，一首首经典古诗闪亮登场：

夜来风雨声，花落知多少。

锦城丝管日纷纷，半入江风半入云。

不知细叶谁裁出，二月春风似剪刀。

春风又绿江南岸，明月何时照我还？

......

然后结合学校与杜甫的渊源，有指向性地诵读杜甫与风有关的诗作《春夜喜雨》《漫兴》《绝句》，品味其中写风的诗句"随风潜入夜，润物细无声""癫狂柳絮随风舞，轻薄桃花逐水流""迟日江山丽，春风花草香"，并引导孩子课后继续阅读杜甫的其他诗作。

欣赏完古诗后，再交流有关风儿的儿童诗。贴近儿童生活的诗句，让孩子情趣盎然。

"顽皮的风/把伯伯草帽吹跑了//逗趣的风/把大树身体吹歪了//捣蛋的风/把蒲公英宝宝吹走了//讨厌的风/把我的头发吹乱了。"

"海上的风是花神/她一来/就绽开万朵浪花//海上的风是琴师/她一来/就奏出万种歌声。"

"风的耳朵好大哦/听得见小草说/帮我们锻炼身体/听得见小花儿说/帮我们送香水//天气这么热/我喊着/风呀风呀——/它却把耳朵缩小/在远远的树上/溜来溜去。"

三、以诗咏风　放飞诗意

在大量吟诵、交流的基础上，孩子们创作诗歌的意愿已越发强烈，教师顺势引导孩子归纳、总结写诗的方法——观察、想象、问答、地方、时间，让学生以风为主题，自由创作诗歌。

并将学生现场创作的诗歌收集起来，编辑为《风》诗集。

成果展示：

《风》（刘斯伟）：夏天，我很热。听话的风，把我变得凉爽。

冬天，我很冷。调皮的风，把冷气涌到我的衣服里！

《秋天的风》(黎鹏举)：风爷爷来了，哗哗哗……他对树叶说，你们该落了。
他对水果说，你们该熟了。他对小朋友说，你们该加衣服了。
《调皮的风》(魏苏耀)：风儿，风儿，你真调皮，你把我的地图吹跑了，
害得我找不到回家的路了。
《请风》(黎文婷)：风儿，风儿，你在哪儿？我们请你来做客！
风儿，风儿，你来没有？炊烟已升起，我们都等着你！
《风是什么颜色的》(魏苏耀)：风一吹，把柳丝染绿了。风是绿色的吗？
风一吹，把桃花染红了。风是红色的吗？
风一吹，把菜花染黄了。风是黄色的吗？
风一吹，把梨花染白了。风是白色的吗？

古诗诵读在草堂小学校园内早已蔚然成风，教师根据这一特色，开发设计了以风为主题的校本教材。课堂上不仅考查了学生的观察能力，训练了学生的表达能力，培养了学生的鉴赏能力，而且教师还细致地指导学生今后该如何感受生活，怎样用自己手中的笔记录生活点滴。这种高效地积累诗歌、赏析诗歌和创作诗歌的课程，不仅能让学生享受到诗文化的熏陶，而且能帮助学生确立"生活即诗，诗即生活"的理念。

此外，在开发和利用课程资源时还需要注意三个问题。

首先，教师要有强烈的开发和利用课程资源的意识。语文课程标准认为"语文课程应该是开放而富有创新活力的，应尽可能满足不同地区、不同学校、不同学生的需求，并能够根据社会的需要不断自我调节、更新发展"。对于语文课程如何反映不同地区、不同学校和不同学生的需求，学校和教师应该具有更大的发言权。教师必须转换角色，变革教学行为方式：不能仅仅充当课程的实施者，也要主动地去开发和利用课程资源；教师不能眼睛只看着课堂，看着书本，还要面对课堂以外，面对学生的全部生活；教师要创造性地去开发和利用一切有助于实现课程目标的资源，把课程资源当作实现新的课程目标的中介，充分发挥其在课程实施过程中的作用。

其次，要根据地方特点开发课程资源。各地区蕴藏的自然、社会、人文等语文课程资源各不相同，各具特点。课程资源的开发要根据地方特点、学校特点、教师特点，努力发挥各地优势。教师要根据需要，利用当地、当时的课程资源，建构地

方或学校的语文课程，创造生动活泼的语文学习和实践的形式。地方或校本课程一定要有地方特色，用好、用足当地的课程资源。

最后，要根据语文课程特点开发利用课程资源。不同课程具有不同的价值取向和育人功能。目前学校教育教学内容主要是以课程的方式来呈现的。有些课程以开发人的智力，训练人的心智和操作技能为主要任务；有些课程以陶冶人的情感、情操，提高人的人文素养为主要任务；而有些课程则以训练人的动作技能、技巧为主要任务。这就决定了不同课程所要开发的课程资源是有区别的。语文课程资源的开发既要考虑到与其他课程的沟通与联系，又要体现出语文课程本身的特点。这里有三点应该注意：一是教师在课程实施过程中要注意开发最适合本学科特点的课程资源，不盲目仿效其他学科教师的做法，"依样画葫芦"往往容易弄巧成拙；二是课程资源具有多质性，也就是说，同样的课程资源可以为实现不同的课程目标服务，不同的学科可以运用同一种课程资源，因此，应提倡课程资源共享，这也是现代学校教育的重要特点；三是课程资源具有替代性，如果没有最适宜的课程资源，可以由那些特征和性能近似的其他资源代替。

总之，教材是教和学最直接的凭借，教师首先要用各种方法全面深入地钻研教材，还要充分利用一切可以利用的课程资源，利用一切可以利用的活动场所，科学地去驾驭教材，最终才能构建起开放创新的、充满生机活力的语文课程体系。

在反思中成长

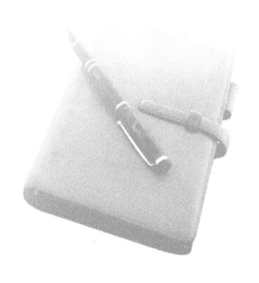

　　每个人的成长都是一条漫长而艰辛的路，在这条路上，有人畏葸不前，有人半途而废，也有人跌倒之后，再也没能站立起来，不是每个人都能坚持走到最后，看到终点的曙光。因为，要奋然前行，需要的不仅是自己的执著与努力，更需要前辈师友的帮助和指点。回顾我自己走过的路，我不得不说，我是幸运的，因为在我的成长历程中，遇到了那么多专家、老师，对我进行毫无保留地点拨和帮助，没有他们，就没有今天的我。写出来，那将是一份长长的名单：徐休齐老师、钟书荣老师、廖惠玉老师、张乃文会长、查有良教授……他们或引我步入教学之门，或教我管理之道。

　　1996 年，我工作调动，到了成都市中心一所学校任教，就在这里，我的教学发生了一次巨大变化，这一切，得感谢四川省教科所的周林主任。

　　认识周林主任，是因为他来听我的课，那时候，我已经被评为四川省特级教师，我的课堂也成为最开放的课堂，几乎每节课都有老师来听课，不过几乎所有人听我的课之后，除了肯定还是肯定，除了称赞还是称赞。而在这肯定称赞声中，我似乎也觉得我的课已经日臻完美，而就在这时候，我遇到了周林主任。

　　那时候我刚接了一个一年级，开学刚三周，大多数老师还处在熟悉学生的阶段的时候，我已经能和学生很默契地上课了。那堂课学生发言踊跃，争先恐后，我还让几个孩子上黑板写下上课的感受，在我看来，这是一堂堪称样板的课，可是下课之后，周林主任却给了我"当头一棒"：

　　"你发现你的课有很大问题没有？"

　　我觉得很奇怪：

　　"我觉得这堂课比我预想的好多了啊，有问题是肯定的，但会有很大的问题吗？"

　　"你如果不发现你的问题，不作改进的话，还会出更大的问题，你上课的问题就是学生的主体性没有充分发挥。"

　　我觉得很委屈："开学刚三周，我的学生已经能踊跃发言了，还能上黑板写自己的小小收获，难道不是发挥主体性吗？"

　　周林主任很耐心地给我解释学生主体性的真正含义，并给我提出了很多建议，比如要避免单生抽问太多，让孩子分学区，让孩子们充分交流之后发言，要有争论，要有问题，教师应该是针对学生的问题来上课。我觉得很难理解：学生在小组内发言与在班上发言区别有多大？学生跟我说与学生跟学生说区别有多大？可是周林主任的真诚和坦诚打动了我，于是，我跟随他加入北京师范大学裴娣娜教授主持的主体性教育的课题研究，成为四川片区课题组的成员，我负责其中一个子课题即谐动教学的研究。而这次研究，使我的教学发生很大改变。我任教的学校提出并开展了"和谐—主体—发展"的教育研究。这一教育的核心是创造和谐的教学氛围，确立和谐的师生关系，促进学生主体的主体性得到充分发展。根据这一教育指导思想，在教学实践中及时提出"谐动"教学十分必要。

小学语文课堂要营造和谐的氛围，让学生愉快地学；巧置情境，让学生生动地学；激发情感，让学生主动地学；创设活动，让学生投入地学，体现"和谐—生动—主动—活动"的特点，达成"谐动教学"的基本目标：师生平等、和谐求动、情知融合、主体发展，全面提高学生的语文素养。

一、谐动教学的建构背景

（一）儿童是语文教育的主体

儿童是本能的缪斯和独特文化的拥有者，是语文教育的主体。"儿童在本能上是一种缪斯性的存在，儿童文化则是一种缪斯性的文化。这种缪斯性的文化主要表现为充满旺盛的想象力，具有诚挚的情感，怀着艺术化的生活态度。"儿童的这种独有的天性和文化特质是来自童真世界的极其可贵的人性资源，又是儿童学习母语，求得自身发展的天然原动力。语文教育要关注儿童这一主体。关注语文教育就必须关注儿童，研究语文教育就必须研究儿童。要尊重儿童的文化，竭尽全力地去理解儿童，支持和帮助儿童，发现儿童，视儿童为语文教育的主人，为儿童的发展营造和谐的氛围，确立和谐的师生关系，促进儿童的主体性得到充分发展，让儿童在爱和自由中成长。

（二）语文教育的应有之义是语言教育和文学教育

语文课程的基本特点是工具性和人文性的统一，语言教育与文学教育相互依存。小学语文教育的应有之义包含两个重要的方面：语言教育和文学教育。语言教育是指在语文阅读教学中，凭借教材语言，通过记背、诵读、议说、习作等途径，形成弹性的、多义的阐释，养成儿童对语言的丰富感受力、深入的理解力和灵活的运用力。语言教育重感悟、重积累、重运用。文学教育是指在语文教育中，通过语文阅读教学，将儿歌、儿童诗、童话、寓言、故事、小说、散文、古诗等文学样式所具有的教育价值转化为教育成果的一系列过程和行为，文学教育重情感的熏陶和感染、激情的张扬和释放、思维的灵性和创造。语言教育和文学教育是一张纸的两面，它们包容互动，相互依存，不可分割。这一语文教育理念契合语文教育学科的基本特点——工具性和人文性的统一，顺应语文教育学科的规律，呼唤教学活动的生动鲜活、情趣盎然，呼唤儿童学习的主动参与、主动感悟、主动探究、主动体验，在语文学习中积累、理解和运用语言，陶冶情感，丰富心灵，完善人格。

（三）儿童主要的学习方式是活动

活动是人存在和发展的方式。对儿童更是如此。活动是儿童重要的学习方式，是促进主体发展的有效途径。"游戏之于儿童，是其生活本身"，活动之于儿童，是其学习生活的有机组成部分。语文教育要真实有效地促进语文学习主体儿童的发展，就必须设计、组织、引导、规范儿童的语文实践活动。儿童在教师创设的语文实践活动中享有更充分的思维和行为自由，更广阔的活动空间，更自主灵活的时间，更丰富的师生情谊、学友关注，更生动、直接、切实的感悟体验。显然，在生动的语文实践活动中，儿童更能掌握语言运用的规律，提高语文素养，形成良好的个性和健全的人格，获得主动发展。

二、谐动教学的理念

语文课堂教学活动是由教师、学生、教材、教法和教学媒体等互为因果、相互调节、相互制约、相互作用的因素构成的特定开放时空。所谓"谐动教学"，是指在这一时空内，教师重视学生的独立性、主动性和创造性，以全面提高学生的语文素养为目标，运用主体教育的主动参与、合作学习、差异发展、体验成功四条策略，根据学生的认知规律和发展特点的需要，创建和谐的课堂氛围，使学生在生动可感、丰富多彩、情趣盎然的语文教育活动中主动自觉地参与学习，能动自主地领悟学习材料，感悟人生，陶冶情趣，促使思想道德素质、科学文化素质和心理素质全面发展，培养学生的自主精神和创新精神。这就要求小学语文课堂教学要体现"和谐—生动—主动—活动"的特点。四者关系如下图所示：

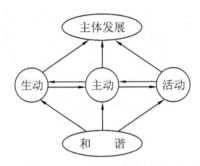

和谐与生动、主动、活动的互动关系

"和谐—生动—主动—活动"四个要素简称"一谐三动"或"谐动"，它们既相互独立，又相互关联、相互促进、相辅相成。和谐是基础和前提，没有和谐就没有主动、生动和真正意义的活动。唯有学生主动参与的活动才是生动的活动。在活动中学生才能生动活泼地得到主动发展。凭借生动的教学情境，才能让学生更主动、更充分地活动。"一谐三动"体现了教学活动动态发展的实现过程。

和谐：和谐是"谐动教学"的前提。教师的才干不仅表现于丰富的学识，更重要的是能以精湛的教学艺术为学生营造宽松愉悦的成长环境。对课堂教学而言则是倾力为孩子创设和谐的课堂教学氛围，形成相互尊重、信任、理解、合作的新型师生关系，为学生的学习过程提供必备的情绪背景和动力源泉。民主平等是和谐的课堂氛围的重要标志。

生动：生动是"谐动教学"的依托。教学活动中比传授知识更重要的是把知识的文化内涵内化为学生的修养、性格、气质，使之成为学生相对稳定的内在品质。这就有赖于教师生动的教学设计和情境创设。情趣融融、议论纷纷是生动的教学活动的重要外显特点。

主动：主动是"谐动教学"的核心。学生是学习的主体，教师应努力唤起学生新的需要、兴趣和自求完善的意向，调动学生学习的主动性和积极性，着力发掘和培养学生的主体意识，在教学活动中自主运动，主动探究，主动发展。不可遏止的渴求和不断生成的问题是学生主动学习的突出行为表现。

活动：活动是"谐动教学"的关键。一切教学影响都只有通过建构学生的主体活动才能实现学生的主体发展。教师要在课堂教学中给足时间，开放空间，由过去单一的全班学习的活动形式转化为"个人活动""小组活动""跨组活动""全班活动"等多种恰当的、有机的、多样多变的安排组合的合作学习形式，让学生在同一时空中，在不同的层面上与不同的对象合作交流，自悟自得、同悟同得、深悟深得，在大量的、充分的、生动的实践活动中主动地发展。实践性、自主性、创造性、趣味性、综合性是活动的主要特征。

三、谐动教学的基本目标

1. 师生平等——改变传统的教师居高临下，教师指挥，学生服从的师生观换之以教师与学生民主平等，共同探索，合作交流，取长补短的新型师生。

2. 和谐求动——建立和谐的学习氛围，以最理想的教与学的亲和、平等关系，促进学生自主探索，主动参与，实现课堂学习过程中学生新的自我运动。

3. 情知融合——注意把情境创设、情趣萌发、情感培植等心理体验与认知心理发展的过程结合，促进教学过程中"情"与"知"的最佳融合。

4. 主体发展——学生的主体人格得到尊重和保护，教师充分考虑学生的各种需求，促进学生的主动性、自主性、创造性充分地发展。教学中的一切活动都要以学生这个主体得到发展为根本目标。

四、谐动教学的特点

"谐动教学"的特点可简括为"一谐三动"，如下表：

"一谐"	"三动"		实现目标
创造和谐氛围	学生生动、主动、活动学习		主体发展
1. 师生平等　巧置情境	生动学习		自主性
	融入情境　感知体验		愉悦　乐学
	有效参与　感受经历		关心　调控
2. 激发情感　合作研讨	主动学习		主动性
	取长补短　质疑解疑		理解　协同
	激情发展　合作互动		交往　发展
3. 释放活力　开放时空	活动学习		创造性
	操作实践　基础活动		动手动脑
	特色活动　开放活动		分析判断
			运用迁移

五、谐动教学的操作策略

（一）氛围和谐，让学生愉快地学

主体教育的理念使我们更关注课堂上人的因素，关注生活在课堂上活生生的学生的动机、情感、意志等课堂精神生活。构成课堂生活的教师、教材、教法、教学媒体等诸因素与课堂生活的主体学生之间处于和谐状态，能释放强大的教育美的力量，形成完成教学任务的合力，使课堂充满生机，更具魅力，使学生积极、愉快、自觉地投入学习，高效率地促进学生的发展。

1. 和谐的师生关系，深厚的课堂友谊

苏联教育学家苏霍姆林斯基认为：如果缺少同孩子的友谊，在精神上同孩子没有共同点，教育就会在黑暗中迷失路径。尤其是在课堂上更要和学生建立和谐的师生关系和深厚的课堂友谊。教师要真正亦师亦友、平等民主地对待孩子，以友情洋溢的课堂氛围激发学生不可重复的激情和智慧，使其愉悦地学习。这就要求教师在课堂上要热爱学生，珍视学生的真实见解；理解学生，宽容学生的错误见解；信任

学生，倡导学生的个性化见解；尊重学生，鼓励学生的创造性见解。这种热爱、理解、宽容、信任是老师对学生最诚挚的接纳，是和谐的师生关系、深厚的课堂友谊鲜活的体现。

案例：《上天的蚂蚁》

第二课时一开课，老师便请孩子们来读一读第一课时所认读的词语。这一课的词语很丰富：蚂蚁、常常、抬头仰望、试一试、身材魁伟、身强力壮、酸、鼓励、连连告退、终于、俯下身子、充满自信。

"孩子们，这些词语你们都认识了吗？"

"认识！"回答中带了一点儿骄傲和轻视。

"今天老师对词语的认读有一个新的要求！"孩子们睁大了眼睛，认真地聆听着。

"我们读词语的时候，要想着词语的意思来读一读，读出它的意思，你们还能做到吗？"

"能做到！"孩子们兴味盎然。

老师拿出一张卡片——蚂蚁："谁来先试着读一读？"禧儿用甜甜的声音读了一遍。"我听到一只可爱的小蚂蚁来啦！"老师评价着，又拿出第二张、第三张卡片——终于、充满自信……

孩子的可塑性是非常强的，表现力也是非常棒的。

老师拿出一张词卡——俯下身子，"谁能一边想着这个词语的意思，一边做动作，一边读这个词语？"

这可难不住他们，孩子们纷纷举手。

紧接着，老师又拿出"身材魁伟"和"身强力壮"两个词语请孩子们一边读一边用动作来表现。一时间，孩子们纷纷开始秀"肌肉"，亮"拳头"，表情十足，有的还压低了声音，显得很"深沉、浑厚"，做作，但不失可爱。

"我发现，你们在读这两个词语的时候，声音和动作可都差不多啊！这是为什么呢？"

"它们两个词语的意思很相近！""但是一个偏重讲身材高大，一个主要想说力气大。"听发言孩子的口气，可能是觉得老师提的问题太幼稚了，迫不及待地为老师讲解起来。

梁庆蓉老师的课堂上，简单的词语朗读也是可以绘声绘色的！能感觉到情感在流淌，课堂一下就充满了色彩。没有和谐的课堂氛围，哪儿有学生如此充满童趣的学习表现？可见教师应该和学生一样都是班级的一分子，而绝不是完全凌驾于学生之上的"教室权威"。教师应该踏踏实实地做好比学生多点儿知识、多点儿生活经验的"良师益友"，用自己的爱心和能力换取学生对自己的信任，对学习的激情，更有对高质量生活的向往和追求。在课堂教学中把往常的单纯的知识传授活动变成一种民主的课堂生活方式，尊重学生的主体地位，让学生得以生动活泼、自由地发展。

2. 真诚的教学交往，多元的激励评价

教学交往是指在课堂教学这一社会体系运行过程中，教师与学生借助课程内容这一中介而进行的认知、情感、态度等多方面的人际交往和相互作用。多元的激励评价是指充分发挥评价的激励功能，把学生、教师都作为参与评价的主体，在教学交往中融学生个体的自我评价、学生之间的相互评价、学生集体的相互评价、师生的相互评价为一体的课堂评价。真诚的教学交往和多元的激励评价能形成和谐的课堂氛围，使学生及时感受到学习群体的认同和鼓舞，体验到求学的快乐，生成源源不断的学习动力，主动发展。这就要求教师在课堂上要适时发表师评，机敏引导自评，相机组织群体评价和巧妙点拨学生的互评。以这样的多元激励评价来体现教学交往的真诚、师生关系的平等，协助学生在和谐的课堂氛围中，体验一次又一次成功的快乐，经历一次又一次的发展，不断成长。

案例：《养花》

周航老师执教《养花》一课时，一位平时不太爱积极表现自己的学生在课堂活跃气氛的影响和小组合作伙伴的鼓励下，勇敢地站起来朗读课文片段："我只把养花当作生活中的一种乐趣，花开得大小好坏都不计较，只要开花，我就高兴。"因紧张、事前缺乏充分的准备等原因，这个学生将此句读得结巴，又漏字、加字。虽然他显现出极大的耐心与勇敢，但孩子毕竟是孩子，听读的孩子中难免有人露出不满的神情和发出不满的声音。而这类学习能力不太强的学生最善于捕捉同学的这种态度，他的神情黯淡了……真诚的教学交往，多元的激励评价怎样体现？绝不能伤了这位学生的自尊。该教师看了全班同学一眼，轻轻地仿课文说了以下的一段话："我只把你们的积极举手读书当作课堂上的一种幸福，书读得好坏都不计较，只要勇于

参与，我就高兴。"孩子们都明白了这一意思，雷鸣般的掌声给了刚才那个学生。此后，那个学生异常地活跃。一步步调动，积极性总是会产生的；一次次启迪，智慧火花总是会闪光的；一次次挖掘，潜能总是能发挥的。学生的发展就是这样实现的。

（二）巧置情境，让学生生动地学

教师目中有学生，课中有情感，课堂教学不再是冷冰冰的知识唯我独尊，"正确"和"错误"的判断轮番登场，简单的演绎推进，而是充满了丰富多彩的精神生活和情感意志活动。学习材料、教师和学生的语言在和谐的课堂氛围中交流融会，形成情境，使学生在学习的过程中不断涌起情感的波澜，在入情入境中感受学习，加深体验，生动地学习。

1. 恰当运用媒体，引导学生入境动情

电教媒体具有声画并茂、视听结合、动静相宜、感染力强等特点，恰当运用媒体，可以使学生如闻其声，如见其人，如临其境，生动地学习。

案例：《一夜的工作》

例如教学《一夜的工作》一课。当学生了解到周总理全心全意为人民服务的崇高思想境界时，教师演示配乐的 AI 课件：静静的夜里，星光闪烁，敬爱的周总理在专注地伏案工作。同步出示练习题："我的脑海里浮现出_____。我情不自禁地想_____。我更想轻轻地对周总理说_____！"有效地调动了学生内在的感情积累，使学生入境生情，以情促练。学生纷纷发言，表达自己此时此刻的真情实感。

生1　我的脑海里浮现出周总理认真工作的情景：夜深了，周围的灯一盏一盏地灭了，唯独周总理房子里的灯还亮着。透过灯光，可以看见总理在一句一句地审阅文件。夜静极了，我甚至可以听见笔在纸上划过发出的声音。我情不自禁地想：总理，您为新中国的成立付出得太多了。我多想是您的卫士，能为您送上一杯热腾腾的绿茶。我更想轻轻地对周总理说："您辛苦了，一定要注意身体！"

生2　我的脑海里浮现出周总理穿着朴素的中山装，坐在陈设极其简单的办公室里不辞辛劳地工作的情景。我情不自禁地想：要是我的手里有一支魔术棒该多好，我要为总理变一支神奇的笔，帮总理快点批完文件。我又想变出一件大衣，披在总理的身上。我还想变出一张床，让总理躺下来好好睡一觉。我更想轻轻地对总理说：

"总理，您太辛苦了。我们永远不会忘记您！"

课堂上，作者的情感、教师的情感和学生的情感产生强烈的共鸣，学生的学习变得生动而富有激情。

2. 适时持续强化情境，升华学生体验

教师不仅要善于利用生动的课堂教学情境展示，令学生不知不觉地融入教学活动中，还要密切注意把握各种教学时机，采用多种手段，持续强化情境，渲染情境的氛围，使设置的教学情境随着教学活动的步步推进，得到持续的强化，越来越鲜明、生动。这样，学生的感受就会越来越清晰、深刻。情绪越来越饱满，体验也随之不断深化、升华。

持续强化情境，可从以下三个方面着力：

（1）精选资料，适时补充。精选与学习材料相关的资料，适时补充，拓宽学生的视野，加深学生的情感体验，使学生在深刻的认识和情感体验中生动地学。

案例：《一夜的工作》

教学《一夜的工作》，在学生理解"一夜"和"每个晚上"的内在联系后，适时补充一段反映周总理病重期间忘我工作的资料："周总理已是 76 岁高龄的时候，身患癌症，在生命的最后岁月里，他做大手术 6 次，小手术 8 次，而他的工作时间在 18～22 小时的日子有 44 天，和中央有关负责同志谈话 216 次，接见外宾 63 次，在住院的医院里召开会议 20 次。我们的周总理几十年如一日，都是这样工作的，鞠躬尽瘁，死而后已。"目的是让学生的思维不仅仅停留在"一夜"和"每个夜晚"的层面上，而是深化到对总理一生工作的认识——这一夜工作的情景是总理一生生活的缩影，升华学生的情感，使学生更加崇敬、爱戴周总理。这样，课堂内既有大量的信息交流，又有充分的情感交流，课堂内外沟通，使课堂充满生气和活力。

（2）巧借契机，充分操作。善于发现、捕捉教学中利于学生动脑思考、动口表述、动手操作的内容和时机，让学生亲身操作实践，充分感受认知，变学生的"坐中学"为"做中学"，学生会自然进入激情参与状态，生动地学。

案例：《影子桥》

师：坐在桥下可以看到哪些有趣的画面呢？请孩子们自由轻声朗读第 5 段。

"影子桥上的鱼儿你追我逐，多快乐。它们一忽儿蹿上桥面，一忽儿又跳进水里。它们是在藏猫猫吧?"

生：自由小声地读课文第 5 自然段。

生：读出自己看到的画面。(尽量找书上的句子读)

师：这真是一群快乐的小鱼儿呀!

师：出示词语卡片"你追我逐"。

"逐"是什么意思呢? 就让我们请教字典老师吧。请运用你最拿手的查字法查找"逐"。

生：迅速拿出字典进行查找，小声读着"逐"字的几个义项。

师：请孩子们自己读读关于"逐"字的几个义项。

"1. 追赶：逐鹿。2. 赶走，强迫离开：逐客令。3. 依照先后次序，一一挨着：逐日。"那"你追我逐"的"逐"应该选哪个呢?

生：齐声说选义项 1——追赶。

师：课件点击义项 1 (再次加深"逐"的印象) 看来查字典真是解释词语的好办法。

师：现在，我要请几条"快乐的"鱼儿来和我"你追我逐"。

(表演：师生在台上来回互相追赶，孩子们欢快地相互追逐，嬉笑之声不绝于耳)

师：你们看，像刚才我们这样就在——

(出示卡片"你追我逐")

生：(齐读)"你追我逐。"

师：刚刚跑过去，他们就追过来了! 我想采访一下这几条小鱼，刚才我们在追逐的时候你感觉怎么样?

生：(仰头开心地笑着说) 我快乐极了，像下课时在玩游戏一样!

生：你追我，我追你，追过来追过去就叫你追我逐。

生：他追我时，我躲不开，差点儿跑到教室外面去了。

师：看来，你追逐时很开心，快乐地回到自己的座位上，把你的感受读出来吧。

生：(快乐的心情) 读"影子桥上的鱼儿你追我逐，多快乐"。

师：瞧，这些小鱼多快乐呀! 咱们都来做这条快乐的小鱼儿吧。

生：全班齐读这句。

在唐晓琴老师的课堂上，学生在亲身参与，快乐操作中不仅体会到"你追我逐"时候的动态画面和欢快心情，其感悟还远远超出了老师的想象，思维的独特、表达的活跃、情绪的高涨、互动的积极都使课堂呈现出生动的教学情景。

（3）入境体验，角色扮演。引导学生在情境中感悟体验，扮演角色，使学习材料所提供的形象鲜活真切地走近学生，与学生融为一体，直接作用于学生的感官和心灵，学生的学习也会因罩上浓厚的情感而焕发出生动的光彩。

案例：《小狐狸卖空气》

教学《小狐狸卖空气》一课时，老师精心创设了一个小狐狸到课堂现场卖空气的情境。

老师故作神秘地告诉大家：许多人需要新鲜空气，所以小狐狸就开了一家"新鲜空气专卖店"。还把这家店开到了我们的教室里。闭上眼睛，它会立刻出现在我们的眼前。学生们半信半疑地闭上了眼睛。当学生们再次睁开眼时，惊讶地发现黑板上已贴上了漂亮的"新鲜空气专卖店"的招牌，一个玩具小狐狸正站在招牌下热情地招呼大家呢。学生们各种兴奋的叫声此起彼伏地响起来：在这儿，好漂亮！是真的！老师也和学生们一起赞叹着专卖店的美丽，带着学生们一起进一步地融入情境，思考问题："除了文中的老奶奶，谁还需要新鲜空气呢？"学生们的手纷纷举起来：警察、演员、经理……老师进一步地启发学生们：小狐狸现在已经来到专卖店开始卖新鲜空气了。你们刚才说到的这些人现在都在这里买空气了。你愿意扮演谁上来买？学生们很快地找到自己的角色，入境入情地扮演开了。

生1　我是一名警察。我每天站在十字路口指挥交通，吸入了好多汽车尾气，都快得空气过敏症了。我需要新鲜空气。

生2　我是一名清洁工人。每天都有大量灰尘飞进我的肺里，我咳嗽得很厉害。小狐狸，你快给我些新鲜空气吧。

生3　我是一名潜艇里的海军战士。我天天在潜艇里生活，呼吸不到新鲜空气，所以我非常需要新鲜空气。

生4　我是一只宠物狗。每到傍晚，主人都会带我去散步。可是，地上脏脏的，空气臭臭的，我感到很难受。我需要新鲜空气。

此刻，师生共同沉浸在角色扮演的氛围中，焕发出高涨的学习热情。学生们是具体的警察、清洁工……是空气污染的受害者，他们自己探究着空气污染的根源，体会着空气污染的危害，品味着故事的童趣美、生活美，展现着自己最朴实的环境保护意识。

在李翔老师巧妙设置的情境中，课堂内既有大量的信息交流，又有充分的情感交流，课堂内外沟通，使课堂充满生机和活力，课堂教学因之而愈显生动。

（三）激发情感，让学生主动地学

主动地学意味着学生在课堂上不是消极被动地去接受教师或"暂时领先者"的"告诉"和"灌输"，而是有强烈的主人意识，在每一次的学习经历中都能产生新的需要、兴趣和自求完善的意向，主动积极地去探究性、创造性地学习，在自主运动中自主发展。教师要善于广开路径，把教学要求、教学活动过程变为学生的主观需求，激发学生的情感，鼓励学生的探究热情，使学生能主动投入，主动参与。

1. 鼓励探究，质疑解疑

"谐动教学"重视学生的主动思考和主动探究的学习精神，让学生主动去发现、探究、创造是教师设计教学首先要考虑的核心问题。发现、探究、创造的前提是疑问，对学生的质疑应持提倡、鼓励、引导的态度，着力培养学生的问题意识和质疑解疑的技能，其操作要义如下。

（1）设置问题情境，激发疑问。激疑是问题在学生头脑中的孕育、积聚阶段。问题情境是教师千方百计为学生创设的想问、敢问的课堂氛围和质疑机会。借助问题情境把教师关于教学设计的思考巧妙地转化为学生的思考，把课文的教学要求巧妙地转化为学生探索、解决问题的内在需要，利于学生迅速进入主动学习状态。

（2）倡导主动思考，鼓励质疑。质疑是问题的呈现阶段，是学生主动思考和主动探索精神的集中体现。学生主动参与，纷纷尽兴提问，活跃而充满激情，所提问题本身蕴含着创造的火花。利于学生学会提问，学会不唯书、不唯师、不唯人，做课堂的主人。

（3）优化组合问题，积极导疑。导疑是对学生所提的琐碎、无序、层次不同的各种问题进行梳理归类、分层处理阶段。或把学生所提问题不明确、不妥之处修改优化；或把学生的琐碎零乱的问题加以统整；或将无序的问题按序重新排列组合；

或对学生的问题进行筛选分层，查找资料或大组讨论解决一部分浅显的问题，留下重点问题在进一步学习中解决。长期坚持，能有效提高学生的提问质量，使学生会问。

（4）师生民主合作，协力解疑。解疑是重、难点问题的分析解决阶段。师生要民主合作，教师和学生、学生和学生都成为解决问题的志同道合者。凭借多种方法、途径，在真诚热烈的交流中达成共识。

（5）沟通课堂内外，相机存疑，存疑是把课堂内由于诸多因素限制暂不能解决的问题留待下一节课或课外更广的社会生活课堂上去解决。学生可以自主地根据问题寻找信息，筛选整理信息，形成自我的探究成果。

案例：《捞铁牛》

［质疑］在学生理清怀丙的四项准备工作的顺序后，教师创设情境鼓励质疑："你对怀丙和尚做的哪些准备工作不理解？"学生们提出了自己的疑问："为什么用结实的木料？""为什么要用两只很大的船？""为什么船上要把泥沙装满？""为什么要搭架子？"

［导疑］学生的提问琐碎零乱，需要教师去导疑。教师最终把学生的疑问归纳为两个：（1）为什么准备两只大木船，还要装满泥沙？（2）为什么要并排紧紧地拴住木船，还要搭架子？

［解疑］

当学完课文，正要准备做练习时，一位学生举起了手："我想提一个问题，黄河的泥沙本来就很多，怀丙让人把船上的沙铲入黄河，这样做不是加重黄河的泥沙含量吗？我觉得这个办法不好。"听了这番话，教师敏感地意识到学生的这一见解将打捞与环保结合了起来，所提问题充分体现了学生不唯书、不唯师、不唯人的精神。教师及时抓住这一契机，顺势引导："是啊，怀丙和尚那个时代的人并没有意识到环保与人类生存的关系。如果你是怀丙和尚，或者你就在现场，你会想出什么更好的办法呢？"一石激起千层浪。小组合作学习后，学生们充分发挥了他们的创造能力。有的说：再准备两只大船，两两相并，把泥沙铲到两只空船上，那两只船又可以去拖另一只铁牛，避免了对黄河的污染。有的说：我认为铲沙太慢，费时费力，如果用麻袋把沙装起来，这样抬动起来又快又省事。有的认为用人代替沙，这样更方便。

还有的甚至提出用热气球来打捞铁牛。

[存疑] 存疑是把课堂内的一些问题留待下一节课或课外去解决。比如在学完课文后，学生们还提出了希望讲讲水的浮力的问题。教师没有立即将答案告诉学生，而是鼓励他们自己课后查阅有关的文章。

这样把有指导的课内主动学习和课外独立的主动学习结合，形成"激疑—质疑—导疑—释疑—存疑"的方法，使学生真正以课堂主人的姿态生活在课堂中，创造性地发现问题、解决问题，学生主动学习的意识必将不断增强，主动学习的能力也将不断提高。

2. 合作学习，互助共进

合作学习就是以合作学习小组为基本形式，系统利用教学中动态因素之间的互动，促进学生的学习，以团队的成绩为评价标准，共同达成教学目标的教学活动。

合作学习，增加了教师与学生、学生与学生之间教学交往的频度。小组成员借助于共同的合作探究目标、责任明确的成员分工、学习资源的共享、小组成员角色轮换学习、学习成果的交流汇报和小组评价奖励等建立起积极的相互依赖关系，为每一位组员体验成功和为小组做贡献创造了公平的机会，易于形成彼此尊重、关心、协调、互助、分享的支持性学习氛围。在合作学习的氛围中，学生会生成主动参与的强烈渴求和形成对学习活动的积极态度，主动地学习，在主动学习中互相依赖，互相帮助，互相促进。

（1）合作学习的探究流程

| 呈现学习目标 | → | 个人自主学习 | → | 分组交流讨论 | → | 全班交流汇报 | → | 师生评价奖励 |

在研究中发现：

①这一合作学习流程中，学生的个人自主学习必须先于分组交流讨论，是分组交流讨论的基础，因为每个学生自主学习的质量是合作学习实效性的基础；

②师生评价奖励是帮助学生完成合作学习任务的重要手段，应包括以下三项内容：

A. 评价全班交流时各组代表发言的水平、质量；

B. 评价合作意识强的行为表现，充分肯定个人对小组的贡献合作方法和经验；

C. 提出师生对更融洽成功的合作的设想和期待。

（2）合作学习目标的确定

合作学习的目标有两个方面的含义，其一是学习教学中应完成的学习任务目标；其二是合作学习的意识和技能的培养目标。这两者互为目标和手段。在学科课堂教学的合作学习中应以完成学科学习任务目标为主，培养学生学习的意识和技能。

合作学习的学科任务目标除应具备一般性教学目标的明确具体的要求外，还要有大信息的容纳量，能激发学生合作讨论的热情，为学生多角度、多途径、多方法的合作探究提供一个开放的思维和操作空间，合作探究的结论不求唯一，但求合情合理。作为探究目标的问题一般可由这三种类型的问题独立呈现或组合呈现：

①学生提出的个人自主学习不能完全解决或解决起来有相当困难的问题；

②师生共同梳理出的具有较大难度或答案多项的问题；

③教师提出的体现传授知识的内在规律，与教学重难点密切相关的问题。

（3）合作学习的分组交流讨论

分组交流讨论是学生课堂学习中主要的合作形式，学习成员在轮流值岗的组长组织下，以相互交谈、讨论、完成各自分工的任务等方式主动积极地参与交流讨论。每个成员竭尽全力地有效参与，充分运用自己的学习技能、智慧潜能认知知识，并与伙伴一起分享求知的收获，为本小组的学习做出体现个性特色的独特贡献，并同时得到其他组员的协力支持。

学生分组交流，自主合作，导致教师角色和作用的重大转变。教师要注意对分组交流的调控。

①通过各小组负责调控的成员提示各小组注意学习的时间，以及讨论的进程、讨论的内容是否符合讨论主题等。

②担当建议者和促进者的角色，解决学生遇到的各种困难，指点突破讨论难点的关键路径，提供有效的学习方法、思维方法，鼓励学生的独到见解或合作的可喜成果等。这种建议和促进不等同于包揽代替，而是充分放手前提下的巧妙点拨。

③协调小组与小组间的合作。如让先完成合作学习任务的小组到其他小组去观摩学习或参与指导。

（4）合作学习成果的交流汇报

合作学习成果的交流汇报是展示合作学习的效果、集思广益、互助共进的重要环节。交流汇报能极大地拓宽师生之间、生生之间的信息沟通和情感沟通，形成立体的、动态的全员互动沟通网络。合作学习交流汇报的形式主要有两种：小组代表汇报和小组集体汇报。

合作学习的交流汇报包含如下内容：

①对主要结论以鲜明的观点归纳概括；

②对合作学习结论的探究思索过程进行必要的展示，如可以说一说在探究时"我们是怎么想的""我们是怎样操作的"等；

③小组集体汇报时，每一个成员都应在汇报中发挥主体作用，扮演重要的角色；

④汇报时，其他小组的成员要有明确的参与任务，或赞同，或反对，或补充，或争论，或评议；

⑤汇报时要选择生动有趣的汇报形式。如利用黑板，出示图片、图表和照片，运用多媒体信息技术，组织表演、比赛等。

现代教育观念认为，一个人今天在校的学习方式，应与他明天的社会生存方式保持一致性，而合作学习正是这种一致性的切入点之一。合作学习展示了教育的生机与活力，最终促进了学生的发展。

（四）创设活动，让学生投入地学

课堂教学中创设的以学生的亲身参与、主动实践为重要特征的活动对学生发展的作用是不可替代的。学生在活动中享有更充分的思维和行为的自由，更广的活动空间，更自主灵活的时间，更丰富的师生情谊、学友关注，更多地发现创造的乐趣，更生动、直接、切实的体验和经历……这会极大地增强学生的学习成就感，激发并增强学习动机，促使学生自觉主动地、投入地学习，使学生的独立性、主动性和创造性都能在其中得到发展。

1. 选准切入点，与学生共进活动

选准活动的切入点，使学生乐于主动参与进行自主探究学习是"谐动教学"活动创设的立足点和出发点。切入点的选择一般可从这几个方面思考：

（1）学生最感兴趣的内容；

（2）学生能自主选择、多向思索的内容；

（3）学生质疑相对集中的内容；

（4）学习材料的重点内容；

（5）学习材料中利于迁移的内容；

（6）学习材料中与生活密切联系的内容。

2. 开展多彩活动，与学生共享活动

课堂活动应是师生共同设计活动的内容和形式，共同参与活动的过程，共同交流评价活动的结果。学生是活动重要的创造者和丰富者，是活动过程最积极的推进者，也是成功活动最快乐的享受者。"谐动教学"的活动可分为如下三类：

（1）学科特色活动。这一类活动具有鲜明的学科特色，能充分反映"谐动教学"中课堂教学活动的学科特色。

（2）学科融合活动。这一类活动虽呈现在学科教学的课堂上，但它不隶属于某一学科，而是融合多学科因素，反映出"谐动教学"中课堂教学活动的学科融合特色。

常设活动：根据教学中带规律性的目标任务而设计的长期相对稳定的活动。如语文课的"读书碰碰车"活动、"解疑小博士"等。

特设活动：学科教学中特定或特别设计的专项活动。如为语文课《比尾巴》的教学而设计的动物模特儿比尾巴大赛活动，为《威尼斯的小艇》的教学而设计的威尼斯考察活动和与马克·吐温对话的活动等。

案例：《彩虹桥》的特设活动——登上彩虹桥

师：雨过天晴，一道彩虹高高挂在天空。丁丁看到了，他说——（教师期待的眼神，示意孩子接着往下补充）

生：（有默契地接着齐读）彩虹是一座神奇的桥，我想从这座桥上走过，去看看遥远的银河。

师：彩虹在丁丁的眼中是什么呢？

生1：是一座桥

师：是呀，彩虹弯弯的，真像一座桥。（板书：桥）

生2：它是一座神奇的桥。

师：补充得好。孩子们，我们走过石头砌成的石拱桥，走过木板铺成的木板桥。那你们走过这座神奇的架在天上的彩虹桥吗？

孩子们一听，小脑袋摇得像拨浪鼓一样，纷纷说没有。

师：今天让我们和丁丁一起展开想象的翅膀，踏上这座彩虹桥去看看银河。好吗？

生异口同声地回答：好。

师：银河离我们远吗？

生：很远很远。

师：书上有个词就告诉了我们这个意思。

生齐说：遥远。

师：真聪明！

师：（出示遥远这个词的词卡）问道：遥远就是——

生齐说：很远很远。

师：说说你到过的遥远的地方。

生：我到过遥远的地方是九寨沟。我们坐车早上八点出发，到了晚上天黑了才到，我觉得太远了，屁股都坐麻了。

师：坐车坐了一天，的确很远，把你的感受读出来。

生：遥远　遥远

生：我到过的遥远的地方是青海湖，我们先坐飞机，然后坐的汽车才到了青海湖。

师：青海湖坐了飞机又坐汽车才能到，可真远。把你的感受读出来。

生：遥远　遥远

生：我想到月亮上去，可是妈妈说那里很远很远，要等我以后长大了，坐宇宙飞船才能到达。

师：月亮离我们很遥远，一般的交通工具是不可能到达的。

师：孩子们想着你到过的和未曾到过的很远很远的地方，让我们一起读读这个词吧！

生齐声读：遥远　遥远

师：孩子们想着那遥远的美丽的地方，看着这个"遥"字，想想你怎么记住它。

生：我用字形小魔术，摇头的摇减去提手旁儿再加上走之儿就是遥，遥远的遥。

师：你就像个魔术师，每个字这样加加减减就成了一个新字，了不起。

师："遥"的走之儿也在悄悄地告诉我们，这次银河之旅要走很远很远的路哦。

师：你们准备好了吗？

生齐声回答道：准备好了。

师：瞧，彩虹桥就在这儿。（出示课件：美丽的彩虹架在云端，七彩的颜色格外绚烂，引得孩子阵阵惊呼、感叹）

师：闭上双眼，张开双臂，轻轻地迈出左脚，再迈出右脚，我们登上了彩虹桥，渐渐地，我们越来越高，向下看看，哇！我看到汽车在我们脚下了，它像个移动的火柴盒。

师：我们越走越高，越走越高，孩子们放眼看看你们周围，你看到了什么？

生：我看到了小鸟。

师：赶快向它问问好，和它比比谁高。

生：我看到了白云。

师：伸手摸摸，什么感觉？

生：它像棉花一样好软好软，我想装一大口袋回家做被子。

师：那一定特别的暖和。

生：我看到了月亮。

师：我们朗诵一首诗给它听听。

生：古朗月行。

生齐朗诵：小时不识月，呼作白玉盘。又疑瑶台镜，飞在青云端。

生：我看到了好多好多的星星。

师：对，我们到银河了。孩子们尽情地和星星们玩吧！

此时的孩子们完全沉浸在快乐中，他们有的用手轻轻地捧着星星，生怕弄疼了它；有的摘下星星放在衣服口袋里，说是带回去给爸爸妈妈当礼物；有的则坐在月亮上荡秋千……

师：孩子们该回家了，让我们和它们说再见吧！现在让我们坐在彩虹桥的顶端往下滑，滑到了草堂小学，滑到了我们教室里。

师：刚才我们在彩虹桥上向小鸟问好，给月亮朗诵小诗和星星一起游戏，好玩吗？

生异口同声答道：好玩。

师：你觉得彩虹是一座什么样的桥？

生：我觉得彩虹桥是神奇的桥。

生：我觉得彩虹桥是奇妙的桥。

师：丁丁和我们有着相同的感受，让我们把自己的感受读出来吧！

抽生读：彩虹是一座神奇的桥，我想从这座桥上走过，去看看遥远的银河。

生齐读：彩虹是一座神奇的桥，我想从这座桥上走过，去看看遥远的银河。

"彩虹是一座神奇的桥"在彭蓉老师创设的活动中，生动地进入孩子的世界，"神奇"与"小鸟""星星""月亮"相联系，与孩子登上彩虹桥后各种神奇的感觉、神奇的事情相联系，变得具体可感，生动形象，成为一个活的词语留在孩子记忆里。

（3）学科开放活动。这一类活动立足有限课堂，又把课堂教学与学生生活、社会生活实际密切联系起来，鼓励学生携课中所得，到生活中去观察、发现、体验、经历、表达，反映出"谐动教学"课堂教学活动自主、开放、创造的特色。如语文课上学生对"蝴蝶"一词应归在益虫类还是害虫类的问题上意见不一，学生带此问题自选方式，或实地研究蝴蝶，或购回标本为据，或查阅资料求证，用一周时间完成自己的专题研究报告。报告的结论不求同一，但求合情合理。这类活动在其开放的时间、空间、方式、目标、过程、结论上，深深地吸引着学生的主动参与，并体验成功。

"谐动教学"从学生的整体发展着眼，创造和谐的师生研讨氛围，激发学生主动学习的意愿，促使他们在生动的学习实践活动中能动自主地获取知识、提高能力，形成和发展语文素养，较大程度地提高课堂教学的效益，使教与学呈现出高度协调、和谐的特点。

多年以后，我曾对周林主任说，如果不认识你，我该怎么办？这话似乎有些"煽情"，但却代表了我最真实的想法：不认识他，没有他的点拨，我也不会反思自己的教学，也不会引发后来很多很多的思考，只能不断地重复自己，在原来的思考环境之下教学。所以他改变了我的教学。

每个人的成长都需要周林主任这样真诚无私的长者的指点，应该说，遇上周林主任是我的幸运，因为有了他，有了与他一起进行的主体教育课题研究，才有了我对自己教学的反思，才有了今天的进步。

每个人的成长都离不开长者的指点和帮助，我也不例外，傅先蓉老师就是另一位对我帮助很大，令我感激不已的长者。

　　傅先蓉老师是成都市最早的特级教师之一，也是成都市首位参加首届全国阅读教学大赛并获得一等奖的名师，成都小语学会老会长。我一直很仰慕她。她年事已高，但是上课的时候声音特别美，很清很亮，充满朝气。1996年，我和她一起去参加四川教育出版社的讲学活动。我们一起讲课，我一直对自己的板书十分自负，但是看到她的板书，不禁自惭形秽。傅老师可以说字如其人——颜体书法端正而敦厚，让我们这些小辈汗颜。

　　我曾看过傅老师在一个农村班上的课。那时候我压力很大，因为我也要借一个农村班的孩子上课，见过学生以后，我有些担心和陌生的孩子之间的配合，觉得孩子能力有限，担心课很难出彩。于是，我对傅老师的课充满了好奇。她那次上的是《黄山奇石》，在课堂上，她带着孩子一起欣赏黄山石头，给石头起名字，欣赏它们的美，感觉学生就不是借来的，似乎就是一直让傅老师带出来的似的。一堂课下来，连学生读书的方式都发生了改变，学生原来是那种拖长了声音唱读的方式，经傅老师很轻松地一点拨："读快点儿，再快点儿，再快点儿"，立刻有了改观，随着对课文的深入理解，知之深，感之切，孩子就很会读书了。结束之后，我挽着她的手，说："傅老师，我要当你的徒弟，跟你学教学。"她虽然嘴上推辞，但是心里已经把我收下了。

　　后来，每次我遇到重大的教学活动，都要向傅老师请教。

　　我曾经去深圳参加一个全国性的赛课，那次是教低段的孩子，而我已经多年没有教过低段了，心里特别没底，走之前我跟傅老师打了电话，说了很久，我都不知道说了多长时间，结束之后一看钟，才知道已经过午夜了。那次拿了一等奖回来，我给傅老师报喜，她说："你知道不知道你打了多长时间电话？"我说不知道，只知道后来到了午夜。她说，你打了九十多分钟。

　　傅老师的耐心、爱心、真诚对我的影响很大。于是我把我很多年轻徒弟老师带到她那里去，于是傅老师有了一个别名："祖祖"（四川方言，意为曾祖母）。她退休之后，我们请她到草堂小学，做我们的客座专家。她的耐心让我们感动。每次评课，她必然带一本书——《语文课程标准》，我们的《语文课程标准》都比较新，而她的课标书密密麻麻全是她的笔记和勾画，还有很多案例和感受附在上面，书很旧很旧，被我们誉为最宝贵的一本书。让我们感觉到自己对教材对课标的研究实在不够。

　　她每一年开学之前很认真地做一个大教学计划，所有的重点难点要点全部列表。

学生的要求以及自己的措施都列出来，用很标准的颜体字写好，这让我看到一个成功的老教师是怎么走过来的，我们只是看到她成功的辉煌，很少人看到她背后的坚持和努力。这张表对我们的老师震撼很大，那张表在所有的老师的手中传递，老师们发出一阵阵的惊叹。这张表教会了我们老师来读整本教材，这是傅老师独有的。很多人会告诉你怎么读教材，但是在傅老师这里我们找到了最具体的答案。

我经常对她说："我要上的课和您一商讨，我就放心了，我们学校老师要上的课，只要有您，我也就放心了。"其实跟着傅老师，最重要的不是学教育的技术，而是学做人做老师的道理。

在我的成长经历中，这样的长者还有很多，比如东北师大的朱自强教授。

2002 年，我到东北师大参加全国骨干教师培训，有幸聆听了朱教授的授课。那时他给我们上儿童文学课，让我们最感惊奇的是，他上课时完全沉浸在他讲述的那些幼小的孩子们听的童话故事里，每次他讲述的时候，教室里静悄悄的，我们也和他一样，完全沉浸在这些美丽的作品当中了。我现在都记得，他在课堂上，用深情而缓慢的语调给我们讲《一直走》的故事，我也记得，那时候他告诉我们，儿童是有缪斯天性的，这句话，在后来被我多次引用。

最让我难忘的，是朱教授给我们讲的两个故事：

一天，一个妈妈带着孩子去幼儿园上学报到。孩子在角落发现一堆损坏的火车玩具零件。孩子仰起头问妈妈：那个玩具怎么坏了？他说，在座诸位都是优秀的老师，如果你是这个妈妈，你们觉得该怎么回答？我们很多举手发言。大概的都离不开这几类：

"没关系，玩具是孩子玩坏的。"

"多可惜啊，我们一起来修好，这样很多孩子就可以一起来玩了。"

朱教授的答案是这样的："玩具本来就是拿来玩的，玩总是会玩坏的。至于修理不修理，其实并不重要。"他说，你们习惯于教育性的教育，而不是顺应孩子。如果站在孩子位置上思考，他想的只有一点：他需要安全感。他担心如果玩具是自己玩坏的，会有什么结果。你只要告诉他玩具就是拿来玩的，就是玩坏了也没什么，他就会感到很安全很高兴。

朱教授继续说，母亲带着孩子继续往幼儿园里面走，他们看到墙上贴了很多小朋友画的画，有些画得很漂亮，而有些则很稚拙。孩子问：

"妈妈，这么难看的画，为什么还贴在墙上？"

妈妈的回答是：

"不管什么画，难看不难看，只要是小朋友画的画，我们都贴在墙上。"

听了朱教授的课之后，我在自己的笔记本上这样批注着：尊重孩子，理解孩子，追随孩子，解放孩子的思想，这是我过去知道，但是从未如此认真思考过的东西，是朱自强教授引导了我的思考，这也是我教育中最重要的东西。

朱教授这种尊重孩子、理解孩子、追随孩子、解放孩子的思想，让我想起了多年前读苏霍姆林斯基时的感受：

用心灵书写美丽的教育诗
——《给教师的建议》读后感

第一位让我认识苏联著名教育家苏霍姆林斯基的人，是我师范学校的语文老师姜蜀菲，因为她的推荐，我在师范学校女生宿舍昏黄的走廊路灯下一口气读完了橙黄色封面、分为上下两册的《给教师的建议》《把整个心灵献给孩子》——我的教育梦想也随着书中那些娓娓道来的教育故事，洋溢激情和智慧的教育思想而飞升。我明白了：原来书应该这样教。

十多年的教书生活，再回首，重读那些熟悉的书页，更感到行行文字是苏霍姆林斯基用心灵书写的美丽的教育诗，是"活生生的教育学"，敬仰之情不减当年，感慨不已：原来书真的就应该这样教，教师应该这样做！

儿童心灵的守护者和解放者

越走进这一本书，苏霍姆林斯基的形象越在我的脑海里清晰——这是怎样一个伟大的教育家啊！我的头脑也渐渐清醒：孩子的心灵世界中，究竟愿意让怎样的教育者驻扎。而苏霍姆林斯基正是这样一位儿童心灵的守护者和解放者。

我感动于苏霍姆林斯基这样的心语：

"我们，尊敬的教育者们，时刻都不要忘记：有一样东西是任何教学大纲和教科书、任何教学方法和教学方式都没有作出规定的，这就是儿童的幸福和充实的精神生活。"

这是一个能决定孩子们成长幸福的理解。苏霍姆林斯基的心灵就像一泓清潭，让孩子们在上面自由欢快地扬着幸福的帆，泛着充实的舟。我们不难想象，曾经有多少孩子在苏霍姆林斯基面前绽开自己最灿烂、最率真的笑脸。

现在，每年总有许多的孩子入学，入学最初，尽管孩子的发展各不相同，甚至差异巨大，但每个孩子都有着一个最让老师们感慨的炽热之心——他们是那样地热爱老师、信任老师，看看他们如清泉般的眼眸吧。这一份挚爱应该是会随着时间的推移而渐浓的。然而，为什么到了一定阶段，部分学生会出现不喜欢老师、不喜欢学习，甚至怨恨老师、怨恨学习的情绪呢？这不是老师的初衷，但是，扪心自问，我们教师不是也确曾"兢兢业业地浇灌着学生的厌学情绪"，不是也或多或少地犯了轻言"牛顿这孩子长大以后肯定没有出息"的鲁莽过错吗？

苏霍姆林斯基捧出了一片真心给孩子。他提到的"关心儿童的健康，是教育者的最重要的工作"是对学生身体的守护；"怎样把思想同自尊融为一体"是对学生性格的守护；"评分应该是有分量的，任何时候也不要急于给学生打不及格的分数"是对学生智慧的守护；"成功的欢乐是一种巨大的情绪力量，请你注意无论如何不要使这种力量消失，缺少这种力量，教育上的任何巧妙措施都是无济于事的"是学生对积极生活的守护。苏霍姆林斯基就是这样精心地守护着孩子们娇柔待长的童心，他告诉了孩子怎样爱护自己，也告诉了我们怎样爱护孩子，解放孩子的心灵。守护儿童的心灵，解放孩子的心灵才是真正关心孩子的教育。教师不仅是在校园生活中与孩子形影相随，更应与孩子心心相印，成为孩子信任的心灵伴友。

这意味着教师要尊重和热爱我们的孩子，让孩子随时都能感到自己是老师的学生、朋友、伙伴，有时还是老师的"老师"。让孩子感到他的心灵在老师面前永远是自由的，欢乐、烦恼、痛苦都可以向老师倾诉。曾读到冰心作品中"孩子应像野花一样地成长"的句子，立刻感到一种生命的自由与舒畅、绚烂与丰富。这是对苏霍姆林斯基思想的诗意解读，孩子的成长生活应当是这样，而作为老师，又该怎样用我们的爱为孩子营造出这样的如野花一样的成长空间呢？

记得开学初，新生鹏鹏转到了班上，把他简单介绍给全班同学以后，我希望他能迅速地融入新的集体中。几天以后，我找他询问是否习惯自己新的生活，他却半天不吭声，头低得不能再低。后向其母亲了解，方知孩子一直无法忘记家乡的老师、朋友和同学，总想重回故乡的学校学习。但是他已随母迁居成都，这种愿望无法满足，孩子伤心，母亲难过，母子都有些不知所措。此刻，尊重他留恋故土旧友的感情，又引领他去适应新的生活，带给他很多的朋友、很多的快乐、很多的理解和鼓励，才能真正地走进孩子的心灵。第二天，我走进朝会课堂，向同学们详细介绍了他们的这位看似普通，实际上爱老师、重友情、勤学习的好孩子、新同学，当同学们听说他还是原班的副班长时，瞪大了惊异的眼睛，而他也在大家的充满敬佩和羡慕的眼神里坐得更直了，脸上也有了神采。接着，我启发全班同学关心和了解鹏鹏的家乡西昌，在同学们查找和交流有关西昌的资料时，大家更惊讶了，美丽的琼海、神秘的泸沽湖、高大的卫星发射架……让孩子们一起为鹏鹏有这样的家乡而骄傲，鹏鹏也在同学们对他的家乡的声声赞叹中开心地笑了。下课后，同学们围着他问这问那，还争着与他做朋友，共度愉快的课间。望着鹏鹏与同学们相处的身影，我深信他新的、快乐的、自由的、必将让将来的他感到留恋的生活开始了。

这意味着教师要理解和宽容我们的孩子，让孩子知道老师不仅爱他的聪明和正确，也允许他失败和犯错误。在《爱的学校》一书中有这样一句话："我们的职责就是教孩子树立信心，而不是对任何可能导致进步的行为泼冷水。要记住，任何人，无论儿童还是成人，要真正学会一点东西多么困难，请多一点宽容，多一点希望。"这是对苏霍姆林斯基思想的哲理解读。这样做，才能避免如苏霍姆林斯基所说的"教学上最凶恶、最可怕的敌人——儿童对学习的冷淡态度。"

记得讲《鸟的天堂》一课时，我设计了这样一道练习题：鸟儿们在这里生活得多快乐啊，有的_____有的_____有的_____。孩子们纷纷填空，有一位孩子这样填："有的站在岸边，对着清清的湖水晃晃身子，好像在照镜子；有的像利剑似的穿过茂密的叶丛，飞向蓝天；有的两只在一起，头挨着头，眼睛望着眼睛，亲亲密密，像中国的梁山伯与祝英台，又像外国的罗密欧与朱丽叶。"同学们哄堂大笑，孩子们被一种说不清道不明的情绪所驱使，不顾一切地笑起来。简单地批评孩子们的笑声是对孩子的不理解、不尊重，会严重地破坏和谐的课堂气氛，我相信孩子们这样笑定会有他们的理由，于是我问他们：你们笑什么？一个学生磨磨蹭蹭地站起来，憋了半天才说了一句：她思想复杂（又笑）。我没有急于下结论，而是转向全班同学，问：你们还有不同的意见吗？

一生：其实她写的是树林里常见的事实。这里有两万多只鸟，完全可能出现这样的事实。

一生：这不是复杂，这是联想独特，很有情趣，该表扬。

生自己：这样写，是觉得它们像一家人，很幸福，很快乐。

另一生似乎受到了鼓舞，很兴奋地说：我给这一段加一句——祝它们永远幸福。

教室里笑声再起，这是嘉许的笑声，还有间杂其间的由衷的掌声。孩子们在民主、和谐的课堂气氛中，在课堂讨论这种生动的活动形式中，达成了共识，既发展了语言，又增强了认识评价能力。

儿童发展的追随者和引导者

当我们站在成年人的角度用成年人的标准来看孩子的未来，很容易武断地给孩子定下一个自以为适合孩子的目标，从此让它成为孩子心灵海洋中唯一的一盏航灯。此时，我们是否还能想起，孩子比自己矮这么这么多，我们眼中的世界他们望不到，而他们眼中关注的我们又能真正弯腰去平视吗？一个奇妙的难以消解的"二元次"矛盾！当我们和孩子生活在两个世界的时候，谁也无法谈及自己"教育者的身份"。

而在苏霍姆林斯基的眼中，孩子就是孩子，他们是与成年人不同的一个群体，他们有自己独立的文化和独特的生活，他们应该是也必然是比现在的成年人成长得更好的一个群体。这个群体可爱、纯洁、独立、自由，充满了新鲜的、源源不绝的活力。他与孩子共同走过童年、少年，成为儿童发展的追随者和引导者。他的教育是面对每一位学生的，他教育思想的精髓就是把学生真正当作"人"："教育——这首先是人学！""让每一个孩子都抬起头来走路！"他说："共产主义教育的英明和真正的人道精神就在于，要在每一个人（毫无例外的是每一个人）的身上发现他那独一无二的创造性劳动的源泉，帮助每一个人打开眼界看到自己，使他看见、理解和感觉到自己身上的人类自豪感的火花，从而成为一个精神上坚强的人，成为维护自己尊严的不可战胜的战士……人的充分的表现，这既是社会的幸福，也是个人的幸福。"在苏霍姆林斯基看来，所谓"教育"，并不是教师单方面地往学生空荡荡的大脑中灌注"美好的思想道德"，而是尽量设法点燃儿童心灵深处"想做好人"的愿望；他认为儿童心中蕴含着许多美好善良的萌芽，而教育者的任务就是扶持，让其茁壮成长。读他的书，完全能触摸到那以追随儿童成长、引导儿童发展为荣的童心。

苏霍姆林斯基对孩子的认识来源于对孩子平等的了解和科学的思考。他认识到："儿童入学前，是处在大自然、游戏、音乐、美、幻想、创造的一个迷人的世界的包围中。"从而准确地意识到"在学校生活的最初几个月和头几年里，学习不应当变成学生活动的单一项目"，形成了"逐步培养儿童从事紧张的创造性脑力劳动的习惯"的结论。提出"去观察周围世界的事物和现象，到大自然中去活动，读一些有趣的书，举行参观旅行等将学习和多方面的智力和体力活动密切结合起来的学习活动方式。"看看我们现在的教育观，我真的很惊讶于他的观点之强大的生命力。

做孩子发展的追随者和引导者，意味着教师要让我们的孩子能在民主、平等、和谐的校园氛围、班级氛围中，产生浓厚的求索兴趣，焕发出高涨的学习热情，主动参与、高效参与，体验成功的喜悦，有差异地走向自己前方的或远或近的目标。这是一个教师应有的追求境界，并要为此付出不懈的努力。这样的追求既考验教师的爱心、责任心和事业心，更考验老师的教育艺术，其追求的艰辛"如人饮水，冷暖自知"。

执教《植物妈妈有办法》一课，一首短短的儿歌，几易教案，为的是让孩子能在短短的40分钟内不仅能理解儿歌中植物妈妈传播种子的办法，还能拓宽视野，体验其他植物妈妈传播种子的奇妙方法，更希望7岁的孩子们能自己动笔，仿照诗中的句式，写下有关其他植物妈妈传播种子的儿歌，使孩子的创新意识、创新精神能得到培养，创新能力能得到发展。当课上读到孩子写下的诗歌，望着处在创作冲动中异常振奋的孩子，心中涌起的是一阵特殊的激动。

"凤仙花妈妈准备了弹跳座椅，

把它送给自己的娃娃。

只要孩子长得又黑又壮，

就蹦着跳着离开妈妈。"

"椰树妈妈准备了毛乎乎的潜水服，

把它送给自己的娃娃。

只要波浪哥哥冲它轻轻招手，

孩子们就游着泳，四海为家。"

一位母亲在第一次送孩子去小学求学时，她这样想："各种方式的知识的传递者啊！我的孩子会因你们得到什么呢？你们将饮之以琼浆、灌之以醍醐，还是哺之以糟粕？他会因而变得正直忠信，还是学会奸猾诡诈？当我把孩子交出来，当他向这世界求知若渴时，世界啊，你给他的会是什么呢？"我想，像苏霍姆林斯基那样，做儿童心灵的守护者和解放者，做儿童发展的追随者，把孩子培养为美好的人该是一个答案吧。正如苏霍姆林斯基所说："我们不仅要把每个儿童培养成心灵手巧的劳动者，而且要给予他有个人特性的、互不雷同的创造的幸福，世上有多少人，就存在多少条通往共产主义幸福的道路，因为每一条道路必定要通过每个人独特的天赋、才能和才华。"

读苏霍姆林斯基的书教人不舍掩卷，抚今思昔，不能不感佩："教会学习""必须教会孩子阅读""在课堂上怎样指导学生的脑力活动""把基础知识保持在学生的记忆里""教育与自我教育"不都是我们现在正在思考着、探究着的教育热点吗？苏霍姆林斯基的思考是睿智的，在教育史的长河滚滚奔涌的这么多年来，这些思想丝毫不褪色，而是历经岁月的漂洗，越发呈现出教育者心灵的本真之美。

因为这是用心灵书写的美丽的教育诗！

也是朱教授，改变了我以前关于儿童阅读的观念。以前，我对儿童阅读的要求目的性很强，功利性也很强，是朱教授启发了我，阅读不应该是有要求的，更不应该是有负担的。我把这样的阅读概括为三个词：

自然　自由　自主

我希望，我做儿童阅读就能以此为标准去做。后来不只是儿童阅读，在我后来任副校长和草堂小学校长之后，我也是这样要求我们的教师。我在草堂小学任校长之后，有人问我：你们要求教师读书，但是为什么不检查？其实，根源还是在朱教授这里，阅读应该是自然的欲望，是自由的飞翔，也是自主的探索，儿童阅读如此，成年人阅读亦如此。

就这样，我在这个属于孩子们和我的世界里自由自在地遨游着。事实上，我一直不想从政。我喜欢和孩子们待在一起，孩子们是美好纯洁的，他们的世界更是美好单纯的，我喜欢与孩子们一起享受他们的世界，曾经有朋友开玩笑说我是长不大的老师，我自己似乎也觉得，孩子们的世界更适合我。老校长许元明对我十分照顾，甚至也答应我不从政，但是，当我评为特级教师的时候老校长也意味深长地对我说了这样一句话："蓝继红，从现在起，你不再是你，一切已经交给党安排了。"后来，我逐渐明白老校长的话是正确的。之后，教育局民主考核又把我推上了副校长的职位，我更惶恐了，以前的我，一直习惯于与孩子们待在一起，简简单单做我的老师。同事们说，听我的课，感觉我是在享受教育，事实也是如此，在这个世界里，我如鱼得水，可是突然要我面对担任副校长这样有重大责任的问题，我觉得我无法面对，扛不动这样的责任。

　　但是，慢慢地，我开始转变了，由以前的独善其身，开始承担起这责任，承担起领导的托付和老师们的信赖，承担起这在以前怎么也不敢想象的重负。

　　2004 年，一副更重的担子压了上来。张化冰副局长代表局党委找我谈话，要我担任草堂小学校长。

植根劲节　学堂诗缘

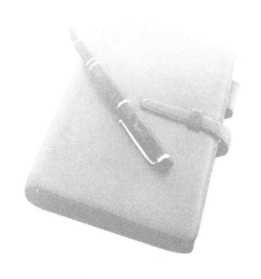

一、走进草小

2003 年的一天，青羊教育局的娄进局长叫我到城郊的草堂小学看看，准备调我去那里做校长。成都市草堂小学创建于抗战初期，地处风景秀丽的浣花溪畔，与诗圣故居杜甫草堂相毗邻，属于城乡接合部的一所普通学校。在城市化进程中，它很快成为城市的一部分。

我是有名的路盲，尽管从小在成都长大，但辨不清成都的南北东西。于是打车来到草堂附近，穿过烟雾沉沉、堆满建材的正在改扩建的浣花南路，推开发出嘎吱声响的厚重铁门，我第一次看到了草堂小学：宽阔的泥土操场尘土飞扬，炎夏的热浪把呛人的工地沙土粒儿直送进鼻孔。操场和学校的围墙正在改建中。一所充满希望的学校正在区教育局的策划中迎接再一次的辉煌。

也许，我该留下，成为这里的校长，为着一份希望而坚持。可是，我不想做校长，更不知道该如何和这样一所城乡接合部的学校一起走向未来。而我曾经待过的学校有那样多的朋友，还有我尊重的老校长许元明先生，叫我怎能割舍？我满腹犹豫，进退两难，决定一切随缘。

漫长的犹豫，漫长的选择，一想就是半年。

转眼到了 2004 年 2 月，我走进了草堂小学。老师们上班了，我想：该给老师们发一笔上班费吧。找来报账员商量：照惯例发上班费吧。谁知报账员不吭气。我奇怪了：为什么不动呢？不问，不知道。一问，我担心了：原来账上没有一分钱，倒欠着几十万呢？我最怕的就是做一个经费困难学校的校长，可这事儿偏偏让我给赶上了。打报告到教育局紧急请求支持，可局上的拨款当天到不了账，为稳定教师的心，我和老校长姜幼君、党支部书记范思明用自己的私人存款发了来草堂小学后的第一笔奖金。

学校犹如人，也是有生命的，也需要成长。面对众多无法一一言说的困难，我们如何成长？怎样发展？我们选择了学校文化建设作为学校的发展路径。我们深知学校文化建设犹如种植养护一棵大树：根深才能叶茂，植根方能劲节。

白居易有诗曰：

天时有早晚，地力无高低，

将欲茂枝叶，必先救根株。

对学校而言，根株就是学校文化。学校文化关系到办什么样的学校，培养什么样的人的问题。学校的文化形象就是学校的形象、公众形象、管理者的形象、教师的形象、学生的形象。

二、我们的学校

（一）寻找学校的文化之根

自我担任校长那一天起，我就面临着一个不能回避的办学思考：什么是文化？什么是学校文化？

草堂小学全景

我理解的学校文化是学校特有的精神环境和文化氛围，是学校办学理念、办学目标、历史传统、校风校貌的综合体现。外显为学校的形象，聚敛为学校的内涵。犹如空气弥漫在我们身边，犹如呼吸一样成为我们行为的自然。文化是因人的需要而产生，因人的创造而生动，因独特而灵动，因传承而厚重的。

学校文化的形成应该是学校主体——包括校长、教师和学生所具有的共同理念，同时又是与特定的学校历史传统相联系的。

而学校文化的根本是组织文化。学校文化的表象是学校中大多数人在组织中所表现出的做事方式和处世态度，其核心是这些做事方式和处世态度的"内隐规则"和"内隐概念"。

学校文化建设的过程是学校发现特色内涵，追溯文化根源，凝聚校园精神，积淀学校的主流文化的过程。

每一所学校，从诞生之日起，就天然地拥有了自己的学校文化。但是，这种自然形成的学校文化却不是每一种都对学校的发展起推进作用的，有的甚至会阻碍学校的发展。草堂小学的文化落脚点应该在哪里？

答案就在草堂小学得天独厚的位置上。学校紧邻文韵千年的杜甫草堂，建在享誉世界的诗圣杜甫家的旁边。一溪浣花，千秋流水，幽幽诗情润泽了草堂小学。学堂诗缘，得天独厚，这难道不是学校文化最佳最独特的植根点吗？

学校与文化天然结缘，决定了学校的发展必然是一部积淀各时期文化，记载、传承和延续传统与现代文化的历史，决定了校园文化的建设必然成为学校发展的主题。校园文化指"学校的办学思想、办学历史、育人环境、办学特色等具有鲜明特色、浓厚文化底蕴、统一和谐的校园理念形象，是一种高尚的精神塑造、无声的熏陶和感染，是教育的未来性、生命性、社会性和校园建设与发展的主体性、生成性、原创性的综合体现"。我们的校园文化与诗结缘，融合文韵诗情，特色鲜明。植养人文气韵，奠基诗意人生成为我校在现代学校制度建设中选定的自我发展主题。

何为植养？即要有肥沃的土壤，适合的环境，有善于发掘的开拓者，勤于传播的播种者，专于培植的耕种者，乐于成长的合作者，协同营造浓郁的人文气韵氛围，生成内涵深远的诗文化，诗化校园，诗化管理，诗化社区，诗化人生。

我相信，好教师其实很难培训出来，常常是在好的管理制度和自我期许中成长起来；优秀的学生也不是教出来的，而是良好的氛围影响出来的。教育应该是春风化雨的过程，它不是指令性的强制要求，而是润物细无声的巧妙暗示，是良好的教育环境和人性化的教育理念呵护下的轻声提醒。我相信，我们拥有了一个处处充满诗意的校园，我们的管理也必然变得诗意起来，借助得天独厚的社区环境，我们必能和孩子们，和老师们一起慢慢步入诗意的人生。

（二）诗化社区文化，发现植养土壤

1. 诗意浓郁的社区文化

"当年走马锦城西，曾为梅花醉如泥。二十里中香不断，青羊宫到浣花溪。"这是诗人陆游对浣花历史风景的真实写照。我校建于抗战初期，位于浣花风景区内，独具的悠久历史，独享的人文地缘，使社区资源不胜枚举：曲水流觞的浣花溪，文韵千古的杜甫草堂，葱茏恬静的万树园，闻名退迩的川西第一道观青羊宫，古朴典雅的送仙桥艺术城，悄然形成文化气息极高的社区，在自然、人文之间成就我校深厚的文化内涵和清雅幽静的治学环境，为我校诗化校园提供了得天独厚的条件。

距离学校不远，是著名的浣花公园。这是一处独具特色的诗歌公园。它紧邻杜甫草堂，与三国故地武侯祠相望，与道观青羊宫紧邻。浣花溪因为诗圣杜甫"浣花溪水水西头，春江一曲抱村流"而闻名。浣花公园是国内第一座诗歌主题公园，走进公园大门，你就会被浓浓的诗歌氛围所吸引。

从公园的南大门进入，是一条长388米的诗歌大道，上面镌刻了从《诗经》《楚辞》开始的中国历代数百位诗人的诗歌，沿着大道走去，就如走在中国诗歌发展的长廊上。在大道上，你可以看见王勃在豪迈地高唱"海内存知己，天涯若比邻"，也可以听到李白在潇洒地告白"安能摧眉折腰事权贵，使我不得开心颜"；你能欣赏到王维"明月松间照，清泉石上流"的美景，也能触摸到柳宗元"孤舟蓑笠翁，独钓寒江雪"的寂寥；你能感受到李清照"生当作人杰，死亦为鬼雄"的豪壮，更能应和陶渊明"采菊东篱下，悠然见南山"的闲适……

诗歌大道两旁的松柏林中，25位历代著名诗人的雕像栩栩如生，诗歌大道旁边，还有一条新诗小径，那里展示的是现当代诗人的杰作。小径中，还有一个小小的诗歌广场，游人可以按照规定将自己的诗歌佳作永留诗墙上，或者以水为墨，以地面做纸，写下自己的诗歌。

整个浣花公园，就是一个诗歌的天地，文化的天地。2006年，以杜甫草堂和浣花公园为主体，建起了中国诗歌文化中心。

得天独厚的地理条件为我校诗意教育构建了广阔空间，成为我校追寻古风，陶冶诗情，开展教育的重要资源。孩子们走进浣花公园，与千木万草为友，亲近大自然，牵挂绿色生命，增强环保意识，尊重生命、珍爱环境的高尚意识和良好行为习惯在潜移默化间植养。

素有现代"清明上河图"美称的送仙桥艺术城与我校隔街相望，浓淡相宜的古字画，代代传承的古钱币，珍藏多年的古家具，流传已久的古书籍，收纳沧海桑田的变化，铭刻荣辱兴衰的记忆，无一例外地展示着历经岁月洗礼的艺术魅力，给孩子们带来美的熏陶，美的感染。赏文物、品字画，接受艺术的熏陶，让孩子们了解传统文化，热爱传统文化，珍惜传统文化。

中国古典诗歌的圣地、千年名庐杜甫草堂近为比邻，为我们提供诗的氛围，诗的文化。杜甫一生漂泊，居无定所，寝无安席，食不果腹，衣不御寒，却有着撼天动地的远大抱负。"会当凌绝顶，一览众山小"，这是何等的气魄！《望岳》成为脍炙人口的千古绝唱，简直可以与泰山永世并存。他的"三吏""三别"等诗作，无不凸显中国文人"位卑未敢忘忧国"的报国情怀。"诗穷而后工"，他以毕生精力，潜心创作，写下了三千多首诗，流传至今的有一千四百余首。他的诗以无与伦比的成就震撼了代代国人，创造了唐诗的辉煌，成为中国乃至世界文化遗产中的瑰宝。草堂小学子们赏诗、吟诗、赛诗、唱诗、舞诗、演诗、写诗，沉浸在诗歌的海洋里，渲染着校园浓浓的诗意，徜徉在经典文化的怀抱，感受着我们的社区、家乡历史的久远、文化的精深和气韵的博雅，浓郁的人文气韵，奠基诗意的人生。

2. 诗情荡漾的"诗文化"

诗意浓郁的社区文化，使我们的校园与诗歌结下不解之缘。生活即诗，诗一定来源于生活！诗，无色而具有图画的灿烂；诗，无声而具有音乐的和谐！教师是诗，学生是诗，教育亦是诗！它是跳跃的精灵，陶冶了我们的情操，净化了我们的心灵！我们所说的"诗"绝不仅仅是平常人们理解的作为文学体裁的诗，而是一种融入社区资源、地域人文特点，结合我校实际，成为我们办学理念的广义的"诗文化"，是诗的意境的校本化体现，是我们的校园文化的有机组成部分。

我和老师们在多次到杜甫草堂参观，聆听研究杜甫和草堂的专家的讲解之后，越发深切地感受到我们作为草堂小学师生的幸运与自豪。因为我们是诗圣的友邻，我们的优势就在这以杜甫诗歌为核心的草堂文化里。

杜甫是诗歌的集大成者，被后人称为"诗圣"，他的诗歌堪称"诗史"，可见杜甫在诗歌史上乃至在文学史上的地位都是不可替代的！近代学者闻一多在《杜甫》中也称杜甫是"四千年文化中最庄严、最瑰丽、最永久的一道光彩"。杜甫曾寓居的草堂，从来就被视为中国文化圣地。寓居草堂的三年零九个月可谓是他诗歌成就最高的一个时期。所作的《春夜喜雨》《江村》《客至》《茅屋为秋风所破歌》等诗篇，可谓是口口相传，家喻户晓。冯至在《杜甫传》中提道："人们提到杜甫时，尽可以忽略了杜甫的生地和死地，却总忘不了成都的草堂。"这就注定了杜甫与草堂、杜甫与成都的结缘。也注定了我们草堂小学与草堂、杜甫、诗歌的结缘。

草堂博物馆副馆长王飞告诉我们：在历史上，成都与许多诗人都有着不解的渊源。有人曾做过统计：平均每几百年成都就要成就一名大诗人，如陈子昂、李白、杜甫、苏轼、郭沫若，他们或来自成都本土，或来自异乡异土，这种结缘也必然注定这座城市自古以来就是中国诗歌的文化重镇。

这更加使我们珍视草堂小学所在的得天独厚的人文地理环境，珍视与"草堂文化"的人文地理缘分，更加坚定了我们依托"社区"这个平台，品味草堂文化，诵读经典诗词，启蒙人文素养的思考。

我明白了，文化应该是历史的投影，学校文化亦不例外，我们将草堂小学的学校文化与诗圣联结在一起，我们的学校文化也就有了历史的渊源，有了民族文化的根。

我更明白了，文化是现实的践行，是精心、尽心的现实思考和践行的结果。我们的学校文化也是草小人心灵的投影，思想的印痕，是我们对教育的独特理解，营造的是学校的"文化气场"，它从师生的心灵出发，规划和建设的是师生共同认可并嵌入身心的价值观念和取向，教育方式和生活方式，共同的追求和理想。

我还明白了，文化是恒远的留痕：学校文化是有记忆的，是可以留传的，是不可以复制的有个性的。真正的创意和价值正源于我们对自己学校自身血脉的认识，无论何时何地，这都是我们必须追问和思考的事。唯有如此，才有持续去做的必要，才具有原创的可能性，才有特色和生命。

我们的构想得到了青羊区教育局领导的大力支持，按照区教育局把学校办成一所独具特色的名校的战略规划，我们设计出了既富有现代气息，又不失个性化的文化环境与教育风格。我们把以"植养人文气韵，奠基诗意人生"为特色的诗意校园文化建设作为我们追求可持续发展的品牌，用品牌引路，建立重视教育品牌的激励策略，用文化经营和管理学校，以饱满的激情助力，凭借坚定不移的信念，聚人，聚心，聚力。承载着教育的希望，肩负着独特的使命，学校以诗文化为支点，开始了铸造草堂教育新品牌的探索。

后来，在第五届全国学校品牌管理高级论坛的发言中，我介绍了草堂小学校园文化和环境设计的思考。

校园文化与环境设计

学校环境建设是管理务本的行动。这里的本是教育的本质——育人，学校教育的终极目的就是促进生命的成长与发展。学校管理的全部意义出发点和归宿都在于此，否则便是本末倒置。因为有生命，才有教育，正如卢梭那名著句的箴言："我们的教育是同我们的生命一起开始的。"有了教育，才有校园。校园该是什么样的？校园当如是：观之悦目，处之赏心，思之入神。学校不是管出来的，是品位流韵的学校文化环境熏陶出来的。所以有了校园就一定会有校园文化建设。而我们的校园环境建设又切忌为环境而环境，为建设而建设，需要我们清醒的认识和排除万难的坚持。山为本，水自长；人为本，校自强。

1. 校园文化建设的基本轨迹

校园文化建设有其基本轨迹。第一，寻根。文化是有根的，根在历史中，在社区里，在生活在学校的人们的心灵的需要中，所以学校文化建设一定要从物和人的因素中去寻找它的根。第二，塑形。再好的精神也要有外在的表达形式，学校也要通过外在的校园设计和环境设计来表现学校的精神。第三，铸魂。学校文化是有灵魂的，它赋予文化真正的内涵，是学校文化的最高层面。

2. 环境设计的基本思考

环境设计是校园文化的视觉表达，它呈现为一种学校的景观特色。在环境设计上要重视如下几个要素。

第一，确立目标。目标的确立决定了校园文化建设的基本价值取向和学校发展的风格与方向，它是在学校理念的指导下进行的。草堂小学确立的目标是诗歌教育、诗意教育。草堂的孩子都能写诗、读诗、背诗，但草堂小学的目的不在于要写多少诗，出多少诗人，而是要让每一位教育者和受教育者的心灵都保持诗的灵性，洋溢诗的真善美。诗意，成为草堂的一种教育理念和追随，成为草堂人教育、生活和学习的方式。确立了目标后，就要对学校所处的地域人文文化展开相应的研究。草堂小学与举世闻名的杜甫草堂相毗邻，成都有名的浣花溪也从草堂小学旁流过，得天独厚的人文资源使"植养人文气韵，奠基诗意人生"的诗意教育成为我们的办学理念，就是一件自然而然的事。在这里，诗意不再被狭隘地定义为诗歌的体裁、格律和意趣，而成为一种润泽心灵的教育方式。我们用诗歌的想象呵护孩子梦幻般的童年，用诗歌的气韵轻轻叩击孩子的心智之门，用诗歌的芬芳为孩子涂抹一层层温暖柔软而又美好的生命底色。心灵中有文韵诗情，知识中有科学理性，视野中有苍生世界，灵魂中有民族血脉。让每一个孩子都能以自信自立、自强不息的态度来展开生命的画卷。

第二，营造氛围。学校需要一种氛围，但并不是有几个雕塑、几棵大树、一些小草就会有氛围。校园文化重在陶冶、重在熏习、重在感染，所以校园整体环境设计非常重要。草堂小学非常重视两个方面的整体设计：首先是学校的主色调。学校一定要青春，要有朝气。所以草堂小学选择绿色作为主色调。其次是学校的主体物语。草堂小学的主体物语是诗歌。墙上、地上、树上，处处都是诗。

选好主色调和主体物语后，就可以营造氛围了。草堂小学的氛围叫作"草堂的故事"。草堂是有故事的，草堂的故事来自诗人，所以学校一定要有包括杜甫在内的各朝各代的诗人；草堂里必须有小动物，所以在学校教室的门外，有很多小动物的图案，在呼应着草堂的故事；草堂里必须有丛林、树木，所以草堂教室的设计采用了圆木的造型，以追求丛林、树木的感觉；草堂的故事里还必须有鲜花，所以校园里到处点缀着美丽的鲜花。这就是整体氛围的营造。只要走进草堂，就可以看到它的亲切、平和，品到它的诗意、柔软，品到教育的润泽和温暖。

第三，主题彰显。校园文化切不可散乱。不能这里一个景，那里一个物；这里一幅画，那里一句话，彼此之间没有联系，单独看非常漂亮，整体放在一起，则像一个堆满了美丽饰品的仓库，校园文化设计必须有自己的主题。草堂小学的主题文化是诗文化，其中又以杜甫的诗为主，杜甫是草堂人唯一的文化形象。曾有人向我建议，把中国诗的开山祖师孔子和近代诗教的大师陶行知先生的塑像放在学校里，但我最后没有采纳。因为我明白，学校文化一定要有自己的主题，不能散乱。曾有人如此打趣学校环境建设：

> 错杂展厅，混乱有余，理趣不足；
>
> 水泥森林，豪华有余，雅致不足；
>
> 小桥流水，妩媚有余，庄重不足；
>
> 亭台水榭，闲适有余，动感不足；
>
> 唐风宋韵，公园有余，学园不足。

所以我们要在传承中寻找特色，在特色中提炼主题，在主题中不断更新。

第四，连环呼应。在校园设计时，要注意一些相对应的文化。

首先是教室文化和办公室文化，这是分属儿童文化和成人文化的两种完全不同的文化。成人的文化容易操作，但儿童文化是由成年人为儿童做的，不一定适合孩子们的需要，所以要研究孩子们的需要，追随孩子的文化和脚步。如教室的黑板要尽量放低，取书的地方要让孩子们伸手就能拿得到等，这才是孩子们的环境。

其次是楼道文化和走廊文化。走廊和楼道都是公共活动区域，但楼道是最容易发生安全事故的地方，它和走廊文化的设计应该是不一样的。我认为，楼道一定要宽敞、明亮，"亲轻静净"，让孩子们从那里迅速通过，"亲轻静净"并不代表什么都没有。草堂小学的楼道分成琴韵、棋艺、书香、画意、诗情五个主题。比如棋艺楼中间有关棋的诗句，楼道下面有一个围棋的棋台，棋子摆放的方向为孩子们指示着上下楼的路径。楼道里还贴有孩子们自己画的诗意画。这样，孩子们既能够读诗，又能够知道怎么做人。"亲轻静净"也就在诗歌的环境中凸显出来了。

再次是卫生间文化与角落文化。卫生间和学校里的一些小角落，如卫生角等，都是容易被人们忽视的地方。但在草堂小学，这些地方都被精心规划设计过，流露出教育的影响。在不起眼的卫生角，也贴有可爱的图片，告诉孩子们要爱护环境、讲卫生，从小养成良好的行为习惯。欧阳修曾说，读书有三上，马上、枕上、厕上。所以一位四年级的孩子给卫生间命名"一上间"。这里，也有着文化。"一上间"里有一个大头娃娃的图像，孩子们每天都会把各种各样的图案贴在娃娃上面，给卫生间里的美化指数打分。卫生间里的每个角落都被孩子们布置了，虽然只是很简单的方格子，但上面贴满了孩子们写的诗和画的画，告诉每一个人要爱护卫生间。那一个一个的格子成为草小墙面文化的象征——人格教育。

还有功能室文化和个性房间室文化。每个学校都有功能室房间，但不一定都有个性房间。草堂小学除了有功能室，还根据本校的诗歌特色和管理特色，设计了好几个个性房间。如草堂诗社"好雨轩"，是孩子们活动的地方。通向好雨轩的楼道名叫"诗径"，上面刻着杜甫的名诗《茅屋为秋风所破歌》。走在诗径上，仿佛能感受到杜甫对家和广厦的渴望，所以"好雨轩"又是草堂小学为杜甫建的一个跨越千年的家。在"好雨轩"里，孩子们可以听音乐、可以扶着杜甫爷爷的肩读书，还可以开展各种各样的活动。"好雨轩"的设计颇有古代遗韵：房内陈设着作为中国文化象征的荷花和竹，墙上挂着许多老师和孩子们的书画作品。房间里的线装书柜完全开放。孩子们下课了，就可以来到这里，随意地翻一翻、读一读，从小接受经典文化的熏陶。

"好雨轩"一角

　　草堂小学有一间执行校长办公室，在里面办公的人并不是完全意义上的校长和老师，而是由民主公选出来，代表老师、学生管理学校的校长。所以这间办公室与其他办公室的设计是不一样的。

　　还有"心晴阳台"。那里有明亮的阳光、舒适的桌椅，是老师、家长、孩子沟通交流的地方。草堂人觉得，心情的质量是生命的质量。人，一定要学会照顾自己，每天给自己一个好心情，给同事一个愉快的微笑，才能让大家在快乐的心情中工作、学习。

　　最后是教学楼文化和园区文化。有些学校的教学楼墙壁上有很多的图片、文字，但草堂小学教学楼的墙壁上却非常朴素。我特别喜欢国外的一些学校，没有豪华招摇的外表，却有特别有亲和力的教室和老师办公室。草堂小学也是这样一个地方：学校视觉形象和内涵追求均以朴素为目标，不求豪华，犹如"清水出芙蓉，天然去雕饰"，以古典的心情，以从容的气度思考和打磨经典的校园，经典的文化。多一点儿历史意识，少一点儿理智的虚妄，多一点儿智慧的薪传，从而守经答变，返本开新。

　　此外，在学校连环呼应的设计中，还必须重视学校标志性的设计。草堂小学有自己的学校印章、校徽、学校形象娃娃、学校形象旗等，使草小的形象鲜明而独特。

　　第五，精雕细节。所谓精雕细节，就是精心地在做教育的过程中追求教育环境的完美。

云影屋——教师办公室

　　校园文化有了大的布局后，接下来就要重视对细节的精雕细刻。每一样东西，怎样布置才能符合老师工作和孩子学习的需要，都需要精心思考。比如，曾经有草堂小学的老师提议把班训贴在教室的前面，让孩子们一上课、一抬头就能看见，立刻有老师反对，说那很容易让孩子们分心，不能放在那里，而应该放在每一个孩子走进教室的时候，必然会看到的地方。于是，他们把班训贴在了教室门口透明的玻璃上。同时，又在玻璃的背面对应地贴了一张。这样，孩子们无论在室内还是室外都能看到本班的班训。草堂小学的眼操表也很特别，是用自己的学生做模特儿，上面还有孩子们自己写的诗："上课铃声丁零响，护眼歌儿开始唱。安安静静微微笑，我们都来做眼操……"，音乐声中，儿歌和孩子们一起走进眼操时间，一起做眼操。

　　校园文化需要大家的创造。校园文化建设是凝聚和打造团队的重要途径，绝不是校长一个人闭门造车就能做出来的。草堂小学进行校园文化设计时，发放了三千份问卷，征求家长、学生、老师、社区的意见，众多社会文化人士、画家、书法家、建筑设计师等也来到草堂小学，共谋学校的设计，那是一个感动自己，也感动所有人的场面。正是大家共同的努力和辛劳，才于传承中造就了今日的草堂小学。

三、今天，走进草小

如今，当人们一走进草小的大门，就会沉浸在草小浓浓的校园文化氛围中：
学校大门左边墙上，刻着由草堂博物馆副馆长王飞先生手书的学校校诗：

人谓浣花好　文宗百代高　草堂留圣迹　小学传大道

紧邻大门的墙上刻着稚拙的儿童字体的校训：

诗意的方向　最好的自己

一走进大门，就已经走上了"诗路花语"（诗歌大道），这条路是由我校教师叶华命名的，指从校门到"好雨轩"的一条刻有杜甫流寓成都期间的诗歌作品的小路，路旁鲜花盛开，绿树成荫，仿佛是鲜花与诗歌在相互对话，一路细语；一路漫步，草小人写在校园天空中的大书，落实在砖瓦上的诗意教育的细节也会徐徐浸润心灵。

草堂树——班级读书会

继续往前走，左侧是我们的归来亭、锦水苑，它们取自清代何绍基的对联"锦水春风公占却，草堂人日我归来"。借以表达草堂小学学子和教师、家长对杜甫文化、草堂文化的尊重景仰之情。

右侧是一个诗歌主题的交互式文化体验区，主题为：唐诗的江山。唐朝是中国古典诗歌发展的全盛时期，诗人星汉灿烂，他们的杰出作品凝结成唐诗的壮美江山，其诗意文采和精神风骨千百年来滋养着中华儿女，同时也孕育出盛唐伟大的现实主义诗人杜甫。杜甫一生颠沛流离、清贫简朴，然而始终内心追求晴朗、志向高远，为实现政治清明、国泰民安的理想上下求索。我们希望孩子们从小受到清廉、节俭、自律的传统美德教育，拥有"帮助""关心""分享"等良好行为，初步树立为公、为民的理想信念，形成诚实、责任、正直的优秀道德品质。这一切的德行都与我校的校训"诗意的方向，最好的自己"一脉相承。

"唐诗的江山"右侧有 6 个古香古色的灯笼，上面撰写着富强、民主、文明、和谐、自由、平等、公正、法治、爱国、敬业、诚信、友善 24 个字的社会主义核心价值观。中华文明五千年的传统文化精髓，通过这 24 个字艺术地呈现在大家面前，时时刻刻提醒我们要做一个晴朗的人，清澈澄明、洁净光亮。

在"唐诗的江山"两侧的立柱上，诚实、守信、节俭、勤奋、自强、自省、自律、自爱、正直、生命十个廉洁关键词。屋顶有七盏四面写满诗句的吊灯，每一句诗句所蕴含的诗意都能在墙上找到相对应的关键词。"朗如日月，清如水镜"出自唐代诗人杨炯的《郪县令扶风窦兢字思谨赞》，比喻人生应当光明清白，同学们可以对应"自律""正直"这两个关键词，"读书不觉已春深，一寸光阴一寸金"形容一寸光阴和一寸长的黄金一样珍贵，而一寸长的黄金却难以买到一寸光阴，比喻时间十分宝贵。同学们自然就会对应"勤奋""自省"这样的关键词。在这个半开放的空间，同学们不仅仅可以随处看到廉洁词语，还可以利用课余时间来玩一场猜诗谜、解读诗的游戏。

这里有一台触摸式的一体机，同学们在这里可以穿越时空，和经典文化交流，和过去的生活交流。在这里同学可以充分利用网络的交互性特征，进行各种交互式栏目学习，如：每周成语戏剧课程的视频；杜诗展播；学生自创诗及诗配画展播；校园原创"杜诗操"比赛掠影等。此外，这里还是一个诗歌文化主题的小剧场。孩子们的舞台剧可以在这个半开放的空间里来表演呈现。增强学校诗歌教育的吸引力和实效性，将诗歌教育的思想性、知识性、趣味性融于一体。

　　旁边是专门为学生们创作的一首诗——"子美谣"，根据小学生的年龄特点，选取杜甫人生经历中个人成长、家庭生活、爱国主义三个部分内容，强调其与四川的关系，特别是与草堂小学周围现存遗迹的关系，力图使学生感觉到自己与杜甫足迹的重叠性。在"子美谣"一旁是"杜甫行传"。"读万卷书行万里路"，我们依据"杜甫行踪示意图"，将杜甫生平行踪路线刻画在竹片上，将杜甫的经典诗句写在竹板上，再安放到杜甫行踪图的相应位置。这样同学们就能一眼找到杜甫在各个时期不同地点的名篇佳作。读杜甫的诗，走杜甫的路，感悟诗人寄意深远的诗歌内涵，从诗歌中了解杜甫的一生，体会他热爱生活，热爱百姓，热爱祖国，嫉恶如仇的高尚品质。

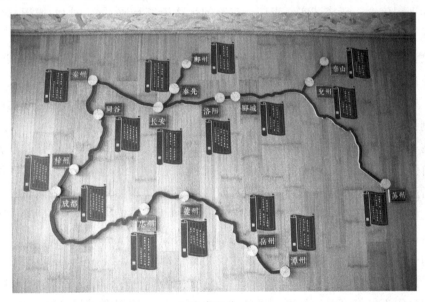

杜甫行传

　　这个交互式的文化区域主要材料都采用竹。竹——"未出土时已有节，至凌霄处尚虚心"，以象征清廉正直、高风亮节的竹子为材料，展示杜甫生平重要诗作和人生轨迹，让每一个来到这里的人都能直观地感受到"诗圣"的精神风骨，感受到诗歌文化的力量。

　　"唐诗的江山"旁边就是孩子们自己创作的"诗意之路"。锦江涨水，势如海潮，杜甫感慨万端，写诗表明自己对诗歌创作的毕生追求：严肃认真的写作态度、炉火纯青的诗艺和动人心弦的审美效果。草堂小学的孩子，传承这种千锤百炼，追求卓越的人生态度，向着"诗意的方向"，成为"最好的自己"。

我们基于孩子们的诗歌梦想，从学生关于诗歌的创想中提炼、设计、打造了这条诗意之路，形象地阐释诗歌欣赏和诗歌创作的秘密，在诗圣杜甫、诗歌文化和师生生命成长之间建立内在的精神联系，从这些诗句中感受孩子内心的纯净。诗意之路分为七个小景节点，创意均出自草堂小学的学生。

1. 香蕉创意来源是草堂小学代毅同学诗作《香蕉和月亮》："香蕉和月亮，是一对双胞胎。一个在地上玩，一个在天上玩。隔了好远好远，每天，香蕉想月亮，月亮想香蕉。"极富童真童趣的一首小诗，让人一眼就能看出孩子的内心的纯净和晴朗。

2. "从前有条河，河上有座桥，桥上有朵云，云中有棵树，树上有异果。摘一个果子放进嘴里，浑身就充满诗意。"儿歌想象新鲜、明朗，将一种最纯粹、最明净的诗意表达出来。

3. "大树就是一首诗，树洞里的动物哼着诗，叶子里面藏着诗。叶子的孩子小露珠，滴滴答答往下跳，也是一首诗。"大树、叶子、露珠，虽然都是常见的意象，但在孩子丰富的联想和想象中，哼着、藏着、往下跳，无论动、静，一切都是诗意的存在——直观表达了诗歌创作最初的动力：每一个心动的瞬间都是诗。

4. "诗不仅可以读，还可以摸，可以听，可以看，可以闻，可以尝……她总是可以穿透你最脆弱的部位。"诗歌能够打动人，在于其"兴发感动"的力量。对孩子来说，读诗、品诗、作诗的过程，是灵魂的舞蹈，是感官的盛宴，有听觉、触觉、视觉、嗅觉、味觉……

5. "我把梦想的草稿打在小鸟身上，不知道它会飞向何方。"梦想的草稿是一个新鲜的意象，诗歌有时就是表达梦想的一种朦胧、混沌的状态，心中有梦想的冲动，但又不是很明晰的愿景，就像看着小鸟飞向不知名的远方。

6. "读不懂的诗，大声读一遍，再大声读一遍。"诗，是高度凝练的语言，需要反复吟诵，细细品读。读着读着，就懂了。

7. "捡拾那些最平常的词语，敲敲打打，就成了一首诗。"从临渊羡鱼到退而结网，试一试，写一写，以常见词语为素材，实验、探索诗歌创作化庸常为神奇的化学反应，A＋D＋F＝？

在诗歌小径的草地上镶嵌 100 块石头，每个石头上写一个常用词。师生或参观者可以随机选取三个石头，用石头上的关键词创作诗句，如：

"春天""野花""翻"，可以组合成"春天打翻了，溅出漫山遍野的野花"。

"早晨""黑眼圈""撕"，可以组合成"早晨来了，黑夜被撕成一小块一小块的黑眼圈粘到不守规矩的人们脸上"。

"梦""昨天""冻"，可以组合成"我要把昨天我做的梦，拿到冰箱里冷冻起来"。

在这条诗意之路上，孩子们亲近诗、品读诗、发现诗、创作诗。在这种耳濡目染中，让每一个草小的孩子感受诗歌的力量，向着"诗意的方向"成为"最好的自己"。

在诗路花语的尽头，矗立着一幢草绿色的楼房，这就是我们教学楼，大门两旁刻着一副由全校师生和家长创意的对联，这也是由王飞副馆长手书的：

茅屋秋风蔚起人文钟百代　草堂秀色列成桃李诵三千

走进教学楼，每一个草小人一定会迫不及待地带领你走进我们的"好雨轩"，这就是我们的诗社，这个名字是成都国学教育第一人揭晓兮老师起的。"好雨"一词出自杜甫《春夜喜雨》"好雨知时节，当春乃发生"。"好雨"更是喻指草堂诗社育人润物细无声。在诗社堂内地面刻有此诗，诗句也是由王飞副馆长亲笔题写。

如果我们看了何萍老师 2005 年撰写的解说词，也许就会对"好雨轩"和草堂诗社有一个更详细的了解：

……您即将进入的是我们全校孩子们心中的一块圣土——"好雨轩"。在"好雨轩"里，您将看见诗圣杜甫的塑像和镌刻在塑像前地面上的杜甫名诗《春夜喜雨》，那狂劲的草书，正是我们草堂小学民管会王飞副馆长的亲笔所书。

穿过柴门，现在，您踏进的就是"好雨轩"。"好雨知时节，当春乃发生"，"好雨轩"的得名，是我们从家长、学生、老师们上千个征名中经过与学校民管会成员们讨论而产生的。"好雨"二字，取自杜诗《春夜喜雨》的首句，也暗含着老师们如滋润万物的春雨一般，在校园这块肥沃的土地上，滋养孕育着如青青碧草般的草堂小学子们。

这个"好雨轩"也是我们"草堂诗社"的办公室。我们小有名气的、拥有一千

好雨轩

七百多名成员的草堂诗社是在 2001 年 5 月由孩子们自发创建的。诗社的名称，是从学生推荐的几十个"征名"中挑选出的。我们的草堂诗社是一个从社长、编辑、通讯员到成员全由学生组成的诗歌社团。它是孩子们自己的诗社，是属于孩子们的。孩子们在诗社里自由、自主地开展着各项活动，而这些活动都是由他们自己去筹备和组织，老师们在这些活动中给予孩子们的只是一种帮助和支持。孩子们在这里充分地展示着他们的才华、能力、爱好、个性。

　　我们的草堂诗社自成立以来，历时五年，走过的是一段快乐而浪漫的诗意之旅。这一面墙上记录的就是诗社的孩子们珍藏着的最难忘、最美好的记忆。这，是我们记忆的第一道闸门，一个值得我们珍藏在心的日子。因为就在这一天，我们的诗社成立了！这，记录的是一个让我们骄傲与自豪的日子。因为就在这一天，我们第一次代表全国的中小学生与来自全国各地的杜甫、杜诗研究专家学者们和大诗人们会聚一堂，共话"诗圣"。而这张看上去很是热闹的照片，记录的是我们最难忘的一次活动，刚结束不久的庆"六一"草堂诗社成立四周年及诗歌作品义卖活动。对面那些陈列柜里珍藏的就是和那次义卖作品相似的诗歌小作品，是孩子们义卖活动之后又亲手制作的。

　　现在您看见的这间颇具盛唐遗韵的小屋就是诗社的孩子们古朴、典雅的会议室和活动室。几年来孩子们诵读了大量的诗，也创作了成千上万首诗。摆放在桌上的这一本本精美的诗集本，就是孩子们从中挑选出来的他们最喜欢的诗和他们自己创作的最得意的诗，我们把它汇编成册，成为我们的《草堂诗社读本》和我们的《学生诗集本》，不仅如此，等会儿大家在经过楼道时也会发现每层楼道都有一面诗歌墙，上面也全是我们小朋友自己的诗。值得一提的是，这间小屋的墙上挂着的这些字画都取材于杜诗，出自我们师生之手，是我们师生自己的作品。这间洋溢着诗情画意的小屋，是诗社的孩子们最爱来的地方，闲暇时，孩子们在这里聚会，悠闲地读上几首小诗，再交流交流读诗的心得；时常，诗社的各分社的孩子们也在这里开开会，商讨商讨诗社的各项工作。就在这里，就是这样，孩子们实现着自我的管理，实现着自我的成长，也实现着自己的民主。

在这个"好雨轩"里，我们把老师和孩子们的每一件作品都用心珍藏，而最被我们细心珍藏的是学校对孩子们的一份尊重，对孩子们兴趣、爱好和本领的尊重，这种尊重和支持的背后就是我们的教育民主。

我们的学生阅览室叫"碧草书屋"，由学生家长向雪竣命名。"碧草"一词出自杜甫《蜀相》"映阶碧草自春色，隔叶黄鹂空好音"。以"碧草"喻指草堂小学子将像碧草一般学习、成长，展碧草春色。阅览室布置得更像一个游戏室，里面除了书架之外，还有各种儿童玩具，阅览室中间，甚至有一个特大号的苹果，里面安装了灯，小朋友可以钻进苹果里，坐着读，躺着读，趴着读，自由自在。

教师阅览室的名字叫"桃李书斋"，这是由民管会集体讨论命名的。"桃李"一词出自《史记·李将军列传》"桃李不言，下自成蹊"。以桃李喻指教师教书育人，默默奉献，桃李满天下之意。阅览室窗明几净，精致的小书桌配着舒适的小藤椅，甚至还有几张秋千式的摇椅，阅览室一头的吧台免费供应咖啡和饮料，老师们可以在柔美的音乐和咖啡的香味中享受阅读。桃李书斋用前来参观的专家和老师们的话说，布置得很有"小资情调"，当然，这里也成为老师们最爱来的地方。

碧草书屋——学生阅览室

教师会议室叫"客至会议室"，这是由我命名的，名字引自杜甫诗《客至》。借以表达我们对来客的尊重友好之意，更重要的是传达我们的一个思想：草堂小学的文化不会因为哪一个人的离开而消失，它的根应该深深扎在它自己的土壤里，它应该像草堂一样像一棵树一样长久地存在。所有在此集会的老师都是这所历经七十余年风雨的学校的一位匆匆过客，丝毫不能因为自己的一己之心惊扰学校的宁静办学，只能为学校的发展悄悄奉献自己的才智，最后再如过客一样悄然离去，不带走一星半点儿。会议室的墙上，贴着我们教师自己的语录，是从教感受，更是诗意的教师宣言：

客至会议室

爱生乃立师之本，质量乃立身之本，教艺乃立业之本，沟通乃立事之本。

——草堂小学

享受学生稚嫩发言中的灵气，享受学生大胆想象中的创新，享受他们热烈争论中的执著，享受他们双眼闪烁的信任……当我们把自己智慧地隐藏在幕后，看到独具个性的孩子蹚过一个个沼泽，越过一座座高山时，难道不是一种快乐的享受吗？

——何萍

我们可以决定自己的每一天、每一分钟做什么，我们可以决定自己如何去对待身边的亲人、朋友、同事、家长、学生……我们可以选择遗忘那些曾经让我们受到伤害的人和事，认真地过好每一天，快乐地过好每一天，让自己幸福，让身边所有的人感到快乐。

——唐孟秋

做了十几年的学生，留在我记忆里印象最深的是两种老师和两类事情：欣赏我和谅解我的老师，我被欣赏和我被谅解的事。教书以后，我明白了爱学生最重要的是要学会欣赏他们，宽容他们。

——刘毅

一句话的力量可以影响人的一生。尽管我们并不知道会因为哪一天的哪一句话，改变了一个学生的想法，因此改变了他的人生。当我们意识到自己的语言是具有如此巨大的力量时，也许我们真的是这个世界上最应该三思而后言的人。

——阎华君

行政会议室则叫"蝶形会议室"。它是由学校装修设计师张泳命名的，引自杜甫《曲江对酒》"穿花蛱蝶深深见，点水蜻蜓款款飞"。会议室内设有"往事并不如烟"怀旧图片展，以"蛱蝶"之意穿越飞舞于草小的过去与现在，谋划未来，喻指草小研究与创意的工作主题将始终不变。

蝶形会议室

在二楼，有一个小巧别致的阳台，我叫它"心晴阳台"，取"人生有时就是活一种心情，'心晴'的质量就是生命的质量""快乐，心就会晴朗，风景因此而这边独好"之意。现在，这里已经成为行政、教师、家长沟通聚合的最佳地点，我希望，有了这个沟通的阳台，我们都能以良好的心态面对每一天的工作，为草堂小学的每一天呈现一个最好的自己。"心晴阳台"还担负了另一个不为外人知的任务——充当校园生病花草的"医院"。每当我们在校园里发现生长不好的花草，就将它搬到这里来，由我们细心照料，很多花草就这样很快恢复了健康。

心晴阳台

学校的每个办公室，我们也根据其特点，为之起了新颖别致的名字：

办公室	名称	含义（来源）
科研室	唱晚舟	出自王勃《滕王阁序》"渔舟唱晚，响穷彭蠡之宾"。以"唱晚"为名，期待着丰收。
五年级语文	云影屋	出自朱熹《观书有感》"天光云影共徘徊"。以"云影"为名，寓老师们在语文教学上追求一种天光云影浑然一体的自由境界。
五年级数学	若思城	语出《千字文》"容止若思，言辞安定"，寓老师们对工作、对人生的积极态度。以"思"通数学的思维训练，展示数学教师的学科追求。
六年级办公室	七贤居	六年级七位教师办公之地，寓"见贤思齐"，表达渴望成为贤达之人的修养方向。
信息技术	e世界	网络、信息的世界。寓与时俱进。
三年级语文	浣花栖	即含学校傍浣花而居，当诗意栖居之意，一种如诗如画的境地。

续表

办公室	名称	含义（来源）
三年级数学	尚宽学堂	"尚宽"者，严于律己，宽以待人也。以此命名，寓老师们的人生态度。以"宽"标志办公室的数学学科特征。
四年级语文	小雅筑	语出《诗经·小雅》。老师们如不能求得"大雅"，也要求"小雅"。
四年级数学	随圆	圆者，缘也。既是数学的"圆"，也是圆满，也有缘。这是教师们相处的一种理念，一种追求。
美术办公室	A空间	ART（艺术）。
音乐办公室	哆来咪乐吧	音符。寓快乐之地。
英语办公室	SUN FLOWER	太阳花。寓老师们在生活道路上追求光明，有顽强的生命力。
体育办公室	奥运村	寓崇尚奥林匹克的体育精神。
一年级语文	朝闻园	语出《论语》"朝闻道，夕死可矣"。寓教师对可贵的教育之道的热切追求。
一年级数学	初听阁	（与上述相对）
二年级语文	方寸之间	方寸之间，浓缩大千世界。
自然办公室	博物馆	博览万物，格物致知。
大队部	星部落	星星火炬燃烧在心中，明日之星相聚于草小。

众所周知，孩子天性活泼好动，而养成孩子良好优雅的行为举止无疑也是学校教育的任务之一，可是我们又不愿意用生硬的强制命令来制约孩子们，于是，我们想出了一个妙招：

我们将一些古诗词做成诗歌墙设置在楼道里，而将一些关键词用大号字体加粗显示，这样，既强调了孩子们的行为规范，也让他们了解了更多的古诗词，更是为学校增添了书卷的香味，学诗的同时学做人。于是，这带着温馨提示的诗歌物语墙成为草小一景：

足著远游履，首戴方山巾。**缓步从直道，未行先起尘。**

——李白《嘲鲁儒》节选

莫听穿林打叶声，**何妨吟啸且徐行。**竹杖芒鞋轻胜马，谁怕？一蓑烟雨任平生。

料峭春风吹酒醒，微冷，山头斜照却相迎。回首向来萧瑟处，归去，也无风雨也无晴。

——苏轼《定风波》

门外绿荫千顷，两两黄鹂相应。睡起不胜情，行到碧梧金井。**人静，人静，风动一枝花影。**

——曹组《如梦令》

静巷无来客，深居不出门。铺沙盖苔面，扫雪拥松根。**渐暖宜闲步，**初晴爱小园。觅花都未有，唯觉树枝繁。

——白居易《新居早春》

亲　轻　静　净

独在异乡为异客，每逢佳节倍思**亲**。遥知兄弟登高处，遍插茱萸少一人。

——王维《九月九日忆山东兄弟》

寒食江村路，风花高下飞。汀烟**轻**冉冉，竹日静晖晖。田父要皆去，邻家闹不违。地偏相识尽，鸡犬亦忘归。

——杜甫《寒食》

泠泠七丝上，**静**听松风寒。古调虽自爱，今人多不弹。

——刘长卿《听弹琴》

净与溪色连，幽宜松雨滴。谁知古石上，不染世人迹。

——钱起《蓝田溪杂咏二十二首·石上苔》

草堂小学的学校文化获得了上级主管部门和社会各界的一致赞誉，我想，这是与我们建设校园文化的出发点分不开的。

我们相信，校园文化要用教育的语言来表达，它的背后是教育的理念和管理。校园物语不同于山川、庙堂和景区的楹联和用语，它既是文化的，也是教育的。有给老师的，更有属于学生的。我们校园有张贴的，有摘录的，更多的是原创的。因为只有自己的，才是本土的，只有本土的，才是个性的，只有有个性的，才是有生命的。

我们的用意十分明确，建筑也要为教育而存在，从建筑上、房间内、陈设中看到、感到的都应该是教育。所有环境、建筑存在的理由只有一个——照顾师生。让校园无微不至地照顾我们的师生是我们的永久追求。我认为，学校的钱不仅要花在"意思"上，更多的要花在"心思"上，用于育人。教育不是属于有钱人的，也不属于有权人，只会属于有心人。心会告诉您，如何做教育。真正的教育心会知道。我相信，好的学生不是教育出来的，是好的老师和好的环境熏陶出来的。好环境带来好心情，好心情带来好老师，好老师带出好学生，好学生染出幸福家长。文化养性。学校文化中的环境文化不是散乱的，应该是有主题的。我们的主题就是诗歌教育——植养人文气韵 奠基诗意人生。

四、诗意的管理

2004年2月14日，那天正好是情人节，我来到草堂小学报到。后来我经常跟人开玩笑：看来，是上苍注定，我选择了草小成为"情人"，注定将为它倾注我所有的感情。18日，在上交教育局的工作思路上，我如此描述了我们的学校：

我们研究草堂小学文化的源流，思考学校周边的草堂文化、杜甫文化、浣花文化、蜀锦文化、诗歌文化、社区文化、风景文化，提出了我们学校诗意教育的基本思路：以草堂文化和杜甫文化为背景，以管理文化为灵魂，以师生文化为主体，以校园环境、社区环境为空间，以诗歌文化、教育行为实践、为路径，以师生幸福为目标，营造特色鲜明的草堂文化教育品牌。

当我们选定了诗意作为校园文化的底色之后，学校的所有图画都必然描绘在这草绿色的底色之上，包括管理。

（一）目标：锁定与坚持

1. 我们要做什么样的教育

大凡成功者，目标、方法、行动三大要素，缺一不可。在行动面前，目标比行动更重要；在目标面前，方法比目标更重要；在方法面前，行动比方法更重要。我还相信：态度比才华更重要，视野比方法更重要，坚持比付出更重要……而周国平的话则道出我常常处于的状态："至于我，将永远困惑，也永远成长。困惑是我的诚实，寻找是我的勇敢。"我以为困惑不仅仅是"我的诚实"，也是希望和发现。寻找不仅仅是"我的勇敢"，也是努力和存在。

在寻找的过程中，我经常自问：我们要做什么样的教育？

教育是美的艺术，以美相约，以爱期盼，以水润泽，以慢守候。好的教育总是会发现美，滋润美，创造美，延伸美。

我相信：教育是慢的艺术——爱的守望、心的沉潜、诚的等待。拒绝急功近利和粗糙。这是我们做教育的姿态和心态。我喜欢过一本书叫《慢教育》："即使是知识的获得，经常也是困难、艰苦和缓慢的过程；人的成长更是曲折、艰难，有自己的规律，一点也勉强不得。有时候我们简直就没有办法使一个人学得更多、更好，也没有办法让他迅速形成所谓的良好习惯，我们经常无法对自己的教育行为作出判断，也无法洞悉一个成长中的儿童最需要的究竟是什么，我们怎样才能恰到好处地保护和帮助他。教育其实就是一种互相寻找、发现、彼此增进理解的过程。"其对教育的认识可谓深刻、细腻和令人感动。慢工出细活，经验告诉我，大量的细致入微的工作还在后面排着长队等着我们呢。

我相信：教育是真的行动——尊重真问题、研究真现象、付出真行动。拒绝虚伪麻木和狂热。这是我们做教育的方法和路径。在我工作的十几年中，我很多时候都表现出急躁，缺乏耐心，麻木，缺乏敏感，忽而夸张放肆，不克制，狂热，不清醒，忽而又陷入丧失信心的沮丧和无所作为的消极中。置身于功利主义的狂潮中，我不知道自己该怎么做才能证明自己的价值。是让自己教的学生考出好的成绩，得到高级别的奖，获得家长和同行的认可吗？当我陷入在这样一种价值判断下的魔障之中徘徊辗转的同时，我知道自己正在背离教育最纯净的本质。教育永远都是有问题的，关键在于你能不能看到，能不能用一种尊重的态度、平和的心态、从容的行动去对待它，认识它，研究它，解决它。

在草堂小学，发生过这样一件事：

有一天下午，是一个科任组教研活动时间，上班之前，我给组长打电话，询问活动安排，希望参加这次活动。电话那端，组长显得很迟疑，说："蓝校长，我们已经安排好了，下午是学习资料，欢迎你来。"我说："好。"但是觉得很奇怪，我说我要参加教研活动，平时老师都是很爽快地答应的，那天似乎很迟疑，似乎没有准备好，但是接到我电话又不好拒绝，我能感觉到电话那头的回避和犹豫。我决定去看看究竟怎么回事儿。

上班时间到了，我来到二楼该组办公室，发现出奇的安静，灯也没开。我感觉很奇怪。这时，我听到里面似乎有些议论。我就站在门口，能清晰地听到"最近很累，还想睡"等属于教师之间的打趣。我迟疑了，是进去还是不进去呢？最后我决定还是不要进去，以免制造尴尬。正在我决定离开的时候门开了，组长站在门口，神情很紧张，说："蓝校长你怎么在这儿？"我也很意外，本能地选择安慰她说："我是找其他老师路过这里的。待会儿你们活动时我再来。"她慌张地解释说："活动地点在图书室，我们马上过去看书。"一会儿看书，一会儿学习资料，究竟计划干什么？除非没安排才会这样前言不搭后语。我心中更加犯疑。

我察觉他们没有准备教研活动，老师也不是处在上班的状态。门内传来一阵骚动，老师们似乎在急急忙忙收拾什么东西，我估计他们是上班之后还在办公室午休。以我一贯的性格，我没有把纸捅破，只是往校长室走。快到我办公室的时候，组长追上来，很难过地说："我真的不愿意骗你，告诉你真话，我们睡着了，没有安排教研活动，我们现在马上去教研。"

我说："我的直觉已经告诉我发生什么了，只是没有想到，今天的草小还有这样的事情，我现在的心情比你们更难过，你们先做你们的事情，我也想想，理理思绪。"然后我们分开了。

一节课后，组上的一些老师来找我，给我道歉，说对不起学校，愿意接受学校的一切处理。我说处理一件事情其实很简单，关键是大家都得明白为什么会发生这样的事情，以后怎么避免。我心里还是非常难过。

放学之后，组里的全体老师都在我办公室低头等着我。一看见我就说："蓝校，你准备怎么处理我们，我们知道错了，我们想找你。"

我说："我还是那么认为，这个事情处理并不重要。我是在想，为什么今天你们会这么做？但是此刻你们给我的答案不一定真实，我们需要更多的沟通。我的意见也可能是冲动之下产生的，不一定合理。我们都回家想一下，不用彼此为难，一时没有答案的事尽可以交给时间去解决。经过一段时间后争取能找到真实的原因和恰当的解决办法，这样你们才能把你们的事情做好，我也才能做好我的。"

我一直认为，做校长不是做监工，不能整天想着监视老师怎么上班。校长应该把老师的生活管好，把老师的感情管好，把老师的思想管好，老师则自己管理好自己的工作。工作是老师自己的事情，不需要校长高密度地监控。校长应该给老师一种力量，一种责任，让老师把自己的事情做好。最后的目的是大家能够很真实地面对真实的情况，避免以后再发生这样的事情。因此，那天的事情并没有处理，大家各自都回去了。

第二天早上，老师们陆陆续续找我说这事。

一个老师说，似乎那天是中邪了，此前工作很多，又是教研又是赛课，恰好那天所有的事情告一段落，于是大家都觉得很累了。也有老师说，前一段高密度的工作，大家也有些抱怨，觉得应该休息一下了。那天中午学校特别安静，所以办公室灯一关，大家都休息了，都睡着了，还铺着地铺，睡得很舒服，心特别放松。

我说，按照学校的制度，肯定要对这件事进行处理，但是会考虑到你们的具体情况，我下来和班子商量一下，你们也想一下。

之后，我和范书记、傅校长商量，觉得这段时间，老师们的确辛苦，违纪的老师固然应该处理，但是作为管理层，我们也应该体谅老师的具体困难，温暖老师的心。于是我们决定慰问老师。学校派人到外面买了牛奶等慰问品，送给全校的老师们。

与此同时，这一个组的老师们也在商量，他们担心事情传开，让其他老师看不起，觉得他们懒惰，决定加倍努力工作，要用下班的时间给孩子们开展辅导，让孩子有发挥自己才能的地方，还计划用课间的时间增设学科会话时间段。当他们到我办公室来和我商量下一步工作的时候，我问他们的第一句话是："你们收到慰问品没有？"他们说："我们以为学校要严肃地批评我们，结果您是问我们收到慰问品没有。我们也想问：我们给你的计划收到没有。"我看着他们交来的厚厚的写着密密字迹的工作改进计划说："工作不是一定要靠无休止的劳累和占用课余时间完成的。你们的课时量已经满负荷了，在这样的情况下，再要求自己去承担额外的工作，学校不会同意。事情已经发生，现在已成为过去。不要用这件事在很长时间里面惩罚自己，让自己的天空变得很黑暗。"

事实上，这一学科组是一个极其优秀的团队，而这件事提醒了他们怎么更好地做老师，更提醒了我，怎么诗意地管理学校。我相信尊重的力量，我们的教育和管理就是要尊重教育世界中我们自己和孩子真切的生命感觉，宽容、理解我们彼此的"不同"，用爱去慢慢地滋养我们彼此的敏感柔软的心灵。春风化雨，润物无声，发现与等待，在彼此寻找中共同成长。我以为，这是真的教育。

真教育的真实价值在于发现人：发现自己，发现教师，发现孩子。在这一发现的过程中，我也知道了，草堂小学需要什么样的老师。

2. 我们需要什么样的老师

我刚到草堂小学的时候，认为学校特级教师和名师很少，而教育局希望能把我们发展成一所名校，按照我的惯性思维，我认为名校是名师造就的，因此特别盼望教育局能给我调来很多优秀的教师，能够靠名师带动学校发展。随着我对学校了解的深入和与老师交往的加深，我改变了这一看法。

一天，当我巡视到一楼的一间教室里时，我看见一位年轻的老师正在弯腰引导孩子们读书，从她的姿势和表情中，我分明看到了她对事业的认真执着，对孩子们的爱。下课之后我对她说："你真的像一位语文老师，你能成为一位不错的老师。"这时，我开始相信，只要走过一段时间，我们就能拥有一个自己的名师团队，草堂小学的老师们就是我的伙伴、我的战友，我相信我们一起，能够把草堂小学越办越好。

到后来，我甚至拒绝了多位外校名师调入的要求，原因不是简单的能力问题，最主要的是，我相信我们现在的老师就能够成就这所学校，他们能够找到归属感，能够找到自己的思想和情感基础，特别是那些曾经见证了草小的发展和成就的老师，对学校会更加珍惜。

上学期有一个原来跟我做徒弟的老师来草堂小学做老师。她来了半个月以后，有一天她说："我觉得你当校长还是像当班主任一样。"我问为什么，她说这些执行校长什么的，很像你以前的班委，而你，就像统管全班的班主任。她还提起，一次我在带她检查老师办公室卫生的时候，事先嘱咐她说，如果老师没有做好，你不要着急，要尊重他们，悄悄地对他们说，他们马上会做好。她回来之后说："你当校长很尊重老师，就像当班主任尊重孩子一样，因此他们什么都能做好。"

后来我思考这件事，不得不赞同她的说法，甚至我在当班主任时候做的一些工作，在现在当校长的时候都不同程度地移植过来了，一些机构设置也是这样。我当老师喜欢跟学生聊天，当校长之后，仍然喜欢跟老师聊天。这些方式，我认为也是一种心灵关怀。管理肯定需要制度，但是背后支撑制度的是人与人之间的沟通、托付、交流和给予，这样才能谈得上管理。

因此，我们从教师的观念生活，教师的读书生活，教师的写作生活，教师的课堂生活，教师的交往生活五个方面尊重、理解、追随和培养我们的教师。贴近教育的现实，在理想的光照下倾力实践，和草小教师一起成为重情重义、知书达理、脚踏实地、包容大气的人。

（1）关注教师的观念生活：观念决定心态，心态决定态度，态度决定高度。观念改变，行动改变；行动改变，命运改变。当我们关注教师的现实生存状态，我们会发现相当一部分教师的生活色泽黯淡：是一种受多种外力支配和控制的压抑生活；是缺乏高贵精神支柱和高尚思想引导，只受功利性、利害关系制约的灰色生活；是缺乏坦诚交往和亲密合作，只在自己世界里摸索的孤独生活；是一种没有从容的理性风度和智慧品位的冷漠生活。突围冷漠生活，发现和寻找来自教师的内在需求，建立自我成长的内在动力。

2005 年，青羊区教育局娄进局长的一次讲话，给我们这些校长们指明了方向。

娄局长指出：青羊区教育的质量观，用最通俗的话讲，就是既符合素质教育的要求，又必须经得起各种调研和多种考试。经不起考试的教育不是真正的素质教育，考不出好成绩的质量不是真正的质量。我们教育质量的价值取向是"三个发展"。就是坚持每一个学生身心的全面发展，全体学生的共同发展，教育全过程的可持续发展。我们教育质量的主要追求是学习能力的提升。我们教育质量的主要抓手是"四位一体"。第一，课堂是主要阵地。课堂的质量实际上主宰着教育的质量。第二，老师"教"的质量是主要支撑。教育是教师施教与学生学习的互动过程。教育质量是教师"教"的质量与学生"学"的质量的结合。没有教师"教"的质量，教育质量很难得到体现。第三，校长是主要责任人。校长是一校之魂，这个魂必须附着在提高教育教学质量这个主体上。魂不附体，就谈不上什么质量。第四，普教科、思教办和教培中心是主要责任部门，专家协会是重要部门。

因此，我们在草堂小学宣传和树立青羊区教育局的质量观和发展观，发掘和总结出了草小教师本土的阳光思维观。我们把育人观归结为"爱心—责任—包容"，把工作观归结为"归零—勤勉—进取"，把交往观归结为"懂得—感恩—回报"。

（2）关注教师的读书生活：最能致远是书香，让教师的生活因读书而精彩，让书卷气成为草小员工最好的品格。荀子曰："不登高山，不知天之高也；不临深渊，不知地之厚也。"无书卷之气，自然难以厚积薄发领悟学科之妙趣要义，自然难以游刃有余地体验课堂教学之酣畅淋漓。

于是，我们组织了草小教师"感悟教育"读书活动，倡导大家读五类书，并每期写五篇读书笔记，这五类书是：

一类：杜诗、草堂文化类书，了解本土文化；

二类：教育专著和业务杂志，促成专业发展；

三类：儿童喜欢的书，贴近童心世界；

四类：闲暇书籍阅读，提高生活品位；

五类：网络阅读，走向外面的世界。

为了鼓励大家读书，草堂小学还举办学校青年教师读书会，让老师们"晒"自己读过的书，并与别人交流，他山之石可以攻玉。

教书人就是读书人

《教育导报》记者　王海川

（一）从阅读里恢复灵魂

"简直是当头棒喝！"教了十几年语文的成都草堂小学教师何萍这样评价当时学校倡导的"感悟教育"的读书活动。

动员大会后，每位教师领到了一本绿皮笔记本，专门用于写读书心得，一月一篇，笔记、摘录、教学随笔不限。何萍写道："我几近休眠状态的大脑，仿佛受了重创。让我汗颜不已、芒刺在背的是，十几年来，我读得最多，几乎不离手的只有两本书——教材、教参；十几年来，几乎没有系统地读完一本教育名著；作为语文教师，十几年来，文学类书籍是越读越少，越读越浅。"

"忙于备课，忙于上课，忙于批作业、改试卷。作为班主任就更忙：忙于班级管理的细节事务，忙于每一个学生的琐碎小事……猛一回首，毕业后十几年的时间，就这么忙忙碌碌地一晃而过了。匆忙间，闲下来的似乎只剩下了脑子，唯独脑子不够忙——没有思考的时间，没有思考的习惯，没有注入过新的思想！"

强烈震动中，何萍惊醒了："我得恢复阅读的习惯、思考的习惯。"她给自己定下规矩：晚上睡觉前，必须阅读30分钟到60分钟，再累、再忙都不能改。专业书要读，文学书更要读，绿皮笔记本上的空白一页一页消失，何萍体会着充实、快乐。

何萍很快发现，学校读书氛围浓了起来：每次语文教研组的朗诵赛，老师选择的文章都极美；同事叶华看到好文章就给自己推荐；两年时间里，学校编辑了以《万涓成水》为名的 10 大本教师读书笔记，放在教师阅览室；一年级老师在星期天组团到书店购书；一些学科组每星期到阅览室集体读书一次，并列入活动计划……

从阅读里恢复灵魂的何萍，领悟到读书对人成长的重要性，开始引导女儿、学生淘书、读书。一次，和女儿在书店寻书的何萍，发现班上的一个孩子在读《边城》，"这可是初中才要求阅读的"。何萍很兴奋。

（二）"桃李书斋"和"碧草书屋"

每个参观草堂小学的人，一定会吃惊于学校的阅览室。

整整四间大教室，学生三间，教师一间，几乎占了一层楼。阅览室装饰极为精致，学生室像童话世界，而教师室像书吧。老师给它们起了好听的名字，"桃李书斋"是教师室，取义"桃李不言，下自成蹊"，学生的"碧草书屋"，来自杜甫的诗"映阶碧草自春色，隔叶黄鹂空好音"。

阅览室墙上有一条语录："站起来，可以俯视，坐下来，可以平视，躺下去，可以仰视，而跪下去，就只能拜读。读书，无关乎读姿，只要惬意就好。"这条语录表明了学校追求的读书境界。

有教室干吗不收学生？有人质疑。蓝继红这样认识："教育是要用心去感悟的。不是读书人，不可能成为真正的教书人。学校下大力气营造阅读环境，是想用环境潜移默化出一批读书人，让老师有书卷气。"

学校同时完善了读书制度：

教师必须阅读五类书，一类是草堂文化、杜诗等本土文化书籍；二类是教育专著和业务杂志；三类是贴近童心世界的儿童书；四类是提高生活品位的闲暇书籍；五类是网络阅读，走向外面的世界。

学校硬性规定：教师每学期至少完成两篇教学随笔、五篇读书笔记。此外，把每月的读书津贴从 20 元提高到 100 元，用于专业杂志、书籍订阅，定期举办读书节、读书笔会、读书沙龙等活动。

（三）让书漂流起来

一个人享受书籍不行，还要分享。于是，教师阅览室有了一排特殊的书柜——

教师漂流书栈，每学期开学，老师们从家拿来好书，在扉页上写下推荐理由，放上书架，供教师借阅。

数学老师梁晖推荐《素质教育在美国》："中国学生屡获国际奥林匹克竞赛大奖，而至今尚未培养出诺贝尔奖的人才，这不是发人深省的一大疑惑吗？当我读完这本书之后，疑惑自然解开了。智力高的学生可以赢得国际奥林匹克知识竞赛，但唯有创造力极强的人才具备获得诺贝尔奖的前提。"

漂流书栈

《英格兰玫瑰村庄》是蓝继红的推荐书，推荐语很有诗意："有些地方，也许我们一生也无法旅行到达，但我们可以读行天下，随文字和图画，任思想去阅尽风光。"

大音希声　大象无形

草堂小学数学教师　阎华君

"大音希声，大象无形"出自《老子》，寓意朴素且浑然天成的思想。如果以此作为教育的最高境界，阅读就是能融合各种有形和无形的方法，将教育和教学做到"和合自然"的最佳媒介。教师阅读既是源于这个教育理想，也是出于一份厚重的职业责任感。

（一）阅读成就了教育的默契

读《皮尔保罗校长的"一句话"》《麦克劳德的"两张解剖图"》《陶行知先生的"四块糖果"》……从阅读中学会爱，学着理解、体谅和宽容，也因此才会尽心地寻找最适合孩子的教育方法。阅读，不仅教会我怎样做老师，更是我和孩子们之间一种很好的教育和沟通方式。苏格拉底说：田里的杂草如何除去？最好的方法是种上庄稼。阅读，让孩子们在书香浸润的过程中渐生对价值判断和美好品格的认同，教育也因此更有默契。比如，犯错的孩子常常会太激动或者很害怕，如果我们不是开始于责备，而是让这些孩子先来看看几个富有寓意的故事呢？《长大做个好爷爷》《你别想让河马走开》《一天中的火车站》《田鼠阿福》《鸡蛋哥哥》《我的感觉》《亚历山大和倒霉、烦人、一点都不好、糟糕透顶的一天》……其实，孩子们常常看着书就安静了下来，然后再一起探讨背后应有的担当和规避错误的办法。在智慧的教育里，教师不是法官，而是孩子最好的倾听者和导师，会尽心地思考何种教育方式既保护了学生的心灵又达到启迪和劝诫的目的。所以，阅读催生了智慧的教育。

（二）阅读让教育更丰厚

读《大师的教育生活》《教育小悟》《人的教育》《学会生存——教育的今天和明天》《爱心与教育》《新教育》……我们感悟着教育心理的经典思想、教育哲学的辩证知性，感受着教育家质朴感人的教育情怀。读《小学语文教师》《小学数学教师》《教师博览》《课堂教学的艺术》……我们吸纳着教育教学领域内新的思考、方法和理念。读《阿西莫夫最新科学指南》《细胞生命的礼赞》《从一到无穷大》《万物简史》《平行宇宙》《汉字密码》《人间词话》《十四行诗》……我们丰富着我们的学科文化，使其博采众长、深远厚重。读《傅雷家书》《积极思考的力量》《邮差弗雷德》《富兰克林自传》《自己拯救自己》《平凡的世界》……我们感悟真诚、坚强、主动、理解、乐观、体谅、宽容……阅读让我们的心灵成长，阅读使我们的教育更从容、丰厚、理性和智慧，更让我们的教育生涯成为最美好的享受。

不断的阅读和积淀，不但美好了老师的人生，更感染和引领着孩子们一起来体验阅读的乐趣和精彩！

在班级的漂流书栈和图书角，老师和孩子们一起读《昆虫记》《100个科学小实验》《窗边的小豆豆》《罗尔达·德尔作品集》《经典绘本系列》《最美的自然图鉴》《可怕的科学——经典数学系列》……深受喜爱的校园电视台，为老师和孩子们带来精彩绝伦的《微观世界》《迁徙的鸟》《旅行到宇宙边缘》《BBC数学的故事》《科学启示录》……孩子们读国学经典，写自己的经典；读数学科普书籍，写自己的数学故事，画有趣的数学漫画……阅读是一种静默的力量，它改变着我们和孩子的眼睛。透过阅读的眼睛和心灵，哪怕是从这数学书中简单的一页，孩子们也可以做一次跨越时空的神奇之旅。阅读可以带我们回到四千年前的古埃及，这石壁上瑰丽又奇特的象形数字是古埃及金字塔、神庙和众多建筑奇迹的数学基石；软泥板上的楔形数字早已风干在历史中，可是它所印刻的六十进制的奇思妙想，至今仍是天文学家的最爱；世界通用的数字经历了多么漫长和奇特的旅程，从印度到阿拉伯再到欧洲和整个世界，谁又曾想到它们最初的样子是记录在棕榈叶上的呢？中国的甲骨文和算筹，在我国古代的数学家的手中造就了太多令世界惊叹的数学巨著。猜不到吧，这二十个神的头像竟然是玛雅人创造的二十个数字，不仅如此，日常生活中的普通数字也让玛雅人成就了令世人惊叹的世界奇迹和天文观测。这就是阅读塑造的眼睛，让我们从薄薄的数学书中领略到穿越时空的精彩，在有限的时间中欣赏到无限的美好。

（三）阅读是一种力量

虽然我是数学老师，但是草小的素质教师课程，却可以让我们这些喜爱阅读的老师带着我们喜爱阅读的孩子们一起去阅读整个世界。浩瀚的星空、奇特的动物、伟大的科学家、文学家和音乐家，令人陶醉的歌剧、鬼斧神工的自然奇迹、名山大川、人文遗迹……当然，最好是再去去博物馆，听人类文明的遗产把历史长河中的故事向我们娓娓道来，才真是一场震撼心灵的盛宴。只有经历了这样丰富的阅读，我们的学生才能拥有博大的胸怀和自尊理性的科学态度，去看待世间的万事万物，成为一个真正意义上大写的"人"。

更为重要的是，在阅读中，我们会被那些充满人性的美好情感和品质所感动，会不由自主地关注人类命运和地球家园的未来。在感动和感染中，学着明辨是非、善恶、真假、美丑。阅读挖掘出我们内心潜藏的美好情感，耕耘我们的精神世界。阅读让家长、老师和孩子们从书中得到领悟、抚慰、联想、净化、认同和关爱，学会宽容、坚韧、善良、正直和谦卑！

我们书香缭绕的校园，造就着孩子们开阔大气的世界观和深厚绵远的精神气韵。阅读让我们都开始学着理解人类、理解世界、理解自身和理解生命。当孩子们把阅读作为他们生命中不可分割的一部分，甚至成为他们最美的信仰，也就成就了我们美好的教育梦想。

谈起《窗边的小姑娘》这本书，罗乔就兴奋。对她，这是一本"影响了我，并还将影响下去"的书，书里的"巴学园"，是她教育的"理想国"。向老师们推荐书时，罗乔毫不犹豫地选择了此书。

在教学中，罗乔还模仿实践书中的方法：

书里说运动会的奖品是蔬菜，罗乔在课堂上，就用水果做奖品；书里描写中午吃饭前先唱歌，罗乔也实验；书里的小林校长用"海里的东西"代指海鲜食物，"山里的东西"代指蔬菜、肉等陆地食物，以免孩子们借午饭互相攀比，罗乔由此悟出如何保护学生的自尊……

"所以哪怕没有条件，我仍然在很艰难地建立自己的'巴学园'，虽然不会有那么有趣的校门和教室，虽然不会有下午的散步，虽然头上仍然悬着'分数'这把宝剑，但我至少能给孩子们一个'爱'的氛围，一个宽容成长的环境。"

《窗边的小姑娘》开始了在教师中的漂流，副校长付锦看过，很多老师都看过。

受益于读书的罗乔，看了更多的书，"不读书心里空落落的"她说，"这里的读书氛围很浓。"

（3）关注教师的写作生活：教师的写作是教师思考自己的教育教学活动的重要反思过程，是教师建构自己的语言和思想的过程。我们鼓励、提倡教师写作，校长和教师同写，教师和教师同写，教师和学生同写，家长和孩子同写。尤其鼓励教师在写作的过程中，回顾自己的教育生活，反思自己的教育片段，以诗与思抵达自己内心宇宙的边缘，率性、自然、平易、真实地写作，以写作提高教师的执教、科研能力，提高教师的素养。

①随笔、个案撰写活动。围绕学校的主体话题，主动记录，贵在坚持，每两个月一篇。

②教师论坛继续开办。鼓励教师立言，发表自己的学术报告。

③校园文集《万涓成水》继续按月编辑出版，同时推出草小教师笔会，让它分专题记录我校教师走过的逝水流年。

④组织教师集体参与正式出版物的编写。开展科研课题写作和教育热点话题写作，集中指导教师的教育实践思考，磨砺思考水平，提高教研、科研水平。倡导教师在自己的工作实践中落实课题研究。

（4）关注教师的课堂生活：把课堂还给学生，把教改还给教师，使我们必须关注教师的课堂生活。"教师的教是教学质量的主要支撑"，教改实际是要改变教师和学生的生活方式，提高师生的课堂生活质量，而这一质量也应该是衡量质量与发展的重要指标。

我们积极开展有效教学的研究：以有效的教学管理促进有效的教学，在各教研组进行有效教学的讨论和实践，并为本期教育热点话题写作提供话语基础。

在教学中，我和大家共同思考着三个问题：课堂上，教师的哪些语言促进了学生的有效学习？哪些行为促进了学生的有效学习？哪些活动促进了学生的有效学习？在追问三个问题的多元答案中，积累总结草小有效教学的点滴经验。

同时，我和老师们共同考虑教学的三个层面：策略层面，即教师的课堂教学板块构思和实践；方法层面，即教师落实教学目标的具体层次和细节；状态层面，即学生学习的情意状态和智慧状态。在三个层面的观察和反思中，感悟草小有效教学的设计和实施规律。

我们在草小启动了"好课标准我发现"的活动。以叶澜教授的好课观为参考（有意义的课，即扎实的课；有效率的课，即充实的课；有生成性的课，即丰实的课；常态下的课，即平实的课；有待完善的课，即真实的课），教师自主思考，同伴互动，形成有自己特色的好课观。让专家和自己的好课观共同引领草小教师的课堂生活，创造草小的快乐课堂。

除此之外，我们继续开展常规教学研究活动：集体备课、家长开放、专题献课、优质课观摩、互动听课、调研听课、套餐听课等。

（5）关注教师的交往生活：交往是教师重要的教育生活。是教师与教师、教师与学生、教师与专家、教师与社会的相互沟通、相互理解、相互作用的过程，具有双向互动的性质。

①重塑关系，注重师生交往：师生关系作为学校生活中的一个最基本的人际关系，不但是开展学校工作的主要心理背景，直接影响着教育教学的效果，而且是教师和学生之间进行沟通和交流的最直接的途径。对教育教学活动有着重大影响。师生关系作为学生的学习环境和成长氛围的构成因素，对学生的影响是全面而深刻的。我们深知思想引领思想，素质培育素质，人格塑造人格，习惯培养习惯；学校无小事，事事皆教育；教师无小节，处处皆楷模。树立人人都是德育工作者的大德育观，树立教师的德育工作首位意识，我们要倡导每一位草小人对待我们的孩子用爱心去塑造、用责任去引领、用真心去感化、用榜样去激励、用人格去熏陶。

②和谐校内，注重师师交往：让"学习—实践—反思"成为教师校园生活的主旋律，让"沟通—交流—分享—发展"成为教师与教师之间交往生活的主旨理念，学校各部门合作互动开展各类活动，使教师在更大的空间中多层面，全方位地领悟和学习，并在活动过程中互相沟通、分享，变去听去看去记的培训为去领悟去实践

去反思的培训、多元培训，引领、提升教师队伍的素质与水平；学校教师与教师之间树立以事业为重，以大局为重，以学校的利益、学校的工作为重的理念，团结一心，众志成城。

③磨砺团队，注重学科交往：加强各学科组教师之间的学习、交流、碰撞，统一思想，共同研讨，勇于探索，勤于实践，认真参加各级各类教研教改、献课活动，积极探索新课程理念下的课堂教学，内修外炼，勇于尝试，勇于改革。坚持学习有主题，有探究，有互动，有反馈，有收获；以评选草堂小学优秀学科组为载体，带动学科组之间的交往，磨砺学科组教师之间的协调、合作、互补，提升学科组教师自我价值的追求，促进学科组教师不辱使命，把自己的成长与草堂小学的发展紧密联系起来。

④专家对话，注重内外交往：组织教师认真参与专家协会精心设计的每一次活动，邀请专家协会莅临学校听课评课，选拔和打造草小的品牌教师、品牌学科；邀请省市有关专家莅校举办专题讲座，把全校性的讲座、小型座谈和面对面的个别指导相结合。在与名家对话的过程中，感受：今天我们怎样做草堂小学的老师，从而展开自我的内心叩问，转变教师的教育理念，树立"学校工作第一"的工作理念。

⑤沟通交流，注重家校交往：学校的服务是否优质与高效，家长是最有发言权的；孩子成长是否全面，与家庭教育密不可分。金奖银奖不如家长的夸奖，做好家校沟通和交流，这是学校工作的一个重心。抓好父母学校的组织管理和教育教学活动，做到目标明确，计划落实，规范严格，内容针对性、实用性强，并且认真做好资料搜集、积累工作。倡导多元化的家校联系方式，重视做好与后进生家长的经常性联系。精心做好与家长的日常沟通工作，开好家长会。日常交流做到一张笑脸、一声问候、一个中心、一段故事、一点分析、一条建议。家长会做到会议环境和谐、资料充分、主题鲜明、案例切实、收到"沟通、交流、进步"的效果。家长开放周活动精细、温馨，展示教学水平，接受家长具体建议。做到活动制度、活动方案、活动程序、活动记录、活动资料齐全，感动家长，促进和谐的家校关系的建立。组织教师开展家长评议学校各方面的工作的调查表，征集家长对学校工作的各方面意见，发动家委会成员的民主评估作用，倾听家长们的心声、建议、批评，增强学校民主化、人本化管理的实质。

⑥走向社区，注重文化交往：我校拥有丰富而富有文化气息的社区资源：我们

的学校南邻陆游所描写的"二十里路香不断"的花飞花谢，满河溢香的"浣花溪"；西与诗圣杜甫的故居——"杜甫草堂"毗邻；北依古文化气息浓郁的"送仙桥艺术城"；背靠蜀锦文化的发源地"蜀江锦院"。更为重要的是我们的校园还与中国古典诗歌的圣地、千年名庐杜甫草堂近为比邻，它为我们提供了诗的文化，诗的氛围。杜甫一生漂泊，居无定所，寝食难安，食不果腹，衣不御寒，却有着撼天动地的远大抱负。他的诗以无与伦比的成就震撼了华夏大地，创造了唐诗的辉煌，成为中国乃至世界文化遗产中的瑰宝。我们将通过丰富的少先队活动和综合实践活动，融合社区资源，充分地感受着家乡文化的精深，历史的久远，感受着诗歌气韵的博雅！

学校是传承文化的重地，我们的老师深知自己在草小这样处在文化环抱中的学校，走进社区吸收经典文化对自己来说是必不可少，我们的老师多次走进草堂，听解说忆杜甫，学楹联品杜诗，观雅境捕诗意，临茅屋感诗情，聆听杜甫研究学会的专家阐释草堂文化，诗化心灵，多渠道、多方面提高自己的"诗情""诗意""诗才"。

教师的视野不断向社区、向孩子们的生活世界延伸，使学校与社区、与草堂联动，也推动我们的社区文化建设，为社区增添了更多的诗情、诗意，使学校不再在孤岛上自娱自乐。

我们对老师有了这样的评价与倡导：

自有师以来，"师"与"德"便总是结伴而行。

而师之德，大可以至健全学生的人格，传承人类文明；小可以至一个不经意的笑容，一生充满关怀的问候。恬淡，毫不张扬，自然而然，就像与生俱来一般。它与奢华无关，与矫饰无缘，与功利无染。朴素为师，铅华洗却，风华卓然。

经过三年多的发现与思考，等待与企盼，草堂小学有了自己新的校训：一条校训，两种表达，分别展示在校门口和"好雨轩"门前"诗意的方向，最好的自己"和"茅屋秋风，蔚起人文钟百代；草堂秀色，列成桃李诵三千"。曾经有人问我们：你们草堂小学为什么有两种校训表达？我们是这样认识的：校训是写给老师的，更是写给孩子们的。是写给初入学的孩子的，更是写给不断长大的孩子的。孩子在成长过程中，不同的阶段，理解力是不一样的。我们希望孩子在踏进草小校门的时候，就知道我们希望他们成为一个什么样的人，所以，我们用第一种表达，用简练明白的方式告诉孩子们，我们要寻求的是诗意的人生，鼓励他们做最好的自己。当他们逐渐长大，有了更深入的思考之后，会对自己应该成为一个怎样的人有更理性和深刻的思考，于是，我们的第二种表达就能够给孩子以启示。两条校训是互译的，共同阐释了我们的教育理念，更重要的是，它们是伴随孩子成长的，草堂文化，诗圣经典，恒远留痕。

当我们思索着、寻找着、困惑着这些问题和答案时，我们会一年更比一年清楚我们的关于学校、关于师生、关于自己的目标。这样的目标，让我们一直都有事做。我们永远要做的六件事：诗歌教育、读书教育、运动教育、习惯教育、活动教育和科技教育。它需要我们长期的努力，从容、平和、坚定。明确与坚持，持之以恒地思考，坚持不懈地接近，任重道远地追寻，不离不弃地去达成。尽管很多认识还很感性，很模糊，但是我们愿意先行动起来。我们相信：行动起来就会有收获。"持久地深挖自己立足的地方吧，那里一定有泉水。"

（二）关怀：柔性的诗意管理灵魂

我一直认为，学校就是我们的家，要有家的感觉。因为，我们生命中每天都有八小时在此度过，我希望我们的这个家要温馨、书卷、柔软。是我们工作的地方，也是停靠的驿站，更是心灵的港湾，是读书的乐土，更是交友的沙龙。我们要像一家人一样生活工作在学校。这依赖于学校管理。

管理学校，什么最重要？人。人、事、财始终是校长要考虑的。但我相信，这中间最核心的是人。校长要找到自己最应该做的事——聚人聚心。尤其是凝聚教师的心，包容校园分歧，纯净人际氛围，打造教师精神，铸造学校文化，唯有如此，才赢得学校发展的力量和基础。

我笃信一个理念：以德治校。苏霍姆林斯基的话对我有深刻的影响：我的基本原则永远是尽可能多地要求一个人，同时也要尽可能多地尊重一个人。好的管理会让每一人有尊严地工作着。所以我们有了柔性的学校诗意管理灵魂——心灵关怀。

教师的生命存在一定是以一个生动、真实的"人"存在。学校文化以人为核心，柔性管理是真正以人为本的管理。人的管理可以有三个层次：人事、人心、人文。人事：即人可见的现实活动层面，关注人如何做事，人怎样在现实生活中活动，主要包括授人以知识、技能，开发人的智力，启迪人的思维，规范人的行为，使个体懂得作为社会的一分子如何在其中得到生存。如果学校管理只停留在这一层面，教师始终都只是片面发展的人，缺乏对个体生命的深层引导与关注——关注的是人生的劳碌，充满劳绩的存在，而没有关注诗意的存在，或者说人之为人的完整存在。

而我们要关怀的，是人心，即人的心灵活动层面，它关注人的情感、态度、兴趣、爱好、基本价值观、心灵的美感、精神的愉悦。与"人事"相比，这个层面的关注重心是做人，比做事高一个层面。心灵生活是人之为人的生活的根本与核心。"国家的根本在于个人，个人的根本在于人的心灵。"

我们要塑造的，是人文，即人的核心价值观、人生信仰、人的精神气质层面，它关注的核心就是人生在世的生存姿态，或者说生命姿态。

学校文化以人为核心。人最需要的是心灵的关怀。刚的制度固然重要，柔的执行更加重要。好的校长一定会刚柔相济，以柔克刚地管理人心。温馨、柔软才能真正抵达内心。柔比刚更重要：柔软才是真正的力量，文化的力量。我们在"心晴阳台"写了一段话来说明我们的思考：

感动和每个日常的温馨记忆有关，和质朴真诚的生命体贴有关，和一切造访我们心灵的访客有关。灵性的升华需要闲适，心灵的舒展、世界的敞亮也需要闲适，创意，往往也在闲适轻松时翩然而至，情趣也每每在闲适从容中一展风采。

今天的草堂小学，已经拥有了属于自己的学校管理文化，这种文化：

朴素，不粉饰：青羊区教育局娄进局长和教育局的许多领导在我来草堂小学一月后，到校调研听课。他看到很多好的老师在尽心地工作，也看到一些不好的现象。而让我感动的是，局长在总结会上说：草小的以后会更好。娄局长还提出希望草小一定认真研究草堂文化、浣花文化、杜甫文化、风景文化、社区文化，为草堂小学谋一条再发展的路。没有批评，没有责怪，大气与宽容，思想启迪和严格要求让我们只能选择行动。事后，我们向老师传达了这一思想。直面现实，我们就从这里开始，无须任何粉饰。

自然，不雕琢：我当副校长的时候，就有老师开玩笑说我是"平民副校长"，因为我总是跟老师们在一起，甚至很少见到我在校长办公室。到草堂小学当校长之后，也有老师说我怎么看也不像校长，没有校长的"架子"，我想，我只是由"平民副校长"变成了"平民校长"吧。我相信，教育的本质是自然，而做教育更需要这种自然和不雕饰的人生态度。我只是我，一个平凡的我，我愿意以自己的自然和真诚接近老师们，接近孩子们，与他们一起分享快乐，一起分担风雨。

　　真实，不虚伪：有老师不写教案，当我们询问他的时候，老师这样回答："你不知道我从来就不写教案吗？不写教案的还不止我一个，你想知道吗？我不想告诉你他们是谁。但我想让你知道他们的教学效果都不差。你实在要看教案，我马上写一个，包你满意。你觉得有意义吗？"面对老师火药味十足的抱怨，我们讲："教学是永远需要预设和思考的。写对付领导和检查的教案是不可取的。"但是为减轻教师的负担，我们也尊重教师意见中合理的部分，开始实行教案集体编写，分批完成，滚动分享，创意执行的集体备课制度。关怀心灵，就把工作做到教师的心上。

　　亲切，不刻薄：每年5、6月份，是学校忙招生的时候。这一天，当我领着一群学前班的毕业生来学校参观时，却迎面碰上一位老师怒气冲冲地把一名不服管教的学生赶出教室，直至要赶出校门。我十分尴尬，老师更是尴尬加沮丧。事后老师如约来到校长办公室，她是哭着来的，哭声中有一句在不断地重复："我没有错。"我说："××老师，我今天不是来说对与错的，天下事哪里是对与错就能判断得了的呢？您太辛苦了，是那孩子太调皮了，才会把您气成这样！"老师哭得更厉害了，这次不是工作不顺利委屈的哭，而是得到理解和宽慰后感动的哭。

　　第二天，我来到老师的班上，孩子们很惊奇，我说：

　　"你们知道校长今天为什么来你们班吗？"

　　聪明的孩子回答：

　　"因为我们把老师气跑了。"

　　我转过身，在黑板上写下了"天地君亲师"几个字，孩子们不明究竟，狐疑地看着我。我开始慢慢地给他们讲，中国的传统里最崇敬的是天地君亲，而我们又把"师"加在这后面，中国人是十分尊敬老师的，可是现在你们怎么能把老师气走了？

　　听了我讲之后，孩子们纷纷说："不是我们气她，是她气我们！"七嘴八舌地开始数落老师的种种"不是"。我耐心地听着他们讲完，然后说：大家知道吗？老师也是人，老师也会犯错误，老师也很辛苦。可是为了你们，他们不辞辛劳，恨不得把自己所有知识、所有的本领都传授给你们。有时候他们累了，烦了，于是有些事情做得不是太好，但是我们应该这样对待老师吗？听了我的话，孩子们低下了头。我接着说：这样吧，我希望咱们班能有最爱老师的同学亲自去把老师请回来，想去的举手。霎时间，小手举起如树林一般。我特意挑选了一个看起来比较调皮的小男孩，让他去请老师回来。片刻，当孩子拉着老师的手走进教室的时候，教室里响起了热烈的掌声。老师热泪盈眶。我悄悄带上门，离开了教室。

下课之后，老师找到我，说这次真的很感谢校长，我说，应该感谢的是你的那些孩子们。而且我们也应该明白，孩子是会有反复的，曾经犯过的错误，很可能会再犯，因此我们必须要有耐心，更要有信心。不过这件事给我们也是一个提醒，遇到事情的时候，不要急于做决定，冷静一下，思考一下，也许会更好。在昨日的师生冲突之后，今天师生实现了一次感人的沟通与理解，重新找回做学生和做老师的幸福。与老师相处，校长更多的不是用权力，而是用心去换位思考，想明白老师需要什么，自己能帮老师做什么。以亲切的态度面对老师，少一点儿制度惩戒，多一点儿人文关怀。

诗意，不媚俗：当年的草堂小学并不富有，可是遇到有重大活动的时候，私物公用曾一度在学校蔚然成风。在我们的诗歌教育结题会上，主席台上堆满了各种式样的音响，孩子们穿着各式漂亮的服装，有一位校长很奇怪地问我：您要花多少钱才能买回这些东西？做出这些衣服？我笑了：设备是老师们从家中拿来的，服装是我们自己做的。一种诗意的态度让我们不去抱怨，只去做。只要认真地用心去做，多少会有改变。

平等，不专行：我爱主动招呼学校里的任何一个孩子、一位老师，亲切的笑容，就是"平等"的第一张名片。在工作与相处中，"平等"便不是挂在脸上与嘴上的，而是融在骨子和血肉里、融在思想里的。

一次，学校的一位青年教师要上一堂诗歌课，很想请教我，可去我办公室"侦察"了多次，都发现我忙得不得了。正在苦恼怎么办时，我主动找来了，专门找了一间安静的办公室仔细研究。在一个重要环节的设计上，青年教师固执地坚持着自己的意见，和我一起摆出了各自的理由。我毫不觉得这是青年教师对领导的不尊重，而是坦诚地说："这样吧，我照我的想法上一堂课。你看了之后，觉得我的办法行得通，就用我的；你要还觉得不行，就照你的上。这堂课是你在上，决定权在你。"在我的创意与示范之下，平等与包容中，青年教师的这堂课取得了成功，并为其后来参加中央电视台现场直播的诗歌课奠定了基础。校长与老师，就是这样在人格、在工作、在思想观点上都实现着平等，在平等中成就着发展、享受着快乐。

"你，一会儿看我，一会儿看云。

我觉得，你看我时很远，你看云时很近。"

夜读顾城，朦胧中竟读出些学校管理的感受来。

校长原本为教育而生，但现实的教育生活中偏偏有诸多事务，烦琐而牵绊，使得真正的教育有时离我们很近，有时又离我们很远。

其实，对于一位校长来说，事务性工作也是本职工作中不可缺少的一个组成部分。而且，在每一位校长心里，划分事务性工作的尺度也是不一样的。所以，简单地做做"减法"有时只是抽刀断水，并非摆脱事务性工作的有效法门。

人生为一大事来。大事之内皆是工作，大事之外都是事务。找到、明了了这件大事所在，即可因时因势而思而行。

教育，是同我们的生命一起开始的。每一个生命，无论伟大与卑微，都是教育的起点和归宿。学校教育的大事，就是关心、照顾好每一个生命。让教育像生命一样自然生长、浑然天成，理所当然就成为校长的使命与责任。生命美好则教育美好，教育美好则教师美好、孩子美好、家庭美好、社会美好。因此，学校里最重要的事情莫过于关乎生命的事情，教育的全部学问就是迷恋生命成长的学问。

于校长而言，把握住真正重要的事情——照顾生命，离真正的教育就近了；就管理而论，催生教师的牵挂，校长的事务自然就少了，离真正的教育也就近了。

在草堂小学校长的岗位上，我总结出了管理的几个关键词：

1. 心态。快乐，心就会晴朗，风景因此而这边独好。心情的质量就是生命的质量。可是，在我的职业生涯中，我看到了太多老师由于职业倦怠，脸上渐渐失去了笑容，内心渐渐消逝了激情。我开玩笑说，女老师就这样变成了怨妇，而男老师就这样变成了"怨男"，这是人生的悲哀；女教师冷艳，男教师冷峻，是教师的不幸。在学校，我们倡导着微笑教育，微笑交往。微笑是女士最好的化妆品，微笑是男士最绅士的风度。

2. 懂得。"懂得——感恩——回报"是草小的行事规则。我们彼此懂得，我们相互理解，我们共同支撑，我们始终在一起。

3. 照顾。这是情感极厚重、深沉的动词，如太极高手于缓慢运气吐纳间积聚的形意力量，一朝力道足够，足以沁人心脾。像照顾亲人和挚友一样照顾好教师，教师就会像对待亲子和挚友之子一样照顾好孩子。再简单一点儿，所谓照顾就是要学会"己所不欲，勿施于人"。我们希望教师如何看待和对待我们，我们就要如何看待和对待教师。简简单单做校长，本本真真办教育。我们不喜欢面对太多的指责和批评，就不妨多给教师一些理解和支持；我们不喜欢面对太多的检查和训导，就不妨多给教师一些引导和尊重。比如，把随意推门听课，改为跟教师预约课，尊重教师在自己的教室里有尊严地讲课的权利；不对教师的言行轻易褒贬，妄下结论，不因教师的思想出格而排挤打压……每天向教师呈现校长"良好的自己"，以此去成全教师"最好的自己"，众多"最好的"教师自然就会去成全办学过程中来自社会、家庭和各种有关部门多元的需求，从而成全孩子的成长和学校的发展。

4. 牵挂。原意是因放心不下而想念、挂念，少有虚伪的杂质，几无功利的色彩，纯净透明，正是教育本来该有的样子。"捧着一颗心来，不带半根草去"，教育区别于其他行业的关键就在于呼唤真情。因为真情，所以心动；因为真情，情真意切，自然生长出对孩子的牵挂，对学校的牵挂，对教育的牵挂，并且会因为牵挂而愿意乐此不疲地付出。这正是校长所期待的学校教师的理想工作状态。教师有了这样的工作状态，很多事务就不成其为事务，就会有效地迁移、释放甚至转化，校长又怎会陷入繁杂事务而不能自拔？

5. 卷入。卷入即让教师有事可做。越多的教师卷入，越多的教师就有事做。卷入可以创生牵挂。爱尔兰著名《圣经》注释学家巴克莱博士在《花香满径》一书中写道："幸福的生活有三个不可缺的因素：一是有希望；二是有事做；三是能爱人。"教师有值得付出的事情可做，幸福感就会随事而增，随之而生的自是一份对事情过程、结果的牵挂，牵挂背后是一份持续的付出，付出之后是令人牵肠的一段故事，故事背后又会生出新的牵挂。教师因牵挂而愿意做事，学校因做事而故事层出，管理因故事而亲切温暖。如此，任何规划、督促和检查都会轻如鸿毛。

最欣赏办学不做刻意规划，循着教育的节奏慢慢走。边走边看，边做边想，边想边改，但求行事，不问因果。年前曾想用孔子的"兴观群怨"说勾勒相关课堂教学特征，并以此搭建草堂小学诗意课堂框架。埋首苦思未果，抬头远望，恍然醒悟：让教师慢慢卷入多好！带着自己的思考、设想，在自己的课堂上去尝试、去历练、去折腾，成败得失间，把课堂特色的种子播进自己的试验田里，自会渐渐嗅到属于草堂小学诗意课堂的味道。校长要做的，只需把这份牵挂放进时间里，静静守候，哪需要太多的特别预设和期待？

天时不如地利，地利不如人和。人心和，天涯咫尺；心散了，咫尺天涯。学校管理有时就像品茶人养壶养杯，相信教育的灵性，循着情感的溪流，慢慢地养，把学校"养"得温润光泽，也把自己养得恬淡从容。

　　草堂小学的老师们，都不会忘记 2006 年那个特别的"三八"妇女节。

　　那时候我刚到草小，我和几位行政干部有一个共同的感觉：学校的一些男老师对女老师关心太少，不管是在工作上的帮助体贴，还是在平时生活中的照顾，少了些"绅士风度"。我们策划，这个妇女节，一定要让男老师们以男士的人情和风度为女老师过一个难忘的节日。我们最初的想法是让男老师们慷慨解囊，给女老师买节日礼物，后来这个方案被大家否定了，原因是显而易见的：太一般，太"俗"。后来，我们又想到了一个办法——让男老师集体给女老师写一首诗，而且得是"情诗"。

　　"三八"妇女节的前一天晚上，几个行政带着一帮男老师开始了创作工作。我们的要求很苛刻，要男老师们了解学校每一位女老师的特点，描摹出女老师们在他们心目中的形象，还得明白女性最喜欢的赞词，要把这些全部写进他们的"情诗"中。

"三八"妇女节男教师赠"情诗"

　　经过大半夜的忙碌，第二天一早，所有来学校的师生家长的目光，都被校门一块美丽精致的诗歌展板吸引住了：

美　丽

——献给草小女性老师和女性家长

女人的美丽
是一缕可以触摸的馨香
在那莺莺动听的婉转里
在那摇曳多彩的顾盼里
在那一低头的娇羞里
在那三春晖的母性里

美丽的女人
是一部需一生阅读的书
写着温情的笑容
写着温柔的野蛮
写着温和的坚韧
······
美丽的女人所拥有的
女人的美丽所必有的
是爱　是智慧

"3·8"
这普通的日子与数字
因为女人而温馨　生动　伟大

感谢这一美丽的日子
无论你是女儿　母亲　儿子　父亲
感恩吧　祝福吧
所有的女人都是美丽的
所有的女人都是智慧的

因为——有爱

——草小全体男教师 敬贺

2006.3.8

这件意外而别致的礼物让学校的女老师们大为感动，许多女老师站在诗歌展板前拍照。很长一段时间里，许多女老师在办公桌最显眼的地方摆着这首诗，无事时看一眼，心中充满了温馨。《华西都市报》记者对此也做了专门报道，一时在成都教育界传为佳话。

男老师懂得了女老师们的辛苦，这份意外的礼物就是一个无言的关怀。老师们的关系不再是冷冰冰的同事关系，从此，注入了浓浓的人情味，而女老师们的反应则是对男老师的关心的回报。这件事之后，老师们都觉得，自己跟同事间的距离被拉近了，自己和同事脸上的微笑更多了，良好的人际关系，成为校园各项工作的润滑剂，保证了学校更有效率地运转。

6. 感动。人不会感动了，真善美就没有了。能感动自己，才能感动别人。

来到草小之后，我深感我们的一些老师在教学上水平亟待进一步提高，因此，学校开展了教学深度研究，要求老师们都上研究课，要大家在反思中锤炼，上研究课的老师，如果教学中不满意的要再来一次，但是，这项活动刚一开始就遇到了阻力。

一些老师认为，把上过的课再上一遍就说明自己的教学水平很差，无疑是很丢面子的事情，一位教师上课之后存在问题，当行政希望他重新上的时候，遭到了他的拒绝。

教导处老师向我诉苦，问我解决方案。我想了很久，也不知道该怎么处理。我想过，如果我以校长的身份去直接要求他上课，他迫于权力的压力，估计还是会上的。但是这样的权力的界限到底在哪里？如果权力大到了逼迫别人做不愿意做的事情的地步，这样的权力是否还有存在的意义？可是如果任由这位老师不上，学校的规定就形同虚设，后面的所有工作都将遇到极大的阻力，这后果我心里是十分清楚的。

下班回家，我还一直在思考这个问题。晚上，我坐在床上，给这位老师写了一封长长的信，信里讲了很多"大道理"，也讲了很多"小道理"，从学校的工作安排，到教师的专业发展，到我与老师的个人感情，几乎都说到了，我希望，当我把这封信拿给他看时，他会改变初衷，接受学校的安排，重新上这堂课。

上班之后，我捏着信几次到他办公室，可是都没有勇气交给他。因为我不能确定，我的这番话对老师会造成什么样的影响。他会接受我发自心底的建议吗？或者反而会给老师造成更大的压力？我的信条是如果一件事没有成功的把握，我宁愿不做，于是，这封信我一直没有交给他，而夹进了我的工作笔记。

第二周，教师大会上的时候，我提到了这件事，在这次会议上，我首先说了我的一个观点——

老师，我没有理由责怪您：

长期以来，草堂小学的一些老师都在一种浓厚的田园氛围里教书，很随意，很自在，也很原生态。这种田园氛围是美丽的，但在一定程度上也是封闭的，我们失去了很多接受外面的新理念，学习新方法的机会。在这样的氛围中教书久了，有这位老师这样的想法是不足为怪的，因此，我们没有理由责怪您。

但是，我有责任，也有信心期待您：

我们的老师都是很优秀的，都是愿意做好老师的人，都很有潜力。期待是一种神奇的力量：我对你有期待，你就不一样，你对自己有期待，自己也会不一样。所以当我们需要有些课在大家的期待中重上的时候，大家期待你，你就会更不一样。每个人都有自己的课堂形象，如果偶尔一堂课不满意，在别人眼中的形象就是不满意的，但是如果多重来几次，多磨几次课，我们就会有不一样的课堂形象，一个很美好的课堂形象，为什么不为此去努力呢？我相信，在这样的期待之下，您一定能做得比以前更好，一定能完成您教学生涯中一个更大的飞跃。

最后，我说：当然，上或者不上的决定权在您，我尊重您的选择，更希望您能获得职业的幸福。

散会之后，这位老师主动找到教导处，要求重上那节课，并跟教导处老师商量时间安排。当教导处告诉我的时候，我甚至有些惊奇：他怎么会这么爽快就答应重新上课了呢？教务处老师说：大概他被感动了吧，其实不仅是他，我们也被你的坦诚和期望感动了。

这件事在草堂小学的教研史上是一个标志性事件，从那以后，没有哪位老师拒绝重上研究课了。更多的是，老师们自己觉得课不满意，主动找到学校要求重上，以期提高自己，学校教研风气为之一变。

7. 幸福。幸福是心灵的感觉。工作是我们人生最花时间的事。工作不快乐，大半生都会不快乐。我们需要从幸福的层面认识工作，寻找自己的职业幸福。喜爱所以投入，投入而乐在其中，幸福也在其中。幸福是自己找的，不幸也是自己找的。本着经营学校的理念，努力为教师提供职业发展、专业发展的空间，和教师一起共同提升，快乐工作、智慧工作、美丽工作。我们一起想明白几个问题：我为什么来草堂？我怎样行走在能力极限的边缘？我如何重新认识"蜡烛观"？蜡烛一样的教师，今天需要说一句：当我照亮了孩子时，也请为我自己留下一截，让我照亮回家的路。使教书对教师而言，不仅是一种谋生的需要，更是一种生命的追求，是人的追求：是好教师，也是好母亲、好父亲。这是一种超越物质和生活层面的精神需要。从而：身怀爱校之心，恪守为校之职，善谋治校之策，多办利校之事。

我们诗一般的学校

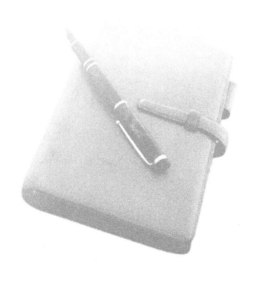

一、孩子们的诗歌世界

今天，人们一走进草小，很快会被诗路花语右边多功能楼墙壁上镌刻的一首诗吸引：

香蕉和月亮

香蕉和月亮
是一对双胞胎
一个在地上玩
一个在天上玩
每天
香蕉想月亮
月亮想香蕉

不止一个客人问我：这真的是你们学生写的诗吗？我总会微笑着自豪地回答：是啊！事情还得从几年前说起。

2004 年，我刚到草堂小学不久，一天，二年级的叶华老师刚下了诗歌课，手里捏着一把稿件，急匆匆地来找我："蓝校，今天课堂上学生的诗歌出精品了！"我接过老师手里的稿子认真阅读，果然有很多漂亮的诗歌，而最令人印象深刻的，就是这首《香蕉和月亮》了。短短数行，却闪动着孩子独有的烂漫与天真，充满了孩子的童趣，让人爱不释手。那时候，我们正在进行校园文化建设，于是我和行政人员商量，把这首诗镌刻在功能楼的墙上，让每一个老师、孩子、家长和客人都能看到。这首诗的作者，是当时还在读二年级的代毅小朋友。

我经常遗憾，学校没有那么多的墙，能够镌刻下所有的孩子写的所有的诗，那些诗歌记录的不仅是天真可爱的童趣，更是从一个直观的角度记录了草堂小学进行诗歌教学的每一个坚实的脚印。请允许我在这里，从孩子们和老师们写的诗歌中挑选出极小的一部分，奉献给大家：

我爱我的学校
赵隽逸

我爱我的学校，/就像爱我的家。/因为——/它给我带来了快乐，/给我带来了希望。

我总是——/把我的老师，/当作我的爸爸妈妈；/把我的同学，/当作我的兄弟姐妹。

我爱我的学校——/这个温馨的大家庭，/汲取知识的力量，/一天天快乐成长，/我爱我的学校，/就像爱我的家。

番 茄
郦文康

你/不长在树上，/却喜欢/爬农人替你搭的架子。/好顽皮哦/一笑你/你的脸就红。

摇 篮
易晓菲

蔚蓝的大海是摇篮，/摇着船宝宝，/浪花轻轻翻，/船宝宝睡着了。
美丽的花园是摇篮，/摇着花宝宝，/风儿轻轻吹，/花宝宝睡着了。
夏夜的天空是摇篮，/摇着星宝宝，/云儿轻轻飘，/星宝宝睡着了。
妈妈的手是摇篮，/摇着小宝宝，/歌儿轻轻唱，/小宝宝睡着了。

悯 蝉
王欣妍

倚窗听蝉树上鸣，/抬头一看无踪影，/秋风萧萧落叶下，/夜夜忧蝉无寒衣。

布娃娃
陈叶舟

布娃娃，布娃娃，/大大的眼睛黄头发。/又干净，又听话，/张着小嘴笑哈哈。/亲亲你，抱抱你，/就像可爱的小丫丫。

含笑花
曾晓萱

我家有棵含笑花，/小小花蕾枝头挂，/阵阵清风吹拂它，/苹果香味含笑花。
含笑花，含笑花，/一笑而过不见它，/片片花瓣满地撒，/日日期盼含笑花。

月亮鸟
叶柳佚

如果月亮鸟是蓝色的，/它就变成蓝蓝的天空；/如果月亮鸟是白色的，/它就变成轻轻的白云；/如果月亮鸟是绿色的，/它就变成青青的草地；/如果月亮鸟是红色的，/它就变成红红的鲜花；/如果月亮鸟是黄色的，/它就变成弯弯的月牙。

春，我悄悄地告诉你
庄景璞

春，我悄悄地告诉你，/你的礼物我收到了，/那温暖而柔和的春风。
春，我悄悄地告诉你，/你的信我收到了，/那写满生机的碧绿原野。
春，我悄悄地告诉你，/你的照片我收到了，/那满载你的笑容的鲜花与嫩芽。

黄 叶
黄竹涓

秋天站在树梢上，/悄悄给树叶说话，/没有人能听懂它说些什么，/树叶却像排着队的小学生，/一片片从枝头飘下。

打翻了
郑可意

太阳打翻了，/红霞流满西天。月亮打翻了，/银光淌在我床前。
春天打翻了，/溅出漫山遍野的野花。花儿打翻了，/滴得到处都是清香。

风　儿
吴　倩

风儿，/风儿，/你的本领都知道。/树儿见你点点头，/花儿见你弯弯腰，/水儿见你你皱皱眉，/云儿见你就开跑，/小朋友们见了你，嘻嘻哈哈笑开了。

秋日草小
糜明华（教师）

金风送爽云天高，/草小秋日胜春朝。诗路花语诗情涌，/桃李碧草书香飘。/归来亭外草色碧，/锦水桥畔花枝俏。/学子寄情好雨轩，/也学圣邻赋诗骚。

云之歌
郑可意

我是云，/我轻轻地飘。我爱漫游，/忽而东去，/忽而西来。
早晨，/我披着玫瑰紫的围巾，/飞向原野去迎接日出。
黄昏，/我穿着灿烂的金衣，/伫立湖畔去欢送落日。

天上的路灯
杨若蒙

明月挂在天空，/就像一盏天上的路灯。/照亮了大街小巷，/也照亮了田野山村。/还照亮了，/每个人的心。

风娃娃
林　尉

风是一个淘气的娃娃，/一会儿溜到小树上，/挠树妹妹的痒痒，/把树妹妹笑弯了腰。
一会儿又跳到花丛中，/给花姐姐开玩笑，/把花姐姐的牙齿都笑掉了。

山 雨
罗 茜

哗啦啦，哗啦啦，/山上雨儿尽情下。/树叶小草噼噼啪，/小孩子们笑哈哈。
淅沥沥，淅沥沥，/山上雨儿轻快下。/石头溅起小水花，/池塘青蛙叫呱呱。
沙啦啦，沙啦啦，/山上雨儿悄悄下。/雾儿笼似白窗纱，/树上小鸟闹喳喳。

寻 月
王玥童

月亮出来亮晃晃，/照在我家庭院上，/不长腿儿竟会跑，/硬要和我捉迷藏。
你先藏来我来找，/一会不知其去向，/急得我小脚蹦蹦跳，/"月亮月亮你在哪儿?"
乌云姐姐咯咯笑，/轻轻遮住他的脸。/一阵清风来帮忙，/还他一张娃娃脸。
奶奶端来一碗水，/奇了! 天上的月亮下凡了。/看你还往哪里跑，/月亮属于我的了!

月 光
张秦玮

风，/水一般清凉，/田野，/梦一样安详，/飘散的是蓝色的雾，/飘不散的是银色的湖水，/噢，月光。
水声，/自远方游来，/小鸟，/在树上轻唱，/溪水，/随心情流淌，/夜露，/洗净了山林，/哦，月光。

叶
余孟藩

我是片小小的树叶，/悄悄地爬到/妈妈的怀抱。/我喜欢/在春风中快乐地舞蹈。
夏天的太阳火辣辣，/我一点不害怕，/给妈妈遮遮凉。/兄弟姐妹多又多，/团结又快乐。

秋风阵阵凉，/我是勇敢的小伞兵。/轻轻地落到地上。/"妈妈，别难过，/明年我们又见面。"

春 景
王钰凌

春驱寒意花正艳，/十里便闻鸟鸣声。/日落西山近黄昏，/大雁分飞鸟归巢。

金 秋
张冰爽

秋天到，秋天到，/银杏叶黄，/菊花飘满香，/果子红透脸，/对我微微笑。/大雁南飞去，/明春早回来。/蟋蟀鼓音翅，/离别阳台韵。/秋风缓送爽，/枫叶枝头照。/金秋繁忙时，/明年又丰硕。

小西瓜
余周涛

一个圆溜溜的小姑娘，/喜欢躲在冰箱哥哥的肚子里，/客人来时，/请她出来，/吓得全身冒冷汗，/恨不得快把武器使出来。

探 幽
单冬晓

秋日暖阳似春光，/浣花溪畔寻古章。/白鹭杳然觅无处，/黄鹂翠竹隐草堂。

诗歌教育现在不仅成了草堂小学的特色，更成了每个草堂人的骄傲，今天，回顾走过的路，万千滋味，涌上心头。

二、偶然中的必然——我们为什么选择了诗歌教育

（一）孩子们缺了点儿什么

"人自出生起，在其内部就存在着既完美又善良的东西，人的教育就是要助长这种东西萌发。"小学阶段是人生的黄金时期，是文化知识和道德品质初步形成的重要时期。这个时期的孩子有强烈的好奇心和旺盛的求知欲，但是，孩子们的认知水平和辨别是非的能力还较低，很容易受快餐文化、垃圾文化等不良因素的影响，时下校园里在学生中悄然流行的灰色童谣便是最好的佐证。同时，也容易滋生以自我为中心的"小皇帝"心理，以及自私、狭隘、粗俗、浅薄、偏执等负面性格。教育工作者的基本任务之一，就是要善于观察和发现孩子们正当的兴趣爱好，并尊重和爱护儿童的天性，顺应孩子们的需要，采取有效的教育手段，用健康的精神产品充实孩子的内心世界，丰富孩子的精神生活，努力培养孩子的心智，逐步提升他们的人文素养。

四年前的一个春日，学校组织全体学生到杜甫草堂春游。由于同学们对杜甫知之甚少，在孩子们童言无忌的议论中，没有崇拜，亦没有敬仰，言谈间却是无知者无畏的轻慢。更令人意想不到的是，在草堂博物馆中：两位外国游客拉着几个同学的小手，通过翻译问他们一些关于杜甫的小常识，几位同学支支吾吾，答不上几句紧要的话，更不用说背诵几首完整的诗。外国游客友好地将手中的糖送给了这几位学生，他们立刻拿着糖跑回同学中炫耀，引得一群同学围着外国人要糖吃。老师闻讯赶来，才化解了可能出现的更多的尴尬。事后，外国游客依旧微笑着向孩子们告别，尽管语言不通，但我们清楚地知道：那阳光的笑容里，除了外国游客习惯的温文尔雅以外，还多了些什么。回校的路上，老师们的心情异常沉重。

每年的农历正月初七，是草堂传统的"人日活动"，这天，来自全国各地的游客齐聚草堂，赛诗、诵诗，其乐融融。其中也不乏草堂小学的学生，但他们大多是来看热闹的，当主持人邀请到其中的一些学生上台诵诗时，大多尴尬地涨红了脸，或羞涩或傻笑或推辞，半天支吾不出一首完整的诗来。（教师随笔）

草堂人日活动

尤为堪虑的是：校园内，一些孩子对"春眠不觉晓，处处蚊子咬"一类的灰色童谣乐此不疲；校园外的围墙上，孩子们上学、放学途经的围墙上，随处都可以发现孩子们信手涂下的"大作"；绿化带里也时常发现被孩子们的小脚踩踏得奄奄一息的青青小草；孩子们在公共场所里毫无顾忌地高声喧哗，压根儿不顾及旁人的感受，甚至言语粗俗却毫不自知……

频繁遭遇如此尴尬之事的老师们反复追问：我们的孩子究竟缺了点儿什么？孩子们的种种表现无疑与教育有关，与教育出现的问题有关。孩子们身上缺少的，正是对他们所生活的这片土壤的热爱，对这片土壤所蕴含的文化的了解。因为不了解，他们对草堂的一草一木没有真情，对诗圣杜甫没有虔敬，对自己的行为无法修正，甚至无法意识到自己的失言和失态，表现为缺了点儿文化素养和做人修养。

（二）孩子们需要点儿什么

增进孩子们对草堂文化的了解，培养和提高孩子们人文素养成为我们必须着手的工作。但什么才是我们草堂小学的孩子所乐于接受且行之有效的方式？我们怎样去丰富孩子们的内心世界，提高他们的人文素养？我们的优势又在哪里？我们的孩子需要点儿什么呢？老师们在思考着，观察着，寻求着教育的最佳切入点。

一天中午，几位老师在闲谈中惊喜地发现了一个共同点：无论是习作或是作业，甚至日记中，都有一些小朋友在自觉不自觉地引用一些古诗，仿写、改写一些古诗。如时任三年级教师的何萍老师在批改一篇以《春天》为题的习作时，发现一名同学并没按要求写成一般的散文，而是写成了一首诗：

春　天

春天的草地披上了绿衣，

春天的鲜花开得五颜六色，

春天的柳树发芽了，

春天的天气真爽啊！

春天的景色多美啊！

其他的几位老师也有类似的发现经历。这些发现让大家顿悟：

儿童是天才的诗人！诗是人文教育最好的教材，诗歌教育是培养创造性思维和创新人才的重要手段。而且诗歌教育所倡导的理念与实践正好实现与儿童天性的对接。儿童的天性正是诗歌教育存在的意义。

于是，我们不由自主地想到了我们的友邻诗圣杜甫，想到了中华民族五千年来文化瑰宝中最耀眼的明珠——经典古诗词，这些，理应成为我们育人的琼浆，学生的精神食粮。

中华文明，光耀千秋，泽被万代。五千年的悠悠历史铸就了灿烂辉煌的文化长河，其中语言凝练、内容丰富、构思奇巧的经典古诗词，不仅是有音韵美、节奏美，而且还蕴含着丰富的文化情操、道德伦理，经典古诗文能使孩子们渐渐懂得"人伦之道"的"做人"道理，懂得"生存之道"的"生活"艺术，懂得人生进入"文学之美"的审美境界。

引领和促进学生的文化素养、道德情操的成长，唤醒和培植儿童人性中最宝贵的东西：善良、真诚、美好、民族的灵魂以及人类的爱等，体现诗词的重要陶冶功能。

于是，一些教师便尝试着利用早读的时间让学生自己主持精选一些古诗词诵读。随着时间的推移，同学们对这些经典古诗词的兴趣也越来越浓厚，我们欣喜地看到，越来越多的同学、越来越多的班级加入到了诵读古诗词的行列，校园里悄然兴起了一股诵读古典诗词的热潮。

经过一段时间的诵读，同学们对古典诗词的兴趣越来越浓厚，写诗的兴致也越来越高，仿写的诗越来越多，诗意渐浓，笔法也渐趋成熟。

（孩子们仿写诗歌的兴趣越来越浓，课外读了诗也会试着仿写几句。）

何振禹模仿"丁冬，丁冬，小溪试了试清脆的嗓子，啊，春天是唱着歌来的！"写下了"丁冬，丁冬，泉水滴落在小溪里，啊，春天是游着泳来的！"

渐渐地，孩子们在生活中也开始诗兴大发了，写下一些充满诗意的短句。

黎鹏举写了一首《春天》诗，内容是这样的："春天来了，/黄黄的菜花开了，/红红的桃花笑了，/蝴蝶和蜜蜂也来玩了。"

孩子们在仿写诗歌时，渐渐地不再局限于一首诗，他们已不知不觉地会同时运用几首诗中学到的东西，融合进自己的创作里。

张可静的《春雨》则明显受教材中《春天的手》和《雨铃铛》的影响："沙沙响，沙沙响，/春雨洒在花园里。/滴答，滴答，/好像春姑娘用手轻拍着所有的植物。/快醒醒，快醒醒，/发出嫩芽吧！/开出鲜花吧！/早点结出果子吧！"（教师随笔）

三、自发后的自觉——诗歌教育的措施

（一）爱诗的孩子有了家——成立诗社

当一首首充满童趣的诗和一大群热爱诗歌的孩子在校园里如雨后春笋般涌现时，几个年轻的老师陷入了深思，能不能帮孩子们建立一个放飞诗心的家呢？在几经思索，几经争议，几许辛劳后，便发展到了今天拥有一千七百多名成员的"草堂诗社"。草堂诗社的名称，是从学生推荐的几十个"征名"中挑选出的。《草堂诗社》是学生的创作的诗歌刊物。此后，我们"草堂诗社"一直备受社会各界的关注，成为孩子们流连忘返的精神家园。

2001 年 5 月 28 日是我们最难忘的日子，那天，"草堂诗社"的成立，成为送给孩子们的一份最特别的儿童节礼物。各年级同学分别用舞蹈、童话剧、儿歌、演唱等形式表演了诗歌，为诗社助兴，大家快乐、开心地过了一个只属于我们草堂小学自己的诗歌节，孩子们表现出的爱诗热情感染着每一位热爱草堂、敬仰草堂的人。

（二）更多的孩子爱上了诗——开设兴趣班

古诗兴趣班是学校打破班级界限，给孩子们搭建的一个全校范围内以诗会友的平台，给他们提供一个共同探讨、相互学习、共同进步的环境。古诗兴趣班开设三年多来，我们吸纳了几百名真正爱诗、真正有一颗诗心的孩子走进这个兴趣班，引领孩子们在这里放飞诗心，燃烧诗情，与经典的诗词如影相随，与敬仰的诗人心灵对晤。现在，这个兴趣班俨然已成了全校热爱诗歌的孩子的"家"了。

在兴趣班里，孩子们开展了形式多样、内容丰富的读诗活动，如设计赛诗的游戏，寻找"古诗中的色彩""古诗中的四季""古诗中的童年"等活动，还聆听观赏

草堂诗社中读诗

唐诗中"风""雨""花""看杜甫坎坷一生，品诗圣传世诗作"等专题讲座。兴趣班吸纳了各班爱诗的孩子的加入，这些孩子们率先成为诗社的活跃分子。受这些孩子的影响，各班爱诗的孩子更多了，在诵诗中寻趣味、增文化、谈修养，我们的草堂诗社也就蓬勃地发展起来了。既有效地扩大了古诗积累量，又扩大了视野，更增加了诵读古诗文的兴趣。为了让这些孩子更富荣誉感和使命感，老师和孩子们一起绘制了各自具有诗歌特色的"个性名片"；在新年来临之际，和孩子们一起选诗句做祝福语制作诗韵浓郁的新年贺卡；用自己在兴趣班里创作的最得意的诗作来制作亲情卡送给家人。在古诗兴趣班里，在变化多样的活动中，孩子们比赛地诵诗、忘情地赏诗、大胆地写诗、合作地改诗，读诗的兴趣更浓了，他们在生活中处处用诗，审美的情趣更雅了，成了草堂诗社的中坚力量。

诗社建立后，孩子们的诵诗热情有了明显的提高，但是，由于参与面太窄（最初只能容纳全校各班推荐的两个孩子参加，共计 50 人左右，后来扩招到一个班 3～5 个孩子参加，也最多能容下 70 人左右，占全校 1700 人的 4%），因此在全校范围内的影响力也就比较小。而此时我们已经看到了诵读活动给孩子带来的变化：他们积累了不少的诗篇，甚至能出口成诵，有些孩子还真的有了"腹有诗书气自华"的意味。

而到今天，整个学校就是一个诗社，而每个班就是诗社的分社。各个班为了凸显个性，都为自己的班起了一个极富有诗意的名字，并制作了班训。

班级	分社名称	班级名称寓意	班　训
1.1	馨兰分社	"芳名誉四海，落户到万家。叶立含正气，花妍不浮华。常绿斗严寒，含笑度盛夏。花中真君子，风姿寄高雅。"寓学子们像兰花一样做谦谦君子，炼就兰一样的高雅品质，在温馨的班级里苗壮成长。	创造者才是真正的享受者
1.2	采莲分社	"出淤泥而不染，濯清涟而不妖。"愿孩子们像荷花一样有洁身自好的节操，像莲一样具有清纯、高洁、正直、娴静的品质。	我们在爱中生长，爱也在我们中生长
1.3	葵花分社	"葵藿倾太阳，物性固难夺。"愿在阳光下的学子，具有责任感和一颗善良的心。	心存感恩，手留余香

续表

班级	分社名称	班级名称寓意	班　训
1.4	梅子分社	"梅花香自苦寒来，学子砥砺成英才。"希望像梅一样的学子，炼就梅一般的品质。	激情地释放，快乐地学习
1.5	雏菊分社	秋菊能傲霜，风霜岂奈何。希望像秋菊一样的学子，具有坚忍不拔的精神和默默奉献的品质。	踏踏实实做事，快快乐乐做人
2.1	润雨分社	让我们的孩子汲取知识中的阳光雨露，渗透、浸润、丰富自己幼小的心灵世界，像雨露一般感染滋润着自我与他人。	彼此原谅，是爱里最温柔的部分
2.2	碧海分社	我们的孩子犹如碧波荡漾的大海中的鱼儿，永远都在欢快地、自由自在地成长！	在阳光中学会成长，在雨露中学会感恩
2.3	朗月分社	性情开朗，如月光般纯洁心灵的孩子们朗诵诗歌，其意深远，其情如画。	最有智慧的人是最会节约时间的人
2.4	飘雪分社	"忽如一夜春风来，千树万树梨花开。"愿孩子像雪花一样晶莹纯洁，又各自绽放独特的灵气和美丽。	知书达理
2.5	清风分社	草堂诗文气韵如清风抚过孩子们求知的心灵，激起纯真、美好的点点滴滴。	尽力就是成功
3.1	海鸥分社	像海鸥一样在辽阔的大海上飞翔，勇敢、坚强、不畏困难，有博大的胸襟，快乐地追求自己的自由、理想。	相互忍让是互爱的表示
3.2	拾贝分社	学习、生活，就像拾贝壳一样，经过努力，就能采撷到一颗颗闪亮的珍珠。	我成长我快乐
3.3	翔鱼分社	"天高任鸟飞，海阔凭鱼跃。"希望每一个孩子都像翔鱼一样，既能在辽阔的海洋里遨游，又能在广袤的天空中飞翔。而知识就是无边的海洋，理想就是广袤的天空。	好习惯成就一生

续表

班级	分社名称	班级名称寓意	班　训
3.4	蓝鲸分社	选择活泼、可爱，在大海中自由自在生活的蓝鲸做班名，希望孩子们在草堂小学这个大家庭里天真、纯洁、幸福、快乐地生活。	让自己在习惯中优秀
3.5	海燕分社	像海燕一样勇敢而快乐地面对挑战，自由翱翔，追逐理想。	幸福永远眷顾着努力付出的人
4.1	蝴蝶分社	"蝴蝶"爱在美丽的绿野里翩翩，"蝴蝶"自己也是美的。孩子们就像一群蝴蝶在诗歌、在文字的美景中徜徉流连，这是老师对他们的寄望，也愿孩子们汲取了书籍的营养后，一展身手，让自己像蝴蝶一样也成为美的一部分。	知识能塑造人的性格
4.2	青蛙分社	青蛙歌声嘹亮，充满活力，是蚊子等害虫的天敌，以"青蛙"为名，愿孩子们如青蛙一般有活力，在学习上顶呱呱，在习惯上顶呱呱，在人生的道路上一帆风顺，顶呱呱。	帮助别人就是帮助自己
4.3	小蚂蚁分社	蚂蚁是大地的精灵，它们团结协作，辛勤劳动，不断建设自己美好的家园。以"小蚂蚁"为名，愿孩子们如勤劳团结的小蚂蚁，不断地在广袤的知识海洋里汲取文化的养分，积少成多，不断成长。	让所有的爱在我们这里汇集
4.4	小蜜蜂分社	蜜蜂不停地采蜜，不停地劳动，不停地积累。以"小蜜蜂"为名，愿孩子们如蜜蜂一样，有吃苦耐劳、持之以恒的精神，在学习中不断积累知识，在生活中不断积累经验。	让同学们因我的存在而感到快乐
4.5	精灵鼠分社	"精灵"是集万物精华与灵气为一体之物，全班有五分之四的孩子属"鼠"，所以就取名为"精灵鼠"，寓含着孩子们做诗歌的精灵，做书籍的精灵，做集一身好习惯、朝气蓬勃的精灵。	博学属于勤勉的人，快乐属于给予的人

班级	分社名称	班级名称寓意	班　训
5.1	春华分社	同学们正是含苞欲放的花蕾，不久的将来，必将绽放出绚丽的花朵。	像蜜蜂一样博采，酿蜜，创造
5.2	盛夏分社	愿我们的生活像夏花一般热烈、绚丽。	最努力的人，才是收获最多的人
5.3	秋实分社	愿孩子们的学习和生活如同金色的秋天，结满丰硕的果实。	勿以恶小而为之，勿以善小而不为
5.4	冬晴分社	冬天虽然是寒冷的，可在阳光灿烂的日子里，人们的心情却是舒畅的。	好学不倦者必成才
5.5	金秋分社	金色的秋天，收获着喜悦。	放弃时间的人，时间也放弃他
6.1	空翠分社	名称源于诗句"山上虽无雨，空翠湿人衣"。"空翠"的意思是碧绿的天空，寓含我们拥有同一片快乐的天空，希望草堂小学子的天空永远碧蓝、澄清。	成功是得到你所热爱的，幸福是热爱你所得到的
6.2	倚云分社	"倚云"二字源于诗句"天上碧桃和露种，日边红杏倚云栽"。希望同学们沐浴着阳光雨露茁壮成长，像倚天的红杏一样结出丰硕的果实。	只要努力，一切皆有可能
6.3	濯锦分社	名字来源于杜甫诗《肖儿府实处觅桃栽》"河阳县里虽无数，濯锦江边未满园"。我们的学校与杜甫草堂为邻，以浣花溪为伴，与蜀锦发源地为友，故以"濯锦"名之。希望孩子们能够洗却一切不良习惯，每天做一个全新的自我。	生活的理想，就是为了理想的生活
6.4	葵藿分社	"葵藿"二字源于杜甫诗句"葵藿倾太阳，物性固难夺"。"葵藿"是一种向阳的植物，含有欣欣向荣的意思，象征朝气蓬勃的孩子们。	非学无以广才，非志无以成学

续表

班级	分社名称	班级名称寓意	班 训
6.5	云帆分社	"云帆"出自杜甫《南征》中的诗句。李白也有诗句"直挂云帆济沧海"。诗荡涤孩子们的胸怀，净化孩子们的心灵。云帆远航，在诗海里畅游，驶向诗歌的彼岸。	学习教你生存之技，思考教你生活之道

（三）活动促进校本研发——开发校本教材，开设校本课程

我们的活动有计划地进行着，但我们也迫切地感觉到在诵读古诗词的过程中，由于没有统一标准，各班学生所选的诵读内容随意性太大，缺乏科学性和计划性，要么过深过难，要么偏低偏浅，要么与教材内容重复……于是，编写一套针对我校学生实际情况，适合他们诵读的校本教材就成了当务之急。2004 年春天，我们通过多次修改，终于有了自己的校本教材《我们的诗意课堂》。为了让孩子更丰富地、更全面地感受古诗天地的乐趣与快乐，教材从我校学生的诵读实际出发，分低、中、高三个年段编写，精选新课标推荐的诵读篇目，重点增添一些杜甫的诗篇，并在此基础上进行加工创作，让它更本土化，更特色化，更趣味化，让它真正成为全校学生所喜爱的读物。每个年龄段都有不同的"小主人翁"引领孩子们回到传统文化灿烂的瑰宝圣地。如低年段的校本教材"小主人翁"是活泼可爱的小蝌蚪，它带领孩子们进入古诗的大千世界，杜甫的《绝句》、曹植的《七步诗》等朗朗上口、浅显易懂的好诗，这些都是低年段孩子易于理解、诵读的优美诗篇。不仅如此，小蝌蚪还为孩子们带来了趣味十足、多姿多彩的古诗小游戏，这些参与性强的活动，深深吸引着孩子们；情报员小蝌蚪连我们的诗人故事都一并呈上了，让孩子们的古诗世界不再单一乏味，而是魅力无穷！为落实校本教材的使用，学校每周专设经典古诗词赏析课、诵读课、创作课、活动课，作为校本课程。

（四）活动催发多种措施——丰富的诗教形式

1. 三级诵读播撒诗意

间周一次校级集体诵诗活动，每周一节班级"经典赏析"课和三次班级经典晨

读，结合学生平时的校外、家庭吟诗、赏诗活动，形成"三级诵读"。师生们共同徜徉在诗歌的长河里，漫步在经典的长廊中，学诗、读诗、赏诗……让孩子们充分地感受祖国文化的灿烂，诗歌语言的精粹，领悟诗歌中蕴含的人文精神。

2. 兴趣班燃烧诗情

在兴趣班里，老师引领着孩子们诵诗、赏诗、悟诗、品诗、作诗，情趣盎然，其乐融融。

3. 仿诗创诗荡漾诗韵

孩子们在读到一些自己喜欢的诗时，常常情不自禁地产生创作冲动——对原诗按自己的意图进行再创作。孩子们创作的诗里既有原诗的影子，但同时又发挥了新的想象和创造。

学习《水乡歌》后，我问孩子们："家乡什么多？"孩子们想到了树、花、竹、草、书、人、楼、车、灯、路……并由此编出了许许多多的《家乡歌》。我鼓励他们将自己编的诗写下来，再配上自己喜欢的图画，而且千万别忘了把自己（即作者）的名字写在题目的右下方。

第二天，我把孩子们的作品贴在教室里，他们很有成就感地相互欣赏着，感觉个个都是小诗人。我还带着全班一齐吟诵了以下四首：林蔚的"家乡什么多？/树多。/千棵树，万棵树，/到处都是绿绿的。/家乡什么多？/花多。/千朵花，万朵花，/到处都是红红的。"李佳宝的"家乡什么多？/楼多。/东一座，西一座，/东西南北千万座。/家乡什么多？/车多。/左一辆，右一辆，/来来往往跑欢畅。"陈星宇的《花乡歌》："花乡什么多？/花多。/千朵花，万朵花，/花山一座接一座，/花香飘满众村落。"黎鹏举的《大海歌》："大海什么多？/鱼虾多。/千条鱼，万条虾，/五彩鱼虾真漂亮。/大海什么多？/船多。/千条船，万条船，/片片白帆漂绿波。/大海什么多？/浪花多。/千层浪，万层浪，/拍在小朋友的身上乐哈哈。"

在这一次又一次，诗与作者的心灵对晤，小诗人们感受到古人吟诗作赋的乐趣。用诗来表达自己的心声，成了他们最喜欢的交流方式，每学完一篇感人的文章，心总能随着自己写的小诗飞扬。平时，他们感悟友情、感叹时间、享受四季、感受风雨、分享生活，用童真的视角看世界，写下一首首稚嫩的小诗。例如，蒲颂杨同学在观看驯兽表演后，对人类虐待动物的行为非常愤慨，于是写了一首《狮虎的悲哀》：皮鞭铁棍高高地举着，／打向那无辜可怜的动物。／昔日的威风早已荡然无存，／代替的是那满腔的悲哀。／再也不能忍受凶残和饥饿，／一齐放声怒吼："嗷！嗷！"／遭来的却是驯兽师的又一顿毒打。／复仇！复仇！复仇！／挥舞早已迟钝的爪，／张开已拔掉利牙的嘴，／扑向那无情的驯兽者，／最终，它们又被人类的残暴征服，／痛苦地低下了王者的头，／眼睛充满着痛苦和悲哀。／人类啊！／难道这真是你的本性？（教师随笔）

4. 积诗成集跃动诗心

小诗人们还把自己的诗作经过整理后配上插图，在老师的帮助下以分社的名义编辑成集。每个分社都拥有了自己的个性化的、图文并茂的诗集。通过诗集交流着思想，陶冶着情操，同时也净化着灵魂，丰富着自己的精神生活。

六年级《蓝月亮》诗集里邹欣星同学写的《风》也很有意思：它，咋咋呼呼，大惊小怪，／恰似那些坐在窗边，／爱发出尖叫的女生。／它，不仅调皮，还爱搞蛋，／把我们很酷的发型搞乱，／惹得自己一阵难堪。／它，高高兴兴，勤勤快快，／运动后给我们带来凉意，／随即又悄然离去。／它，平平常常，活泼可爱，／有时候静下心来想想，／风，其实挺好。

（五）活动融通社区内涵——品味草堂文化

社区文化是一份不可忽视的教育资源，珍视和充分利用这份资源，可以实现教育的开放性。把社区文化引入学校，可以使教育扎根于社会，可以使教育变得更加生动鲜活。每一个社区因其地域不同，所蕴含的文化传统和文化积淀不同，其所能供利用的教育资源也就不同。

我们拥有丰富而蕴含文化气息的草堂社区资源：我们的学校南邻陆游所描写的"二十里路香不断"，花飞花谢，满河溢香的"浣花溪"；西与诗圣杜甫的故居——"杜甫草堂"毗邻；北依古文化气息浓郁的"送仙桥艺术城"，背靠蜀锦文化的发源地"蜀江锦院"。这里的建筑、小景、文化石、一草一木，无不跳动着诗歌的精灵，无不散发着文化的气息，我们惊喜地发现这里许多地名、物名、人名以及风景，都曾在诗人们的笔下生辉。学校的校园文化与社区文化可谓一脉相承。结合我们的前期研究成果和近期思考，我们把研究的课题重新定位为"品味草堂文化，诵读经典诗词"，将"综合实践活动"纳入了诵读活动中，开始了解、开发和利用草堂社区资源，在诗歌教育实践活动中锻炼孩子们的诗才，在诗歌实践活动中去品味草堂文化，融通社区文化内涵。

三年级五班的孩子一直有一个愿望：去文化圣地杜甫草堂和风景如画的浣花溪公园，了解这片诗意盎然的土地，了解曾在这片土地上生活过的诗人。一个春日的下午，孩子们在几位老师的陪同下来到了与学校一墙之隔的浣花溪和杜甫草堂开展了以"我家住在浣花溪"为主题的实践活动。这一天，孩子们按照事先分好的 8 个组，结合自己最感兴趣的问题展开了走访、实地调查、采访等形式多样的实践活动，兴致勃勃的孩子们这一天满载而归：他们了解了浣花溪名字的由来，知道了杜甫与浣花草堂的渊源，也以一颗稚嫩的童心诗心感受到浣花、草堂、校园、家庭的诗意所在，获得了上网查找资料、走访调查、获取信息、整理信息的能力，学会了分工与合作以及与他人交往的能力，激发了对古诗文化的热爱，发掘了孩子的智慧之心，学习潜能。

听王飞副馆长讲杜甫诗歌

"杜甫厅我设计"旨在以童心的视角，表达我们爱诗、纪念诗圣的心。学生兴趣极高，他们计划在学校新建的杜甫厅内陈列全校学生合作完成的巨型的杜甫在成都所作诗的长卷诗意画，这是观草堂楹联"锦江春水公占却，草堂人日我归来"得到的启示，让进入展厅的人不由自主诵出杜诗来；编一本儿歌谱成的杜甫诗歌本，让我们成人以后也能时时回归童年的心紧紧地和杜甫贴在一起；展示童心中的杜甫画像，那是我们与诗圣无数次对晤后的形象；留下我们爱诗的足迹，寻找杜甫诗句的留影、草堂人日忆杜甫的回忆、赛诗活动的场景、魂牵杜甫的瞻仰……让我们留下爱诗的烙印，无论走到哪儿都铭记自己是草堂人，我们永远肩负着弘扬草堂文化的使命。

诗歌教育进行到此阶段，我们清楚地认识到了做草堂人的真正内涵是了解草堂文化，了解诗圣杜甫的精神，了解其诗歌的精髓。于是我们的研究又开始回到了我们的校本教材的思考上，开始计划着手编撰第二批校本教材《草堂诗》，以体现我们的校园本土文化特色。

四、追寻中的珍藏——诗歌教育的成果

（一）生成活动，诗歌教育成为渲染童趣的乐园

尊重孩子的需要，引导孩子们自己讨论、生成活动。离开了活动，教育失去了生命力，而活动的出发点必然是孩子的需要。

孩子们的素养总是在活动中形成的，孩子们总是在活动中成长起来的。活动既是我们的教育理念，又是我们的教育手段。三年来我们和孩子们一起开展的三级诵读活动，仿诗、改诗、创作诗活动，在兴趣班里的诗歌赏析活动，古诗诵读实践活动，参与草堂"人日"大型活动等，为孩子们提供了一个充分展示诗心诗才、自由发挥诗情诗趣的良好舞台，让孩子们从中多方受益。这些活动给孩子们带来了快乐、知识、经验、智慧和健康，丰富了孩子们的精神生活，让教育蕴含于趣味活动之中，使教育变得生动有趣。这些以快乐为原则，以游戏为生活的活动形式，帮助学生实现了心灵的美化，心智的成熟，自觉地领悟生活的真谛。

1. 组织丰富多彩的诗社活动

诗社是我们开展诗歌教育活动的重要组织形式。"草堂诗社"是一个从社长、编辑、通讯员到成员全由学生组成的诗歌社团。它前后经历了两个时期：草堂诗社机构建立、完善期和班班建分社期。诗社下设编辑部、美工部、活动部、表演部、采

访部。社长在其间负责筹备、组建、协调各部门的所有事务，有四位老师担任指导工作。每个班的分社由各班学生组成，分社社长也从学生中推选出来，分社成员在各班老师及分社社长的带领下，结合班级实际情况，在诵读经典、诵读杜诗中去感受、品味、解读草堂文化。

（1）诗歌教育组织结构图

我们的诗歌教育活动是以"草堂诗社"为基础，以校社、家校、课内外、网络、学科的联动等形式和儿童所耳濡目染的独有的社区文化活动为舞台具体开展起来的。

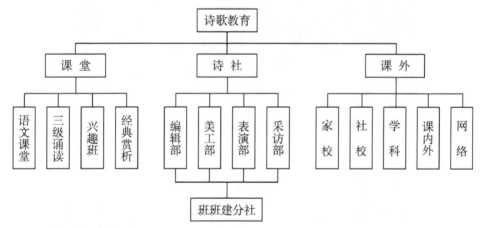

（2）诗社的活动

①编辑部的活动

诗社的征稿活动，常常会让投稿箱爆满。编辑部的同学在指导老师的帮助下，合作完成稿件的整理、修改、反馈等工作。他们还得到了美工部的支持，设计了报喜信，创造性地制作了诗社鼓励章、录用章，以及欢迎加入诗社的邀请函，使编辑部的通讯，规范快速。

②美工部的活动

对于高质量的稿件，需要进行一些美化处理，为此，诗社吸纳了几位美术爱好者成立美工部，完成《草堂诗社》诗集的最后编辑工作。后来，又吸引了几十名自愿加入的各年级学生，用自己的空闲时间，轮流为刊物服务，在诗集最后的美化和整理的合作工作中，跨越了年龄的界线，建立了友谊。

　　美工部的同学还到送仙桥艺术城寻找灵感，通过多次商讨，他们认为诗文化应同美术（书画）结合起来，创造性地开展诗歌活动：诗意画比赛、用毛笔书写诗词、设计美丽的古诗卡、做自己古韵十足的名片、学红叶题诗在手工作品上涂鸦、编自己的特色诗集（毛毛虫古诗选、荷花书）、创设自己的诗意教室和小家……这些活动，深受全校学生的喜爱，大家奔涌的诗情得以充分释放，诗才得以尽情展示。

看看我们自己画的诗意文化衫

　　③表演部的活动

　　诗社的活动一天天鲜活起来，孩子们的创造能力也一天天爆发出来，他们自己谱曲唱诗歌，表演诗歌舞蹈、小品、快板，还带来了写满自创诗的自制宫灯，捧出了自己精心绘出的诗意画，在他们热情的感召下，音乐、美术组老师的纷纷加盟，成立了诗社表演部，让校园里诗声琅琅，情趣盎然。

　　表演部的成员率先开发了一边"跳房"一边背古诗的游戏，后来在多次玩耍中，玩耍者改进了游戏的规则和内容，这个古诗游戏也吸引了不少低年级同学的参与。后来，低年级的同学还发明了用丢手绢的形式集体玩古诗、跳橡皮筋诵古诗的游戏，还编了一首古诗拍手儿歌："你拍一，我拍一，黄四娘家花满蹊；你拍二，我拍二，陆游临终写《示儿》；你拍三，我拍三，轻舟已过万重山；你拍四，我拍四，南朝四百八十寺；你拍五，我拍五，流连戏蝶时时舞；你拍六，我拍六，两个黄鹂鸣翠柳；你拍七，我拍七，千朵万朵压枝低；你拍八，我拍八，九曲黄河万里沙；你拍九，我拍九，羌笛何须怨杨柳；你拍十，我拍十，我们大家咏古诗。"孩子们将"数码宝贝"卡改造为"古诗扑克"游戏，设计"赛诗直通车""赛诗魔方""杜甫诗歌大转盘""古诗迷宫""赛诗水印""古诗擂台赛""赛诗跳棋"等游戏，设计古诗游戏的挑战性和成功感，像磁石吸住了大家。

游戏让诗歌真正地融入了孩子们的生活，并且赋予他们勇于创新的胆识，拓展了他们交友的空间。

④采访部的活动

采访部专门收集、了解各分社的需要，相互传递经验，表彰、鼓励成绩突出的分社。他们根据各分社需求提出了分社竞赛的措施：开辟"诗歌擂台"天地，不仅促进赛诗游戏的推广流行，而且有助于诞生更好的赛诗方式，让诗歌融入学生的娱乐；定期张贴"写诗比赛"的"消息风"，张贴入选者名单及诗稿，小诗人金榜题名三次，可提升会员级别并登载在荣誉表内；以小报、看图填诗句等形式由分社轮流承办"诗人小常识""诗句接龙"的竞猜活动，开辟学生参与的留言板。

2. 创意独具特色的三级诵读活动

诵读活动，它既是诗歌教育的方法，又是诗歌教育的理念，更是一种学习经典诗词的方式的体现。因此，开展丰富多彩的诵读活动是有效进行诗歌教育的必然选择。

（1）三级诵读的操作模式

经典诵读全面融入草堂小学师生的校园生活，以每周三次的经典晨读，每周一节的经典赏析课两个时段为途径，以教师诵读《中华经典》，学生诵读学生自编教材《草堂诗社读本》，教师指导诵读《经典诵读校本教材》三套教材为读本，以间周一次的校级诵读、每周四次的班级诵读、天天坚持的个人诵读为特色，成为草小诗歌教育一道亮丽的风景线。

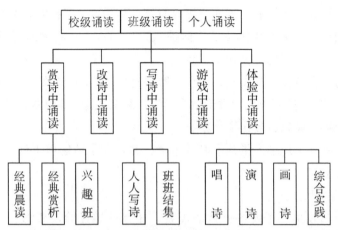

三级诵读操作模式简图

校级诵读：利用集体朝会，以经典诗文为内容，按照各年级的年龄特点编排节目。孩子们以诗文联唱、吟诵、为诗文谱曲等形式表达和体会诗词歌赋中蕴含的历史和文化。间周一次的表演活动展示了孩子们无限的才智，锻炼了孩子们的综合素质。常常是台上台下齐诵读，其乐融融，营造"诗文化"氛围。

班级诵读：每周二、三、四的晨读和经典赏析课是班级经典诵读时间，专时专用，以杜诗为主，唐诗宋词、古代律文等纷纷列入诵读内容。学子对以上诵读内容精心设计，用心演绎，边读边结集出版独具班级特色的《草堂诗社读本》，诵诗留痕，营造浓郁的诵读氛围，奠定"诗文化"基础。

个人诵读：在学校师生同读同诵、生生同吟、同演、同唱、同创作，在个人诵读的层面上，我们引导、激励孩子们的诵读兴趣，激发孩子们参与古诗词活动的热情。在家庭，孩子们与父母同读同诵，为父母演诗、唱诗，带动了学习型家庭的建立，家长们以身作则与孩子一起诵诗，与孩子一起设计古诗游戏，与孩子一起开展古诗接龙比赛，孩子们的小家无时无刻不充满着经典文化的熏陶，孩子和家长的生活学习已经与诗歌文化息息相关，一个个"诗文化"家庭悄然萌生。

（2）开展独有创意的诗歌诵读活动

①在仿诗中诵读

模仿是孩子与生俱有的一种学习方式，仿诗是一种再造想象，是孩子创造力的一种体现。

诵诗演诗活动

②在写诗中诵读

人人写诗。读诗有积淀，便会产生想写诗的念头。小诗人们或将生活点滴写作诗，或将内心独语写作诗，或将学过的课文改作诗，甚至将读过的词改作诗……写诗，给了孩子们一种无尽的想象与快乐，孩子们在书写诗歌的同时，也在书写着草堂人爱诗的快乐，他们渐渐学会观察生活，思考生活的意义，回首自己的足迹，感恩小事……用自己的诗感动自己，用同学的诗感染着大家，也给自己带来成功的喜悦，提高着写诗的兴趣。

班班结集。从孩子们的笔尖诞生的一篇篇充满着童真童趣的七言绝句、五言绝句、儿歌、童谣、打油诗该放在哪里？——每班编辑属于自己的"班级诗集"。诗集由孩子们自己编辑、配画，自己配目录、配封面、配封底，个性十足。它们虽然不乏稚气，却装饰精美。翻开这一本本诗集，你会发现里面的一首首诗可谓天然有趣，诗集内容则无奇不有，如赞美四季、美食调查、风俗习惯，等等。

③在改诗中诵读

同学们反复推敲着自己的诗作，相互阅读，相互批改，再次受到启迪和教育，共同寻找着真、善、美的世界。

④在体验中诵读

只有内化的知识才是属于孩子自己的知识，融经典诗词的精华入孩子的心灵，播文化的种子在孩子的心里，从而内化为孩子的情操，增强孩子的文化底蕴，提高孩子的人文素养。

孩子们把一首首经典的诗歌配上曲子来唱，将诗歌里所写的故事以情景剧表现出来，或是将所体会到的诗歌的意境描绘出来、用舞蹈演绎出来，这是草堂小学子们最爱的诵读活动之一。"唱诗""演诗""画诗""舞诗"将诵读活动变得有声有色有情有趣，让孩子们在体验中将诗句内化。

同学们积极地准备，争分夺秒地排练，这一天终于到来了。张昕同学顶着一棵大树头饰，立在台中央，只露出一张脸，不停地晃动贴满树叶的手，表示枝条随风摇摆。两位身着黄衣、头戴鸟冠的同学，从台侧飞上，绕树三匝，舞动着粘满了黄色宣纸的翅膀，摆弄着又红又尖的嘴，两只活泼的黄鹂，翩翩起舞、叽叽鸣叫。台下的同学议论纷纷，猜着台上的诗句；一群身穿白色服装的大鸟，按高矮顺序排列，扇动着用皱纹纸粘贴的翅膀，从台的右侧飞向左边。人群里有人大声地背出："一行白鹭上青天"；"杜甫"远望台的正前方，"树木"蹲下，两边的同学拉开一块白布，同时，前排的同学摇晃着，别有二十几只小船的蓝色幕布。台下争先恐后地吟诵杜甫的《绝句》。台上虽然只有几分钟的时间，台下我们可准备了半个月，从设计到制作，从编排到表演，全都由自己完成。活动期间，自愿参与的人空前的多，光表演者就有十四人，做手工的人数就达到了十二人，更别说准备期间观众的积极参与和献计献策。我们忙碌而快乐，大家在一起，迸发出创新的灵感，碰撞出智慧的火花。特别是谢幕的那一瞬间，我们听到台下观众即兴的背诵，热烈的掌声，我们感受到莫大的欣慰，我们成功了。（学生作品）

⑤在游戏中诵读

游戏是孩子们最爱玩的活动，它符合孩子的身心发展的特点，通过游戏来传授知识，是孩子们最乐于接受的学习方式，也是最容易掌握知识的一种方法。事实证明，用游戏的形式积累古诗，诵读古诗，寓教于乐，符合学生爱玩、好胜的心理特点，能让诗歌真正融入学生的生活。让他们爱诗的行为在游戏中传递、延续。

我们小队在一起研究、完善了两周时间，才诞生了这个"赛诗魔方"，一想到周一就要上诗歌大展台亮相，心里真是既兴奋又紧张，这可是第一次上台。社长张俊恺鼓励道："游戏每个同学都感兴趣，相信我们准备了这么久，一定会成功。"一上台，红色的魔方就吸引了台下所有同学的目光，我们分成男女生两个队赛诗。女生执魔方落地，上面写着：孟浩然，男生商量后背出了《春晓》，台下响起了低年级的附和声。接着女生抽背了一首李白的诗，台下的吟诵声更大了，场上比分：1∶1。台下的同学已按捺不住激动，纷纷举手，我们选上一个最激动的同学上台，可惜她没有背出诗篇来，台下气氛更加热烈，终于在另一位同学的补救下，才顺利过关。第二个主题单元：台上台下共游戏，朗诵描写"春""夏""秋""冬""山""水"的诗句，大家就争先恐后地吟诵各自熟悉的诗句，有时一个主题会吟诵好几首诗，热闹非凡。第三关更加刺激，我们放入了早已准备好的古诗卡，摇晃后抽诗背，连闯三关，大家意犹未尽。于是，我们播放了一则广告，诚请同学加入我们"比你高"赛诗队。

我们把"赛诗魔方"带到杜甫草堂与中外游人一道游戏，谁知外国朋友、港台同胞看完表演后，一个劲儿地往抽诗卡的小洞塞钱，怎么解释都徒劳，可能是改型的白色魔方，做得不够精美吧，羞得社长脸都红了。后来听老师说，在国外有很多公益活动，是为需要帮助的人义卖，他们在献爱心。我们灵机一动，可以把挣来的钱交到各大队，送给手拉手学校，于是我们都高兴地笑了。（学生作品）

3. 促成角度多维的联动活动

只有协同的教育才是真正能促进孩子和谐发展的教育。我校开展的古诗词诵读活动通过学校与社区、家庭与学校、课内与课外、学生与网络、学科与学科等多方联动，促进了孩子的发展，给孩子营造了浓郁的诗化氛围。

（1）学校与社区联动。学校注定是要和社区、家庭融为一体的，学校文化也必定是与社区文化的主旋律交相辉映，实现学校教育社区化，社区生活教育化！我们以杜诗为主旋律的经典诵读活动既得益于草堂社区、浣花社区的文化滋养，同时也促进了社区和草堂文化进一步深化。在我们"走进草堂，情系诗圣"的经典诵读综合实践活动中，孩子们来到杜甫草堂，和中外游人同玩古诗游戏，和台湾同胞共吟《茅屋为秋风所破歌》，在游人和杜诗之间搭建了一座桥梁，用童心、童趣为游人诠释杜诗，让草堂更富诗情画意，突出了社区的人文精神，体现了学子的人文关怀，谱写了草堂、杜诗后继有人的新篇章。为了让诗意的校园文化向社区辐射，让孩子们的诗心，能放飞到社区的每个角落，营造我们的诗意社区，诗社策划组建开发部，将孩子们的诗歌创作，开发成系列童趣天然的手工作品、旅游产品、彩色诗集、诗意的小石子……以分社为单位，进入社区赠送；到草堂去义卖，做一些公益活动。这种学校与社区、与草堂的联动，也推动了我们的社区文化建设，为社区增添了更多的诗情、诗意。

与外国小朋友交流诗文化

实践是增强感性认识、加强体验的活动，是学以致用的途径。诗歌这种感性的、形象的思维艺术的教育，必然离不开实践活动这一载体，因此，我们开展了一系列蕴含生命力和人文亲和力的品味草堂文化活动："我家住在浣花溪"活动，引领孩子们亲临草堂、浣花，寻找诗歌的踪影，捕捉文化的气息，深度感悟浣花风景文化，探寻学校与浣花溪一脉相承的文化血脉，为我家住在浣花溪而骄傲；"走近杜甫"的系列综合实践活动，则让孩子们了解诗圣的生平和作品，了解草堂寺的变迁，了解学校草堂诗社的活动；每年的正月初七草堂人日活动，草堂小学子都作为草堂寺的特邀小嘉宾，与现场活动的名家名人一起吟诗作画。这样的校本实践活动，让我们关注的视野不断向社区、向孩子们的生活世界延伸，引领着孩子们品味草堂文化。

2002 年 8 月，我们诗社的孩子们受到了市政府宣传部的邀请，参加了全国"纪念杜甫诞辰 1290 周年大型研讨活动"。在这个活动中，我们诗社的小诗人们与来自于全国的大诗人们欢聚一堂，共同追忆诗圣杜甫的一生，缅怀忧国爱民的杜甫精神，共同关注杜诗、杜甫精神的继承与发扬。在这个大会上，我们诗社的成员代表全国中小学生做了"弘扬杜甫精神，做诗圣传人"的主题发言，会上朗诵了诗社小诗人宋筱茜写的题为《草堂即景》的七言绝句，引起了与会专家和学者的高度兴趣与一致认同。

草堂即景·安居
宋筱茜

浣花溪畔草堂边，
旧式茅屋俱换颜。
诗圣有知还故里，
当惊广厦千万间。

2003 年 2 月，我们诗社第一次被邀请参加杜甫草堂组织的"草堂人日"以"梅"为主题的诵诗活动。诗社的小诗人们用"演""唱""舞"等多种形式诵读了多首古诗，像海绵一样感受着这场难得的诗歌盛宴。以后，参加一年一度的草堂人日活动便成了草堂诗社的自觉行为。（学生作品）

据不完全统计，自 2001 年"草堂诗社"创建以来，前后共开展了丰富多彩的大型社团活动数十次，参与的学生达数千余人次，参与面涉及全校各个班级，参与率达 100%。这些活动，牢牢地吸引着小学子们，在诵读经典、诵读杜诗中去感受、品味、解读草堂文化。

（2）家庭与学校联动。孩子们在品味草堂文化的同时，也将这份文化带回了家

草堂人日演诗诵诗活动

中，影响着家长，带动越来越多的家长关注我们的诵读活动，参与我们的诵读活动，和孩子们一起去品味草堂文化，一起去构建诗文化的家庭，一起去追求诗意化的人生！现在，不少的家长已将他们在这方面的体会撰写成文，有一些家长甚至加入了我们的草堂诗社，和我们一起诵诗、写诗。这种学校和家庭的联动，把我们的草堂文化、诗歌文化演绎得更加全面、更加深入。

（3）课内与课外联动。在我们的经典赏析课上，老师引领着孩子们诵读我们草堂人自己编写的经典诵读校本教材，这套实践性、趣味性、活动性极强的校本教材，将我们的课堂向课外延伸，向我们的这片文化社区延伸，促使我们和孩子们带着书本中的诗意去生活中、去社区里捕捉、找寻相似的诗意，而这种在课堂外、在生活中寻觅到的诗意又常常被孩子们带回课堂，它强化并丰富着我们的诵读体验，丰富着我们的校本教材的内涵。这种课内和课外的联动，让我们把草堂文化品味得更加充分。

（4）学生与网络联动。资源丰富的网络把学生引进了一个更广阔的空间，在这个网络空间里，我校的古诗专题网站初步划分为"唐朝前""唐朝""宋朝""元明清"四个时代，包括了各代著名诗人的生平简介和代表作，以及"词语注释""作诗背景"和"诗词的诵读与配乐"。另外，在专题网站中我们还为学生提供了一个可以自由发表学习体会或评论的平台，以便进行协作交流。同学们在这样的网站中可以按自己的需要点击相应的学习内容，发表自己独特的见解。还通过互联网查找古诗专题网站没有包含的内容，扩展学习资源，同时还可以参与网上论坛，学会信息的处理和运用。

（5）学科与学科联动。我们的各科教师都在这种诗文化的环境中受到了熏陶，纷纷将这种诗歌文化融汇到自己的学科教学中。

与少先队活动联动。以班级为载体，开展习惯连锁"古诗伴我行"的主题活动。

与思想品德课联动。思想品德教育既要有轰轰烈烈的理性教育，又要有"润物无声"的细致入微的感性教育，触动孩子的心灵，为此，结合思想品德课的有关内容，适时朗诵一些相关的古诗词，既渲染了气氛，理解了课文内容，又触发了同学们的情感体验，其心灵受到触动，优良品德得以铸就。

与"情趣作文"课题联动。开展"给诗人的一封信"活动，让学生追寻诗人的足迹，了解诗人的生平事迹、成长故事，写出对诗人的感受认识及其诗作的鉴赏评价，从而既增长了知识，又提高了写作能力。

与美术课联动。美术教师根据课题精神，适当增添古诗文意境画的鉴赏与创作，先从诗、书、画、印的关系入手，引导孩子们关注诗画之间的密切联系，一边赏诗，一边根据诗歌意境，指导孩子创作具有人文精神的诗意画作品，如剪贴、国画、水彩画等。

武术与经典诗词的动静结合。体育教师和孩子们一起设计、创编了诗歌武术操，挥舞着拳脚，练习南拳与北腿强身健体，同时配合着武术动作诵读热血激昂、振奋人心的名诗名句，在中国传统、经典的民族文化中感受经典诗词的魅力，感受武术与诗词相得益彰，相映成趣的妙处。

与音乐课联动。我们的音乐教师每月上一堂唱诗课，如让孩子们在《春江花月夜》的古乐声中，想象作者勾勒的赏心悦目的春江夜景图，品味经典诗词的韵味，享受一份音乐与经典诗词的结合之美。

与微机课联动。在校局域网里，书写自己的小诗、配诗意画。上学校网站留言、查找资料。

（二）融合资源，诗歌教育成为陶冶学生情操的源泉

1. 依托社区资源，彰显诗歌文化

诗歌教育不是自娱自乐的孤岛教育，不是单纯的诗歌文本教育，也不是一味地让儿童不求甚解的诵读教育。诗歌是对社会生活的反映，诗歌教育必须追求和生活的融会贯通，融合丰富多彩的社区资源，让诗歌灵动地活现在我们的生活中、社区中。因此，我们依托社区，以诗歌教育融合社区资源，使我们的诗歌教育开放而有活力。

我们所在的草堂社区以杜甫草堂为核心，依浣花溪而建，拥有丰富的人文地缘资源，凝聚了成都的美丽和悠久的文化。其所独有的文化便是诗歌文化。草堂给予我们学校教育的是一份不可多得的文化资源优势，草堂文化的核心就在于杜诗文化。草堂时期的杜甫世界是一个远离了世俗与战争，享有田园风光的宁静与闲适的世界，是一种亲近自然，讴歌生活，赞美劳动，人情美美的生活状态，是一幅人与自然、人与社会、人与一切生命体和谐相处的画面，这是一种体现在杜甫身上的"民胞物与"情怀——视天下民众为同胞，苍生万物为朋友 。这以后，历代诗人对杜甫和草堂的瞻拜，又留下大量名篇经典，被誉为浣花诗。杜诗、浣花诗以及草堂藏诗和众多的草堂书画作品为我们提供宝贵的文化教育财富。因此，把我们的教育与社区文化融合，把丰富的社区文化作为我们诗歌教育的源头活水，开发和利用诗歌文化中最有教育价值的人文因素，让学生在耳濡目染的潜移默化的陶冶中，在有意识、有目的的诵读经典中将其化为己有并为己所用，甚至惠及终生。

杜诗是中国古典诗词艺术中集大成者，其博大浩瀚的思想内容和高度完美的艺术形式达到了我国古典诗词艺术现实主义的巅峰。杜诗的核心实质主要体现于"忠""仁""爱"三方面。"忠"，是杜甫身上的那份无论穷通都关心国家的命运，虽历经九死而不逆的"葵藿倾太阳"的深挚的爱国情感；"仁"，是杜甫以天下为己任的民本思想，杜诗中的那饱蘸血泪的"穷年忧黎元"的对民生的关注，是诗人博大的胸襟、崇高的理想、沉郁的情感的铿锵有力的奔涌；"爱"，是杜诗中的那份对生活、对至亲、对挚友、对生命的深沉的博爱，其诗或题画咏史，或思亲赠友，或写景咏物，或登临感怀，无不言之切切，情真意浓，令人读来心摇神驰，荡气回肠。杜甫的这种"忠""仁""爱"思想，也成为我们民族文化、民主精神的一个重要组成部

诵诗演诗活动

分。杜甫曾寓居的草堂，从来就被视为一块文化圣地，"人们提到杜甫时，尽可以忽略了杜甫的生地和死地，却总忘不了成都的草堂"（冯至《杜甫传》）。这就注定了杜甫与草堂、与成都的结缘，也注定了我们草堂小学与草堂、杜甫、诗歌的结缘。而我们也格外珍视这份难得的诗歌资源，充分利用这份资源让学生通过对杜甫和杜甫诗歌的了解，来认识更多的优秀诗人的古典诗歌，让我们的民族文化、民族精神的精髓能代代延续，这必然成为每个草堂人不可推卸的责任！

我们以诗歌教育作为陶冶学生情操的源泉，在组织学生诵读经典活动中，通过感受经典古诗词，特别是杜甫诗中推己及人的精神情怀，逐步培养学生朴素的爱国思想，塑造健全的人格，净化美好的心灵，让学生认识美、欣赏美、创造美，感受做人的道理和生活的艺术，懂得善待生命，友爱他人，充实人生底蕴，提高人文素养。

2. 立足校本资源，彰显诗教特色

（1）注重陶冶，营造诗意校园

在课题研究的过程中，我们研究草堂文化与学校文化的联结点，设计和规划学校的文化环境主题和风格，营造出诗化的校园环境，关注孩子的精神世界，充分发挥学校环境的育人功能，做到让花草寄语，让墙壁说话，让校园处处都成为塑造学生健全人格的摇篮，努力营造一个适合孩子全面发展的文化环境，努力使学校成为草堂社区的一道亮丽的风景线，一道夺目的人文景观。

学校处处诗意浓。校门、艺术文化围墙集篆刻艺术、校徽展示、杜甫生平简介、杜甫诗词精选等，与老树上的名诗佳句、操场正面镌刻的论语名言相映生辉。各班布置了诗意的教室，装扮了诗意的文化树，制作了图文并茂的诗歌长廊，让孩子们常常在校园内捕捉诗意。一幅幅画面、一句句格言、一首首小诗随时随地引起学生的兴趣、灵感、激情、反思，受到启迪和教育。教室、办公室、功能室无不洋溢着童年的诗意，阳台、走廊、楼道也处处可见温馨浪漫的提示，连卫生间都在童诗童画中呈现优美的诗性气质。美好的环境本身就是一种无声的教育，环境熏陶使诗意校园成为诗意教育的潜课程，给师生以自然向上的牵引力。

我们感叹，诗意校园的学校文化建设对学生的隐性教育是如此和谐地与课堂教育相互补充，陶冶着、塑造着我们的孩子。学校处处彰显着诗歌教育的特色，形成了良好的环境育人氛围。这些丝丝缕缕、点点滴滴的诗意与文化构成了一种浓浓的诗歌教育氛围，使孩子们时时处处在经典诗歌的陶冶中也陶冶着自己的情操。

漫步校园，似乎每一缕风都充满了诗意；操场中央，那棵貌若雏鹰展翅的槐树，在春风中，舞动着诗歌的节律；"生命树苗圃"里，同学们种植的花木正热情地迎接来访者，盆花、嫩叶间流淌着一首首稚嫩的小诗，枝头还挂着优雅的诗句，清风送来湿湿的泥土味和阵阵花香，不禁让人回想起，校园秋月的桂子香，冬季那"只留清气满乾坤"的"数枝梅"正相伴在校园的某个角落，飘送着"暗香"。

晨风传递着学子们吟诵诗歌的声音，和风伴随着他们爱诗的身影；校园里、回家的路上到处都能采撷到诗意；诗句相伴的围栏、大树和四壁以及古雅的艺苑是我们诗情激荡的地方。驻足草堂诗社的小诗橱窗，更能燃烧大家爱诗的热情。（教师随笔）

（2）贴近童心，开发校本教材

教材，是先进理念的体现，更是实现培养目标的载体。为了让孩子更丰富、更全面地感受古诗天地的乐趣与快乐，老师们共同编写了《经典赏析校本教材》丛书，这套集中体现老师们心智与心血的校本教材，是根据孩子们的心理年龄、学习兴趣、认知发展规律等特点精心编写而成。校本课程编辑小组的教师查阅了大量文献资料，研究学子的诵读兴趣与基础，贴近童心，贴近学子诵读生活，编写了低、中、高三阶段的诵读校本教材，共 6 册，选诗文计 80 余篇，每个年龄段的校本教材都由不同的"小主人翁"引领孩子们回到传统文化灿烂的瑰宝圣地。

老师们为校本教材设计了精美的封面、别致的扉页、稚趣的故事情景、富有童真的诗词游戏和美轮美奂的图片。在这套教材的引领与熏陶下，孩子们快乐地畅游在经典中，浸润在传统文化中，并在经典与传统中陶冶着情操。

①校本教材编写特色：

趣味性强：配以充满童趣的图画，轻松游戏的氛围，天真活泼的语言，以儿童视角，扬儿童诗情。

活动性强：既强调活动的层次性，还强调教材活动和自我活动的大语文理念。

参与性强：孩子参与的诗歌活动不仅有生生参与、师生参与的空间，还包括家庭参与的活动空间。

反馈性强：教材包括师生评价、生生互评、家庭参评。

多学科整合：其功用应特别体现在"活动"和"评价"上。

操作性强：以学定教，教材即学案，学案即教案，顺应儿童的兴趣，贴近儿童的生活，便于教师和儿童操作，学有成效。

本土性强：体现吸纳草堂文化的精髓，与浣花文化、蜀锦文化相互辉映。杜诗和杜甫的生平故事为每一年段必读内容，彰显教材编写的个性。

②校本教材编写体例：

导读：富有充满童趣、激发诗趣的导入语。

诗文：包括正文和注释两个部分。

相关链接：囊括诗文链接、诗人故事链接、古诗故事链接等全方位的诗歌知识体系。

古诗活动：学生可自主参与配上生动形象的漫画及相关的音乐。

评价：涉及自我、生生、师生、家庭等全面的评价形式。

③校本教材选材特色：

我们的选材以杜诗为主，辐射发散到中国上下五千年的古典诗词精髓、现代诗歌、儿童小诗。

在《语文课程标准》附录中推荐的篇目（小学一年级至六年级教材中要求背诵的诗文不再选编）。

根据各班孩子编写的读本，从他们喜爱的诗中进行挑选。

顺应各年级孩子的需求，根据他们的年龄特点进行编写。

我们与具有浓郁本土色彩的校本教材同行，充分挖掘其潜在的资源，顺应孩子们对诗的内心渴求，开设了每周一课时的经典赏析课。在经典赏析课上，老师创造性地工作，不断地改进、完善、丰富校本教材，以厚重的诗歌教育本土色彩渲染孩子的诗意画册，留下了真实的、贴切的、详尽的课后活动小记和反思。

（3）尊重兴趣，开设校本课程

从2003年开始，我们结合课题组的研究，开始开发校本课程，将诵读活动纳入到了校本课程中，全校从一年级到六年级每周都开设了一节"经典赏析课"。根据我们对课题的多次研究和思考，我们把诵读内容界定到"以诵读经典的古诗词，尤以代表草堂文化的杜诗为主，同时辐射到诵读中国其他的经典文学"的范围内。校本课程的开设，一方面促进了校本教材质量的提高；另一方面也使我们相伴经典的诵读活动更加科学化、系统化，使经典给予孩子们的滋养更加充足。我们尊重儿童的诵读兴趣，从儿童的需要出发，开发的校本课程主要有以下四类。

诗歌诵读课：以学生自编《草堂诗社读本》为凭借，尊重学生的兴趣和选择，指导学生在反复诵读经典诗词的过程中，感受诗歌鲜明的节奏、和谐的音韵，丰富的形象和情感，拥抱缪斯女神，提高人文素养的学生自主诵读课。

诗歌赏析课：以教师创编的校本教材《我们的诗意课堂》为凭借，指导学生诵读、品味、感受、欣赏经典诗词的形象、意境、含蕴，获得情感体验、心灵共鸣和精神陶冶的诗歌教学课。

诗歌创作课：以指导学生诵读、欣赏经典诗词为基础，结合学生的年龄特点、生活体验和表达需要，引导学生仿诗、改诗和创编诗歌的教学活动课。

诗歌活动课：以文本资源、网络资源和社区资源为依托，指导学生开展主题收集、专题调查、深度探访、自主体验、现场交流等立足课堂，走出课堂的诗歌综合实践活动课。

（4）追求和谐，实施诗意管理

诗意管理是一种文化和管理相融合、通过独特的文化陶冶构建模式、鲜活的创新精神和创造性的激情投入所体现出来的和谐的整体意蕴，是管理者与人、事、物关系的美学追求状态。一切成功的管理都具有诗的特质。

这种诗意管理文化既是传承我校的历史积淀的有效途径，也是学校自我发展的主题，能促进学校的教育管理、教育思想、教育方法的整体变革，真正把学生培养成具有创新精神和实践能力的全面发展的人。

诗意管理思想带来的是关于文化治校的深层的思考。在实施过程中，领导班子树立求真务实，奋发有为的团队精神；建立刚柔相济，宽严有度的制度文化；实行民主管理，集体决策的人本管理，充分体现了领导班子"以人为本"的诗心、诗意！

诗意管理与我们的诗歌教育融为一体，成为我们诗歌教育的有机组成部分，给我们的诗歌教育提供了有力的支撑和保障，同时也成为我们诗歌教育的又一份可贵资源。

（三）顺应需要，诗歌教育成为满足童心的精神家园

1. 尊重需要，对接童心

儿童的需要是我们的诗歌教育的出发点、支撑点和归宿点。儿童的心灵世界具有丰富的感受性，旺盛的想象力和诚挚的情感，带有天然的艺术化倾向。"儿童新鲜、柔软的心灵，到处是感知生活的触角"，其语言中遍布非符号、非逻辑的诗化语词句式。一如诗的世界。他们喜欢用诗的方式解读世界，当看到月亮被乌云遮住，他们不会想到要下雨了，而是说："月亮会被雨淋着的。"这种艺术化的思维、感觉和语言一直延续到小学阶段的儿童身上，并显示出强大的力量。因此，儿童天生就是诗人，在本能上是一种缪斯性存在。儿童身上具有的这种文化特质，既是可贵的人性资源，又是儿童生命能力向前发展的原动力。而诗是浓缩的艺术，诗的修养就是艺术的修养，诗的思维更多地表现为感性的、形象的、跳跃的甚至是灵感的，这本身就是儿童所特有的思维品质。由于诗歌与儿童的心灵、情感、思维方式、表达方式如此接近，所以说儿童天生是喜爱诗歌，需要诗歌的。事实上，诗歌以其短小精悍的形式，充满情趣的情节、朗朗上口的语言，富有节奏感和音韵美的特点，的确深深赢得了儿童的喜爱。

我们顺应儿童这一天性，尊重儿童的需要，以诗歌教育对接童心。我们深知诗歌是一种最早出现的、最富有表现力的文学形式，被人们视为"文学之母"和"文学之王"。它在内容上最具有心灵性，形式上最富有审美意味，是文学的精华和灵魂。诗歌为人类提供了一个美丽的精神家园，是人高尚的精神伴侣。让带着缪斯天性的儿童在小学阶段继续拥有诗心，与诗相伴，把历经时代筛选的形象、典型、感人的经典诗歌作品呈现在学生的面前，释放孩子心灵深处诗的潜质，引导孩子们快乐地、自由地吟诵经典古诗词，用自己的心灵感受诗歌，通过感受诗歌去把握自己、把握自然、把握社会、把握生活，把握世界是我们不变的追求。也因为诗歌，我们得以走进儿童心灵，解读儿童心灵，解放儿童的心灵。在追求美好的诗意生活中，师生共同成长。发现、顺应、引导和对接儿童对诗歌的需要，让诗歌成为孩子们放飞心灵的精神家园，是我们义不容辞的责任。

孩子们第一次发现自己会作诗，是学习一年级上册第四单元的《家》。"蓝天是白云的家，树林是小鸟的家……"当孩子们把文中的诗句吟诵得朗朗上口时，我问他们，你知道大海是谁的家吗？孩子们争先恐后地举起了手，说出了各种答案。我又问：你还能说出这样的句子吗（什么是谁的家）？这一下，孩子们敞开想象的大门，"文具盒是铅笔的家""沙漠是仙人掌的家""地球是我们的家"……五花八门的答案充满童真童趣。随后我请四位学生上台把句子连起来说给大家听，问道，"瞧，这四句话合起来，变成了什么？""一首诗！"孩子们惊喜地说。我说："差不多就是一首诗了，就差一个结尾，试着编一编吧！"大家又开始动脑筋了，说出了"家里家里好甜蜜""人人都有幸福的家""我们都爱自己的家"等好句子。最后，我让孩子们四人小组合作，一起作诗，有的组一口气就作了两三首。课后我请他们将自己创作的诗背给父母听，不用说，父母又给了他们许多鼓励。那几天，课间休息的时候也常常听到孩子们在背自己编的小诗呢！

我常想，六岁的孩子到学校到底是来学什么的？我曾为他们一步步成为小大人，既高兴，又悲哀，因为当他们学会成人的思维、成人的语言时，他们的激情，他们的想象力却一点一点被窒息了。学校开展古诗诵读的活动，为我和学生打开了一扇尘封已久的大门，古诗中丰富的内容，深远的意境，优美的韵律，让我们肆意放飞想象，感受激情。特别是这一年来充分利用语文课堂教学这一主阵地，落实新课标精神，改变学习方式，让一年级孩子在诗歌中放飞想象，感悟语言，自我成长。这一次次诗歌创作活动，分散于全学期的语文教学中，犹如一颗颗闪亮的珍珠，串成了语文课堂中一条美丽的项链。

无数次地与诗歌亲密接触，无数次地徜徉在诗歌的意境中，我和孩子们收获了一次又一次的惊喜。我深深地体会到以诗歌教学为一年级语文教学的兴趣点和突破口，创设诗意的语文课堂，符合孩子们的心理认知规律，孩子们学得轻松，学得灵活，学得主动。我常常在心中对我的学生说："我在教诗，是在教语文，更在教生活。"学习诗歌无疑是在培养学生的语文能力，但诗歌的本质更在于让人成为一个人格健全、感情丰富的人，一个有人性的人。我向往哲学家海德格尔毕生所追求的"诗意地栖居"，作为一名语文教师，我的教育理想就是开创诗意的课堂，共创诗意的生活。(教师随笔)

2. 尊重意愿，自我管理

孩子们热爱自由的天性决定了他们天生就有喜欢自我管理，不愿受制于人的意愿。我们的"草堂诗社"为孩子们提供了一个能充分展示学生激情和能力的自我管理的平台，孩子们在其中释放智慧，使诗社最初从一个单纯的编辑部发展到现在的较完善的多个部门，由一个总社发展到班班建分社，体现的正是孩子们喜欢自我管理，有能力自我管理并在此过程中完成自我成长的社团活动经历。

3. 自由创造，绽放活力

儿童喜欢探索新的世界，喜欢富有创造性的自由诗歌活动，虽然这些活动有难度，但这是他们最喜欢的。在创造中，他们发现自己的灵气，惊叹自己的才气，找到属于自己的无穷乐趣。所以，在诵读诗词的过程中，他们才得以创造出丰富多彩的诵读形式，也因此才生成诗歌教育源源不断的动力，使诗歌教育能由自发到自觉历经数年而不衰。

说起孩子们的创造力，我想起一件令人忍俊不禁的事情：

今年，我们学校的一帮孩子要和顺江小学的孩子举行健康足跑活动，草堂小学的孩子决定向他们下"战书"。众所周知，一般的战书都采用散文体裁写作，而草堂小学的孩子却"习惯成自然"地用诗歌写战书。几个孩子就着比赛现场的运动垫，找来一张小纸片，凑在一起，你一言我一语，集体创作了这首"战书诗"：

笑傲天际间	唯我钢铁般巍然屹立
血染黄昏	绚烂天际
唯我横刀立马	草小独尊
黄沙漫漫	顺江无望
天昏地暗	草小必赢

老师们看到这首一本正经而稚气十足的诗后，几乎笑岔了气。而笑过之后，老师们又感到深深的欣慰：这件事不是正好说明，我们的诗歌教育已经深入了孩子们的生活，走进了他们多彩的世界吗？作为诗歌教育的组织者，还有什么比这更让人高兴的呢？

奋力拼搏——快乐足跑

五、浸润中的变化——诗歌教育的效果

南怀瑾先生认为，经典古诗文能使孩子们渐渐懂得"人伦之道"的"做人"道理，懂得"生存之道"的"生活"艺术，懂得人生进入"文学"化的境界。古人的诗作，大多包含了对人生、哲学、理想、祖国、亲情、友情、道德的积极看法与评价，许多诗作还阐发着忠孝、诚信、责任、正直、勇敢等做人的最可贵的品质，能够潜移默化地影响孩子的人生观、价值观和世界观。学生长期吟诵这些古诗，受这些思想的熏陶，

可以循序渐进地建立起道德的价值取向，从而成为一个有理想，有道德的人。正是长期浸润在经典文化氛围中，草堂小学子、学子家庭、教师、校园都在草堂文化的陶冶下，在这种"润物无声"的细致入微的感性教育中，于悄然之间发生着变化。

1. 培育爱诗的孩子

（1）培养朴素的爱国情怀

当孩子们读到文天祥的《正气歌》，陆游的《示儿》，岳飞的《满江红》时，无不被诗人那拳拳的爱国热情所感动。学习了盛唐时代的边塞诗，如王昌龄的《从军行》系列、《出塞》系列，王翰的《凉州词》等，吟诵着"葡萄美酒夜光杯，欲饮琵琶马上催。醉卧沙场君莫笑，古来征战几人回""黄沙百战穿金甲，不破楼兰终不还"的名句，孩子们向往着盛唐时代诗人们"出将入相"的理想，心中充满了长大以后要建功立业、报效祖国的志向。

作为杜甫友邻的孩子们深受草堂文化的熏陶，成为诗歌的孩子。随着对这位伟大诗人越来越深入的了解，越来越被杜甫那种"葵藿倾太阳"般的爱国情愫所深深感染。当孩子们读到杜甫的《春望》"感时花溅泪，恨别鸟惊心"诗句时，不禁悲戚戚而泪潸潸；读到《闻官军收河南河北》时，也不禁"喜欲狂"，手舞足蹈起来。他们随诗人的喜而喜，随诗人的悲而悲。

四月，在孩子们身上的一件真实的事：一些孩子从电视上和网上了解到日本政府修改教科书，将"入侵中国"改为"进入中国"，并要强占中国领土钓鱼岛和谋求"联合国安理会常任理事国席位"的消息之后，非常气愤。在经典诵读时间，孩子们特地选取了岳飞的《满江红》，那慷慨激昂的语调，令一旁的教师也感叹不已。课后，有的同学还建议给联合国秘书长写信，反对日本进入安理会常任理事国。谈到这里，我们可以说，古诗中爱国诗篇的熏陶，培养了孩子们朴素的爱国情怀，伴随着这种朴素的爱国情怀，孩子们会走得很远很远。

（2）热爱草堂社区的文化

因为诗歌教育的陶冶，孩子们深深地爱上草堂社区文化，他们用自己的方式，勇敢地架起了一座最自然的诗歌交流桥梁，为草堂文化、草堂博物馆注入了最童真最鲜活的血液。作为中华民族文化的传承者，孩子们用童心诠释着杜甫的诗句，用行动体现了杜甫的爱国忧民情。在社区，孩子们和社区的小朋友们一起玩古诗游戏，还义务擦去小区围墙上的不文明的刻画，刮去墙上的"牛皮癣"，孩子们还自任小教师，把社区小朋友组织起来读诗、讲诗，建起社区诗歌教育小课堂。孩子们喜欢到浣花公园、到杜甫草堂去玩，有的孩子还主动为外地人当小导游，给外地游客讲成都，讲杜甫，朗诵杜诗，向外地游客赠送自己制作的"诗香卡"；孩子们还把诗配上音乐，在草堂寺与中国台湾地区、新加坡、美国等地的游客一起演唱。一位湖南的游客在观看了孩子们自编的《拍手杜诗儿歌》后，恳请孩子们帮他抄写一份，带回家教自己的女儿。

诗意草堂小导游活动

　　风雨之后见彩虹。这是三年努力后换来的秋收季节，当年那些不明事理的孩童又一次踏进杜甫草堂，他们是带着草堂人的骄傲、草堂人对杜甫的缅怀、草堂人的爱诗心、草堂人传播诗文化的使命、草堂人诗歌积淀后的特有自信跨进大门的。那天下午，因为连连的秋雨，让我们很担心活动是否能如期举行，望着下午突然放晴的天空，小小的草小人异常兴奋地跑来说："感谢诗圣的欢迎，他支持我们的到来。"我们路过花径，学生自然地背起了杜甫《客至》里的诗句："花径不曾缘客扫，蓬门今始为君开。"是啊，诗圣从来就是这样好客，天空的放晴就是他最好的欢迎，如果他魂飞故里，定会更加留念成都的生活，因为今天的草堂人还是和当年一样质朴而感恩，但更多了与诗圣心灵的对晤、勇于肩负传承民族文化和精髓的责任，他们已是诗圣的知己。今日的晴天，让草堂格外热闹，一拨又一拨的中外游人亲临草堂、感受诗韵，小小草堂人们川流不息地在人群中传播诗文化：向五湖四海的国内外游人馈赠自己制作的"诗香卡"、小诗笺以及古诗韵味的自制名片，表演古诗节目，和游人一道做古诗游戏，诵读杜甫的千古诗篇并和台湾同胞一起吟诵文天祥的《正气歌》；向英国、美国、新加坡、德国朋友宣传诗文化，自荐我们的《经典诵读活动集》以及自己编写的诗集和活动集。有好几位台湾同胞还摄下了活动照片，准备把他带回家乡去。（教师随笔）

六（3）班的廖华宇同学在游过杜甫草堂后，写下了一首非常有激情的诗《草堂，我把你追寻》：

草堂，我把你追寻，／像枝头鸣啼的黄鹂，追寻美丽的春光；／像顽强拼搏的小草，追寻第一缕朝阳。／追寻你，浣花溪流的花径；／追寻你，满堂文气的诗堂；／追寻你，灵感源泉的茅屋；／追寻你，满腹诗情的走廊。／一棵棵参天大树像诗的绿堂，／一丛丛茂密草地诉说草堂的芬芳；／红砖瓦房坚守草堂大门，／挺拔竹林更添诗的清香。／我们告别了简陋的茅屋，／却继承了诗圣的豪放；／我们远离了安史之乱，／却手捧杜甫的诗卷。／啊，草堂，我把你追寻！追寻文化，追寻诗的幽芳；／追寻远古，追寻诗的故庄；／追寻历史，追寻溪畔的草堂。

小学子的爱诗行为在假期、在游戏中、在做小老师的活动里互相传递，互相感染，而且内化为一种诗意气质，像呼吸，像不自觉的举手投足。长时期的耳濡目染，孩子们已有了做草堂人特有的主人翁意识和主动传播诗文化的使命感。

暑假里，我们自愿地完成一份特别作业：设计最受小伙伴欢迎的赛诗小游戏，并和院里的孩子一起玩耍，完善自己的游戏方案，还做好小伙伴的游戏心情记录，发展自己的游戏会员，准备开学来个游戏学诗大比拼。回校以后，有的骄傲地对同学说："今年假期过得有意义，父母也赞同自己出去玩；往年可不这样，出去尽闯祸，一提下楼，比登天还难，所以以前的假期特别无聊。"有的说："我们一放假就成立了游戏汇编合作小组，有的把'数码宝贝'游戏形式用于赛诗中，让二三年级的小同学来试玩一下；有的合作做诗卡，按诗人分成几个星系的战士，进行斗诗赛；有的设计一个大迷宫，来个诗的大闯关；有的设计出赛诗扑克。我们还吸纳了外校的同院小朋友的参与。"同院的几个女生也不甘示弱，一放假就召集幼儿园的小朋友在一起读古诗，竟坚持了半个月，叔叔阿姨都支持，自己当小老师真过

瘾……漫长的假期虽然离开了学校、老师，但有诗文相伴，我们的精神世界是充实的。（教师随笔）

（3）学会感恩平凡的生活

孩子们潜移默化地受着古典诗歌中朴实自然的人性之美的影响，越来越珍视平凡的生活和身边的亲情、友情，对父母、对亲人的爱有了更深切的感受。

一位一年级学生家长在谈及儿子的变化时感叹地说，孩子真是懂事了，知道心疼人、关心人了：那天我正在厨房里做菜，儿子放学回家，看见这一情景，情不自禁地吟诵道刚刚学会的诗句："谁言寸草心，报得三春晖。"我听了，感动之余，不胜感慨，是古诗的影响，让儿子对母爱有了更深刻的体会。以前衣来伸手，饭来张口的小皇帝、小公主们，还主动帮爸爸妈妈干起了家务活。

一位三年级的学生家长给我们讲述了这样一件事：一天，晚饭时间，他们一家人正围坐在一起，谈论到当时媒体对东南亚海啸的一些报道，认为应该大张旗鼓地宣传给海啸地区捐款捐物。这时，孩子突然插话："给受灾地区捐钱应该是一件很自然的事，不能为了得到别人的称赞、表扬或是完成任务才去做，杜甫诗中不是说'随风潜入夜，润物细无声'吗？就算别人不知道也要这样做。"

正是诗歌教育的力量，张扬着孩子们内心的人性之美，让他们懂得了感恩父母，感恩生活、感恩社会。

（4）善于创造身边的美

对美的创造起于对美的发现和欣赏，成于学生对美的创造和呈现。诗歌教育带给孩子敏锐的观察力、丰富的想象力和初步鉴赏力，使他们善于发现美、欣赏美、创造美。

古诗中有许多优美的景物诗，诗中那如画如梦幻的意境，带给孩子们的影响也是巨大的，让孩子们学会了如何用心观察生活，寻找、发现、享受着生活的美。春日的浅草细雨、绿柳红花、燕子黄鹂，夏日的莲叶小荷、幽林清泉，秋日的云雁雏菊、霜月露珠，冬日的白雪红梅、青松翠竹，无不是孩子们诗歌创作的题材。甚至一朵小花，一棵小草，一块小石头，在孩子们的眼中，都是一首诗，让孩子们信手拈来，点石成金。

孩子们把诗歌题在自制的纸灯笼上，他们拾来的一些普普通通的小石头、丢弃的生日蛋糕小纸盘、普通的白萝卜头，孩子们在它们上面画上画，题上诗，经孩子们的这一点缀之后，这常人眼中的废弃物，就变得具有诗的灵性了。

此外，古诗词诵读活动还带给了孩子们思考问题角度和学习方法的变化，逐步由被动学习变成主动学习、合作学习，他们更具探究精神，想象能力，创造能力更丰富。伴随着诗歌学习，孩子们对语言的感悟和天赋才能不断得以发掘，知识面不断地扩展、丰富，积累的文化、历史知识、心智等远远超出了同龄人。

2. 形成诗意的家庭

在学校，师生同读、同诵，生生同吟、同演、同唱、同创作，在个人诵读的层面上，我们引导，激励孩子们的诵读兴趣，激发孩子们参与古诗词活动的热情。孩子们还把诗带回家里，用以前看电视、聊天的时间与爸爸妈妈一起吟诗、赏诗。家长们也主动放弃其他嗜好，以身作则与孩子一起诵读，一起设计古诗游戏，一起开

诗歌作品义卖活动

展古诗接龙比赛，孩子们还把自己的零花钱、压岁钱存积下来购买自己喜欢的诗集、图书，有的孩子还建起了自己的小书柜、小书屋。六年级的一位家境并不宽裕的学生还用自己的零花钱购买了《唐诗赏析》《唐诗宋词大词典》，让老师也颇感意外。有的孩子还有滋有味地在家里教保姆读诗哩。孩子们的生活学习已经与诗歌文化结下了不解之缘，营造了浓浓"文化家庭""诗香家庭"的氛围。

前年临近开学，一个风和日丽的上午，我们带儿子放风筝归来，儿子兴致勃勃地宣布学校布置假期作诗的作业，他有想法了，那就是放风筝。于是，爸爸指导配画，妈妈指导古诗的创作，儿子手忙脚乱地一会儿画，一会儿写，整个下午我们一家子沉浸在作诗的愉悦中，真是其乐融融。不一会儿，"又是一年三月三，我们一起

去踏春……"这首儿子自创的有诗又有画的《放风筝》"诞生"了。没想到，开学后儿子的这首自创诗《放风筝》被学校选入到一进校门的学校宣传橱窗里，这也许是儿子后来越发对学校开展的"古诗诵读"活动热情高涨的原因之一吧！

家长是孩子的第一任老师。父母有空带着孩子读读古诗，尤其配合学校开展的"古诗诵读"活动，给予孩子一定的鼓励和支持，不仅家长自身文化修养会得到提高，还能拉近父母与孩子之间的距离，这是一件学校、家庭双赢的事情，我们做家长的何乐而不为呢？（家长感言）

3. 造就诗意的教师

"学高为师，身正为范"，教师既要有丰富的专业知识，又应极具人文素养，极富人文精神。学生对古诗词浓厚的兴趣，也带动了教师教育观念的转变和教育思想的更新，促使教师不断地学习，不断地提高，以适应学生的需求。我们通过组织诗歌专题讲座、专家对话、专题献课、"感悟教育"读书、教师论坛等一系列活动，让老师们走近古典文学、接受传统文化的熏陶，以提高了教师诗歌鉴赏能力和人文素养。两年多来，课题组的老师们多次走进草堂，忆杜甫，品杜诗，捕诗意，感诗情，诗化教师的心灵，多渠道、多方面提高教师的"诗情""诗意""诗才"。在古文化精神的浸润下，我们的教师雅致而内秀，追求诗化的人生，诗意地育人、诗意地教学、诗意地人际交往，用诗充实自己的生活，并最终将这份诗意传递给孩子们，共同追求诗意生活、诗意人生。

作为最早参与课题研究的老师，我回首四年走过的历程，有许多的感慨，有太多的感动，更有无尽的收获。四年来，我们在探索中不断总结经验教训，在活动中与我们的孩子们一同成长，一同进步。期间让我感受最深的是，孩子们参与古诗诵读活动的热情以及由此焕发出的智慧和学习潜能，真正让我感受到了孩子才是学习的主人，而老师只是为孩子的学习提供必要的帮助和指导。在这一过程中，老师与孩子共同进步与成长。如在诵读活动中，孩子们能背诵的古诗以及他们的自创诗歌，每每令我自愧不如；孩子们发明的古诗游戏、绘制的诗意画以及他们自己编排的古诗节目，则让我惊叹不已。为了更好地指导孩子们的诵读活动，同时也为了提高自己的文学修养，我一次次地去书店查阅资料，并买回一些古诗文典籍阅读。渐渐地我也喜欢阅读经典诗文，更让我感到了开展经典诵读活动的意义所在。

我领着孩子们摇头晃脑诵读古诗，与孩子们一起修改自创诗，出版"草堂诗集"

一同排演古诗节目，一次次走进草堂参加"人日活动"，领略诗圣的风采、接受诗文化的熏陶。草堂小学校园里时时回荡着诵读《春夜喜雨》的童声，杜甫草堂中常常流连着一群热爱诗歌的孩子。每想到这里，我总是感到无比的快乐，深深的感动。（教师随笔）

在诗歌教育活动中，前后共有五十多位教师参与课题的研究和实践，四年来，老师们共撰写研究论文、活动随笔和经验成果总结百余篇，其中有十多篇发表在有关期刊和杂志上，引起了社会各界的广泛关注和认同。

而今年，我们迎来了中央电视台《新年新诗会》栏目组的王全军导演一行。

《新年新诗会》开场诗"成都制造"

草堂小学的小学生将登台朗诵自己创作的诗歌《小小的生命》

——摘自成都日报 2008 年 11 月 19 日 A6 要闻

2009 年《新年新诗会》将不再由中央电视台节目主持人"一统天下"，我市 20 多名小学生将应邀参加并首先登台朗诵开场诗——草堂小学学生自己创作的诗歌《小小的生命》。据悉，中央电视台目前正在我市为孩子们拍摄 MTV，该节目将于今年 12 月 31 日首播。

朗诵不再由央视"名嘴"包办

《新年新诗会》是中央电视台的一个名牌节目，始于 2005 年，有诗歌界"春晚"的美誉，过去 4 届的主题分别是"时代的记忆""我们的土地""情感的花朵""我们的家园"，朗诵都由中央电视台"名嘴"包办。央视播音员主持人业务指导委员会执行主席李瑞英曾评价一年一度的新年新诗会，是央视播音员主持人展示自身风采，迎接新年的一项文化活动。央视 2009 年新年新诗会首次邀请非央视"名嘴"参加。

新年新诗会以"生命"为主题

新年新诗会将以"生命"为主题。据介绍，我市草堂小学学生将作为特邀代表参加此次新年新诗会，也是除央视播音员、主持人外的唯一代表。

记者昨日在杜甫草堂博物馆看到，央视工作人员正在为孩子们拍摄 MTV，除了将在新年新诗会朗诵的诗歌《小小的生命》外，还有另外两首诗歌朗诵也将录制

2009 新年新诗会开场诗朗诵——《小小的生命》

后在少儿频道的《大风车》栏目播出。草堂小学翠微分校的几名一年级小朋友也参加了拍摄。据悉，即将在央视《新年新诗会》上向全国观众朗诵的《小小的生命》，就是草堂小学六年级五班学生张纯菁创作的。

据悉，拟在《大风车》播出的两首诗歌也是草堂小学的小学生创作并朗诵的，分别是《心愿——一朵雏菊的独白》和《感谢并献给春天》。草堂小学副校长付锦透露，下个月学生们还将赴北京参与 2009 年新年新诗会的现场录制。

新闻背景

草堂小学的诗歌教育取得成果

诵读古诗在邻近杜甫草堂的草堂小学早已蔚然成风。2005 年春天，该校启动了"请风儿来做客"的系列诵读活动，孩子们不仅到处收集有关风的诗歌，还到浣花溪公园去"体验生活"，寻找风的感觉。

孩子们不仅诵诗，还积极尝试写诗，而且他们写诗也与众不同——将手工制作与"诗歌创作"结合起来，不仅自己做诗集，还做成折纸等，将"作品"写在上面供大家欣赏。当时，草堂小学率全市之先在小学开设了"诗歌创作课"，并建立起了班班有分社的全校性"草堂诗社"；2005 年 9 月，中央电视台新闻频道《开学啦》

特别节目曾向全国直播了草堂小学的"诗歌课"……如今，草堂小学的诗歌教育不仅取得不少成果，而且形成了特有的校园文化，多次接受中央、省、市领导的考察，并得到高度评价。

（本报记者　周波）

　　我们可以自豪地说，经过老师和孩子们的共同努力，今天的草堂小学正逐渐成为一所诗歌的学校，一所流淌着诗意的学校。当诗歌成为校园的有机组成部分，诗文化就源源不断地向孩子传递着鲜活、丰富的教育信息，而诗人的个性、品格、处世方式和审美情趣也会对孩子产生潜移默化的影响。比如杜甫正直善良的品性人格，忧国忧民的人本思想和质朴淳厚的古道热肠，都会成为孩子心中熠熠生辉的童年记忆，而诗歌中的至真至善至美，则以弥漫的方式进入孩子的生命，从而激发和培植孩子的自我发展能力，陶冶孩子以诗意的情怀去对待自己的学习和人生。

每个人都是校长的学校

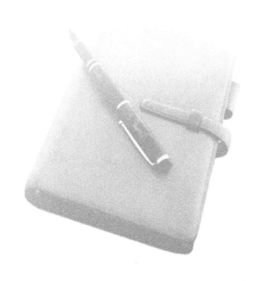

　　一个秋高气爽的九月，新老师龚轶来到了草小，这天，他参加了在草小的第一次全校教师大会。刚刚散会，就有人来找他了："到我们'花之语'来吧，我们欢迎你！"龚轶在这所学校里一个人都不认识，不知道对方是谁，有人告诉他那是"谢校长"，他就更奇怪了，草小的校长不是蓝校长吗，怎么又钻出来一个谢校长？"花之语"又是怎么回事儿？尽管不明白，他还是答应了，就这样，他被谢嵋校长动用自己的人事权聘用到了"花之语"分校。就这样，龚轶老师走近了我们的执行校长制度，而他自己也没有想到，就在两个月之后，他也被人称为"龚校长"了。

一、执行校长的缘起

（一）感性的雏形——特色制度在工作中萌芽

　　2004 年，我到草堂小学担任校长。刚来那一阵，很多老师在观望：名校来的校长，什么样？能做什么？一度，草小教师矜持地观察，审慎地了解，对于新校长的新规划、新打算持保留的态度，"有理、有节"地配合，不主动请缨，也不坚决执行。上任伊始，我就一直在思考：在学校教育改革与创新不断深入的"校本管理"时代，如何发挥作为现代学校管理核心的校本教师资源的力量？校长和教师之间应该建立一种怎样的关系才能促进学校和谐高效地发展？随着学校工作的不断推进，我越来越强烈地意识到必须改变一些常规性的校管师从的工作模式，应该在教师中培养更多的建设性力量，让他们参与到学校管理中来。而就在这时，一件似乎偶然的事情触发了我的思路。

　　我初到学校的时候，学校正在搞装修，在这个陌生的学校，我对情况一点儿也不熟悉，于是我找了一个助手，是在草小很有号召力也很有才华的老师，我邀请她具体负责学校的文化建设。每天她都和我一起跑广告公司、装饰市场，坐在充满油漆、涂料等气味混杂的房间里研究方案、应对状况，还提出了许多有建设性的意见和建议。同甘共苦一个月之后，我们就成了朋友，再有人对我的工作不理解时，她不仅不会附和，还会站在学校的角度为我作解释："你看蓝校长多辛苦啊，还帮我干活。"

在我们的校园里，经常都会遇到这样的情况：当行政要求和教师的主观意志之间发生冲突时，解决途径无非两种：一是行政强硬的命令，但是，这样的权力界限到底在哪里？是否能够强迫老师做行政命令下的一切事情。如果权力大到了逼迫别人做不愿意做的事情时，这样的权力是否是合理的？还有一种，是一对一谈心的解决，但是全校有几十位老师，如果都这样做，那么校长和学校的管理团队就会陷入烦琐的工作。

行政管理人员常常深陷于这样的问题中：为什么老师不积极？为什么干群矛盾、管理与被管理的矛盾如此难以化解？

我们禁不住自问：我们的管理出现了什么问题？

在过去的金字塔组织中，管理的高层和中低层严格按照金字塔层级进行缓慢的信息沟通和命令传达，有权作出决策的是位于顶端的上级，下级的任务是执行。其实学校管理系统内的所有个体都具有管理他人、被管理和自我管理三种管理状态。教师在被管理中更应凸显其管理者的身份，成为学校的"主人"，而不仅仅是"打工仔"。

金字塔式的组织形式，固然有思路清晰，条理分明，一线到底，便于管理的优势，但却等级森严、决策和操作层缺乏互动性，不利于调动和发挥人的积极性、主动性和创造性。我们变革金字塔式管理，既保留了金字塔管理中的合理的层级，又提高了中下层人员创新的内在动力，增强了内部激励。改变管理层级过多造成的管理信息失真、管理成本上升、效率下降的现象。

这个事情给了我很大的启发，它让我看到了老师中蕴藏着的无穷智慧和力量。我想这个事情有意义，要做下去。但是助手的人员不能由我指定，应该民主公选。我们把这种由普通教师直接参与学校工作，实现自己管理梦想的形式定名为"执行校长"，这位老师便是我们学校的非民主公选的第一任教师执行校长王敦蓉老师——一任干练睿智的女执行校长，在我最孤独无助时与我风雨同舟。这也就是我校设立教师执行校长和年级执行分校这一管理特色的雏形，教师执行校长制度悄然萌芽。

（二）理性的选择——特色制度在思考中清晰

任何一所学校，规模的扩大、数量的增加、条件的改善、队伍的建设、结构的优化、质量的提高、效益的增长、适应性的增强、校园文化的建设都属于学校发展的范畴。规模的扩大、数量的增加和条件的改善都是外延的发展，是浅层次的发展。更深层次的也是更重要的发展，是教师自身的发展，教师队伍的建设。

我们在思考：在学校教育改革与创新不断深入的"校本管理"时代，如何发挥作为现代学校管理核心的校本教师资源的力量？校长和教师之间应该建立一种怎样的关系才能促进学校和谐高效地发展？

教育界曾经有句名言：一个好校长就是一所好学校。但是，随着中国教育的发展，这种将一所学校的兴衰寄托于一位校长的观念以及制度已经成了中国教育走向现代化的障碍。

一所学校校长好就真的好吗？

校长一个人办不成一所好学校。好学校最核心的好是教师的好。如果每一位教师都拥有自己工作的职责权利，愿意主动承担培养学生、发展学校的责任，则曾经肩负在教师身上的客定责任会与教师的主动创造融合，个人的努力会与团队的步履齐进，就会构成学校运作的基本动力和治校共识，学校因此而成为"大家的"，而不是"校长的"。在这一过程中学校会逐渐成为校长、教师、家长甚至学生的共同体。每一个教师都将在与团队的合作中找到自己的定位，成长自己并发展自己，每一个教师的智慧和行为都将成为团队发展的必然组成部分，团队的合作又会不抛弃、不放弃每一个教师，在相互协调、兼容并包中增强每一个教师的能力，又促成团队的整体提升。

一群这样的好老师就是一所好学校，于是，我们想从管理的角度，建一支这样的团队，发现这样一支团队。

1. 学校发展呼唤聚人聚心的管理制度

好教师其实很难培养出来，常常是在好的管理制度和自我期许中成长起来。我校因与举世闻名的杜甫草堂一街之隔，使得这所很有历史的学校也很有文化的底蕴。多年积淀，多年造就，草小教师中藏龙卧虎、人才济济。近几年，学校抓住了教育均衡发展的机遇得到了快速的发展——班额的扩大，教师队伍的壮大，工作节奏的加快，工作效率的提高，要求出台一种更能聚人聚心的管理制度，使教师与学校的工作融为一体，发挥潜力，焕发活力，释放工作能量，为了共同的愿景而携手前行。我们选择了学校教师执行校长制度。

2. 教师成长亟待自我实现的成长平台

我们认为教师既是学校的个体性成员，又是学校团队中的群体性成员，可以运用团队的功能，寻找各种方式和渠道使教师既是被管理者，又是管理的参与者，使管理贴近教师，教师贴近工作。这一方面可以激发教师的工作责任感、主动精神和创造意识，提高教师的自我价值感，增强工作效率；另一方面由于教师参与学校管理，增加了管理的透明度与可信度，增强认同，使全体教师对学校的管理更具信任感和归属感，使学校与教师形成一个整体，使每个教师明确到个人的成长、发展与学校事业的发展密切相关，提高教师的自豪感、责任心和使命感。培养这样的教师，必须为教师搭建互相了解，互相帮助，互相支撑，共同成长的平台。我们选择了学校教师执行校长平台。

3. 现代学校制度建设要求推进学校民主

民主是现代社会的标志和基础。学校生活是社会生活的反映，学校民主越来越成为学校生活的核心内容，这是社会民主进程在学校的反映，也是建设现代学校制度的必然要求。学校民主应是民主观念在学校实践中的具体体现，它包括两层内涵：第一，学校民主是一种有效的学校管理方式，这种方式强调尊重、信任与接纳，民主参与，交流、沟通与合作，公平竞争，共同分享成果等。第二，学校民主是一种学校成员的生活方式，在这种生活方式中，学校成员在互相尊重、互相合作、体谅宽容和公平竞争的基础上彰显魅力与风采。我们从学校民主的理念出发，设计和制定学校的民主管理制度——学校教师执行校长制度，以确保教师这个学校重要成员的基本民主权利，如知情权、表达权、参与权、表决权等，教师有权表达自己的感情，有权反映自己的观点和意见，有权获得相关的知识和信息，有权参与学校决策过程。凡是与教师有关的而且有能力处理的事情，都应交由教师自己去决定并负起相应的责任，激发全员才能，挖掘潜能，调动全员的积极性参与学校管理，使教师成为学校发展的主动力量和建设性力量。实行民主管理，实现管理效益的最大化。我们选择了学校教师执行校长的方式推进学校民主管理。

发现教师，让教师自己管理自己，让教师自己发现自己。被发现的教师会成为有成功感、有自信心、有生命力、有厚度的教师。有了教师的发现，学生和家长将成为最终的受益者。教师执行校长特色制度是一个原生态的创造，是一个充满了智慧与勇气的实践——在学校正常运转的行政机构的基础上，推出校级、年级"教师执行校长"，通过全新平台，激发教师潜能，构建素质团队，让教师在开放与自由的空间里，完成素质的全面磨砺与提升。

　　基于以上这些考虑，2005 年 8 月，一个大胆冲破旧有模式、令草小教师大吃一惊的"阶梯式"学校管理模式被全新搭建：

　　第一级阶梯，设立校级教师执行校长岗位，在全校范围内公推竞聘担任，任期一个月。该校长在一个月"执政"期间有职务津贴、独立的办公室，拥有倾听、观察、建议、执行等权利和义务，代表教师参加学校行政会。每个校级执行校长还要有展现自己特色、富有学科特点的执政梦想，他将主持召开圆自己的梦想的行政会，部署具体的工作和细节，并在同伴们的协助下实现梦想，精彩亮相。

年级执行分校评议会现场

　　第二级阶梯，建立名为"彩之舞""花之语""雨之灵""海之韵""风之旅""季之歌"的六个年级执行分校，设立年级教师执行校长岗位，并由年级教师执行校长"组阁"——建立年级执行分校校长管理机构。这个管理机构里有自己的教师校长和副校长，自己的教师教导主任。老师们根据自身的优势和爱好人人都在分校中有兼职，参与着分校的管理，每位教师都成为年级执行校长的管理助手之一。年级执行分校思考最多的就是：我们怎样高效地完成学校工作？怎样有特色地完成学校的工作？怎样有创意地完成学校的工作？在年级教师执行校长分校管理的平台上，每位老师都释放着活力，年级团队齐心协力，共享着成功的喜悦。分校内每月都会定期召开例会，总结本月的得失，根据学校的要求及时调整部署新的工作。学校还定时召开年级执行校长会议，搭建起各年级交流学习的平台，既同舟共济又友好竞争，使整个学校的工作重心突出，特色纷呈。

这个模式一出台，在校园内外都引起轩然大波，引发成都媒体高度聚焦："草小有了'影子内阁'"，"草小有了治校新方"……其中震动最大的，自然是草小教师，他们不知道，一场疾速影响和改变他们的工作认识、态度、方法的工作模式即将来到，一个将令教师与学校相互牵系、相互成就的学校管理模式正在生机无限地形成。

二、执行校长制度的几个关键词

管理："科学管理之父"泰勒认为：管理就是"确切地知道你要别人去干什么，并使他用最好的方法去干"。诺贝尔经济学奖获得者赫伯·西蒙为管理下的定义成为管理学界的名言："管理即制定决策。"罗宾斯认为：管理是指同别人一起，或通过别人使活动完成得更有效的过程。这里，过程的含义表示管理者发挥的职能或从事的主要活动。这些职能可以概括地称为计划、组织、领导和控制。

非理性主义理论认为：管理不仅仅是一个物质技术过程或制度安排，而是和社会文化、人的精神密切相关的；管理的根本因素是人，因此应当以人为核心，发掘出一种新的以活生生的人为重点的、带有感情色彩的管理模式来取代传统的纯理性模式；在管理手段和方法上，应当重视对情感、信念、价值标准、行为标准等"软"因素的长期培育，从而提高凝聚力和竞争力。

学校管理：指学校领导和管理者根据教育政策和教育规律，通过一系列协调性活动，有效地整合、利用校内外各种教育资源，以提高学校办学水平和教育教学质量，形成学校组织文化，促进教师专业发展，促进学生身心全面发展的创造性实践过程。

学校管理同其他领域的管理一样，也是由管理者、管理手段和管理对象三个基本因素组成的。学校的管理者除了指学校的正副校长以及各个职能部门的负责人员以外，学校的教职员工在一定意义上也可以看成是学校的管理者，他们在校长的领导下，共同参与管理学校。

现代学校管理：是指以人为中心，把提高人的素质、处理人际关系、满足人的需求、调动人的主动性、积极性和创造性的工作放在首位。在管理方式上，现代学校管理更强调用柔的方法，尊重个人的价值和能力，通过激励、鼓励人，以感情调动职工积极性、主动性和创造性，最充分地调动所有员工的工作积极性，以实现人力资源的优化及合理配置。

现代学校管理的主要特征就在于具有"人文性"，其功能就是：公平、竞争、激励、参与和发展，最终达到"发展人"的目的，即达到人的个性、需要及人的发展，张扬教师的个性，充分发挥教师的主体性，让教师向探究型、学者型、开放型、专家型转变。

我认为在现代学校管理中，最重要的管理理念就是"以人为本"。"以人为本"就是坚持人的自然属性、社会属性、精神属性的辩证统一，这是我们从事学校管理工作时应当树立的一种教育管理哲学。在学校管理的所有要素中，教师管理是第一要素。因此，学校管理应该"教师第一"，在"以人为本"中树立"以教师为本"的管理思想。这是学校在非理性管理中最重要也是最基本的理念。从学校管理理论来讲，管理者和被管理者之间固然存在着哲学意义上的主客体关系，从而体现为领导和服从的关系，但也绝不是"领导"与"下属"的关系。由于学校管理系统的目的性和层次性的特点，使得学校管理系统内的所有个体都具有管理他人、被管理和自我管理三种状态。教师也具有被管理者和管理者的角色身份，但教师们有较强的自主性倾向。因此，在现代学校管理中更应凸显其管理者的身份，体现出其成为学校的"主人"，而不是"服从者"。

主体：《现代汉语词典》里"主体"指事物的主要部分；哲学上指有认识和实践能力的人。在现代学校管理中主体即教师，就是要确立教师在学校的主体地位，树立正确的人生观、质量观、人才观，提高教师自身素质，利用情感因素去培养、激发教师的创新精神和实践能力，树立"以师为本"的思想。

我认为学校的发展需要以教师的发展为基础，教师的发展必须以教师的自我发展为前提；教师自我发展的核心是自我意识的发展；教师既是学校的个体性成员，又是学校组织中的群体性成员，因而学校可以运用组织的功能，通过构建适宜教师发展的环境，激发教师的自我发展动机，满足教师发展的条件，影响和促进教师自主发展行为的发生和改变。其实质就是要重视教师的参与意识和创造意识，使教师的才能得到充分发挥，人性得到最完善的发展；让教师在学校事务中体现出主人翁的地位，通过各种方式和渠道参与学校的管理。这一方面可以激发其主人翁意识和工作责任感，激发其主动精神和创造意识，提高教师的自我价值感，增强工作效率；另一方面由于教职工参与学校管理，增加了管理的透明度与可信度，增强认同，使全体教职工对学校的管理更具信任感和归属感，使学校与教职工形成一个整体，使每个教职工明确意识到个人的成长、发展与学校事业的发展是密切相关的，提高教职工的自豪感、责任心和使命感。

合作：《现代汉语词典》里"合作"指互相配合某事或共同完成某项任务。

团队：《现代汉语词典》里"团队"指具有某种性质的集体；团体。在这里我们所说的团队主要就是指各年级执行分校这个集体。

执行：《现代汉语词典》里"执行"是指实施；实行（政策、法规、计划、命令、判决中规定的事项）。

学校教师执行校长：是指在学校行政的领导下，由全体教师民主推荐、民主投票产生的，以学校工作层面为平台，参与学校日常管理工作，并在一定时间内（每月），在全校范围内独立实施自己一个或几个梦想的一名普通教师。它有别于通常意义上的"校长助理"或"行政助理"，后者侧重对学校管理工作的建议，它的岗位性质和人员相对稳定。而执行校长，乃行动的实施，重在参与，重在行动，重在实际地去做，不折不扣地到位。

执行分校：是指以年级为单位，由本年级组的教师和学生共同组成的团体。

执行分校教师执行校长：全面实施管理执行分校团队的负责人。他享有决策权，对分校的教育教学、行政管理等方面的决定权；有人事权，可聘用分校中层干部和教师；有财经权，在服从学校行政统一规划和管理的前提下，有权决定分校内部经费的管理和使用。

执行校长制度的目标：

1. 使学校管理更趋向于人性化；赋予管理以"人情味"，创造良好的人文氛围。

2. 使学校管理更趋向于弹性化；通过自主权和管理权下放，利于发挥教师的专长和创造精神，促进学校良性发展。

3. 通过积极调动教职员工关心学校发展并参与学校不同层次的管理，让人人都成为管理者，实现"全员管理"。

4. 通过创建"宽松和谐民主"的人际氛围和工作环境，以及人力资源的有效开发与利用，实现"全面管理"。

三、成长——守望执行的田园

2005 年 10 月，学校正式设立起校级教师执行校长岗位，在全校范围内公开竞聘，任期一个月。该校长在"执政"期间有职务津贴、独立的办公室，拥有倾听、观察、建议、执行等权利和义务，代表教师参加学校行政会。每个校级执行校长还要有展现自己特色、富有学科特点的执政梦想，并主持召开圆自己梦想的行政会，部署具体的工作，并在同伴的协助下实现梦想。

（一）制度的基本运行

1. 校级教师执行校长岗位界定

职务：校级教师执行校长。

任期：一个月。

待遇：职务津贴 200 元。

职责：代表教师参加学校行政会，作为教师与行政之间的桥梁主动参与，主动建设，有效沟通，适度监督和推动学校的管理工作。

任务：开展展现个性特色、富有学科特点的教育活动。

2. 校级教师执行校长产生

设立"校级教师执行校长"岗位，公开竞聘，民主公选。校级执行校长由学校各学科组长商议拟定候选人员，并由教导处制作选票，在每月底教师大会上，通过教师的无记名投票民主选举产生。任期为一个月。

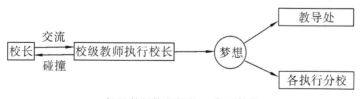

校级教师执行校长工作示意图

3. 校级教师执行校长工作流程

从执行校长示意图中我们可以看出，校级执行校长当选后，参与行政会，在行政会上将和校长结合本月工作重点商议，产生自己本月的工作内容，即他要开展的包括教学、教育、学校环境布置及其他方面的活动。学校的教导处和各执行分校都将全力支持他完成工作内容。在工作过程中，执行校长发现学校存在的问题，会和行政领导一起商讨解决办法。

谭蕊老师当校长时，每看到一个老师就问："我要参加行政会了，有什么想法和建议，我可以帮着反映？"一开始，老师们还和"谭校长"左一句玩笑右一句笑话的，后来，一周一次行政会前，谭蕊都坚持事先沟通，果然听到不少老师的心里话。她如实在行政会上的呈现，也得到了学校的高度重视，建设性地参与了学校的决策，增强了执行力。

在工作中执行校长还可以参与到对各年级分校的管理中来。

在当执行校长期间，韩智坤老师迎来了草堂小学的传统节日"三八妇女节"。她首先草拟出"三八节"浪漫祝福活动的方案，经过和分校教师的商讨，定下最后的方案。韩校长为每个老师分了工，有的去荷花池买洋伞，有的去订下康乃馨，有的准备为草小女教师特制的书签。

我们可以看到韩老师在职期间也作为一个管理者参与到分校的管理当中，以校长的身份发动自己分校的教师共同呵护教师心灵，增强教师工作的幸福指数，竭尽全力履行一份校长的职责。

4. 校级教师执行校长制度建设

在校级教师执行校长引入之初，我们很快在具体实施中发现问题。由于权责不明，这种新引入的管理模式与现行的传统管理模式不时发生冲突。比如前期当选执行校长的老师，有时会不清楚自己的工作范畴和岗位性质，导致工作无法展开。为此，我们开始重视校级执行校长的制度建设，通过一系列明文条款明确了执行校长的权利与责任，将校级执行校长这一管理模式在制度中规范化。

校级教师执行校长的职责如下：

（1）在每月的就职仪式上进行宣言，并指导学生校长的宣言。明确昭告自己本月梦想，并在圆梦的过程中，体验校长管理学校的甘苦，锻炼自己策划、发动、组织、协调、实施等综合工作能力。

（2）设计和制作本月《为成长守候》——执行校长宣传栏。

（3）培训本月学生校长，发现他们的特长，在协商与合作中，指导带领他们共同为实现梦想工作。

（4）在各行政分管的工作中，根据自己的特长承担部分工作，从而成为相应部门的主要助理。

（5）注意听取老师和学生的意见和建议，帮助他们解决困难，并将大家的意见和建议传达给校领导，起到联系群众和领导的沟通作用。

（6）撰写好本月教师执行校长手记，并编排制作好学生校长日记。

（7）认真做好执行校长档案材料的整理、保管和移交工作。

校级教师执行校长的权利如下：

（1）每周一准时参加学校行政会，对学校工作提出建议，并汇报一周工作情况。

（2）调度全校相关教师参与活动。

（3）考评之后享受 200 元校级执行校长津贴。

在这样的制度下，我们的教师执行校长是怎样工作的？

在一个充满激情的十月，彭晓爽老师当选了学校的第十任"教师执行校长"。她的梦想是要让校园里充满数学的味道，让孩子们在活动中体会到思考的快乐，找到自信，而这一天，她的梦想终于可以生根发芽。承载着彭晓爽老师的梦想，"加减乘除大赢家"的活动在孩子们的期待中展开了。

自从在周一的集体朝会上进行了执校宣言，告诉孩子们这个活动后，孩子们每天都会拉着她问许多问题。"彭老师，我要参加比赛，需要报名吗？""我每天都在家练习口算，我一定会进决赛吧？"在"加减乘除大赢家"比赛开始之前，她拿着照相机到各个教室记录了孩子们比赛前的激动和快乐。她还通过广播和全校孩子进行了赛前的交流。比赛进行中，她巡视了校园的每个班级，她清晰地感受到教室里思维通过笔尖传递出的快乐，数学的魅力在这一刻淋漓尽致地释放，感染着每一个孩子！

让人意想不到的是比赛虽然结束了，可孩子们的期待并没有结束。每个孩子都关心着自己的比赛成绩，渴望着自己能成为最后的大赢家。更连老师们都惊叹的是，通过活动真的改变了一些孩子学习数学的态度和效果。

她在十月的执行校长手记上写道：因为我有梦想，孩子可能因此而更加喜欢数学；因为我能"执行"，孩子可能因此有了机会而更加自信；因为我有团队，我的

"执行"才能彻底执行；因为有了"执行"，才能发现自我，超越自我，完成我的梦想。如果现在你要问我——有机会还愿意当执行校长吗？我会说：想，因为我还有许多梦想可以通过这个舞台来实现；也许我还会说：把这个机会留给别的老师吧，因为还有很多老师都还等着站上这个圆梦的舞台！

彭晓爽老师在被选上执行校长前，只是学校一个普通的数学教师，她所思考的也只是一个班学生的数学学习情况，但是，当她真正走上了她自己的这个圆梦舞台，她已经从自己的三尺讲台走到了学校这个更大的舞台上，她用自己的梦想和"执行"影响了更多的孩子，起到了以往没有起到的更大的作用。

老师就是在这样的工作机遇当中，融入了我们的学校，走进了教师校长制度，直接地参与学校的管理，让学校成为他自己的学校，让学校的梦想成为他自己的梦想，让他的梦想连着家长的梦，连着孩子的梦，连着我们所有人的梦一起飞翔。

2011 年 3 月 28 日，星期一，是年轻的朵朵老师的生日。而就在这一天，她被选为学校的执行校长了。活泼可爱的朵朵老师详细记录下了自己担任执行校长的酸甜苦辣：

对于"执行校长"这个称呼，我一直是带着三分好奇，三分期待，四分敬畏的复杂感情去仰视的。今年是我到草小的第三年了，看着和我一起来草小的同胞们纷纷都"光荣"了，我其实已经有了足够的心理准备，但是在该来的终于来到的时候，我还是有点儿忐忑，今天都 28 号了……握紧左手拳头，一个关节一个关节地数，一月大，二月平，三月大，四月小……嗯，这么说，还有三天时间？又一算，除了这个星期和清明节，我好像是 4 月 11 号才正式上任吧，嘿嘿，偷着乐一下：我捡便宜了（事实证明世界上没有让你白捡便宜的）；幸灾乐祸一下：5 月诗歌节……幸好我不是 5 月的执校啊（结果，我天真了）！消息传得很快，一下子，学校玩得好的那帮同事看到我好像经过培训了一样统一改口，不叫朵朵了，叫林校。而且是一脸过来人的幸灾乐祸，好像在说：哼哼，你也有今天啊！因为执校已经是他们的昨天了。关键是，范校李校他们看到我，也假装一本正经地叫我林校，让我真的很囧很纠结。看来，我的角色意识还不够啊——没错啊，我是校长，我真的是校长了啊，纠结个什么呢？

在这个乍暖还寒的 4 月，我努力把自己从梦游状态中揪出来，林校，您该清醒一下了！

于是，我开始进入角色，开始了一个月的执校生涯。

4月8日，在还没来得及开第一次行政会的时候，我去找蓝校汇报这个月执校活动——校园小主播选拔赛的安排，10分钟不到，一切都改变了。我很放空地从蓝校办公室走出来，脑袋里面就只有蓝校一句说的话在回荡："朵朵，干脆你把下个月也当了吧……"看来我之前握着拳头算时间是白算了。为什么呢？因为我4月11日才上任，我的活动就算从4月12日开始，从班级海选，年级初选再到校级决赛，都需要3个星期，可是4月有运动会，综合实践，5月一来就是劳动节。所以，我的活动至少要弄到5月中旬了。既然蓝校都发话了，证明她对我的信任，可是5月诗歌节，谁都知道这是个超级重要的庆典，我这个刚进草小不久的音乐老师，怎么镇得住啊？我真是怕蓝校对我过度信任了，我对自己都没那么信任啊……我回办公室和乔姐姐分享这个不知道是好还是坏的消息，乔姐姐连安慰带哄地说没事没事，等5月份的时候我们和蓝校商量一下5月可以有两个执校嘛，再说了还有我们呢……第二天的下午，我颤颤巍巍地给蓝校发信息表达我的忐忑，蓝校用一贯柔和诗意的口气回答我："朵朵，不怕，你不是一个人，我们一直在一起……"好吧，接受吧，这是上帝爷爷对我的宠爱啊。于是4月的活动我都没头绪，就开始愁5月了。我不知道其他老师当执校是不是这样。我天生敏感，而且有严重的强迫症，在做任何事情时候，我都会考虑到很多很多细节和可能发生的意外以及处理方法，万分之一的意外我都会考虑到，这些通常是在下班后才有时间去想的，所以就开始失眠……

4月9日，综合实践，那天下午放假，大家都回家嗨皮去了，我在办公室纠结了将近2个小时，一会儿跺脚，一会搔头，一会儿碎碎念……可Word文档里的活动策划仍然只有几排可怜巴巴的字，望着空旷的操场，在我几乎绝望的时候，李校忽然像一个可爱的棒棒糖一样出现在办公室门口，看我在里面五官纠结成了一团，便一阵春风，不，应该是一阵东风一样飘进来，我眼睛一亮，连忙揪住这棵稻草，真正的校长就是不一样啊，李校就像哆啦A梦帮大雄一样帮我想了很多点子。于是在这期间，学校年轻有为的李校，我们办公室的乔姐姐，不知道被我骚扰了多少次，我经常缠着他们，用几乎是逼的方法请他们给我出了不少谋划了不少策，我觉得当时李校和乔姐姐们一定很憋屈：够忙了，还有个"小屁孩"，用"执校校长"的权力去"骚扰"他们那么多次。在此，对我们亲爱的李校和乔姐姐深鞠一躬，明年西昌樱桃成熟的时候，我一定让妈妈买一筐最红最大的给你们！

4月11日，终于可以参加行政会了，这是我当执校的那个月参加的为数不多的行政会。从到草小那天起，我就对我们学校的行政会很好奇，因为我办公室就在蝶形会议室对面，每周一的行政会，有时候会有开心的笑声飘出来，有时候会像没人一样很安静，甚至从旁边过都会感觉到里边严肃的气场。为此我专门去买了一个漂亮的执校笔记本，因为我要当两个月的执校啊！所以我一定要为我自己精心挑选。我去了沃尔玛、伊藤、家乐福，还有我们家附近学校的精品文具店。因为买到了好看的笔记本太嘚瑟，我居然忘了要发票……

时间就这么一天一天地过着，我的小主播选拔还算有条不紊地进行着，我所担心的事情都没有发生，小选手们很投入很积极，小执校们很认真很主动，老师们很配合很理解，正因为这样，我的执校活动才会如此的顺利。在班级海选和年级初选后，时间便飞奔到了5月，诗歌节和我们5年级分校的开放日前期工作开始轰轰烈烈地展开，这两个大型活动和我都有直接的关系，再加上我的执校活动，我开始深深地感受到我的脑容量不够用了，写了N多备忘便利贴贴在办公桌上，可是居然会忘记去看；丢三落四的情况加重，刚开始我找钥匙找优盘找手机的时候乔姐姐还会帮我找，现在她已经见惯不惊了，因为我每天都在找。思想老爱玩漂移，别人和我说半天话我会很茫然地回一个"啊？"；明明想好了要去个地方拿什么东西做什么事情，走到那儿以后马上就忘记，然后很颓废很放空地站在原地努力回忆……我真为我自己感到悲哀，才多少点儿事情啊，就乱成这样，同时也深深感受到了校长的不易，我这才1个月，就能乱成这样，我都觉得回家连饭都不想吃，想直接把自己甩在床上"长眠不醒"了，那真正的校长们，天天都是这样的生活，光鲜的身份后面，不知道有多少辛苦和无奈，看来我还需要继续修炼啊，在这里，我要深深地感谢三、四年级的班主任和数学老师们，因为小主播比赛和节目排练的原因，我不得不常常去和他们换课，我知道语文数学老师的辛苦，因为下课时我从教室经过都会看到他们还在批改订正作业，所以有时我换课都换得不好意思了，磨磨唧唧地走到人家班门口，鼓足勇气去和他们说换课的事情，可是她们都很爽快地答应了，让我心里非常感激和愧疚。

5月10日，四、五年级小主播比赛结束后，我4月的执校生涯也接近了尾声，以前看其他同事当执校，活动进行得很顺利的时候，没觉得当执校有多难，直到自已经历了，才知道当执校的酸甜苦辣。这是我第一次当执校，但不知道是不是最后一次，但从刚开始的茫然忐忑走到现在，我发现我居然有一点点怀念这种忙碌充实的生活和这个特殊亲切的称呼，虽然我貌似还要连任5月，可是我的活动已经画上了圆满的句号，我的接力棒已经交到了下一个执校手里。而在我的生命中，"执行校长"这个只有草小的老师们才能享有的称呼，会像诗路花语上的铜版画一样永远铭刻在我心里。就像我每天都会带一个棒棒糖一样，我会每天都把"朵朵校长"从脑海里翻出来，让她晒晒太阳，让她和现在的朵朵交流对话，让她鼓励现在的朵朵，永远像"朵朵校长"一样乐观向上，开心幸福！

（二）校级教师执行校长制度的基本管理

1. 建立交流平台

每周一准时参加学校行政会，在开行政会的时候或者和行政班子碰头时，校长一定不会忘记嘱咐校级执行校长多到各个班级了解活动进展的情况。

校长和校级执行校长直接对话，校级执行校长也会常常找到领导汇报工作、摆谈问题，在行政班子的引领下随时调整思路。

在具体工作中，学校领导要调控执行校长的活动，与学校全局工作相结合，使其阶段性的工作与学校长期整体工作方向一致。

同样，当执行校长遇到困难，学校领导积极指导和帮助执行校长。

2. "分发"行政支持

"分发"行政支持，即行政的角色是提供服务，而不是发号施令。校级教师执行校长在执政期间，行政领导帮助他调度全校教师参与他策划的活动；学校行政分发策划活动的权力给校级教师执行校长，让他能够开展符合自己教育梦想的活动；校级教师执行校长根据自己活动的经费需要，由学校行政分发相关财权。

3. 校级执行校长自我评价

校级执行校长在任职期间会用录像、文字和照片等多种手段记录下自己一个月以来的工作思路和任期中的酸甜苦辣。在任职期满后要他/她将把这些珍贵的记录总结归纳，通过全校教师大会上述职报告的形式，将自己的工作向全校进行展示，同时也是对自己工作进行的回顾和展望，在得与失的总结交流中再一次提高自己。

比如，2008年2月教师执行校长韩智坤在报告中说：现在我能够自豪地说我成为一个真正的草小人，在这里，我慢慢实现自己的教育梦想，开始着今后的教育的人生！

谭蕊是草小"空前不绝后"的第一任校级教师执行校长，2005年10月的教师执行校长。第一次听说这个消息是在国庆前，有老师开玩笑说："你下个月是校长哦，我们要选你，谭校长。"谭蕊根本没在意，也笑嘻嘻地应承着。结果，一天后，她才知道，自己被"民主推荐"了。

校长该怎么当？谭蕊蒙了。赶快上网查查，查到《写给校长的一百条建议》，看到一些过去自己从来不会关心的问题。通过国庆节临时抱佛脚的学习，谭蕊一挥而就写下了自己的就职宣言：如果说校长是一种权力，那么权力的真正作用就是服务。我在这一个月里，将为老师的发展服务，为同学们的发展服务，为学校的发展服务。

最具体的服务，是打造一个温馨的教师阅览室——碧草书屋。翻看谭蕊2005年10月6日到10月9日的工作日记，标题分别为《接受紧急任务》《广告公司里要排队》《广告公司成了第二办公室》，文章里，谭蕊充分描述了自己在这个服务项目里所经历的酸甜苦辣，也充分展示了一个教师执行校长要经历的艰难与辛苦。

阅览室告一段落，接待任务来了，"参观的车队已经到了，谭校长，谭校长，快……"。谭蕊冲到校门口，把背到凌晨两点的介绍学校"诗路花语"的解说词亲切自然地在来宾面前呈现，同时作为执行校长回答了来宾们不少疑问。

开放的行政班子会有了教师代表。谭蕊走在学校，逮住一个老师就问："我要参加行政会了，有什么想法和建议，我可以帮着反映？"一开始，老师们还和"谭校长"左一句玩笑右一句笑话的，后来，一周一次行政会前，谭蕊都坚持事先沟通，果然听到不少老师的心里话。她如实在行政会上的呈现，也得到了学校的高度重视。

关于行政会，2006年10月的教师执行校长彭晓爽说："第一次参加周一的行政例会，终于揭开了它神秘的面纱——严肃但不失轻松，简洁而不忽略细节。大到省委书记的到来，小到一位生病老师的代课，行政会都会细致讨论，做出安排和决定……"这些事，不当教师执行校长，又怎么知道呢？行政与教师的沟通，草小有了最有效的载体。

一个月的时间很快就过去了，音乐教师谭蕊又回到日常的工作岗位。只是，认识谭蕊的人都非常明显地发现，这个过去内向的、只埋头做自己的事的小女生变了，变得热心了，变得自信了，变得活泼了。更叫人意外的是，2006 年 1 月，她报名参加全校教导主任的民主公选，高票当选！"她很有才气，但却一直没有得以展示。担任执行校长期间，她重新认识了工作，同事们也重新认识了她，信任她，所以选了她。"说起谭蕊，我由衷感叹一个平台对于一个人潜力的开发的重要了。

谭蕊在告别演说里说了这么一段话：当这个教师执行校长就如同吃苦瓜，入口很苦但回味甘甜，不但可清火还可以减肥。老师们大可鼓起勇气来尝尝这个"苦瓜"，我相信你一定会收益良多！

接下来，2005 年 10 月到 2006 年 12 月，11 名"尝苦瓜"的校级教师执行校长纷纷登台亮相——

从他们的感言和总结中，我们可以看到他们在这条道路上成长的足迹：

第十七届执行校长张睿睿总结

回首金秋十月，音乐如诗歌般流淌在草小美丽的校园，我的十月执行校长生涯如同一首磅礴的交响乐奏响了我人生最灿烂的乐章！

序曲——巴赫第一勃兰登堡协奏曲　关键词：惊喜　幸福

在 9 月 28 日那个阳光明媚的午后，谭主任叫住刚值完中午长班的我，望着她美丽脸庞上那温柔的笑容，莫非有什么大事发生？一句悦耳的声音进入我耳畔，"睿，你当选为十月的执行校长哦！"从来没想过执行校长这样光荣的重任会交到我的肩上，"是我吗？真的是我吗？"惊讶和欣喜一并涌上心头，这是学校和同事们对我的无比信任啊！惊喜、兴奋过后随之而来的是紧张和压力，本月的主题是什么？我能给学校和孩子们带来什么？困惑中付校轻轻地问我："你的执教梦想是什么？你能实现孩子们怎样的梦想？"我豁然开朗，音乐是我毕生的追求，为孩子们搭建一个展示艺术才华的舞台是我最大的梦想。

"放飞梦想，我最闪亮"这句激情四溢的口号是我十月的主题，围绕主题开展怎样的活动呢？我和音乐组的伙伴们开始了创意无限的策划，一个大胆的想法在我头脑中闪现，能不能采用孩子们最喜爱的选秀节目的方式在学校里开展全员大参与的音乐活动呢？一个颇具新颖的创意——《音乐互动秀秀台》新鲜出炉啦！异常兴奋的我开始了执校前的第一次加班，认真细致地设定活动方案，第一步：班级海选——让每个孩子都能站上舞台展现自己心中的音乐；第二步：精彩复赛——各班的音乐精英将给特邀评委们带来丰富多彩、精彩无比的音乐享受；第三步：快乐决赛——为十强选手拍摄参赛短片，以节目的方式向全校展播，由孩子们自己投票选出心目中最闪亮的明星！

方案初稿出来后离国庆放假只有两天了，我紧锣密鼓地开始了就职宣言及活动开幕的准备和排练，和邹晓敏老师一起讨论发言稿，和龚侠老师一起排练开幕歌曲，和付槐炳老师一起剪辑音乐……同事的支持、团队的力量让我忙碌并幸福着，在放假前的那一个下午，我做好了最后的准备，用难以言表的心情等待着激情十月的来临。

第一乐章——春之声圆舞曲　关键词：激情　快乐

国庆 7 天的假期转眼就过去，走进校园看到校门口精心制作出来的十月执行校长宣言展板的时候，都还觉得那简直是个梦，当站在旗台上宣布自己的就职宣言并演唱《音乐互动秀秀台》活动主题曲的时候我确信美梦成真！

从宣布《音乐互动秀秀台》活动拉开序幕起，心里的那块大石头就悬得老高，紧张孩子们会认可这个活动吗？会乐于参与吗？当孩子们围着我七嘴八舌地说才艺、谈想法时，我有了久违了的激情，设计活动海报、制作海选报名表、鼓励孩子自信地参加比赛，所有的准备工作有序地进行着。周二下午班级海选在班主任的大力支持和孩子们的热情参与下拉开了序幕，每个班的黑板都被精心装饰，每个孩子都跃跃欲试、倾情参与，唱歌、舞蹈、民乐、西洋乐器，个个有模有样、才华横溢，我能感受到从教室里音乐传递出的快乐，艺术的魅力在这一刻淋漓尽致地释放、感染着每一个孩子！班主任都问我说："每班只能有一个名额进入复赛吗？所有节目都很不错啊，真是难以取舍呀！"是的，惊讶于孩子们的优秀，其实结果并不重要，让每个孩子都能发现自我、展示自我才是这次活动的目的，相信音乐会在孩子们的世界里传递快乐。经过筛选，一共有 39 个节目进入了复赛，周五我紧急召开了复赛动员会，按类把节目分成了 6 组，并组织孩子们抽签和填写复赛登记表，鼓励他们认真准备，展现自己最亮的一面，看着孩子那因为兴奋而微微泛红的小脸，我的心也跟着激动起来。

第二周，复赛轰轰烈烈地开始了，音乐组所有人员全体出动，担任评委，比赛是那么的精彩纷呈、扣人心弦，瞧，古筝组的孩子们上场了，如水般流淌的琴声忽而活泼灵动忽而深邃悠长，真是抚琴一曲，叹尽古往今来；接着是琵琶组的表演，在《春江花月夜》里遥望着《阳春白雪》，那真是"大弦嘈嘈如急雨，小弦切切如私语。嘈嘈切切错杂弹，大珠小珠落玉盘"；钢琴组的表现也不弱，手指在那黑白的琴键中快乐地跳跃，音符从指尖倾泻而出，徜徉在美妙的音乐之中令人流连忘返；声乐组更是人才济济，美声、民族、通俗，好一个"我型我秀"。真是余音袅袅、不绝如缕啊！最夺人眼球的是舞蹈组精心装扮的孩子们，不管是"伦巴""恰恰"的时尚热情、"印度风情"的柔媚奔放，还是"民族舞"的含蓄蕴藉、行云流水，都获得了最热烈的掌声与喝彩；当然还有具有迷人知性气度的乐器之王小提琴、古韵悠长的竹笛和有着忧郁气质的民谣吉他……我和音乐组同伴们陶醉了四天，每天我们都被孩子们的快乐音乐包围着，我们也被这种氛围感染着、幸福着，一张张专注于音乐的小脸，一颗颗执著于艺术的恒心，我衷心祝愿他们能有一个灿烂辉煌的未来！

音乐老师张睿睿校长的音乐秀秀台活动

　　经过一个星期的精彩比赛，十强选手脱颖而出，当通知他们周日上午到校拍摄短片时，孩子们雀跃不已，我心中却忐忑不安，因为这是我的第一次拍摄工作啊！熬了两天，晚上，我理出了一个具体流程以及以什么方式呈现内容的大纲，心中对整个拍摄过程有了底，星期天上午我手拿借来的摄像机顺利地完成了所有孩子的节目拍摄，回家连夜进行剪辑和片头片尾的制作，深夜，揉揉酸痛的肩膀，看着做好的短片，一切辛苦都烟消云散。

　　第三周的星期二班队会上，我精心制作的决赛短片通过精灵电视台在全校展播，所有孩子的眼睛都紧紧地盯着电视屏幕，看到身边熟悉的同学在电视上的精彩表演，大家都给以热烈的欢呼，并选出了自己心目中最闪亮的明星！

第二乐章　关键词：接待　自豪

　　草小的每一任执行校长都会在自己的任期内参与学校的接待工作，当然我也不例外。这个星期三"全国著名小学办学展示会"将在学校召开，接到任务的同时还得到了教师执行校长代代相传的接待秘籍——校园文化解说词，因为艺术楼和校门的新建，我加班加点地进行了修改，并连夜熟悉新的解说词，第二天一早我与蓝校、付校一起接待了一行一百多位来自全国各地的校长，由于第一次参与接待，心里难免有些紧张，不过在自己熟悉的校园，看到蓝校鼓励的眼神，紧张感在解说中慢慢消退，随之而来的是一种自豪感，为草小有着深厚的文化底蕴而骄傲，为自己身为草小人而自豪。解说的过程是幸福而短暂的，到了好雨轩后，我将话筒交给下一位解说老师，陪同着参观团，一路听着精彩的讲解，我更加深刻地感受到了诗意校园的魅力，体会到了校园文化建设中蕴藏的丰富内涵，我想每个到过草小的人都会感动于她的美丽，折服于她那书香飘逸、诗情荡漾的校园文化氛围吧！

第三乐章　关键词：团队　合作

　　小溪只能泛起破碎的浪花，百川纳海才能激发惊涛骇浪，个人与团队关系就如小溪与大海，音乐组一直是个团结、充满活力、干劲十足的团队，当我成为执行校长后，虽然倍感压力，但并不孤独，因为我身后有音乐组同伴的支持和鼓励，这个十月我们手拉手一起走过，从活动的策划、方案的设计到各项环节的准备实施，大到牺牲休息时间当评委，小到各种道具的摆放，大家同心协力全程参与。

　　个体的力量是单薄的，在这个越来越重视团队、合作、细节的时代，我们应该与人合作、与人分担，突破原有的自我融入团队中，大家相互扶持，相信只有依靠团队合作的力量才能够创造奇迹。

第四乐章　关键词：发现　成长

　　"让教师自己成就自己，让教师自己发现自己"，这是教师执行校长的秘密，我给了学生展示自我的机会，学校给了我梦想成真的舞台，我挑战自己，超越自我，这一个月我有了另一种生命存在的姿势：精心细致地策划、安排每个活动环节，恍惚自己就是某某电视台的制片人，有着无比的激情与创意；学习图片制作软件，一边看书一边自己设计制作活动海报，像个广告界人士一样为每个新创意而雀跃不已；过了把导演瘾，从拍摄、剪辑到后期制作，像孕育新生命一样，分娩出自己第一个短片作品，尽管它有些粗糙，但我却爱不释手，一个月的校长生涯，我的激情与潜能被最大限度地调动，我认可了自己，相信了自己。

我成为发现自己的教师，成为有着成就感与自信心的教师，成为有着生命活力与厚度的教师，回首十月，我幸福地发现着，快乐地成长着……

尾声　关键词：感动　感激

这是难忘的十月，执行校长这闪亮的舞台上承载着我织梦的勇气与成功的体验，唤醒了自己沉睡已久却一直萌动的那颗赤热而激情的心，领导的关怀、同事的齐心协作、孩子们快乐的笑脸让人感动，有那么多事让人感动，有那么多人需要感激。

2008年5月的执行校长王静，在任职期间正好遇上了"5·12"特大地震，于是，这成为她永生难忘的一次记忆：

语文老师王静校长的爱心捐款活动

那一刻　我们在一起

——五月教师执行校长总结

执行校长：王静

四月的下旬，一个平淡无奇的上午，当谭主任微笑笃定地走近我，我知道我迎来命定的五月，只是我不知道，这是怎样的一种成长和蜕变，到现在，回过头来看走过的路，我才知道，它注定是我生命中难以磨灭的记忆。

（一）在平静中感受温馨

芬芳的五月，注定了她满溢着香气。呼吸着校园里的气息，看着小朋友们的笑脸，我想把这月的主题定为"吹响文明集结号"，让一个个文明小习惯也在这样美丽的季节悄悄走进孩子们的生活。

自从第一次站上旗台进行执校宣言后，我的心里一直涌动着一种激情，脑海中不断闪现着同一个问题，用什么样的方式才能让孩子们真正理解"文明"这个抽象的词语，怎么样才能让孩子真正留意到身边的文明小事。几经斟酌后我决定拍一个小小的短片，用现身说法的形式让孩子们留意到身边的文明小精灵。在准备了文明小红花，确定了侦察员后，我们在校园里开展了行动，经过明察暗访，发现了学校里许多讲文明的乖孩子，也让他们作为校园模范，带动大家也来向他们学习。在执校宣言的第二周，蓝校长突然收到了一封来自西藏的感谢信，这满溢着真诚的话语，是为了感谢一位捡到钱包却不留姓名的草小一年级小朋友。这不正是我们草小的一朵文明之花吗？经过多方察访，我们终于找到了这位小朋友——一年级三班的程洁仪。在第二周的集体朝会上，蓝校长亲自上台给程洁仪小朋友颁发了学校的"校园温暖小精灵特别证书"，并号召大家向她学习，成为一位好品质的孩子，让草小的每一个角落都开满文明之花。

（二）在不平静中感受感动

我以为这样的一个五月，会在甜蜜温馨中结束，会这样平静而忙碌地一如往常，却没有料到，突如其来的灾难让这个五月成为不一样的记忆。在 5 月 12 日这天下午，全校师生都像往常一样安静地在教室里上课，突然间，教室的地面开始摇晃起来，墙壁也发出奇怪的声响，当所有的师生被安全转移到操场上以后，望着仍然在颤动着的教室玻璃，我们才在惊魂未定中明白，这确实是一场地震。在操场上，孩子们是惊恐的，老师们表现出了无比的勇气和爱心，他们用自己温暖的话语和自己的温暖怀抱给孩子们撑起了一片安宁的天空。那个场景是温馨动人的，谁都没有想到用照相机去记录下这感人的瞬间，但这一幕幕却永远留在大家的心里。

在那一刻，其实我们还没有真正明白，幸福和痛苦仅有一线之遥，在了解这次地震的情况以后，我们才感到，我们是多么的幸运。地震过后，每个人都像劫后余生，在关心自己的同时也迫切地想给受灾严重地区的人们贡献自己的一份力量。因此，我们策划了一次名为"1900 颗心、1900 双手，同一个行动"的爱心捐款活动，希望尽力给人们最大的希望和帮助。捐款活动前的策划和排演是紧张而激情的，每一个到现场的老师和孩子都一遍一遍地认真走场。进行诗歌朗诵的黄莉老师和王俊老师边排演边讨论，力求达到更好的表演效果。这一次的活动，对于第一次参加学校策划活动并担任主持的我来说更是新鲜的。没有策划经验，没有主持经验，担心现场达不到效果，我甚至有了打退堂鼓的念头。我至今仍记得付校对我说："我们一起做"，何主任对我说："你一定行"，就是这样简简单单几句话，让我感觉到我们是在一起的，让我打消了后退的念头，全身心地投入到活动的组织策划中。募捐活动当天，国旗班的孩子们降了半旗对遇难同胞表示沉痛哀悼，在孩子们《让世界充满爱》的轻唱中活动正式拉开了序幕。接着，我和三位老师一位家长一起讲述了这次抗震救灾中温暖人心的小故事。沉痛而低回的声声诵读，在学校上空飘荡，当刘奕老师哽咽地讲出最后一个事迹时，孩子们和老师的眼圈开始发红。当蓝校长走上台来和大家说心里话，当《孩子快抓紧妈妈的手》诗歌表演完后，台上台下已经泣不成声，整个捐款活动达到了高潮。随后，代表着全校 34 个班级的 34 盏心灯围成一个心的形状，为受灾的人们祈福。最后，全校老师进行了捐款，把爱心投进了捐款箱内，值得一提的是，一年级一班一个孩子的外婆在校门外观看了捐款活动后，执意要捐 500 元。据统计，那日的全校教职工捐款共计 3 万余元。从捐款活动当天起，全校的孩子们都陆续进行了捐款，他们把自己舍不得花的零花钱全部拿出来，想帮助灾区的小朋友，看着他们稚气的小脸蛋，每个老师都为之动容。最后，全校师生共捐助灾区 17 万 6 千余元。学校还同时进行了捐书和捐物的活动。孩子们大包小包提着崭新的跳棋、练习本、铅笔和自己亲手在扉页上写着祝福的新书，满脸幸福地交到班主任处，期盼着受灾的孩子能早日看到自己的祝福话语，能用上自己捐赠的文具。

在不知不觉中已经到了五月底，一年一次的"六一"国际儿童节在这个不平静的日子准时到来。和以往的"六一"国际儿童节不同，如何让孩子们在这个特别的时刻过一个特别的节日成为我们思考的问题。最后，学校决定以每个班级为单位组织一个名为"放您的爱在我手心"的特别感恩班队活动，让孩子们能用自己的方式感谢那些在抗震救灾中做出贡献乃至献出生命的"最可爱的人"。听到这个消息后，大家很早就开始了准备，从班级的黑板美化到送礼物纸袋的美化，每个老师都付出了许多心血。星期五那天，许多孩子在观看完捐助 DV 后开始专心致志地做起感恩礼物来。他们的每一笔每一画都很细心，用小剪子一夹一夹，做出了美丽的图案，

语文教师王静校长的"5·12"赈灾捐物活动

写上了最亲切的话语。最后，每个年级都分别把这些孩子们的心血送到了消防救援人员、警察、医护人员的手中。当我、张盼和黄英杰老师也代表一年级小心翼翼地把这些卡片送到省医院的医护人员那里，当他们惊喜地用双手接过这些礼物时，我分明看到，他们的眼里带着疲惫却含着笑。孩子们的小小心意，甜蜜了他们的心田，也让这个"六一"变得如此与众不同。

不一样的感悟：

走过五月，在不一样的经历中成就自己的成长，突破自己的第一次。这个五月，许多人和我在一起，许多小我和大我在一起，我们和灾区人民在一起，我们也和全国人民在一起。在这一刻，我们都不孤单，这一刻，我们才真正明白，成长的真正含义。

年轻的朱晓梅老师这样描述她眼中的执行校长制度：

对草小来说，我是一名教育教学上还显稚嫩的青年教师；对我来说，草小是一个梦想，一个神话，一个更广阔的天地和舞台。因为在这里，你可以充分展示自己的教育梦想，执行校长制度——就是这个舞台的压轴大戏。

短短的五年时间，草小从打造到鹤立于众多小学之间，再到与其他历史悠长的名校平分秋色，它的迅速崛起与令人惊讶的成功，使坊间多了许多传说与猜测：那里的老师教学能力非常强；那里的老师特别敬业爱生；那里的学习环境和氛围特好；那里的竞争很激烈……作为一名亲眼见证了学校发展的草小人，我真切体会到它的多彩与快乐，它的付出与收获。因为这里的每一个人努力着，付出着，更是时时被感动着，感慨着。

一所成功的学校背后，一定有着一个强大的团体，而草小背后那强大的团体则是——全体草小教师。开学时，干净的教室，整洁的桌椅，统一醒目的欢迎词，都是年级分校的老师一起出谋划策，协作分工，共同完成的；放学后，大部分学生走了，教室里的灯光还亮着，老师牺牲休息时间，义务辅导班级的潜能生；一年级学生的字写不规范，老师手把手地教。一切都做得那么淡然，没有抱怨，没有不甘，草小老师的敬业，感动着我，也鞭策着我。

在分校里，你不用害怕做得不够好，担心不为同事认可。因为每一个伙伴，都会用自己的真诚抚平了你所有的忧虑，每天来到学校，迎接我的是盈盈的笑容，是亲切的问候，一天的工作就在这笑意中自信满满地开始。"这件事做好了吗?""我可以帮你!""有什么问题吗?"人与人之间最珍贵的关爱、互助、团结就这样静静地流淌在几句淡淡的询问中。赛课、研究课是每一位老师最紧张的事，也是感到最无助的时候，可是在这里不会。同年级的老师帮你做课件，一次次听你试教，诚恳地说出自己的看法，指出你的不足，细到一句话一个动作。这时，你不会觉得是在孤军奋战，因为你的后面有一群好老师在帮助你、支持你。正是在这样细致的"磨课"中，我感到一学期下来自己的课堂教学精进了不少。在朝夕相处中，老师们的言行使我想到了"精诚合作""众志成城""坦诚相待"，想到了许多许多……

还记得有一句深入人心的公益广告语"心有多大，舞台就有多大"。草小的校园并不大，但她能包容你个性的思想，给你机会，为你搭建平台，放手让你尝试。因此，在草小，只要你敢想，有思想，并努力去做，一定会在人生的大舞台上找到自己的位子，演绎好自己的角色，取得意想不到的收获。时时感动于同事们的敬业，感动于同事们的真诚，感动于同事们的精益求精，更感动于整个学校浓郁的开放、人文，充满活力的氛围。正如草小校标上那只形如"C"的雏鹰，展翅奋飞在蓝天之上。

类似的感悟，类似的成长，在每一个草小老师身上发生着。而前文提到的龚轶老师，来草小工作仅两个月，就被推举为十一月校级教师执行校长。小伙子激情满怀，学音乐，尤其酷爱指挥的他把就职仪式搞成了"小合唱"，告别总结则别出心裁要弄一个《艺术人生——走近龚轶》。面对这任教师执行校长的创新想法，花之语团队再次鼎力配合，校长谢嵋更是担当了《艺术人生》节目的主持人，并且坚决设计了几个环节，一定要让这任教师执行校长在全校教师面前说出真心话，而且，要让他流泪。

谢嵋成功了，龚轶也成功了。当天的告别总结里，龚轶说："我曾经想做一名演员，让我的歌声留在每一位听众耳里。但我最终选择了教育，沉淀于幕后。因为我想把我所学到的所有知识交给我的学生，让他们在这人生的舞台上去展示自己，传递我的声音。"听了这番话，不少老师掉泪了，坐在台下的我也哭了，这是小伙子的成功，更是学校的成功，因为我们又一次成功地"拥有"了一名优秀的教师，一个愿意以心换心的教师，一个经历了感动、懂得感恩的教师。

老师的素质并不一定是显性的。让教师素质有释放与展示的机会，要给他们舞台，要给他们权利，要让他们梦想成真。素质教育应该是对人给予最大尊敬与赏识的教育，在"你"还没有认识到自己的时候，"我"就以认可的姿态发现了"你"，并且相信了"你"。校级教师执行校长制度给了梦想一个大舞台，让每一位老师都有参与学校管理，体现自我价值的机会，他们在舞台上极富个性与创意地书写着自己的教育梦想。

执行校长搞的活动，放在原来都是学校行政出面组织、号召，现在，这些事都由执行校长亲自来统筹。一边是学校正常运转的行政机构，一边是为教师实现自我理想与价值的校级执行校长特设岗位，就这样在一所学校里和谐共存、相得益彰。让教师当"校长"参与学校管理，不仅仅成就了教师自己，也给学校的管理注入了新鲜的血液。

"当执行校长是在圆梦。"有老师这样评价说。圆梦，圆一个教师自我、自在的梦，为自己，也为背后更多作为"普通"一员存在于校园的教师们。一所能够让教师实现自我价值、获得自我认同、群体欣赏的学校，也一定是一个能够让孩子们、家长们圆梦的地方。

"不知道怎样把大家的事当成自己的事，不知道怎样把自己的事当成大家的事，不知道怎样领着大家一起去做事。"这曾是最初几位执行校长的困惑。现在，这些困惑在实践中已经找到了答案——感受压力，依靠团队，学会创造，懂得珍惜。

在实践中，担任执行校长的老师们发现，凭借一己之力获得成功几乎不可想象。所以，通过协调与磨合，今年以来的每个校级执行校长背后，开始出现强大的"亲友团"，即他所在的年级组、学科组。为了让自己推出的执行校长闪亮登场，圆满谢幕，每个年级组、每个学科组都群策群力，竭尽所能。同时教师执行校长在"执政"期间与领导者真正成为工作的伙伴，在共事一个月的时间里大家相互了解，彼此沟通，心与心贴得更近了。

　　个体的素质是单薄的。在这个越来越重视团队、合作、细节的时代，教师应该具有与人合作、与人分担的素质。创设一个开放的平台，让教师通过管理进行角色的转变，突破原有的自我，投入全新的团队，在大家的相互扶持下去圆梦，让整个学校都充满活力。每月民主选出一个执行校长，其实也就轮选出一个小型教师管理团队，说是发动一个人，其实也全面发动了十余个人。想一想，十余个人精诚合作，全校师生呐喊助威，学校上下齐心协力，能够为孩子们奉献出多么精彩的创意、多么丰富的校园生活？素质教育就在这种创意和丰富中悄然结果：成长每一个孩子，成就每一位教师，一所原本普通的学校也成为今天一所点击率很高的学校。

　　教师执行校长制度给教师一个可以天马行空的舞台，给他们一个可以紧密团结的集体，让他们不断感受到成功，感受到尊重，感受到机会的存在与努力的重要，通过努力，把自己的梦想变成现实。

　　教师执行校长的工作之所以能够顺利地开展，除了与学校的配合、老师们的合作有不可分割的关系之外，还因为他们拥有一个"秘密武器"，这就是我们的学生执行校长。

四、小校长搭起彩虹桥

（一）我们用童心看世界

　　小学生对自然现象和社会现象总是充满了好奇，他们对社会具有责任感的雏形，对周围事物经常会发出疑问，例如他们听故事总是要问"后来呢"，对结果总要追问"为什么"。但很多孩子随着年龄的增长，问题不是越来越多，而是越来越少，这是为什么呢？原来孩子的心理受到了压抑，这种压抑不是他们的天性，很大程度上来源于家庭和学校中的不平等意识。这种不平等意识必然造成教育观念的陈旧，同时抹杀了受教育者的主体地位，泯灭了小学生的个性，扼杀了他们的创造性。我们常常说学生是学校的小主人，那么作为主人就应该有自己的权利和义务。可是学校总是强调学生所要履行的义务，要求孩子遵守这样那样的规章制度，却往往忽略了学生应该拥有的权利，这显然是不平等的。传统的以规章制度为中心的"刚性管理"方式，学生参与程度远远不足，压抑了学生的自主、自理、自治能力的发挥，不利于现代人素质的培养，同时也容易使学生产生逆反心理而导致一些负面效应；而"以人为中心"的"柔性管理"方式则是在研究孩子的心理和行为规律的基础上，采用非强制性方式在孩子心目中产生一种潜在的说服力，从而把学校的意志变为孩子的自觉行动，这种方式还具有情感性、亲和力和人文色彩，为我们进行小学生素质教育，培养学生积极性和主动性，充分开发和挖掘学生的潜能提供了有益指导。看来现代备受推崇的"柔性管理"方式也应该引入我们的校园，可是如何引入？怎样实施？这又成为我们亟待解决的难题。

学校里发生了这样一件事情：有些男孩撒尿总是搞恶作剧弄得地上到处都是，这下卫生间里臭气熏天隔老远都能闻见，这和刚装修好的美丽幽雅的环境极不搭调。学校对这尴尬的事情不得不严肃地三令五申，可是一点儿也不管用。一天，一个孩子告诉我们："能不能在小便池里的墙壁上贴一些花花草草的图案，让男孩们来浇灌，这样既好玩又保持了洁净。"听到这个有趣的金点子，我们马上按照他的想法布置实施，结果立竿见影，情况大大好转了！

即使是蹲下来和孩子看世界，没有一颗童心，我们看到的仍然是自己眼里的世界。为什么不用一颗童心来看世界呢？孩子的想象力和创造力是无穷的啊！让孩子真正成为学校的主人，让他们创新管理方法、学会自我管理，这不正是我们所追寻的"柔性管理"方式的切入点吗？恰逢学校大力推行民主管理，每月都会有一名教师被选为执行校长来直接参与学校管理工作，于是一切都顺理成章，我们想到了每月同时选出学生校长来参与学校部分管理工作：比如发现校园里的新问题；征集孩子们的意见和建议；指导学校小精灵队伍的工作；负责学生来信的回复等。我们决定在五六年级各班竞选出一位学生校长，在教师执行校长的指导下轮流负责每周的工作。

（二）民主意识在这里发芽滋长

孩子们得到公选学生校长的消息兴奋极了，能当上"小校长"那多神气啊！各班的选举活动都搞得像模像样，六年级三班的竞争最为激烈。班上先选出了五位候选人，这五个孩子不仅进行了充满自信的演说，还即兴表演了自己的特长：唱歌、舞蹈、诗朗诵，出色的表演赢得了台下一阵阵喝彩，真是个个都不简单啊！投票开始了，同学们轮流上台将自己慎重的一票投入竞选箱里。紧接着开始唱票，唱票员每唱一票，记票员在黑板上相应的名字下记上一画，下面的孩子就欢呼一下。激动人心的时刻到了，在同学们热烈的掌声中，小校长产生了！在主持人的邀请下，我们的小校长从容地走上讲台开始回答下面同学的提问：

"请问有同学打架了，你去劝，他们不听你的，你怎么办？"

"如果是那样，我会请老师来一起解决这个问题。"

"如果你收到一封反映你工作做得不好的来信，你会和其他的来信一样回复并公布吗？"

"那封来信上说得有道理的话，我会十分感谢来信的同学，我当然要把它公布出来，这样大家才能看到我工作的进步……"

所有的程序从头到尾都是孩子们在操作着，老师只是微笑着注视着这一切。民主意识在这里发芽、滋长着，孩子们的智慧、热情和才能得到了充分地发挥。记得一位资深教授曾这样说："把他们的智慧、热情和才能都充分发挥出来，这是办好一所学校的关键所在。"是啊，学校作为培养高素质创新型人才的基地，其深厚的校园民主氛围，对学生现代公民素质的养成是至关重要的。

（三）属于孩子们的世界不是只有童话里才有

学生校长的就职仪式十分庄严，在主席台上，我们的小校长李甜甜面向全校学生做了就职宣言："在上个星期，经过老师、同学们的民主选举，我光荣地当选为本月的执行校长。我知道这是大家对我过去工作的肯定，也是对我新工作的支持与信任。我作为执行校长，一定会全心全意为大家服务。新学期，我们看到了焕然一新的学校。同学们，能在这样的环境里学习和生活，是多么幸运啊！我们应当随时随地想一想，自己的言行举止是否能与这美丽的校园相匹配。在这里，我对全校同学提出倡议：亲爱的同学们，让我们一起行动起来，爱护校园里的一草一木、一砖一瓦，让我们用双手为校园增光添彩，做一个合格的草堂小学子吧。"在掌声和欢呼声中，同学们一起高呼："李校长好！"小校长的眼睛里闪着激动的泪光，原来这属于孩子们的世界不是只有童话里才有。

一开始小校长的工作进展得并不顺利，不知道如何处理好学习和工作之间的矛盾。比如，课间既要去检查精灵队伍的工作又要到自己的执行校长办公室去做接待工作，另外班上还有属于自己的事情，简直是分身乏术。后来在教师执行校长的指导下，本月的四个小校长在一起共同商量拟定了学生执行校长工作职责，还确定了工作方案：①本周校长重点负责帮助和指导学校四支精灵队伍的工作，同时做好学生校长工作日记。②下周校长在执行校长办公室值班，做好失物招领工作，整理校长信箱里的学生来信并及时交给本周校长予以回复。③其他两名小校长要注意及时发现校园的新问题；收集来自大家的意见和建议并向本周校长汇报。

方案确定后，小校长们的工作开展得有条不紊。他们直接向校长反映了孩子们的心声，提出了很多好的建议：例如建议在学校锦水苑的池塘里养一些小鱼；建议学校在天气暖和的日子尽快组织秋游活动；等等。我们对这些合理的建议一一采纳，孩子们别提多高兴了，在他们的心中小校长自然功不可没。这样学生校长在孩子们心中越来越有威信了，同学们有什么心里话、好主意都愿意向他们说，校长信箱里的学生来信也越来越多了。有一封手工制作的小巧的来信这样写道："我们是三个二年级的可爱女生，有几个大哥哥老是欺负我们。"小校长这样回复："小妹妹，你们好！很高兴收到你们的来信，我一定会好好批评欺负你们的那几个大哥哥的！"还有一封没有署名的来信上说："希望可以把做操的铃声和下课的铃声对调一下。"小校长回复道："请你写清楚对调的理由后，我们再商量好吗？"看来，我们的小校长有自己的主见，工作一点儿不含糊啊！不仅不含糊他们还有自己的一套"作战方法"呢。

有一天小校长郭力维发现男厕所的台阶上有一滩尿，他十分气愤，决心要处理好这件事情，于是……

2005 年 10 月 26 日　第三天　天气：阴

在家中我早已拟订好了"作战计划"，所以一大早我就从容不迫地走进厕所，装作一个为某件事情焦头烂额到处走动的平凡学生，但时常瞟一下我的旁边看看情况。哈哈！这种方式果然奏效，第 2 节课间，我就抓到了那位迟迟不露面的"神秘人物"。一抓住他我便问："请问你为什么要这么做?""为什么要这样"等一大串问题,他一下也愣了。然后慢慢地吐出两字"好玩"。

我一听这回答差点儿被气死!随后我对他进行了批评教育。看着他的眼睛已闪着泪花,我便没有再说什么了,让他回去了。

——摘自《学生执行校长日记》

(四) 让孩子们自己搭起一座彩虹桥

小学生当上执行校长这个消息很快引起了社会上的广泛关注。《成都日报》《华西都市报》《教育导报》都纷纷对此事进行了报道,四川电视台还对学生执行校长进行了专访并对小校长的一天工作进行了实录。面对记者们的采访,我们的小校长充满了成就感。

2005 年 10 月,四川电视台对我校学生进行了专访,并记录了学生执行校长郭力维一天的工作和生活,记者与小校长进行了这样一场对话:

"平时同学们叫你郭校长吗?"

"一般不,我还是习惯大家叫我郭力维。因为我毕竟还是小学生嘛。"

"你觉得当校长辛苦吗?"

"是的,很忙很辛苦。玩的时间比以前少多了。"

"那你后悔当校长了吗?"

"不后悔啊,能帮同学们做一些事情是十分开心的。"

"你最有成就感的一件事情是什么?"

"我提倡大家上下楼梯要轻声缓行,经过努力,我做到了!"

"你觉得有了学生校长以后,给同学们带来哪些好处?"

"以前大家有些心里话不方便说出来,现在好了,可以和我们说,大家都是学生,所以互相都理解。"

"以后你还想当这个小校长吗?"

"想啊,就是不知道下次还能不能当选。不过把机会留给其他同学,让大家都得到锻炼我也是愿意的。"

通过对小校长家长的访谈,我们了解到家长们都十分支持学校的这项活动,他们为自己的孩子能当上学生执行校长感到高兴和自豪。他们认为这项活动让孩子得到了多方面的锻炼，培养了孩子的爱心和责任心，提高了孩子管理和自我管理的能力。家长们还对这项活动提出了一些宝贵的建议。

甜甜自从当上学生校长之后责任心变强了，能设身处地地为同学和老师着想，工作和组织能力也增强了……我们感到很自豪。

——爷爷　李云生

很高兴、很欣慰，没想到他也可以当上校长！我觉得学校这种从学生中选拔小校长的方式不错，让学生有机会去体验学校管理，同时也把最基层的学生意见反馈到学校，既有助于提高学校管理水平也有利于提高学生能力……

——妈妈　熊桦

梅梅能当上小校长我们全家都很高兴，我们一定支持她！希望她通过做校长能发现自己的不足，不断进步……学校这个活动办得很好，感谢学校给了孩子锻炼的机会！

——妈妈　程翠英

我感到很荣幸，感谢老师能给他这样一个锻炼的机会，我们会尽力支持他的工作……我觉得一周如果有两个学生执行校长就更好了，这样两个人可以互相帮助、齐头并进、相互提醒，把工作做扎实！

——妈妈　全春霞

苏联大教育家苏霍姆林斯基说过："我敢拿脑袋担保，如果学生不愿意把自己的欢乐和痛苦告诉教师，不愿意与教师开诚相见，那么谈论任何教育都总归是可笑的，任何教育都是不可能有的。"教育直面鲜活的生命，我们应站在珍视每个生命价值的高度去关爱每个孩子的成长。在理解、平等、民主、宽容之上，让我们来编织情感交流的纽带、来构建心灵沟通的平台，让孩子们自己来搭起一座彩虹桥，这彩虹桥连接着孩子和老师、孩子和领导、孩子和校园、孩子和社会、孩子和未来……我们相信这座彩虹桥承载着的是无数个梦想、无数个希望！

五、争创好习惯，成就好人生

现在，我经常对人说：如果没有了执行校长制度，我真不知道学校的工作应该

相互评议——为习惯连锁店充值卡充值中

怎么运行，这里面当然也包括学生执行校长制度。

　　学生执行校长固然是教师执行校长的好帮手，但是，每次当选执行校长的孩子毕竟是少数，而且由于年龄的原因，学生执行校长仅在高年级学生中选举。而对占绝大多数的其他孩子的行为习惯培养，光靠几个执行校长显然是不够的。因此，2004年秋季新学期，我刚刚出任草小校长，开学典礼上就由大队部掀起了争创好习惯行动，热热闹闹地在学校成立了我们的第一个学生社团——习惯连锁店，旨在养成学生良好行为习惯，激励学生在活动中体验成长，学会做人的学生社团。抓住学生思想道德建设的重点，重点进行讲文明、讲礼貌、爱劳动、爱集体的教育，养成良好的生活习惯、学习习惯、日常行为习惯等。好习惯争创活动通过少先队工作形成了强大影响力，在少先队组织内由少先队员、辅导员和少先队工作者共同营造出一种基于共同的价值追求和养成良好习惯理念基础上的精神默契。

（一）尊重学生主体性，习惯连锁步步高

　　建立习惯连锁店自主的管理体系：习惯连锁店的设立采用大队、中队及队员个体的三级管理。设学校大队部为习惯连锁总店，各中队则成立各自的习惯连锁分店，队员们则是本分店的会员。各中队集体创意的设计各自分店的店名、店招、行动口号、习惯评比栏；民主选举各分店店长；制定各学月要争创的好习惯；建立适应本店实际情况的评价运作模式。每个队员则创意和个性地设计自己的习惯充值卡，在这张小小充值卡上包括所在分店店名、行动口号、本学月要争创的好习惯内容及评

价栏自留地。

根据各中队的实际情况及年龄特点，诸如顶呱呱习惯连锁二五分店、放飞希望习惯连锁三四分店、精灵鼠习惯连锁三五分店（本中队所有队员均属鼠）、小鬼当家习惯连锁五一分店、60空间习惯连锁六二分店（本中队由60名队员组成）、童年足迹习惯连锁六五分店等在队员们的期盼中、欢呼声中、自主策划中相继宣布开张成立了。

（欢乐直通车习惯连锁五三分店的精彩记录）2004年9月，金色的季节里，我们迎来了新的学年。在开学典礼上，一个大大的惊喜送到了我们面前："习惯连锁步步高——草堂小学习惯连锁总店"开张了！带着几分疑惑，带着几分期许，更带着几分喜悦，我们搭建起了自己的习惯连锁分店，并为它取了一个喜气洋洋的名字："欢乐直通车"，喊出了一个响当当的口号："好习惯，我最多！"

（百灵之声习惯连锁二五分店的精彩记录）学校的"习惯连锁店"的开张，从我们心里激发起一种动力，在我们的眼中养成好习惯不再是无味的说教，而是像在银行存款那样日积月累，越存越多，心中的自豪感也由此增强。最后，还可以以星级会员的方式展现出来，这能使我们更加直观地感受到好习惯带给我们的幸福了。

（习惯连锁一五分店的精彩记录）在开学典礼大会场，蓝校长亲自为"步步高"习惯连锁店剪彩、致辞。全校师生为之振奋。每个班级成立"习惯连锁分店"，每一个班级的学生为自己的"习惯连锁分店"取有特色的店名、口号，制定争创点，设计充值卡。有这样的"好习惯我养成，我进步我快乐"的氛围，我们能不养成好习惯吗？

1. 童趣的运行，自主的管理，完整的体系

活动开展以来，孩子们完全被迷住了，不断地努力为习惯充值卡充值，这种精神需求上的主动参与，促使孩子们积极地参与、创造性地参与到连锁店的各项活动中来，在活动中自主管理、不断进取。比如第一学期连锁店开张时，为熟悉摸索最有效的争创评价模式，我们每月总是全校集体制定一个主题的好习惯争创点。这样运行了一个学期后，就出现了较为明显的个体差异，为尊重满足学生的需要，第二学期，学校习惯连锁店就实行了三级的好习惯争创点，更新完善着习惯连锁店的自主管理体系。老师每月注重对学生进行某一两个方面的行为习惯的养成教育，这样目标明确，有的放矢，目标的达成率会相对提高。况且每月的行为习惯争创点是同学通过民主讨论商议决定的，同学对此熟悉、了解、得到认同，这便有了行动的自觉性和主动性，所以行动起来也不盲目，加之同学的行动情况要进行评比，这更促使整个集体呈现出一派比、学、赶、帮、超的积极向上的态势，使学生的积极性得到大大地激发和提高。然而从争创活动的推行来看，我们也同样深刻地认识到就小学生本身而言，身心仍然存在自制力薄弱等情况，他们有时也想遵守规范，却因身心不够成熟而违背了自己的意愿与初衷，所以必须针对好习惯的争创进行反复强化。

（习惯连锁三五分店叶华老师的精彩记录）每个月要争创的好习惯变为了三级，即孩子自主确定的个人争创点，本分店成员共同商量的班级争创点和学校大队部习惯连锁总店确定的校级争创点。通过一个月的努力，当他们争创到一个好习惯时，就能为自己的习惯充值卡充一次值。学期期末，根据充值卡内的数额评选习惯连锁店的一星级会员、二星级会员等。特别是我们的小店长创意策划了"申请补评"制度之后，给了孩子更多机会、更多动力。"申请补评"制度即每月月底评定每个孩子养成的好习惯时，如果自己尚未争创成功，可在下一个月继续努力，申请再次审评。如果第二个月评审组同意，仍可成功充值。这日积月累起来的一个个好习惯，渐渐筑起一级级云梯，护送着孩子拾级而上，攀登理想。

学校习惯连锁店的运行管理过程中，和雏鹰争章相类似地同样具有必争和选争的好习惯。例如：本学期我区全面开展中小学生课本免费使用和循环使用的试点工作，我校为探索一种行之有效的方法，决定将教材的循环使用与学校习惯连锁店的星级会员评比争创活动相结合，从学生习惯入手，培养学生的节约意识、环保意识、关爱意识。

九月的校级争创点定为"循环教材，其乐融融"，老师全面地向学生说明教材循环使用的意义，消除孩子对此举的疑问，让孩子们明白：循环使用的课本是学校的公共财物，要学会爱护公物；保持教材的完整洁净，是尊重他人的表现；教材传递给下一届同学时，用完好的教材来传递一份爱心、一种榜样，从而增强学生的道德意识。同时在习惯连锁店的期末总评中，"爱护课本"就是本期孩子们必争的一个好习惯，只有具备"爱护课本"这一好习惯的同学才会有资格争创本期的星级会员。

（欢乐直通车习惯连锁五三分店付嘉妈妈的精彩记录）给我印象最深的是以前我给孩子讲解课本上的问题时，喜欢一边讲一边在书上勾画，可现在，孩子正在争创"爱护课本"这一好习惯，就纠正了我在书上随意勾画的习惯，连我现在都知道要随时随地爱护自己的书了。

2. 多元的评价，教育的智慧，孩子的阳光

为配合习惯连锁总店的经营运作，并且在队员中营造一种积极向上的好习惯争创氛围，学校以鼓励为主形成了激励的评价模式。在我们美丽的教室后面就飘着一朵美丽的"草堂云"，这就是各习惯连锁分店的宣传阵地了，它是孩子们从心中升起的美好愿望，是需要孩子们从小养成的良好习惯。在这样的好习惯的争创活动中，孩子们自主参与、自主管理，热情可高了。在"草堂云"上，每个队员将自己本学月要充值的习惯充值卡挂在上面，既可以美化教室，又便于同学间的互相监督提醒。各中队每学月争创的好习惯经集体讨论制定后，将其出示在店招上，店长利用班队会以及午会时间以自评与他人评相结合的模式，每学月至少进行两次以上的好习惯评价活动，而评价的形式和方法十分多样。

（1）自我评价，自我激励

孩子根据确定的习惯争创点，制作习惯充值卡。一张张充值卡上有各自分店的店名、行动口号、本月争创点等，图文并茂，设计美观有自己的个性特色。在每个月的习惯争创过程中，同学们对自己的争创情况进行自我评价：

（星光灿烂习惯连锁六二分店熊嘉宇同学的精彩记录）我的习惯充值卡设计的是星光灿烂系列，原本应该明亮的星空可现在还没有一点儿颜色，只有靠每天的努力才能去完成，本月我争创一个好习惯，看看自己每天做到没有，如果每坚持一天，充值卡就有一颗星星会被点亮，被我涂上颜色。

（星光灿烂习惯连锁六二分店韩骋同学的精彩记录）我的习惯充值卡设计的是树叶充值系列，上个学月我争创到了"课间文明休息"的好习惯，但没有做到坚持说好普通话，所以这个学月我制定了这张充值卡，当每天坚持说好普通话了就把一片树叶涂成绿色，但如果这天没能做到就把一片树叶涂成咖啡色，提醒自己注意。

（2）相互评价，平等交流

"多一把评价的尺子，就多一批好学生"，许多好学生正是积极评价的结果。我们抓住习惯充值卡这块"方寸之地"，用家长、老师倾注爱的评语以及学生间进行的心与心的沟通，用情与情的交流，激励学生不断进步。

（少年风采习惯连锁六三分店彭丽柯同学的精彩记录）我的充值卡上就详细地设计了自我评价"我认为这个学月自己还做得比较好，遵守课堂纪律，上课发言更积极了";同学评价"彭丽柯做事没有以前那么粗心了,而且对朋友也十分友好,加油";老师的话:"你的发言最精彩,总能得到班上同学最热烈的掌声。这学月自信心增强了些,有独立见解,但在学习上要有紧迫感,做任何事贵在持之以恒。"

(美杰习惯连锁六五分店李诚老师的精彩记录)班上有位女同学,名叫邓舐祎,她学习认真踏实,自尊心很强,但也有不少小毛病,比如喜欢和同学开玩笑甚至是打闹,同学们对她都有意见,过去老师跟她也谈过很多次,都没有取得好的效果,开展"习惯连锁活动"以来,我班确定了下课文明休息的习惯争创点,我安排她任学习小组的组长,让她组织小组里的同学进行习惯争创活动,于是她们小组开展了有声有色的活动,比如互写评语,同学给她写了这样的评语:"别看你做事认真,学习也挺棒,但有时确实调皮得可爱,你'捏'人的功夫让男生个个害怕,我们想你既然这么可爱为什么让人感到害怕呢?希望你改掉这个坏毛病,我们一同进步争当优秀小组。"这样的评语,不仅不会伤害她的自尊心,而且又给她指出了自身的缺点,并给她制定了目标,结果她看了以后感到同学们对她的爱心和厚望,所以为之努力,渐渐改正了自己身上的毛病,得到了老师和同学的赞扬,还光荣地被评为学校的"二星会员"呢!

语文教师李诚校长的淘书乐活动

（二）总店评价，争"星"升级

说到学校大队部，孩子们都知道它还有一个很时髦的名字"星部落"，这名字就来源于孩子在习惯连锁店里的争"星"升级活动。在习惯连锁总店里，为营造出更加积极向上的好习惯争创氛围。总店通过学生每月充值卡上的评价，表示已经争创到三个好习惯后，就可凭三张写有评语的习惯充值卡在习惯连锁总店（大队部）换取星级会员卡及小礼品。这张星级会员卡是由学校统一印制的一张表扬卡，表扬孩子经过自己的努力，与好习惯成为朋友，光荣地成为习惯连锁店的星级会员，同时还让孩子们在星级会员卡上写出自己本期争创到的好习惯，一起交流分享喜悦，最后提出鼓励，希望孩子们继续努力，再接再厉争创到更多好习惯！

（欢乐直通车习惯连锁五三分店付嘉妈妈的精彩记录）孩子参加学校习惯连锁店的活动以后，制作习惯充值卡成了孩子的一件大事，孩子在制作时特别认真，也爱动脑筋，不知不觉中锻炼了她的动手制作能力。通过好习惯的争创活动，孩子养成了喜爱阅读、爱护书籍的好习惯，并从爱护书籍的好习惯中自然而然地延伸到了爱护公物、爱护同学等好习惯。通过期末评选星级会员活动，让孩子知道了要想取得荣誉就必须比别人做得更好，从而也培养了她的竞争意识。

（三）充值系列好习惯，拾级养德享童年

习惯连锁店的成立让孩子们体验着民主、实践着民主。好习惯的制定与争创做到明确学生思想道德建设的要求，积极探索新世纪新阶段未成年人思想道德建设的规律，坚持以人为本，教育和引导他们养成高尚的思想品质和良好的道德情操，使争创点涵盖了"生活习惯""学习习惯""道德习惯""行为习惯"等各个方面，做到教书育人，管理育人，服务育人，环境育人。正如在开展未成年人思想道德建设工作中，我区以体验教育作为主要途径，开展了做健康人的"两心教育"，落实到我校就融入了我们的习惯连锁店活动：

（阳光宝贝习惯连锁二四分店唐孟秋老师的精彩记录）针对学校开展爱心、责任心教育这一德育教育重点，我班在今年十月订出了"关心他人、帮助他人"的争创点。引导孩子们通过自己的亲身经历、体会，来学会留心观察、体贴别人，做生活中的热心人。让孩子们留意电视里讲述的这方面的内容，让孩子们说说自己平时知

道的这方面的故事，说说自己的感想。这样既培养了孩子们的口语交际能力，又能让大家产生共鸣，一起来关心这些身边需要他们关心的同龄人。利用班级队会时间给孩子们讲我到甘溪镇中心小学的所见所闻。有了这些铺垫，便能更好地配合学校开展一系列爱心活动。如"省下一天零用钱，救助失学小伙伴"的少儿互助金捐助活动，引导他们尽自己所能关心、帮助身边的和远方的困难小伙伴，坚持互帮互学、共受教益，并能将积极的内心体验内化为良好的道德情操，外化为健康的实践行为。从这项争创活动开展以来，孩子们有了明显的变化。在班上更留心细节，关心集体了。如：下雨天，有孩子主动把蹭脚垫放在教室门口，天晴了又卷好收起来；每天午餐后都有孩子主动地打扫教室；有同学呕吐了，孩子们有的争着扶他去洗手间，有的抢着拖地，没有一个孩子说脏说臭的；当有孩子带病坚持上课时，同学们总会对他报以热烈的掌声和称赞……

（精灵鼠习惯连锁四五分店何萍老师的精彩记录）有了好习惯连锁分店，不仅孩子们有了朋友，老师也有了帮手。还记得那个叫可可的小男孩，是一个对集体、对他人都比较漠然的孩子，但是在我们争创"保护环境"好习惯的那一个月中，他却表现得格外热心：从各种渠道找来废旧电池对环境危害的资料在午会课时读给同学们听，又带头把自己和亲友家中的废旧电池收集起来，还动员其他孩子也把收集的废旧电池带到班上来，最后他又把这些废旧电池带到大商场的专用回收箱里。好习惯连锁分店激发了这个孩子的责任心，也教会了我用另一种眼光看学生。

（星月习惯连锁五二分店彭蓉老师的精彩记录）我认为培养好习惯的前提就是必须培养孩子们的责任感，做任何事情信守承诺，言必信，行必果。现在的孩子活泼好动，做什么事只凭三分钟的热度。和孩子们一起拟定一些合理、适度、具体的要求，形成条约，并在写有好习惯争创点的充值卡上慎重地签上自己的名字，愿意在好习惯争创过程中接受家长、老师和同学的监督，我则适时引导他们在行为实践中去加深认识，形成责任感。

（星满天习惯连锁五一分店王秀君老师的精彩记录）在这个教育活动中，注重以人为本、坚持正面教育、正面鼓励的教育原则，注重培养学生的自觉性和自信心，注重保护学生身心健康。为了培养学生的自觉性和自信心，特别注意体验教育，积极为学生创设成功机会，为此，结合大队部安排的活动，组织学生开展各式各样的班队活动和多种兴趣活动，积极为学生创设多种展示自己才干、获得成功体验的机会，让学生在活动中得到锻炼和提高，并帮助学生树立"我能行"的信念，增强自豪感和自信心，促使他们自觉地养成良好的行为习惯。

好习惯的争创过程更让同学们感受到自主管理的快乐，体会到自己付出努力后，获得成功的喜悦。

（习惯连锁三五分店叶华老师的精彩记录）连锁店的活动像磁场一样吸引着每个孩子，分层提高了全体孩子，促进了每个孩子的发展。一些能干的孩子在争创过程中成为大家的榜样，得到了大家的信任。有了这些骨干成员的组织管理，有了每个孩子的积极参与，连锁店实现了孩子们对自己精神世界的充实和管理。一些暂时落后的孩子，在争创活动中集中精力做好一件事、养成一个好习惯，体验到阶段的成功。虽然他们有可能争创到的好习惯不如别人多，但他们已经从中学会树立自己的阶段目标、小目标，脚踏实地地一步步走向自己的理想。

（习惯连锁一一分店雷平老师的精彩记录）我认为，抓住一年级学生生理和心理及年龄特点，结合我校开展的习惯连锁店——"好习惯我养成"为契机，以争得小奖票的形式促进学生好习惯的养成，最终促进班风班貌的整体发展。满15张小奖票可以换一张大奖票，大奖票是老师自己剪的卡通的动物、植物等孩子们喜欢的东西，在学生来换大奖票时老师就在大奖票上写上祝福或鼓励的话语，及时激励孩子。当集满8张大奖票后，可以领到一张A4的纸，孩子们就可以把大奖票贴在A4的纸上，装饰起来。之后可以把这张自己争得的作品装进成长档案盒，作为评优的一个依据，同时还能领到一张写有祝福的奖状，带回家贴在家里，随时鼓励自己。孩子非常喜欢这种方式，因为他们不停地有目标，具体明确，跳一跳能得到，积极性异常的高。学生在师生双边活动中，学习行为和学习习惯得到了及时提醒，督促和大量系统的训练，使之形成行为迁移，养成良好习惯。

（习惯连锁二五分店李焰老师的精彩记录）我们班积极参与了学校"习惯连锁"的活动，当孩子们每月交给我他们自己亲手制作的"习惯连锁充值卡"时，也同时交上来他们的决心和承诺。

在争创活动的开展过程中，我们力图使每个好习惯尽可能制定得细一些，让每个孩子都有参与到其中的主观愿望和积极性，而不至于使这些习惯成为一句空话、一句大话，无法落实和检查。一学期下来，全校有700多个孩子成为学校第一批"一星级会员"，并获得了精美的"一星级会员卡"及奖品；而现在，全校共有一星会员 1500 多人，二星会员 660 余人。学生们也都由衷地感受到："当你加入习惯连锁店，当你拥有了这张小小充值卡，你就拥有了一位不会对你过于严厉但会起到激励、帮助、督促作用的提醒者，提醒着你，充值习惯，收获快乐。"

（四）关注给我们激励，关心给我们动力

拿破仑·希尔说："播下一个行为，你将收获一个习惯；播下一种习惯，你将收获一种性格；播下一种性格，你将收获一种命运。"

学校习惯连锁店的争创活动重在激励孩子养成良好行为，然而行为与习惯的差别在于习惯需要行为的反复强化与环境影响的双重作用之下才能形成，学校强调老师作为幕后的引导者，一定要抓住孩子的心理，艺术地使用方法，促进孩子良好习惯的养成，将"持之以恒，重在落实"作为习惯连锁店的基本运行理念。在学校习惯连锁店开展以来得到了广大热心人士的好评与支持，其中特别是来自家长的关注与肯定：

（一年级五班徐天逸妈妈的记录）我对这样一个好习惯的争创和评价模式十分赞成。孩子的良好习惯在于学校和家庭的培养。这种模式很适合成长中的孩子：它可以激励孩子向上，约束孩子的行为，督促孩子改正不良习惯，保持已有的好习惯。我也建议，多注意此种评价模式实施后的反馈意见，特别是针对孩子的表现，如何加以分析和引导。

（四年级三班陈佳敏爸爸的记录）学校的这样一个社团活动可以培养同学们积极向上的精神，并且互相激励，希望对于同学们好的行为习惯给予表扬和推广，让同学们自己组成好习惯小组，组织学习好的习惯，让他们之间多交流，多实践，用他们的个人能力更好的组织好这个社团，并把草小的习惯连锁店走出校园去影响更多的人。

来自各方各界对我校习惯连锁店的关注给我们以激励，关心给我们以动力，让我们倾尽全力把它做得更好。好习惯的形成离不开重复和巩固，我们更加深知对于习惯的培养我们实在无法对其进行准确标准的量化考核。所以，在好习惯的争创评比中，我们将重心放在引导孩子多发现自己进步的地方，多发现他人的进步，互相提醒帮助。学校明确学生思想道德建设的关键，做到有组织、有计划、有步骤、持续不断地开展着这项活动，为开创我区未成年人思想道德建设工作的新局面做出积极努力。

六、给年级分校教师执行校长一个事业平台

学校的发展，需要唤醒教师的主人意识，大家积极地参与到学校管理中。为了顺应学校发展和教师成长的自身需要，构建一个民主、和谐新的管理模式迫在眉睫，于是年级分校教师执行校长年级管理制便适时而生。

（一）建立年级分校管理机构

年级分校设立年级分校教师执行校长岗位，由一位教师担任。相当于首席教师，他是年级分校教师的代表者，而不是一个裁决者。再由年级分校教师执行校长"组阁"——建立年级分校执行分校管理机构。

1. 年级分校教师执行校长岗位界定

职责：全面协调、管理年级执行分校中的事务。

职务：年级分校教师执行校长。

任期：视具体情况而定，如无意外一般为六年。

待遇：职务津贴 400 元。

权利：人事权，即年级分校教师执行校长可以在与学校协调的基础上，根据年级的需要充分运用自己团队的优势和个人管理魅力在校内自主招聘需要的老师参与到本分校中，组建自己的团队。财务权，各分校每学期都有一定数额的工作启动经费和常规活动经费，并还可根据分校工作向学校申请特色活动经费。分校教师执行校长可在自己团队的预算范围内支配自己的经费，并在年级例会上公布经费使用情况。事务权，年级分校执行校长既"执行行事"又"创新行事"。配合学校有效、高效、创意地完成学校各阶段中心工作，也可依据分校工作创意策划年级工作，并组织实施。

2. 年级分校教师执行校长的产生

分校教师推荐，通过学校行政会讨论后，诞生年级分校首席管理者——年级分校教师执行校长。

3. 年级分校教师执行校长工作流程

年级分校教师执行校长直接对学校教导处负责，自己组阁，建立自己的管理制度，形成自己的团队执行方式。年级分校教师执行校长负责分校工作的方方面面，秉持公正、坚持原则，发现问题及时调整解决。

以四年级"雨之灵"分校为例：

"雨之灵"分校在始建之初，在年级校长唐艳的带领下通过自荐和民主选举的方式创建并形成了分校的系列管理机构，具体分工为：行政主管（学校分管行政）、年级分校教师执行校长、年级分校副执行校长、语文主任、数学主任、科任主任、科研主任、德育主任、文体主任、信息主任、财务主任。

这样的设置围绕年级工作设置相应机构，结构合理，按教师的特长爱好分派职责，分工明确，工作要求具体清晰。以年级分校的共同利益为最高追求，有益于形成一支团结、向上的教师队伍。

年级分校教师执行校长工作示意图：

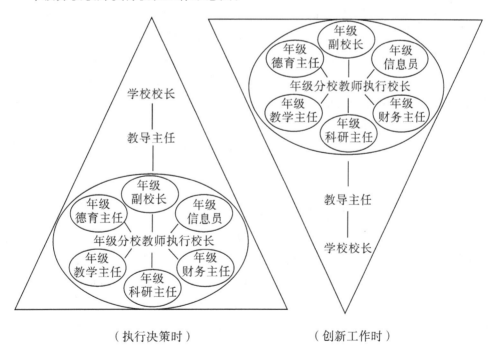

（执行决策时）   （创新工作时）

年级分校教师执行校长在实际运作中又有两种工作态势：执行决策时，对学校制定工作执行到位，相关教师和行政成为学校工作服务者；创新工作时，有创意地完成自己的工作，这时相关教师和行政成为年级分校和年级分校教师执行校长的服务者。

校内每月都会定期召开2～3次例会，总结本月的得失，根据学校的要求及时调整部署工作。以"三有"为基本工作思路：我们怎样有效率地完成学校工作？怎样有特色地完成学校的工作？怎样有创意地完成学校的工作？每年校内出版一本自己分校的管理书。

4. 三级校长之间的关系

几年间，对这个原创版学校管理体制的坚持与坚守，其间的酸甜苦辣，我感悟颇深，也承受了一些不解和质疑。但我认为有质疑是好事，这能够让我在按照自己的想法做事的同时永远保持清醒与理性。对于三级校长间的关系，下面有一个深入浅出的说法。

校级和年级，这由学校原创出来两级校长，其主要作用在于让一所学校除了一个当家校长，还在不同时期拥有了七个校长。这七个校长，是当家校长权力被"分权"的结果。一分七份，各织各的网去。小网织成大网，每人都能牵动网。"八个人的头脑一起为学校燃烧，虽然各为各自岗位，但燃烧的热度将是多么可观。"分权，将创新的决策权和日常杂务的处理权下放给下一级的责任人，高层只保留对少数重要问题的决策权和对疑难问题的判决权。

在一个单位组织中，权威似乎自来就是会受到挑战的，这几乎是单位组织正常运作的定律。所以，权威在单位范围内权利似乎无限的同时，也要承受各种最终压迫与抵抗的矛盾与压力。但"分权"织网后，当家校长的角色从首席绝对责任人变成了后期最终裁决者，矛盾被转接与后移。

分权并没有把校长的现有权力减少，却是将校长的权力放在了更加弹性却又更加前沿的教师群体之中。将过去的校长权威更多地以一种权益的方式被体现与运用，从而被更大多数的教师所理解与接受。有专家认为，在学校里如此分权有点儿像"过家家"，但同时专家也自问：为什么所有的教师都愿意跟着"过家家"？究其原因，这里面的终极魅力就在于重新设计职务、岗位再造后，教师对全新角色的认定与认同。

5. 分校制度建设

与校级执行校长相同，我们也为年级教师执行校长制定了规章制度。

（二）年级分校教师执行校长的职责

（1）根据学校的工作计划结合本年级分校的实际，制订本年级分校工作计划并负责主持分校教育教学日常工作，主持召开年级任课教师会议，研究年级工作；每月初主持召开一次年级分校例会，了解各班动态，总结检查分校教育教学工作及学校中心工作落实情况，研究本月工作重点。

（2）协助学校了解分校内教师思想、工作情况，做好教师思想政治工作，负责年级学校人事管理工作，做到知人善用，人尽其能，充分发挥团队中各部门作用。

（3）处理本分校的偶发事件，组织商讨对学生的表彰奖励和处分，作出决定后送交学校批准公布；抓好分校艺体、卫生保健、安全教育工作。

（4）协调本分校各年级学科教学，协调临时性的课时调动和代课的安排；同意规划并组织好年级组内教师活动及学生各类活动，指导好各班搞好家校联系、协调工作。

"花之语"分校的教师谢嵋在当上年级分校教师执行校长前，曾戏称自己是一个"懒惯了的人"，当上年级分校执行校长后，她突然发现自己要像一个真正的校长一样思考分校的事情。

作为一个年级分校执行校长，她要完成分校内部的教师管理，协调分校教师的工作。比如在"花之语"分校第一次面对学校的开学典礼时，大家都一筹莫展。谢嵋校长想，与其全体都在此无用地耗着，不如把大家的事来个分工。于是，大家把开学前的准备工作，从校园的班级清洁整理到节目牵涉的细枝末节一一排列。大家纷纷领命，做好自己的事，也共同高效地完成了集体的事。本来因事杂而心烦气躁的伙伴们，处处能感到团队伙伴的温暖，全力以赴地专注于开学典礼，催发了各自潜智。最终开学典礼新意迭出，剧本有新意，表演上出新，为学生、家长和老师带来很多意外的惊喜和感动。

谢嵋老师的工作是学校所有年级分校执行校长的一个缩影。在当上年级分校执行校长后，开始像一个真正的校长一样思考问题，她带领着分校教师面对了一次又一次的挑战，让大家分工协作，达到最好的效果；她学会了成全其他教师，打造团队，凝聚团队，让整个团队像地球一样既会围绕自己的工作自转，又会围绕学校的工作公转。

（三）年级分校教师执行校长的基本管理

学校通过各级会议和年级分校管理行政人员，随时关注年级分校运行情况，同时下放相关的人事权、财务权给年级分校教师执行校长。

（1）建立交流平台

学校领导每月召开一次年级教师执行校长工作例会，期末还有分校工作总结会，通过这些会议，学校领导下达工作任务，了解分校运行基本情况，解决分校的急事难事，保证和年级教师执行校长的沟通交流路径畅通。各分校也在会议上呈现工作，交流得失，取长补短，形成良性竞争又友好合作的格局。

（2）下放相关权力

人事权：年级教师执行校长组阁是否成功，用人是否得当，直接关系到本年级分校工作的进展和期末考评结果，所以年级教师执行校长根据年级的需要充分运用自己团队的优势和自己的管理魅力召集需要的老师参与到本分校中，组建自己的团队。所以我们在草小常常会看到这样的场景：临近学期末时，年级执行校长都在招兵买马，向自己心仪的教师抛去"橄榄枝"。

一年级"诗之友"分校的彭校长充分运用自己团队的优势和自己的管理魅力，将学校两名优秀的美术教师收于麾下，这两位优秀教师也是各年级分校很急需的教师，所以彭校长这一举措在年级分校的人才选用上引起不小的波澜。

其实，现在思考这是一件很好的事情，是执行校长在实施的过程中，生成的一大收获——人事权的下放让学校人力资源这池水活了起来，动了起来。在学校人力资源管理中融入市场与计划相结合的机制，将为学校用人制度带来良性的竞争与合作。当然这个竞争是以学校宏观调控为基础和前提的。新型的人力资源运作模式紧紧抓住学校工作中的第一要素——人，将每位草小人放到动态的学校人力资源分配的状态中，激发人的潜能与激情，最终为学校和自身的发展带来蓬勃生机。

财务权：年级分校教师执行校长可以指定年级老师担任财务工作，策划并支配分校经费、分校等级评定奖金，比如：分校联谊活动、分校文化建设、分校民管会活动……

（3）实施团队评价

①硬评价——执行分校评优考核

学校教导处每一位行政领衔负责一个年级分校，关心分校工作，分校运行情况将直接和该教导的奖金、工作评价挂钩。每一学年，学校将从教学质量、纪律、卫生、安全、信息上传、行政印象、团队合作、团体获奖等方面的分数情况，填写评比表，在各年级分校间进行评比，由学校评定等级，并据此排等级，实施相关奖惩管理。

②软评价——执行分校工作评议会

2007年春节前夕，草堂小学首届执行分校工作评议会上，六个年级"彩之舞""花之语""雨之灵""海之韵""风之旅""季之歌"一一亮相，通过每个年级独到的方式与心思，在年级执行校长的带领下，对自己所在年级的工作进行了展示与回顾，每位教师所做的工作都被一一点评，都得到了认可。

学校通过评议会再一次了解分校一年来的工作情况，了解老师的辛勤工作，同时老师们也得到了一个互相学习、互相促进的机会。而由民管会家长、教师代表、学校行政组成的评委团将为每个执行分校的工作总结打分，使总结会更加隆重而庄严。

建立分层分级的目标体系、高效明晰的科层管理制度和简便易行的评估制度成为草小贯彻执行力的标志性举措。

年级分校教师执行校长和校级教师执行校长产生的时间前后相隔近半年，名称类似。但是，这两者之间又有着很大的不同：

第一，年级分校教师执行校长要完成的是对学校日常教育教学工作、常规管理的坚决执行。校级教师执行校长更多的是在圆教师执行校长们自身的一个梦。一个立足现实，一个关照理想。

第二，年级分校教师执行校长要建立一个分工明确、职责到位、相对稳定的年级执行校长管理机构。校级教师执行校长有相对固定的工作职责，但却没有一成不变的工作团队，团队的建立松散而灵活。

第三，年级分校教师执行校长有人权、财权、事权，每个学期末，学校将就年级工作情况进行"有奖考评"。校级教师执行校长，不考核、不检查，相当于校级管理的志愿者，要的是激情，看的是内心的收获。

把这两个阶梯一对比，比较出来了：校级教师执行校长虽然"官大几级"，但在实权上却还比不上年级教师执行校长。他们就像现实与理想的两条交融线，有平行的行走，更多的却是交叉的互助。

两级阶梯，映照出教师在学校学习、工作的现状：梦想往往会照进现实，不然，现实将是失色的；现实是梦想最好的砥足支撑，否则，梦想将无依无靠。

关于这一点，有一个最具说服力的例子，发生在今年的二年级组——"花之语"分校。

二年级教师执行校长谢嵋，一个有着 17 年教龄的资深教师，她的分校有 13 名教师，执行管理机构如下：一个副校长管清洁，另一个副校长管班务。另设语文教导主任、数学教导主任、科任教导主任、德育主任、档案室主任、文化建设主任、活动主任、艺术总监。团队口号：风雨同舟、风雨同行、共享成功。

像所有的分校一样，"花之语"分校有全套的《工作管理制度》：目标是发挥团队优势，完善工作细节。接下来列举成员优势，对 13 名成员逐一分析评定。于是，分校管理各司其职，各发所长。每一项工作，有总监，有监理员；每一项活动，有总理人，有助理人，还有友情支持人。

2006 年 9 月，年轻教师孙鸣民选为当月执行校长。我对她印象很深。第一次听孙鸣的课，刚毕业不久的她，激情满怀地上《珍珠与沙粒》一课。课堂上，孙鸣把课本丢在一边，投入地向孩子们展示珍珠首饰、细细的沙粒的图片。孩子们兴奋地看完这些东西后，课堂变得很活跃。于是，孙鸣立即向学生发问："你们说，珍珠会向沙粒说什么？而沙粒又会向珍珠说什么？"孩子全愣在那儿。听课的我也愣了：不带着孩子读课文，没有任何的转承，直愣愣抛出这样的问题？

更让我吃惊的是，见孩子们没有反应，孙鸣开始启发："你们想想，男孩子和女孩子谈恋爱，他们会说什么？"这下我心里急坏了："这课怎么会这样上？"

一下课，孙鸣随我到了办公室："你应该知道一堂课的基本规则，哪些适宜于该年级的学生，哪些不适宜，你应该心中有数。上课，要细细琢磨。"于是，"有热情、不重细节"成为孙鸣给我留下的第一印象。

当上了校级教师执行校长，孙鸣又会怎样呢？谢嵋发现，孙鸣爱孩子，可也太宠孩子。全年级中，孙鸣的班最乱；孙鸣想做事，可是却不知从何做起。好多事，开局往往会混乱一阵。

　　也就是在担任校级执行校长那一刻起，作为"花之语"一员的孙鸣开始感受到来自年级执行分校的温暖了。孙鸣的两个全校创意活动：一个是命名为《诗韵学堂七彩学子》的 2006 年 9 月的开学典礼；一个是"粘贴快乐，传递祝福——快乐教师节"。两个活动，"花之语"分校全面出动，一起熬灯守夜、加班加点，一起出谋划策、共同实施。花之语分校所有在岗人员，能画的画上了，能摄像的摄上了，年级教师执行校长谢嵋更是忙上忙下，如她所说："孙鸣当校级教师执行校长代表的可不是她个人，是咱们二年级的形象。"

　　孙鸣成功地完成了一个月的执政生活，而这一个月，也让她变了：变得重细节了，变得细心了。

　　对孙鸣更大的一个触动是谢嵋安排早几年到校的陈媛和孙鸣一起磨教材，两个年轻教师也因此成为好友。这学期，一个外出教学的任务交到孙鸣手里，陈媛帮着孙鸣做了很多工作。结果后来要求出两个课，陈媛说自己的那个无所谓，关键要让孙鸣这个出彩。再后来，临时决定只让陈媛上课，孙鸣一点儿没犹豫，调整思路为陈媛把关。这件事，谢嵋一直看在眼里，心里对孙鸣喜欢得不得了。

　　一次检查家长会布置工作，我一间教室一间教室地看。到二年级，看到每间教室的黑板都布置得很好。走到孙鸣的班：天啊，黑板上乱七八糟不成样子。我找到谢嵋："过问一下孙鸣的班，看看怎么回事儿？"一会儿，谢嵋再次来到办公室："我了解过了，孙鸣一直在帮其他班布置，把自己的班放在最后，你错怪她了。"我心里觉

语文老师孙鸣校长的粘贴快乐活动

得很惭愧，当即找到孙鸣道歉，同时我又觉得很骄傲，这个刚踏上工作岗位不久的年轻人，已经拥有了强烈的团队意识，能与同事一起合作干好工作，这怎不让人欣慰呢？

年轻人要成长，需要"做"的机会，同时也需要扶助的手与关爱的心。草堂小学校级教师执行校长这个岗位就是机会，而年级教师执行校长和年级执行管理团队给予的就是那双手、那颗心。

草堂小学的年级分校都很精彩，尤其是那些领队的教师执行校长们，各有个性、各有特色。

一年级"彩之舞"分校的年级教师执行校长谢燕，曾经坚持认为给学生排名是教育学生自我认识的最好办法，其他办法太啰嗦；坚持认为学生犯错一定要在公开场合严厉批评，而且最好每个学生都这样接受一次批评，以示教师的公平并且锻炼学生的抗挫能力。

通过一年多的磨炼，通过我与她之间数次的坦诚谈心，通过看着别年级的进步与发展，谢燕终于在教育观念上发生了巨大变化。"这是一个在教育教学上非常优秀的教师。转变观念是最难的，但她做到了，我要谢谢她。"我对很多人如是说。

三年级"雨之灵"分校的年级教师执行校长唐艳，总是智慧地把自己隐藏在教师团队的后面，整体塑造着年级的形象："我为花草代言"的年级护绿活动教育了年级每一个孩子珍惜学校的每一片绿，年级艺术体操队在学校运动会上惊艳亮相，让任何人都无法忽略"雨之灵"分校的存在，他们做的每一件事都会给你深刻的印象。五年级"风之旅"分校的年级教师执行校长徐川玲、六年级"季之歌"年级教师执行校长彭蓉先后推出了"学生执行班主任""学生年级督学""学生杜诗巡讲团""年级书法段位赛""教师轮班上课"……精彩纷呈，让各自管理的年级亮出鲜明的特色。教师执行校长们骄傲地讲："学校要特色发展，我们的分校当然也要有特色了，常规做好，特色鲜明，我们才能在学校的考核中立于不败之地。"

四年级"海之韵"分校的年级教师执行校长叶华，个人能力超强，但过去却不太主动，总是把自己班里的事情做好就算，其余的事不管不问。当了年级教师执行校长，她统筹全年级的力量，努力让全年级每个教师都能感受到成功与快乐。

一次家长开放日，"海之韵"分校打破家长听学科课的常规，设计了一个综艺性的活动。活动前期，"海之韵"的老师们在叶校长的统一调度下，做了很多工作：做

语文老师徐川玲校长的收集感动活动

亲子调查表、采访学生给父母说心里话、制作 DV 带。活动当天，四年级的家长们一进教室就呆了，像过节一样的开放日。就在那个开放日，发生了一件事。这件事深深地震撼了很多老师的心。

开放日设计了一个活动，让孩子说说爸爸（妈妈）最喜欢吃的菜，爸爸妈妈说说孩子最喜欢吃的菜。一个妈妈连说三次，一个都不对，冲出了教室。紧跟着冲出去的，是四年级的执行校长叶华和副校长付锦。谈话进行了很久。这个单亲母亲从来不知道自己原来这么不了解自己的孩子，她受不了。这件事，也让老师们更多地去关注那个孩子，那个成绩不好，话也很少的小女孩……

正是这些别出心裁的活动，让我们的教育变得丰满起来。是教师的集体智慧成就了草小灵动的色彩，人文的底色，诗意的空间。我那天不在现场，听说这件事后，我说一定要继续做下去。如果每一个学校的活动都能成为教育的契机，哪怕这个活动只能改变一个孩子、一个家庭也将具有非凡的意义。

（四）年级分校教师执行校长制度的成效

学校在原有的由校长、主任管理 100 多位教师的学校中心管理的基础上，创造出由年级分校执行校长阶梯式分层管理的新举措。即学校成立了以年级为单位的六个分校，他们有各自的年级执行校长和各层管理的核心班子，自己的办校梦想和理念，在创造性地实现学校和分校的梦想中，大胆开创分校特色办校之路。原来的学校的校级领导就负责年级分校间的考核和评比，给分校营造相互学习共同进步，良性竞争的工作氛围。

自学校成立年级执行分校，建立年级执行校长管理机构，设立年级校部和教导处，并有自己的教师校长和副校长，自己的教师教导主任。老师们根据自身的优势和爱好人人都在分校中有兼职，并参与分校的管理。年级分校思考最多的就是：我们怎样高效地完成学校工作，怎样有特色地完成学校的工作，怎样有创意地完成学校的工作。在年级执行校长分校管理的平台上，每位老师都释放着活力，共享着成功的喜悦。分校内每月都会定期召开例会，总结本月的得失，根据学校的要求及时调整部署新的工作。学校还定时召开年级执行校长会议，搭建起各年级交流学习的平台。各年级既同舟共济又友好竞争，从而使得整个学校的工作重心突出且特色纷呈。

分校执行校长成为学校工作执行的神经末梢。对待分校工作的方方面面，秉持公正、坚持原则，发现问题及时调整解决。执行分校校长又是校领导和一线老师的纽带，身兼双重责任：了解同伴、发现同伴、推荐同伴、成就同伴梦想；关心同伴、理解同伴、温暖同伴、凝聚同伴，用真诚换得同伴的忠诚，增强同伴归属感。这样，团队内多了理解和凝聚，少了误解和纠葛。

学校有了六个共享成功的团队。执行分校的所有工作给成功搭建了一个舞台，分校校长的任务是把握每一个让团队获得成功的机会。在队友中做好穿针引线、纵横穿梭、沟通梳理、策划安排的工作，并带领大家齐心协力地共同完成。让每个人在团队中都有自己的舞台，能最大可能地发挥自我的价值。在合作中，大家会发现他人优点；在帮助别人中，大家可收获给予的快乐和真挚的友情。当团队这个集体被大家认可共享成功时，每个团队里的成员都会热爱、光彩、团结、幸福。

执行分校是最具凝聚力的团队。分校校长会和大家一道编织年级梦想，制造快乐，并传递给队友，大家都乐意腾出一只手来帮别人，队友间相互传递理解和支持，这种年级特殊的亲昵和幸福的磁场，会聚拢人气，减少工作中的误解和不愉快。

执行分校工作会锻炼一大批人才，锤炼更多的优秀教师。分校工作制让更多的教师有了锻炼、成长的机会，在温暖的团队里，每一位同伴都会主动地给予新教师最贴心的支持和帮助，能营造新人成长锻炼、帮助指导的最佳环境。我为成就他人服务，别人也为成就我服务，不仅自己的能量在壮大，团队也在和谐的工作中壮大起来。

这样的工作模式会造就一支支有向心合力的团队。在团队里，人人都能充分掌握发挥自己的优势，并毫无顾虑全力以赴地工作。因为学校的每项工作都有组内最佳的人员建立的以他为中心的工作站，自由组阁的最佳工作合作伙伴，发挥个人和队员们的聪明才智。这样，集团队智慧于一体的集思广益工作方式让工作更高效、更科学。集众人之智方能成就大业。

2007年春节前夕，草堂小学首届执行分校工作评议会上，六个年级"彩之舞""花之语""雨之灵""海之韵""风之旅""季之歌"——亮相，通过每个年级独到的方式与心思，在年级执行校长的带领下，对自己所在年级的工作进行了展示与回顾。这不是一场平常的总结与评议，是老师们心血的凝结。这样的会上，每个人的名字都会被一一点到，每个人所做的工作都得到了精心的点评与富有诗意的认可。

展现均衡魅力，构筑活力空间
——学校创新管理"雨之灵"分校

在学校改进内部组织管理的思路下，我们在年级组建立了"雨之灵"分校，试行年级执行校长负责的团队管理。"雨之灵"分校在始建之初，在年级校长唐艳的带领下通过自荐和民主选举的方式创建并形成了分校的系列管理机构，具体分工为：

草堂小学"雨之灵"分校三年级组行政管理机构

行政主管：	朱旭莉
年级分校执行校长：	唐　艳
年级分校副执行校长：	李　焰
语文主任：	唐孟秋

数学主任:	彭晓爽
科任主任:	金　怡
科研主任:	张　恕
德育主任:	唐小琴
文体主任:	曾　静
"情报"主任:	张　霞
财务主任:	肖　雪

本组教师设置结构合理，分工明确，任务落实。成员整体素质高，均以年级组的共同利益为最高追求，共同形成了一支团结、向上的教师队伍。本分校的教师能以教研科研紧密结合的方式推进教育教学工作，有计划有步骤有实效地开展常规工作。紧密结合素质教育、课程改革、教育教学质量提高创造性地开展常规工作。勇于开拓，不断创新，提高教育质量，取得了很好的效果，并在学生、家长、社会中产生了极大的影响，为打造草堂文化教育品牌，建立良好的草小口碑，赢得良好的社会效益做出我们力所能及的贡献。

(一) 办学理念: 展现均衡魅力，构筑活力空间

均衡发展是当前九年义务教育发展的方向，是一种新的教育发展观，体现了党和政府建设和谐社会对基础教育的新要求。均衡，有着不同的类别、层次和含义，我们所说的均衡指的是年级组内的均衡。即办好我们"雨之灵"分校的每一个班，成长每一个孩子，发展每一位老师。

为了达成这一目标，我们首先面对的是困惑与思考。怎样高效地、有创意地完成学校的工作？又如何体现本分校的特色？怎样领着大家一起去做事？怎样把大家的事当成自己的事，又怎样把自己的事当成大家的事？疑问面前，我们不断地在冷静中思考、在反省中尝试，终于有了今天的些许体验与感悟，在此愿与大家分享。

(二) 团队——让智慧和力量凝聚

让老师在"雨之灵"找到自己存在的价值，是我们最大的亮点。无论是一直在这里工作的或是曾经走过的老师，当他回忆起"雨之灵"日子，都会在脑海里找到她存在的痕迹，泛起一个个鲜活的故事。

让共享为"雨之灵"注入一种积极的心态，从而营造合作的快乐氛围。

　　课堂，是教育教学活动的关键所在，让课堂充满生机与活力，凸显学科本身的特点，本组教师认真积极投入了学习提高和改革创新之中。向课堂四十分钟要质量，提高课堂效率，本组教师认真积极地参加学校、区培训中心组织的各种教研活动，参加新课标培训。听讲座，研究教材，改进教法，观摩教学，和区同年级组的老师加强交流和学习，提高教学水平。教师外出培训、组内教学研讨等均有原始学习记录，有学习总结，有学习反思。

　　利用每周一次的教研时间，组织学习并讨论了成都市青羊区教育局文件，《语文课程标准》等各级各类文件，进一步加深了对教育教学新思想、新观念的认识和理解，贯彻落实、指导教学实践。除了理论的支撑，我们更重视实际教学中的经验得失。或在每周的会议上，或是课间见缝插针地交流彼此的感悟和困惑，以找到解决问题的办法。尤其是在年级组内相互听课评课上取长补短，共同进步。本组教师所上示范课、教研课、优质课，上课教师理念新，设计新颖。经验丰富的教师指导新上岗教师的教学，帮助他们更快地熟悉工作，作好各类献课。本期12月21日，星期四下午我校三年级语文组精品课《海底世界》。在此之前，三年级组语文组老师共同研究语文课程标准，细读文本，分析教材，唐小琴老师借班先后试讲两次，针对出现的问题涉及解决的对策。上课过程中老师的教学体现了长文短教与文本深入对话，整合语文天地的教学，学生体现出良好的学习习惯和学习状态，课堂生动活泼，得到老师们的好评，通过这次教学研究，唐小琴老师和我组其他的老师都得到了锻炼和提高！其他学科的老师也在各组中开展了此类活动。

　　集体备课，是我们分校合作与分享的成功案例。每一篇精心的设计，每一次坦诚的交流，每一次用心的聆听，每一点失意与收获的感悟都让我们在分享中学会成长，也是分享让我们学会了给予，在"雨之灵"成长的过程中，我们将成功与失败同"彩之舞""花之语"一同交流。因为我们懂得"雨之灵"的涓涓细流只有融入学校整体的发展，才能有更好的推动。

　　通过这样的整体推进，本分校的各科期末考试均在区上名列前茅。

　　团队，让我们不分彼此。为了孩子的心灵成长，每一位老师都在思考。本校的数学老师彭晓爽和肖雪策划在年级组开展了"我为花草代言——爱护草小每片绿"主题队会。孩子们歌颂春天、赞美花草，展示他们围绕主题设计制作的个人诗意画，并由学生代表宣读了倡议书，号召全年级学生都行动起来。当孩子们撅着小屁股，趴在地上，用手中五颜六色的画笔歪歪扭扭地签下自己名字的时候，也签下了一份真挚的承诺。当这幅巨大的主题签名摆放在诗路花雨的两旁，当看到其他分校的孩子也驻足欣赏，潜移默化地受着感动时，我们觉得好幸福。这次成功的尝试创造了学校的三个第一：第一个由分校老师自发组织策划的全年级主题活动；第一个通过年级公开向全校掀起的活动；第一个针对本年级出现的问题而及时开展的活动。主动思考、积极行动、体验成功、感受幸福，让团队的智慧和力量第一次完美释放。

因为有了第一次的带动，每个团队都更加希望能展现出自己分校的亮点和特色。为配合学校"体育节"活动，李焰老师提出本分校学生表演韵律操的建议。当她兴奋地向蓝校长汇报自己的方案，并希望她为年级保密时，她从蓝校长微笑的脸上读出了信任和支持。大家很快设计准备了开幕式的韵律操。老师们全体出动，利用每天中午休息时间教孩子们动作，轮流组织排练。运动会上这些快乐宝贝们精神饱满、姿态优美地为全体师生展现了节奏鲜明活泼的韵律操。此时，"雨之灵"师生的心又再一次在欢快的旋律中流淌……

在"雨之灵"里，彼此敞开胸怀、真心倾听、平等对话。凝聚的团队让我们每一个班级和谐发展。

这是"雨之灵"分校的工作现场汇报。看着年轻的教师、年老的教师们心心相印，看着老师们被别人打动、为自己喝彩的那一张张生动的笑脸，于是明白：学校教育，一定要与孩子们的天性合作，那才是真诚的、智慧的；学校管理，一定要与教师们内在的精神合作，那将是长久的相互尊重与扶持。

七、守候——品味执行的成果

（一）体现"以人为本"理念，实现学校民主管理

在学校管理中，最重要的管理理念就是"以人为本"，要尽一切可能地关注教师与学生的需求，让每个人都能发展、发挥和加强自己的创造潜力。关注教师、学生对学校管理的民主参与，不仅仅体现了教育精神和人文关怀，体现了"以人为本"的现代

发展观，而且最能体现现代教育和现代学校制度的宗旨和追求。因此在"以人为本"中树立"以师为本""以生为本"的管理思想，是创新现代学校制度的一个关键。

树立"以师为本"的思想，其实质就是要重视教师的参与意识和创造意识，使教师的才能得到充分发挥，人性得到最完善的发展。教师具有被管理者和管理者的双重身份，但他们通常有较强的自主性倾向，因此，在现代学校管理中更应凸显其管理者的身份，让他们成为学校的主人。"以师为本"就是要让教师在学校事务中体现出主人翁的地位，通过各种方式和渠道参与学校的管理。这样一方面可以激发教师的主人翁意识和工作责任感，激发其主动精神和创造意识，提高教师的自我价值感，提高工作效率；另一方面，由于教师参与学校管理，增加了管理的透明度与可信度，使全体教师对学校的管理更具信任感和归属感，使学校与教师真正形成一个整体，一个大家庭。当每一个教师都明白个人的成长、发展与学校事业的发展是密切相关的时候，他们的自豪感、责任心和使命感就会油然而生。

民主是现代社会的标志和基础。学校生活是社会生活的反映，随着我国社会民主化进程的加快，学校的民主化越来越成为学校生活中的核心内容，这是社会民主进程在学校的反映，也是建设现代学校制度的必然要求。而学校的民主首先体现在学校管理决策过程中，也体现在学校与社区、家庭及其他成员的沟通与合作中。这使学校民主管理委员会的成立成为必然。学校民主应是民主观念在学校实践中的具体体现，它包括两层内涵：第一，学校民主是一种有效的学校管理方式，这种方式强调尊重、信任与接纳，民主参与，交流、沟通与合作，公平竞争，共同分享成果等。第二，学校民主是一种学校成员的生活方式，在这种生活方式中，学校成员在互相尊重、互相合作、体谅宽容和公平竞争的基础上彰显魅力与风采。我们从学校民主的理念出发，设计和制定一整套学校的民主管理制度：执行校长制度，确保教师——这个学校重要成员的基本民主权利，如知情权、表达权、参与权、表决权等，教师有权表达自己的感情，有权反映他们的观点和意见，有权获得相关的知识和信息，有权参与学校决策过程。凡是与教师有关的而且有能力处理的事情，应交由教师自己去决定并负起相应的责任。

（二）营造"和谐校园"环境，达成团队共同的愿景

近几年，学校抓住了教育均衡发展的机遇。在大力打造城乡接合部学校的进程

中，学校得到了飞速的发展——班额的扩大，教师队伍的壮大，工作节奏的加快，工作效率的提高，要求出台一种更有效率更有创造性的管理方略。

再严密的规章制度似乎也只能解决"该做还是不该做"而不能解决"如何才能做得更好"的问题。在"权力与服从"为主要管理方式的学校管理中教师得不到精神上的尊重，工作中只能是被动地服从，难以发挥主人翁的作用，也不可能真正发挥出创造性。只有营造一个互相尊重的和谐校园，营造一个平等、团结、民主的组织氛围，将共识和情感作为沟通立事之本，才能够充分调动教师与学生的积极性。

在现代管理中，关心、爱护员工是最起码的要求，但仅有关心爱护还是远远不够的，现代管理中越来越强调对员工的尊重。其实很多时候教师的素质并不一定都是显性的。要让教师素质有释放与展示的机会，不仅要给他们舞台，还要给他们权利，这样才能让他们在参与过程的浸润中，去完成一个个梦想。"士为知己者死"，可见彼此尊重、相互信任的心理力量是何其强大。对教师的尊重与信任是调动教师积极性的重要因素，"校长的生命在教师之中"，学校领导者要十分明确，领导与教师的关系在学校中，只是分工有所不同，每个人在人格上是平等的，尊重他人和为他人尊重有机融合。

同时让教师通过参与学校管理来了解领导的内心世界，让学生通过参与管理来了解教师的内心世界，这样加强了彼此的沟通，有助于建立校园和谐良好的人际关系，使人与人之间感情融洽，相互发生积极的影响。再次，学校领导给予教师、学生充分的信任，让他们参与学校管理，让其展现自己富有个性与特色的执政梦想，在帮助他们圆梦的同时，学校管理者也向他们积极学习，从而让管理的内涵不断丰富起来。

有了和谐的校园环境，大家就能够怀着一种快乐的心情来工作和学习。教师与学生通过参与管理学会管理，通过学会管理实现自我管理，这样让学校实现自动化管理成为可能。

（三）执行校长制度与年级组长负责制的区别

年级组长负责制主要是指年级组长在教导主任的领导下，上传下达，督促协调本年级组执行落实学校要求的各项工作。年级组长的工作比较单一和局限，他的工作重点一般停留在某一个层面上（比如教学或者是学生管理）。

年级教师执行校长制度，是由年级教师执行校长"组阁"——建立年级执行分校校长管理机构。这个管理机构里有自己的教师校长和副校长，自己的教师教导主任。老师们根据自身的优势和爱好人人都在分校中有兼职，参与着分校的管理，每位教师都成为年级执行校长的管理助手之一。年级执行分校思考最多的就是：我们怎样高效地完成学校的工作？怎样有特色地完成学校的工作？怎样有创意地完成学校的工作？在年级执行校长分校管理的平台上，每位老师都释放着活力，年级团队齐心协力，共享着成功的喜悦。

"泰山不拒细壤，故能成其高；江海不择细流，故能就其深。"细节决定成败。但是如果一所学校所有的细节都要依靠校长事无巨细地去亲抓亲为，这无疑是一种极不科学的、效率低下的管理方式。优秀的校长要激发出教师工作的内在动力，要凝聚众人的智慧来共同思考，要集合大家的力量来执行细节，这决定了更高层面的教师成长平台亟须搭建。

一所充满爱与活力的学校，离不开构建良好和谐的干群关系，更离不开集合团队所有人的愿望。

（四）顺应教师发展需要，搭建教师成长平台

现在很多教师都存在或轻或重的职业倦怠，这让我们迫切地希望能找到一个办法或是通过一种途径来消除这种负面的情绪，重新点燃教师的工作激情。

如果教师不追求发展，学生的发展、学校的发展都会成为空谈。面对这一现象，解决的办法还是理解关爱。理解教师职业倦怠是有原因的：教师在课改要求和应试要求的夹缝中艰难地工作，又要抓改革，又要抓分数；在行政部门、社会评价、家长评价标准不一致的为难尴尬状况下教学；在来自政府、学校、家长及社会等多方面的密切关注和高要求高希望之下产生过重的心理负荷，必然会导致职业倦怠甚至职业枯竭。这时候，教师最需要的就是理解和关爱。这种理解关爱教师的重要意义就在于通过教育行政部门、学校、社会的多方努力，减轻教师的过重压力，为教师提供宽松的发展环境，给教师一份职业的安全感、幸福感和成就感。关注并帮助教师的发展，为教师的成长搭建平台，为教师自我价值的实现提供各种机遇和可能，是理解关爱教师最高层面的体现。建立执行校长制度，将以巨大力量改变教师、提升教师、成就教师。

八、收获——分享执行的快乐

在草小，人们将实行的执行校长制度称为诗意管理。即把管理之内外在环境诗情画意化，使工作人员自动自发愿意为工作而努力，并能在工作中产生创意，提升工作品质，提高工作效率的管理模式。学校在这种"温暖、润泽、诗意"的管理浸润下，于悄然间发生着变化，生长成更多的管理智慧。

（一）"计划"与"经济"兼容的人力资源运作新模式

年级执行校长要建立一个分工明确、职责到位、相对稳定的年级执行校长管理机构，所以年级执行校长有一定的人权、财权、事权。年级执行校长组阁是否成功，用人是否恰当，直接关系到本年级分校工作的进展和期末学校考评结果。所以临近学期末时，年级执行校长将招兵买马，组建自己的年级团队。一年级"诗之友"分校的彭校长充分运用自己团队的优势和自己的管理魅力，将学校两名优秀的美术教师收于麾下，这两位优秀教师也是各年级分校很急需的教师，所以彭校长这一举措在年级分校的人才选用上引起不小的波澜。其实，这是一件很好的事情，是执行校长在实施的过程中，生成的一大收获——人事权的下放让学校人力资源这池水活了起来，动了起来。在学校人力资源管理中融入市场与计划相结合的机制，将为学校用人制度带来良性的竞争与合作。当然这个竞争是以学校宏观调控为基础和前提的。新型的人力资源运作模式紧紧抓住学校工作中的第一要素——人，将每位草小人放到动态的学校人力资源分配的状态中，激发人的潜能与激情，最终为学校和自身的发展带来蓬勃生机。

（二）营造诗意的干群氛围

在传统的观念中，领导是教师的司令官，教师是学生的看守者，干群和师生之间都是命令与服从的关系。这种关系严重影响了教师和学生创造力的表现。

学校实施教师执行校长制度以来，执行校长通过深度参与学校的管理，学会"换位思考"，多站在学校领导的角度看问题，深深体会到学校领导的苦衷与难处，主动为领导分忧解难，主动站在学校的角度去关心老师的生活和工作，如"雨之灵"分校的教师执行校长李焰利用假期时间组织分校的老师参加快乐骑游活动，丰富了老师的生活，走近了老师的心灵。同时在执行校长实施管理行为的过程中，学校领导的角色也发生了改变，成为保护、激发创造力的支持者，甚至是创造的参与者。我们校级干部有时半开玩笑半认真地说：我们都为我们的教师执行校长打工。

新型的干群关系在教师执行校长制度实施的过程中不断得到融合，大家相互悦纳，宽容相待。通过"教师执行校长"这一举措，将管理变为人本化、个性化、人性化、泛性化的智慧管理。努力营造宽松的氛围，变"压抑的环境"为"宽松的环境"，变"刚性的制度管理"为"弹性的人文管理"，变"结果管理"为"过程管理"。在这样一种新型的管理下，才能真正确立创造力教育观。

（三）营造智慧校园

教师和学生的智慧，更多地表现在创造力的发挥上。如果没有自由、安全、愉悦的集体气氛，便不能打开人的智慧之门，培养人最佳的创造力。教师执行校长管理模式的运作，让我们逐步营造出这样的集体氛围：

——尊重：这是开启智慧，有利创造的前提。因为具有智慧、创造特性的个体是以独立、探究、竞争、求异、自信等为特征的，很容易因其"标新立异""不合时宜"而被扼杀，而创造个性一旦不存在，智慧也就无法开启。教师执行校长的实施过程充分尊重每一位老师、学生的智慧，充分相信他们的能力。

——赏识：这是激发创造热情，增强自信力的绝好方法。学校领导充分赏识教师执行校长，教师执行校长也要赏识团队的教师，同时鼓励教师、学生自我赏识；要利用他人赏识和自我赏识，激发工作热情，增强工作的自信，凝聚好每一个年级分校的团队，开发出巨大的创造潜能。

——自由：束缚不能开启智慧和激发创造力。为了让教师、学生自由去创造，应该减少一些不必要的限制和规定。只问目标和结果，不问过程和形式，这是创造心理学的重要原则。过多、过细、过于整齐划一的限定，会阻碍创造力的发挥。教师执行校长管理模式让学校有一种自由的氛围能激发老师的创造力，充分尊重老师的个性，给了教师执行校长们广阔的自由发挥空间。当学校和大家达成一个共同的愿景后，这个实施的过程可真谓是百花齐放，百家争鸣，极具个性色彩的活动，各个团队八仙过海，各显神通，没有固定的模式，但是大家的目的是一致的。这就是殊途同归。

成功的管理是智慧的管理，智慧型的管理必然造就智慧型的环境。而教师执行校长这一管理模式的运作造就了智慧型的环境，就会使教师和学生在智慧型环境的"无为教育"中实现思想观念、心理素质、行为方式等的智慧爆发。一个有强大生命力、创造力的校园也就有了生存的土壤和空间。

九、生长——呈现出什么样的学校生态

最近，成都有教育专家到成都市草堂小学调研，坐在校长室里，一个老师意外"闯入"。

闯进校长办公室的是三年级教师执行校长谢嵋。她手里拿着一张纸，上面清晰地罗列着一个时间表——为一个生病住院，将暂离学校两三个月的孩子。表上的安排具体到每天由谁打电话，由谁写慰问信，由谁去看望。全年级从学生到教师，几乎全部参与。专家在一旁非常吃惊：这样的东西，真的是年级组自行安排、组织、发动的？老师们没有怨言？教师执行校长有此等号召力？谢嵋的回答是：这是我们三年级分校的大事，老师们策划行动的积极性比我还大。

这就是草堂小学实行了四年的"执行校长"管理体制后，学校日常工作状态的一个缩影。一个教师执行校长思考与关注的问题，所站的角度与视野是全局性的，年级执行校长深深体会"校长"一词的含义与担当。

正是在这样的"执行校长"管理体制下，学校的工作日益显现出与以往的不同，学校的教师、学生和家长在活动中发生了巨大变化，整个学校呈现出一种生机勃勃的生长态势。

（一）什么样的机制就有什么样的活动

"一所学校，三级校长，两级学校，纵横交错，互为织网"的学校执行校长管理机制，有行政和年级分校团队作为支持，学校的工作必然更具人性化，学校活动参与性更强、更丰富多彩。学校活动包括教育活动、教学活动、社区活动、学生活动、教师活动。

1. 什么样的教师活动就有什么样的教师

执行校长制度实行后，学校开展了一系列关注教师专业素养发展和工作状态的活动，让教师在活动中得到提升，从更高、更有效的角度来思考工作中遇到的问题，让教师从更深层次了解教育的意义，寻求一种更诗意的生活状态。

（1）专业进修提升教师素养

①专业进修活动——从狭窄到丰富，从单一到多元

教师专业素养是指从事教育教学工作所必须具备的特质。一般而言，教师专业素养主要由四个部分构成：即专业精神、专业知识、专业能力和专业实践。

教师的专业精神是教师应具有的理想追求、道德规范和伦理要求等基本理性价值取向，是指导教师献身于教育工作的精神动力。

美术教师刘毅在执校期间，创办了关注教师心灵的教师沙龙活动——"我的职业感悟"。在这次活动中，学校的很多教师畅叙对于教师职业的心灵感悟，在彼此的交流和碰撞中，教师们都感受到了对这份职业难以割舍的情感。透过烦琐而平凡的工作，教师们看到了彼此心灵中最柔软的部分隐藏的是一份对教育工作和对孩子们无限的爱。他们重新审视了自己，更加明确了自己今后将要走的方向，并怀着更加坚定的情感一路走下去。

教师的专业知识是教师在教育实践中获得的、直接作用于教育过程的实用性知识。教师的专业能力是教师组织教育活动，对学生施加有目的的影响的主体"行动"能力。教师的专业实践是教师组织和指导学生的认知、达成教学目标的师生共同实践活动，是教师专业素质的外化形式。执行校长制度实行后，执行分校开展了一些有助于提高教师专业技能的活动：

"雨之灵"年级分校开展了老师的普通话朗读赛；"花之语"年级分校开展了老师的三笔字比赛；"彩之舞"分校老师发起读书沙龙……

每一个活动，都可能成为一个成长的契机，每一个精心设计的活动，都是一次对于职业素养的追求。这些活动开展后，教师的专业知识得到了进一步地扩充，师范技能得到提升，教师在实际的教学工作中的教学水平得到了提高，能更有效、更高效地进行课堂教学。

②教师专业素养的提升——从平凡到精彩，从成熟到超越

年轻教师：从平凡到精彩

过去年轻教师成长为一个经验丰富、具有较高班级管理能力的教师，总要经历较长时间自身的艰苦摸索，走很多弯路，而执行校长制度的实行，缩短了年轻教师蜕变的过程，让其在同伴的帮助下较快地提高了自己的课堂教学水平、教研水平、班级管理水平。让他们在分校团队中逐渐成长起来并不断超越自己，促进团队均衡发展。

骨干教师：从成熟到超越

执行校长管理制度实行前，在旧有的管理体系下，年级组长一般是自上而下地分派学校的任务，组织能力停留在制度管理上，没有真正地深入到老师中去；年级中的教师也是按照自己的理念管理班级。执行校长管理制度的实行，势必让每个教师都处于一个共同协作的团队中，合理分工来完成学校的工作。

曾执教中央电视台现场直播的户外语文课《草堂的风》的叶华老师是学校的一位骨干教师、语文学科带头人、语文教研组大组长。她把自己完全融入孩子们，执著于自己的事业，是个比较注重自我成长的人。在成为"海之韵"分校这一团队的校长之后，她开始思考：学校工作中，哪些事情对学生好、对学校发展有利，再累也得干，领着大伙儿一起干；哪些事情能事倍功半的，就要引导老师改进方法，"实干"的同时一定得"巧干"。在"执行校长"这一平台上，她的视野更宽阔了，能站在年级分校和整个学校的角度思考问题，心中有了这个大局，做事情也更有前瞻性，更加周全了。

叶华老师当上执行校长以后，开始思考以前从没想过的问题，开始站在不一样的高度来审视自己的工作，从单一地提升自己的专业水平到考虑整个团队，实现了自己职业生涯的一次超越。

教师观念——从孤芳自赏到互相欣赏，从独善其身到"兼济天下"

执行校长制度的实施，使每个教师在学校搭建的发展平台上，都有了参与管理的权利，他们从内心里感受到尊重，在他人的"赏识"中意识到这是一个释放自己、展示自己的机会，并在与他人的亲密合作中"赏识"其他教师。

执行校长制度让教师与学校领导在地位平等的前提下研究和讨论学校管理中的重大问题，使他们感到学校领导的信任，感受到学校的利益与自己的发展密切相关，并产生强烈的责任感，使更多的教师不再只关注个人工作，而更多地去关注学校的发展。

"雨之灵"的教师执行校长李焰老师就悄悄地发生着改变：

过去一到学校，便直奔自己班的教室。担任执校后，有了更多的牵挂，于是渐渐地改变了行走的路线：有意绕道从分校的每个班级经过，关注每一个班的情况。然后渐渐关注别的年级，并与之相比较看到自己的长处和短处，也看到别的分校的长处和短处，在比较中思考下一步发展的举措和方略。路线的改变，是因为观念的改变和视野的开拓。对过去一些不曾留意的事物开始关心、思考，开始有了看不惯。

从"直线"到"曲线"，这看似简单的变化揭示了教师们观念的转变，他们主动地承担起了一份别样的责任，真正地从学校的角度去思考、去工作，实现了从小我到大我的突破。

（2）诗意生活呵护教师心灵

教育，是需要诗意和浪漫的。教师要在烦琐和劳累的日常工作中寻求一种心灵上的休憩，就必须坚持一种诗意生活的态度。法国诗人荷尔德林说："人，诗意地栖居在大地上。"诗意地生活，是一种对人间、对世界怀着美好的愿望和情感的生活，是在生活里到处都能感触到意趣和美的存在的生活，是远离粗俗、鄙陋、愚钝，走向精致、高雅、聪慧的生活。因此，执行校长们开展了许多品读生活、呵护心灵的活动。

"雨之灵"分校发起了健康骑游、放飞风筝活动；"花之语"分校开展了"美丽相约"丝巾搭配活动；"彩之舞"分校开展了"青春靓丽"三八节送伞活动……

在这些执行分校承办的活动中，教师们渐渐地打开心扉，他们乐于发现自己和其他事物的美，乐于走到大自然去体验生活带来的乐趣，他们从被动地接受到逐渐地开始适应和成为诗意生活的主体，有了更美好的情感愿望和追求。

（3）促成现代教师管理素养的高品位

在现代教育中，无论班级授课制，还是团队协作或合作教学，任何一个细胞都必须是团队的。而有团队就有主管的人，就意味着谁都可以来竞标，谁都可以来承担，也就是说，现代教师这一个特殊的团体，他们需要被管理但是也需要管理意识。

成长不能代替，发展必须亲历。促成高品位的教师管理意识，只能通过教师的亲身经历。执行校长制度的实施，管理机制的变革，为教师高品位的管理意识的形成提供了可能：我们给教师权利，而权利也意味着相应的责任，责任又是现代教师必须具备的管理意识，教师通过执行校长制度带来管理意识上的改变，从原来的单一的被管理的角色转变为学校管理的参与者，他们不再站在个人的狭隘的角度思考问题，而是用更全面、更具统筹性的眼光来看待事情。可以说，执行校长制度，并不是为了培养校长，但是培养了很多具有校长管理意识的教师，实现了教师管理意识的高品位。

一位体育老师当上校级执行校长在对全校宣告自己本月的梦想时，说了这样一句话："老师们，我不知道我说得清不清楚，我是一个不善言辞的人，从来没有在这么多人面前讲这么多的话，今天说的话比我这辈子说的话都多。"

教师们在担任教师执行校长过程中，组织、协调、沟通能力得到了提高，同时也提升了教师工作专业技能的品位。

（4）建立关心型干群关系

美国教育家诺丁斯提出的关心理论认为，关心是一种观点和态度，它以关系为中心。诺丁斯所提出的关心与我们传统理解的关心并不尽相同，在这里，关心的本质是人与人的关系。关心的形成源自人与人相互依存关系的体认。

我们认为在干群关系中其实应该存在这样的关心的关系，然而，按照常规思维与传统文化，在干群关系中强调领导关心部下，却弱化了群众对领导这个管理者的理解。谁来体谅干部？对每一个学校的管理者而言，全体老师的认同不亚于上级的支持，老师的理解是无私付出后最好的心灵慰藉。可如果不是深度的体验，怎能理解？

在我们的学校管理中建立这种发自内心的理解、认同的新型的干群关系，是令我们喜出望外的成果。凡是经历了执行校长的草小人就具有一种能关心的素养、情怀，这就是新型的干群关系，是我们的课题做出了重大突破的地方，它建立了一种交互式的关心的干群关系。在我们建立的开放的每个人都可能成为管理者的管理机制中，管理者的岗位开放地接受每个走到这个岗位上来的人，在管理角色的体验中，绝大部分老师理解了领导，理解了这个管理岗位。这种与校长的相互欣赏、理解，以及对校长这个岗位理解的扩散，就是这种关心型的干群关系建立的发端。

2. 什么样的学生活动就有什么样的学生

素质教育着眼于受教育者及社会长远发展的要求，以面向全体学生、全面提高学生的基本素质为根本宗旨，以注重培养受教育者的态度、能力，促进他们在德智体等方面生动、活泼、主动地发展为基本特征。学校教育，一定要与孩子们的天性合作，那才是真诚的、智慧的。

课题实施后，每位教师执行校长和各个分校自主开展了丰富多彩的活动，这些活动明显激活了平静的校园，促进了学生智力和体力的充分自由地、主动活泼地发展，促进学生各方面才能和兴趣、特长、道德水平、审美情操和谐全面的发展。

（1）千姿百态的学生活动

①课堂活动

以前，课堂内容相对单一，老师们仍旧习惯用传统的教学方式完成教学任务。自从执行校长制度建立以来，随着两级教师执行校长一系列主题活动的推出，将活动的内涵延伸到各科课堂，使课堂的容量更大，内容更丰富，充分调动了学生的学习兴趣。

校级执行校长唐晓琴老师和她的团队推出了"好词佳句一箩筐"活动，给孩子们搭建了一个提高语文素养的舞台；校级执行校长数学老师彭晓爽设计出"加、减、乘、除大赢家"与"谁是记忆王"的擂台赛，使孩子们学会了更多数学方法……孩子们的课堂在学习中快乐起来！"雨之灵"分校的年级教师执行校长唐艳推出的"我为花草代言"的年级护绿活动延伸到课堂上，和有关自然的课文结合起来教育每一个孩子珍惜学校的每一片绿，孩子们也懂得了环保护绿的重要性。

这些活动，使课堂成了一个展示学生个性的多姿多彩的舞台，各式各样的教学形式紧紧地吸引住了孩子们的心，他们全身心地投入，积极地参与，仔细地观察，周密地思考，丰富地想象……让我们的课堂多姿多彩，使学生的个性在课堂中张扬，能力在课堂中发展。

②课外活动

除了课堂活动，各年级分校根据孩子的特点和需要，契合学校和年级分校的工作重点，还组织开展了各种课外活动。

★ 常规活动

不一样的开学典礼：从前的开学典礼，按部就班，很难给人留下深刻印象。可当执行校长参与策划、组织、编排后，一切都有了新意。

2008年9月，校级执行校长时洁和她所在的年级分校一起策划了"2008我们一起长大，我的校服我做主"的开学典礼。典礼上，小模特们在动感的音乐声中，穿起漂亮的秋装一一亮相，拉开了学校秋季校服款式征集活动的序幕。之后，全校孩子们将自己最喜欢的服装编号记录下来，慎重地交给老师，反馈的信息将成为校服款式的重要依据。这样的开学典礼策划，让全校孩子们充分参与活动，都能民主地发表建议，孩子们的观察力、鉴赏力也得到了提升，选出了孩子们心目中最美的校服。

新型的家长开放日：过去传统的开放日活动就是请家长走进课堂听课，然后参与问卷调查，这样的方式重复几次，家长们没有了参与的热情。而在成立了各个年级执行分校后，老师们开始思考、探讨怎样根据本年级工作重点和特色去让自己年级的开放日活动有特色与新意。

"海之韵"分校开展了"每天一点行动，每天一点感动"的感恩父母活动。结合活动，他们在全校首创了以促进亲子沟通、家校和谐为主题的家长开放日活动，而且开放时间选于感恩节那一周。活动从宏观设计到细节把握，无不包含着老师们的精心策划和长期准备，充分体现了学生的自主参与和活动。孩子们在"特长秀秀台中"精彩亮相并和家长们共同参加了"心有灵犀""你说我猜""快乐水果园"等亲子游戏，孩子动情地向父母吐露了真心话，唱出了感恩的心，送上了感恩卡……现场一幕幕感人肺腑，许多家长泪流满面。有孩子在现场说出爸爸煮的面有幸福的味道的心声，也有孩子当场给妈妈下跪，以表达由于平日里调皮捣蛋而惹妈妈伤心的愧疚之情；一些家长在泣不成声中道出了自己对孩子教育方法的不当；一些家长在幸福中提出了对孩子的希望……这次开放活动的奖品还新颖地选用了番茄、土豆，让领回奖品的孩子用它们为父母做一道菜。活动当晚，父母们品尝到了孩子们做的菜，都说这样的活动很有意义，让孩子长大了、懂事了。

★特色活动

素质教育在每一个教师最真挚的教师情结中，在每一个教师作为一个真诚的人的"素质"中。当一个个执行校长彰显出自己的教育魅力时，我们的画者"美"起来，"巧"起来，然后让画布上出现了更加美好的风景，一次次别开生面的特色活动就呈现在了我们眼前。

提起校级执行校长李诚老师开展的"淘书乐"活动，至今仍让孩子们兴奋不已。各班孩子将自己读过的书带到学校，按书的新旧程度换取购书券，再用购书券去换取自己喜欢的书。"淘书乐"活动当天，各班的展台上都堆满了书，孩子们自主进行宣传、组织，争创销售十强。他们有的吆喝着，有的在维护秩序，有的认真清点着回收的购书券，俨然一副当家的架势。而换到新书的孩子们，或席地而坐，或三五成群，快乐写在了每个人的脸上。

素质教育应该是给人最大尊敬与赏识的教育，我们的执行校长们以精神氛围升华校园的人文环境，以人格魅力感染成长的心灵，以尊重体验开启知识的宝库，他们策划的这些特色活动让孩子们在校园的大舞台上得到了自我展现的机会，得到了心灵的满足。

（2）活动改变学生

以前，学校的活动主要由德育处、大队部组织开展，只有极少的教师和学生参与活动的策划和排演，人员精力有限，收集资源有限，活动形式单一。在实行执行校长制度后，这些活动改由二级执行校长进行策划，活动内容变得精彩纷呈。

① 造就视野开阔的学生

每月开展的特色活动，不仅教师和学生的参与性增强，增进各年级学生和教师的交流，而且还让学生扩大了视野。

校级执行校长李文静老师策划了"民俗活动大搜寻"活动，孩子们在春节到来之际，利用寒假时间在生活中去搜寻自己家乡的民俗点滴，最后办成民俗小报，在班级和全校进行巡展和评比活动。

在这样全校性的活动中孩子们了解了民俗，了解与自己民族发展血脉相融的传统文化，赞叹历经岁月淘洗的传承，感叹民族悠久的生命，且历久弥新；开阔视野，让孩子既学会向前看历史，也会向后看未来。活动的参与性大大增强，孩子们积极性空前提高，而且通过各年级的同场竞技，各班的孩子间的相互交流，扩大了视野。

② 培养组织能力强的学生

组织能力是指个人与群体为共同目标进行高效率工作的一种心理能力。学生组织能力的提高得益于团队精神、合作意识的增强。同时，这也为学生成为社会需要的复合型人才、形成良好人格起到重要作用。因此，在小学阶段培养学生的组织能力，为以后的能力发展奠定基础显得尤为重要。学校的特色活动，注重学生的体验和参与，活动设计以学生为本，尽可能地让学生亲自参与组织、管理、评审，大大提升了学生的组织能力。

学生执行校长作为校级执行校长的小助手，和教师一起共同开展工作，他们往往直接参与活动的编排、管理、主持、评审、统计等，得到锻炼的机会更多，能力提升的效果也显而易见。

③ 成就自信的学生

自信，是一种对自己素质、能力作积极评价的稳定的心理状态，即相信自己有能力实现自己既定目标的心理倾向，它对于学生的成长大有裨益。

丰富多彩的活动给孩子们搭建起了展现自我的舞台，"音乐秀秀台""我是草小新主播""亲情阳光母爱有声——诗朗诵比赛""英语脱口秀""动感擂台"等囊括了各个学科领域的主题活动，充分激发了学生的参与热情，让学生发现了自身的潜能，找到了自信。

3. 什么样的学校活动就有什么样的家长

执行校长制度实施后活动多了，老师能力提高了，班级管理也活了，孩子们展示自己的机会也多了，家长们在活动中惊喜地发现了孩子的潜力，对学校的管理越来越信任，也更加理解和支持老师的教育教学活动。

执行校长制度实施以来，让家长参与到学校管理之中。每期的年级分校评议总结会上，民管会的家长都会参与评比。通过参与，家长看到了在孩子成长的背后，学校、老师的辛勤付出，更深地了解了年级与学校的整体状况，他们变被动配合为主动关心，积极为学校的发展出谋献策。

（二）什么样的机制就有什么样的校园

执行校长制度，不仅改变了教师的观念，还极大地增强了团队的凝聚力，让学生收获了成长，让家长了解了学校，也使学校日益变得和谐、创新和均衡。

1. 和谐的校园

在传统的校长负责制体制下，校长"一言堂""一支笔"，使得教师失去参与学校工作的积极性。执行校长制度的建立，确保了教师——这个学校重要成员的基本民主权利，如知情权、表达权、参与权、表决权等，教师有权表达自己的感情，有权反映他们的观点和意见，有权获得相关的知识和信息，有权参与学校决策过程，而且有实在畅通的途径达成自己的目标。执行校长制度体现了实实在在的民主。

执行校长制度实行后，一线教师成为执行校长，加强了教师和校长之间的沟通。

既有利于发现教师中各种不同类型的需要，以便及时改善和消除工作中的不满意因素，又有利于增进双方情感的互动和思想的交流，使干群之间心贴得更紧，使全体教师之间的相互吸引力不断增强。

2. 创新的校园

创新就是在原有资源的基础上，通过资源的再配置，再整合，进而提高现有价值的一种手段。执行校长制度变革了学校组织架构，这个新的组织形式使学校的管理趋于民主化、弹性化，促发了教师的创造性，并为教师的创造提供更多不同层级的平台。

教师的创新，带来了教师的专业水平和其他综合能力的提升，并使教师的能力在分校工作和校级执行校长工作中展现出来，促进学校良性发展；教师的创新，能激发学生学习兴趣，激活学生思维，发掘学生潜能，培养学生的操作技能，促进学生个性发展。

这样的创新，引发思想的革命，为学校的活动注入勃勃生机，有利于学校多样教育氛围的推进。

3. 均衡的校园

教师间的均衡：学校教师由于自身素质不同，教学水平、管理水平有一些差异。以前，同一个年级，有的骨干教师总希望自己能鹤立鸡群，备受瞩目，往往只顾着自己的教学，顾着自己班上的孩子，不会主动真诚地去关注和帮助其他教师。这样就造成差异的长期存在，年轻教师、弱势教师发展缓慢。执行校长制度实行后，年级分校的全体教师形成了一个统一的整体，他们之间的相互交流变得频繁起来，沟通愈加顺畅。

新制度下，要想出色地完成学校工作，年级分校的老师们就必须要形成一股合力，大家共荣辱、共进退，每个老师作为团队的一员都必须努力地实现自身的价值，这样的整体发展，避免了人际关系的恶化，使教师能迅速整体跟进，团队能均衡发展。

班级间的均衡：在执行校长制度实施以前，做班级文化建设是很多老师最头疼的事。往往是自己花了九牛二虎之力，做出来的班级文化建设还是无法令人满意。这样各班的文化建设也就五花八门，没有一个总体的感觉，学校文化内涵没有得到集中体现。执行校长制度实行后，这种情况得到了很大改变。

两年前，遇上市里的教育质量调研。草小抽到一个年级。区上统一阅试卷，阅后统分。草小五个班，齐刷刷地全在一个水平线上，特别整齐。统分结束，区上的工作人员专门给我打了一个电话："这个年级怎么做到的？成绩都很好，而且非常整齐。"得知这一消息，我无比开心。

"办好每一个班，才能成就每一个年级。"而这背后功不可没的正是年级分校教师执行校长制度。每个班级都是分校中不可分割的主体，共进退，同荣辱——陈圆老师生病了，她所在的四年级团队马上就行动起来，代课的代课，看望的看望；某老师的班级纪律在校内被点名，整个分校的老师都"跳"起来，一起想办法提高。团队中，大家优劣互补，紧密合作，互相扶持，决不让一个人掉队。在互相的扶持与支持下，每个班在进步，每个分校在提升，整所学校在奋进。

年级分校间的均衡：我们深知，每个年级分校间没有一种良性的关系，学校将得不到根本的发展。分校之间，有竞争，更有合作。分校只是相对固定，每年都会因情况而有变动。分校之间的竞争，既有硬性的一些考核指标，但更多地却是对一些软性要求达成的精益求精。这是被施予责任与义务后，共同参与后创造力迸发的结果。比如：二三年级分校的教师每年都会主动承担培训新到岗的一年级分校团队的任务，他们参与方案制定，亲自传授方法与技能，毫无保留地将自己的经验共享出来。在互相帮助下，每个年级都在进步，整所学校都在奋进。

在执行校长制度研究中，前后共有九十多位教师参与课题的研究和实践，三年来，老师们共撰写研究论文、活动随笔和经验交流总结三百余篇，其中有十多篇发表在国家、省、市有关刊物上，学校执行校长活动被中央电视台、《中国教育报》《四川日报》《教育导报》《时代教育伙伴》《课堂内外》《华西都市报》《成都日报》《成都商报》、成都电视台、四川电视台等多家媒体报道，引起了社会各界的广泛关注和认同。

所有这些被媒体报道的活动，都是我们的教师执行校长、执行分校团队研究，自主策划，自行彩排完成的。丰富多彩的活动，不仅让本校团队更加具有凝聚力，教师得到了锻炼，学生收获了成长，也引起了其他学校的关注和对自身学校发展道路的思考。嵊泗县教师进修学校的陈芬老师在舟山教研网上介绍了执行校长制度，并认为"必将像花蔓一样越延越深"，东管头小学的一位老师在参观完学校后，写道："它从师生的心灵出发，规划和建设着师生共同认可并嵌入身心的价值观念和取向，教育方式和生活方式，共同的追求和理想。"2008年4月的《中小学学校管理》上金建生教授认为"成都市青羊区草堂小学的教师执行校长就是从领导的视角赋予教师责任，为教师搭建成长平台，实现自我价值的教师领导实践"。大邑安仁中学甚至把执行校长制度编入了他们的内部学习材料："每一名老师、每一名学生都可以通过竞聘成为学校的执行校长……这极大激发了老师和同学们的责任心和创造力，是小学独特的民主管理模式，受到了社会各界的一致好评。"我们可以清楚地看到，我校的执行校长制度，已经引起了许多学校对于自身发展的思考和一部分教师的观念变化，它的继续推进，将会影响更多的学校从自身发展出发调整发展战略。

在素质教育推进的今天，我们也将在执行校长制度的关照下，日益向着我们的目标迈进——成为一所流淌诗歌的学校，一所飘溢书香的学校，一所倡导活动的学校，一所崇尚锻炼的学校，一所重视习惯养成的学校。

十、荟萃——可传承的学校管理文化

一个新来的数学老师曾在自己的随笔中这样写道：终于等到开学了，我看见门口立了一块广告牌，暂且叫它广告牌吧！我看到了9月执行校长，时老师的照片印在了上面。在以后的日子里我慢慢地弄清了是怎么回事。

校园文化分为个体和群体两个部分，当个体教师开始自觉追求高尚行为，教师群体有了共同的价值取向和协同行为时，学校文化就形成了。省教科所周林主任也曾说："什么是校园文化？当制度融入血液或自觉执行的行为时，校园文化就形成了。"从上面的案例中我们可以看到，小到校园门口一块小小的每月校级执行校长的展板，大到每月学校开展的特色活动，全是执行校长制度的缩影，可以说我们的执行校长制度文化，已经悄然渗透到了学校的各个角落。这时，在我校内涵发展的道路上，有了一些可以传承的学校管理文化。

（一）独特理解民主管理

最常见的学校民主管理主要途径和形式是：教代会、校务公开、民主评议学校领导干部等。我校的管理机制改革，开拓了民主管理新途径，体现了我们对民主管理的深度理解：参与是民主的关键。一个组织的管理是否民主，其重要指标是看全体成员在管理中的参与度。但这种参与并不随意，教师执行校长们都由民主竞选合理产生。

执行校长制度，为尊重意见的多样性，倾听不同声音的民主管理，提供了有效渠道。通过制度创新，促进民主治校，实现了在校长的指导下，校长与教师、教师与教师的沟通、协调、对话，全员都参与到学校管理中来，达成了"学校是大家的，你不能没有我，我不能没有你，我们都很重要"的管理共识。

执行校长制度是充分尊重学校全体师生员工的主人翁地位，调动其作为学校主人的工作积极性，充分发挥每位师生的创造性聪明才智，为实现学校可持续发展而实施的一种民主管理模式。

（二）组织创新

1. 建立反转式的组织

反转型管理的实质是行政倒过来为专业人员提供服务。我们运用特别适合专业人才创造价值的组织结构的反转型组织理论，创新了学校中层管理组织职能：改变传统观点，学校管理的核心部门（校长、教导处）不再充当发号施令的角色，而是提供服务，将行政资源"分发"给执行校长群体。

教导处等行政部门转变为咨询、参谋、协调和服务机构，这些机构中的人员参与到年级分校的决策与策划过程中，不再像以前那样作为一级管理机构来向基层组织发布指令。相应地，学校管理的重心下移到年级分校层面，年级分校成为校长直接面对的基层组织。

这样以服务、支持的方式调动教师参与变革的积极性，发挥广大教师才智，树立教师的专业尊严。

2. 岗位再造：因人设岗，因岗定人

现代学校管理认为，校长角色要更接近学校管理的"真实世界的岗位"。于是，我们对校长岗位再造，设立了校级教师执行校长、年级分校教师执行校长岗位。

为最大限度地激发教师的潜力，确保人和岗位之间实现最佳匹配，我们同时使用"因人设岗"与"因岗设人"这两种管理方法。

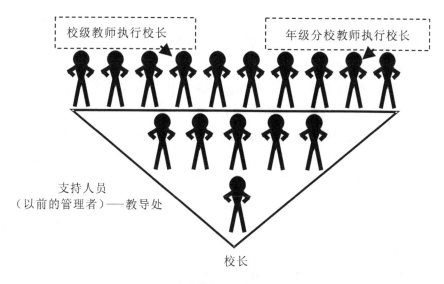

反转式组织示意图

因人设岗：主要体现在校级教师执行校长岗位上，根据每个老师自身的特色和学科特点设计该岗位，老师们能在该岗位上鲜明地亮出自己。

因岗设人：主要体现在年级分校教师执行校长岗位上，学校通过年级分校推荐和行政考察等途径选择出适合该岗位的首席教师。

3. 形成新的学校管理机制

传统学校中层组织往往仅起传达和执行作用，在管理改革中，我们力图超越这种局限，对学校内部组织进行更新，从组织的整体形态上探索在适度扁平化的基础上形成"一所学校，三级校长，两级学校，纵横交错，互为织网"的网络状联结。

经过努力，我们基本构建成由四大板块组成的学校执行校长制度系统：一是构建了执行校长产生的制度；二是通过了执行校长工作流程的制度；三是落实了执行校长责任权力的制度；四是改革了执行校长评价制度。

（三）机制运行的保障

在研究中，我们逐步完善教师执行校长制度，理清了各级校长之间的关系，明晰了年级教师执行校长与以往传统的年级组长的区别，保障了"一所学校，三级校长，两级学校，纵横交错，互为织网"的管理机制的运行。

1. 三级校长之间的关系

当家校长统领学校全局工作，校级和年级教师执行校长在当家校长的领导下，适度分权，从不同层面有限参与学校管理。

校级和年级，这原创出来的两级校长，其主要作用在于让学校除了一个当家校长，还拥有了七个校长！他们是当家校长被"分权"的结果。一分七份，各织各的网。小网织成大网，每人都能牵动网。"分权"织网后，当家校长的角色从首席绝对责任人变成了后期裁决者，管理矛盾被转接与后移。

分权把当家校长的权力放在了更加弹性却又更加前沿的教师群体之中，从而更被广大教师理解与接受。

2. 年级教师执行校长和校级教师执行校长的区别

年级教师执行校长坚决执行学校日常教育教学工作、常规管理。校级教师执行校长更多地是在圆自身的一个梦。

年级教师执行校长要建立一个分工明确、职责到位、相对稳定的年级执行校长管理机构。校级教师执行校长有相对固定的工作职责，但却没有固定的工作团队，团队的建立松散而灵敏。

年级教师执行校长有人权、财权、事权，每个学期末，学校将就年级工作情况进行"有奖考评"。校级教师执行校长，不考核、不检查，相当于校级管理的志愿者，看的是内心的收获。

这两个阶梯一对比：校级教师执行校长虽然"官大几级"，但在实权上却还比不得年级教师执行校长。他们就像现实与理想的两条交融线，有平行地行走，更多地却是交叉的互助。

3. 年级分校教师执行校长和传统的年级组长的区别

身份中有"校长"这个词，意义在于让年级教师执行校长像校长一样工作，让一个年级像一所学校一样工作。相对于年级组长的"领命做事"而言，年级执行校长要做的是"管理决策"。

年级分校教师执行校长与年级组长对比表

	年级分校教师执行校长	过去的年级组长
思维模式	主动创新	领命行事
管理权限	调度年级全面工作 整个团队的均衡发展 有人事权、财务权、事务权	监督年级教育教学工作 不思考整体推进问题 无人事权、财务权、事务权
团队组建	与学校协商、自主组建	学校指派
运作方式	共同体工作模式 依靠核心团队，主动工作	个人工作模式 上传下达、执行学校要求

不让团队中的一个老师感到孤独，不让团队中的一个班级落下，都是教师执行校长要思考与面对的，"操心"与"管辖"的界限正如一校之长。

在教师执行校长制度中理清上述关系，成为保障执行校长管理机制运行的前提，同时以群众推荐、选举的方式保障教师执行校长产生的民主公正；为了让各级校长各自能够实现效能最大化，彼此能够相互协调、相互制衡，执行校长制度进行了科学配置权力，适度分权，适度确定其权力的自身界限，尽力使各级校长的权力处于合理的状态；用软、硬评价来监督各级执行校长的工作，使教师执行校长制度朝着利于教师发展，有利于制度本身健全的方向发展，成为管理机制运行的保障。

4. 教师执行校长工作方法论

"当问题产生的时候，也就同时产生了解决问题的办法。"我们的执行校长们的工作方法体现了以下思想：

（1）强调分权，特别要分敏感、核心的人权和财权。过程上要分角色权、执行权、监督权、公开考核。分权是组织再造文化里非常重要的贡献。分权后提升了校长总揽全局的能力、谋划决断的能力、知人善任的能力、协调各方的能力、开拓创新的能力。

（2）强调主动参与，发动全部教职工来参与学校工作，因为"给人机会就是给自己机会"，使教师焕发强烈的热情和归属感。

（3）强调主动创造，发挥所有教师的聪慧和才智。

（4）强调责任分担，不能分了权还是校长一个人承担责任。

在实践中，我们的执行校长们归纳出站在管理的角度，在这样的岗位上必须思考的一系列问题，其实也是一个肩负参谋、咨询、服务、指导和协调等多种职能的部门开展工作的方法论：

（1）校级教师执行校长必须思考的 5 个问题：

怎样从学校的事中找到自己的事？

怎样把自己的事变成大家的事？

怎样和大家一起去做自己的事？

怎样在和大家一起做事的过程中始终知道自己该做什么事？

怎样让校级教师执行校长的事与自己的原有本职工作平衡协调？

（2）年级执行分校必须思考的 5 个问题：

怎样有细节地完成学校的工作？

怎样高效地完成学校的工作？

怎样有特色地完成学校的工作？

怎样有创意地完成学校的工作？

怎样形成分校的风范和品格？

有校长语：学校寻找发展空间的过程中，管理机制变革要以创建 21 世纪新型学校、更新师生生存方式为核心价值观凝聚人心，与全校师生达成共识，自然而然地渗透管理育人的理念。我们认为学校领导者的领导价值取向重要的是克服"谋事不成人"的价值偏向，实现从"驭人之术"到"成人之道"的转变。领导与管理变革的价值取向是"在成事中成人，以成人促成事"。我以为其间含蕴意味深长。

"为什么要教师参与学校管理？要教师参与学校管理是否会加重教师负担？"在进一步深化研究执行校长制度的过程中，这些命题与问题也一直困扰着我们，有些命题一时是很难找到答案的。"理论是灰色的，生命之树长青"，我们为全面提升教师素质所做的探索与实践已经开始，我们还将不离不弃，奔跑在前。

源于感动的幸福

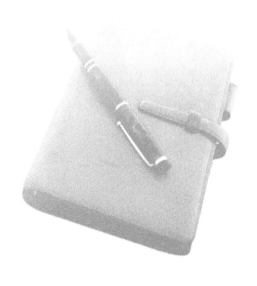

一、感动——来自总理的关怀

我从来没有想到过，我还能走进中南海，更没有想到过，能够受到共和国总理的接见，然而这一切都是那样真实地留在我的记忆中。

2006年8月22日，星期二，上午，我走进了中南海国务院第四会议室。参加讨论的除了我之外，还有中国教育学会会长、北京师范大学教授、全国比较教育研究会理事长顾明远老师，国家总督学顾问、中国教育学会副会长、北京市社会科学联合会主席陶西平老师，华东师范大学教育学教授、博士生导师叶澜教授，南京市金陵中学校长、特级教师丁强老师。那天出席会议的领导有国务委员华建敏、陈至立，有关部门负责人还有国务院副秘书长陈进玉，教育部部长周济，副部长袁贵仁，副部长陈小娅，财政部部长金人庆，国家政策研究室主任魏礼群。

那天，我坐在会议室靠着门口的一个位置上，紧张地看着我的发言稿，根本没注意周围发生的任何事。突然我听到一个声音轻轻地说："总理来了。"我急忙站起来，转过身，温总理竟然已经站在我的面前，跟电视上看到的一样，是那样一个温和而慈祥的老人。我急忙与总理握手，心里激动得不知道说什么才好。

总理落座之后，我们也坐下，总理开始讲话，可是我的心还怦怦跳个不停。总理很随和地说："今天来的都是教育专家，我的爷爷和父亲就是教师，我出生于教师世家。我现在还记得，一天晚上，我从睡梦中醒来的时候，还看见父亲在灯下批改作业，从那时候，我就知道，老师很辛苦。"

总理的几句话，如暖流般流过了我的心底，总理对教育的重视，对教师的关怀让我感动，心情似乎也不那么紧张了。

接着，总理简单介绍了今天座谈会的议题，主要是听取我们对教育改革和发展的意见，话题主要定在基础教育和义务教育上，大家商谈如何才能提高教师素质，提高教育的水平。

按照发言顺序，前面两位专家发言之后，就是我的发言。我发言的题目是《从一所城乡接合部普通学校的变化——向温总理汇报师德建设、队伍建设的思考和初步实践》：

教育部副部长陈小娅莅临我校视察工作

今天，坐在这里，我像做梦一样。我从来没有想过，我能有机会这么近距离地坐在总理面前汇报工作。知道要见总理后，又激动又幸福，又不敢相信一切是真的。此刻，我相信，我已梦想成真。

抑制着激动的心情我继续说：所以，我太幸福了，我有很多话想跟总理讲。我想来想去，最想汇报的还是我最熟悉的，我工作的那所学校。我想告诉总理，那曾经是一所什么样的学校，告诉您，它的变化。我现在工作的学校叫草堂小学。

总理说：就是杜甫草堂吗？学校离那儿很近吗？

我回答：是，隔了一条街，穿过浣花公园就是。草堂小学原是城乡接合部的一所普通的学校。随着我们成都市城乡一体化的推进，学校成为城市的一部分。在成都市委、市政府推进教育均衡发展的进程中，我们青羊区教育局的娄进局长提出了"两消除两享受"的思想：让涉农子女在家门口直接享受城市文明成果，在家门口就地享受优质教育资源，消除城乡学校之间配置差距，消除城乡教师之间的福利差距。在这样的背景下，2004年年初，我从市中心一所学校来到草堂小学担任校长，经过两年多的探索与实践，如今的学校成为一所颇具影响力的学校。优秀的教师愿意来学校工作，孩子们也很喜欢来校读书，学校成为师生都向往的地方。陈进玉副秘书长、柳斌主任、小娅部长都到学校来视察指导，成为我们最美好的记忆。全国义务教育均衡发展现场交流会也以学校为参观的一个现场在成都召开，与会专家、领导给予学校高度的赞誉和肯定。

陈至立国务委员插话说：那所学校办得非常好，到处都是诗。

我有些骄傲地继续汇报：

中央电视台新闻频道直播草堂小学的语文课……很多让人惊讶的事情发生在草堂小学。

"学校变了，像做梦一样"这是我们老师的话。为什么变了，这是我常想的事。我想这里的关键还是人的变化，老师的变化。老师还是那一群老师，学校还是那一所学校，但是今天的老师已不再是昨天的风貌。是师德建设和队伍建设成就了学校。我们主要是从以下方面思考和实践的。

（一）要从人文关怀的角度理解关爱教师

师德建设和教师队伍建设中需要理解教师的事很多。刚到这所学校，我就遇到两大问题：教师的流动和教师的职业倦怠。

我感到教师的流动欲望非常需要理解和关注：随着国家人才管理制度的变化，教师流动性也在逐渐加强。政策性的有组织的流动是正向的，青羊区每年就有10余名校长派往涉农学校，100余名骨干教师赴涉农学校定期服务，使8000余名涉农子女和外来务工农民子女受到良好教育。但是民间的流动则是自发的、逆向的，呈现出从一般的学校向名校流动，偏远的学校向城市的学校流动，薄弱的学校向优质学校流动的趋势。面对这种状况，我们不能回避，不能抱怨，更不能置之不理任其发展。来到这所学校，我也遇到老师提出想去更好的学校的要求。解决这个问题的办法只能是理解和关爱。我们真正得要把自己变成老师，站在老师的角度去理解教师流动的动机，教师流动不外乎就是追求好的工作环境，好的发展平台，好的成长空间，好的待遇等，其实这是每个人都有的正常的要求，在理解教师的基础上主动地体贴地采取一些人性化的应对措施，促进教师流动的合理、有序。比如当时我就给请调的老师们讲我都从城里的好学校过来了，我们一起在这里共同努力吧，如果半年以后你都还不满意，我就成全你的梦想。我觉得处理这种逆向流动，关键是理解之后，我们能不能感情留人，用学校的发展留人，让老师看到希望而留下，它跟待遇并没有多大关系，因为事实上草堂小学在半年以后并没有多大变化，但是老师们看到了发展的前景，对未来充满了希望，所以都留下了。

听到这里，总理点头说：好。

第二个需要理解的是教师的职业倦怠。或者这应该比教师逆向流动更应该引起我们的关注。到这所学校，我就感觉除一部分优秀教师外，总有一些老师消极倦怠，得过且过。教师不追求发展，学生的发展、学校的发展都会成为空谈。面对这一现象，解决的办法还是理解关爱。理解教师职业倦怠是有原因的：教师在课改要求和应试要求的夹缝中艰难地工作，又要抓改革，又要抓分数；在行政部门、社会评价、家长评价标准不一致的为难尴尬状况下教学；在来自政府、学校、家长及社会等多方面的密切关注和高要求高希望之下产生过重的心理负荷，必然会导致职业倦怠甚至职业枯竭。这时候，教师最需要的就是理解和关爱。这种理解关爱教师的重要意义就在于通过教育行政部门、学校、社会的多方努力，减轻教师的过重压力，为教师提供宽松的发展环境，给教师一份职业的幸福感和安全感。

关注并帮助教师的发展，为教师的成长搭建平台，为教师自我价值的实现提供各种机遇和可能，是理解关爱教师最高层面的体现。

设立教师执行校长、建立年级执行分校，是我校理解关爱教师队伍、抓师德建设的一个有效的措施。这个办法以我们事前完全没有预料到的力量改变着教师，而且是每一个教师，提升了我们队伍的整体素质。

学校的每一位老师都可以通过竞聘担任"学校执行校长"。教师执行校长每月通过民主选举产生，任期为一个月，有自己的职务津贴、独立的办公室、主持召开圆自己梦想的行政会，代表教师参加行政会。在这些参与学校管理的活动中，提出了许多好的建议：教师沙龙、动感擂台、原创诗歌秀秀台……应运而生。"执行校长"诠释着学生与老师的平等，教师与管理者的平等，诠释着校园民主与诗意，理解与关爱。

学校成立年级执行分校，建立了年级执行校长管理机构，设立年级校部和教导处。有自己的教师校长和副校长，自己的教师教导主任。老师们根据自身的优势和爱好人人都在分校中有兼职，参与着分校的管理。年级分校思考最多的就是：我们怎样高效地完成学校的工作？怎样有特色地完成学校的工作？怎样有创意地完成学校的工作？在年级执行校长分校管理的平台上，每位老师都释放着活力，年级团队齐心协力，共享着成功的喜悦。分校内每月都会定期召开例会，总结本月的得失，根据学校的要求及时调整部署新的工作。学校还定时召开年级执行校长会议，搭建起各年级交流学习的平台，既同舟共济又友好竞争，使整个学校的工作重心突出，特色纷呈。

学校执行校长和年级执行分校制度完善了学校的管理细节，执行校长活动凝聚着草小师生的智慧与激情，在营造诗意民主的校园生活中散发着它独特的魅力，实现了以人为本的理解关爱，让工作在这里的每一位师生都找到了在草小学习、生活的价值。这让我想到每个老师从他登上讲台的那一天开始就有另外一种生命存在的姿态，我们作为学校的管理者要特别关注每一位教师教育生命的成色如何，这是构成学校师德建设的核心内容。

这时，总理说：你很会当校长。

得到表扬，我也像个孩子似的有些不好意思，我顿了一下，继续我的汇报：

要从制度管理的角度规范影响教师。在我们学校，有两个制度管理深深地影响了教师的发展。

第一个：从建立健全现代学校制度的需要出发，我们努力完善校长负责制，努力建立具有广泛代表性的社会参与的管理及监督机制。为此，我们在学校建立很有特色的三级管理制度：

第一级为民主管理委员会，简称民管会。由社区代表、家长代表、教师代表组成，参与学校的管理、决策和监督，相当于学校的"人大"和"政协"。民管会尊重家长的需求和意愿，赢得家长的理解和认同，吸纳了有利于学校发展的各种声音。

第二级为学校的党支部和学校行政管理层。

第三级为学校师生执行校长，成为学校的管理层的"影子内阁"。

总理说：这种管理很有意思。

听到总理对草堂小学执行校长制度的肯定，我感到骄傲和自豪：

通过三级制度管理，吸纳教师、学生和社会各界参与管理学校和教师队伍建设，使我们的制度管理突破刚性、呆板的传统制度管理。开始尝试以暗示、认同、探讨、协商的柔性管理态度和方式解决学校的各种问题，规范和影响教师的行为，促进教师队伍的提升。

第二个：教师读书的制度管理。我们把教师读书用制度定格，第一，老师读书的种类很丰富，至少读四类书，一类：杜诗、草堂文化类书，了解本土文化；二类：教育专著和业务杂志，促成发展专业；三类：儿童喜欢的书，贴近童心世界；四类：

闲暇书籍阅读，提高生活品位。同时，教师还一边读书，一边写书，出版校内读物《万涓成水——教师随笔集》。第二，学校设置了很多读书场所，比如"桃李书斋""碧草书屋""线装书架""漂流书栈""班级书柜"。第三，骨干教师参与正式出版物的编写，所有的老师都参与校内读物的出版，我和全国一些著名的教师是好朋友，比如成都的李镇西、苏州的袁卫星、杭州的阎学，我发现"读书—教书—写书"也是他们成长的共同规律，这种规律还可以这么说"学习—实践—写作"。尤其是教师的写作，是教师在学习和教育实践之后，对教育的第二次、第三次、第 n 次进入，既是表达，又是反思。既能陶冶教师的师德，又能增进教师的师能。

总理颔首同时说：教师的知识面要广，教理工的要懂一点儿文史，教文史的要懂一点儿理工，要像陶行知讲的那样"千教万教教人求真，千学万学学做真人"。

我接着总理的话说：这正是我们草堂小学老师的追求。我相信：想得精彩，才做得精彩；做得精彩，才写得精彩；写得精彩，才有职业的精彩。它实际是教师立德、立行、立言，成为德才兼备教师的一个不可回避的过程。杰出的教育专家也会在这一过程中诞生。

总理笑了。

我也微笑，继续我的汇报。

（二）要从文化陶冶的角度引领培养教师

在学校师德建设和队伍建设的过程中，对老师影响最深的就是校园文化建设。世界上任何一个由组织体系组成的集体，它的生命力都是有限的。要想使集体拥有无限生命力，我们必须在组织体系之上，建立另一个体系，这就是文化。校园文化是师生共享并传承的价值观和使命，思维方式和行为方式。表现为一个共同愿景，一种精神期待，代表了组织。一个团体必须建立自己的文化，必须告诉自己这个组织是什么。所以我们开展了为学校组织寻根的活动。

寻根：组织教师分小组走出去为校园文化寻根，进草堂、访浣花、寻找社区文化内涵，并用诗化的语言叙写对社区文化的认识。通过活动，所有教师达成共识——我们的校园文化与杜甫、草堂文化一脉相承，校园文化的根在草堂。草堂文化和杜甫文化成为我们的校园文化追求。"植养人文气韵，奠基诗化人生"成为我们校园文化建设的主题。

塑形：校园文化光有根还不行，还要有形象。我相信陶西平主任的话："校园文化的形象关系到办什么样的学校，培养什么样的人的问题。学校的文化形象就是学校的形象、公众形象、管理者的形象、教师的形象、学生的形象和学校活动的形象。"于是，学校环境育人，特色鲜明。有了"诗路花语""好雨轩""桃李书斋""碧草书屋"……连教师办公室也有了个性名称："云影屋""尚宽学堂""奥运村"等。

也诞生了很多校园文化建设的理念，被我们称为草堂语录："校园文化要用教育的语言来表达。""好的学生不是教育出来的，是好的老师和好的环境熏陶出来的。好环境带来好心情，好心情带来好老师，好老师带出好学生，好学生染出幸福家长。"

听到这里，大家笑了，总理也笑了，他说：这就是我们追求的和谐。我能感到你们学校的和谐。

我回答：是这样的，在我们的学校，我们的行政与老师之间，老师和孩子之间都很和谐，我们倡导一种照顾的理念，每天把自己的心情照顾好，呈现一个良好的自己，照顾好自己，照顾好同事，照顾好孩子，让孩子学习快乐。

总理说：这就是教育的一种爱，没有爱就没有教育，我们需要更多地把爱献给学生的老师，有更多地让学生铭记的老师，你不爱他，不经心，他就会忘记你。

因此我们让文化成为建筑的灵魂，让教育在墙上、地上舞动，让生命在其间熏陶成长。这样，一支拥有良好素质的教师队伍也在诗意的草堂文化的熏陶下，感受着舒缓心灵的职业幸福。

汇报在继续，我的心始终暖暖的。

座谈会结束了，中午，总理邀请我们五人共进午餐，还和蔼地为我们签名留念，合影拍照。

……

坐在回成都的飞机上，我的心还久久平静不下来，座谈会已经结束了，可是我内心似乎仍不相信这是真的，一切来得那么突然，让人猝不及防。

窗外云卷云舒，我的思绪悠然翩跹。一切都悄悄地过去了，所有的感动、激动都化作不会随风飘逝的记忆深深地藏入我的心底。尘封已久的往事都在穿云破雾中慢慢地苏醒了。我又想起妈妈说过的话：你是我们这个大家庭中最笨最丑的一个孩子。她一直都这么说，也固执地这么认为。我也相信妈妈的话，她毕竟是给我生命的人，最了解我的人肯定是她。这些天，我在繁忙中，常想，我是妈妈说的那样吗？为什么，我这么幸运呢？生命中，怎么会有这样多的奇迹？这样的如梦非梦的感觉？

我本是一个性格内向的女孩，从小到大，我在孤独和寂寞中度过。众兄妹中的大姐，让忍让、克制、温和很早就与我的性格相连，并不富有的家庭让我提前长大，学会坚强。从小学到大学，那样多的老师给过我难以忘怀的师爱。汤方奇、周素芳、徐淑珍、杜天真、姜蜀菲、马学元……当我做老师的时候，我知道，我应该像他们一样善良为师，朴素为师。因为我天资并不聪明，我只能也必须比别人更努力一点点，更尽职一点点，更偏执地喜欢教育一点点。

世界太奇妙，时空太变幻，今天，猛然之间，我以一个普通校长的身份，坐在共和国总理的面前，汇报我的浅浅思考和幼稚实践。太像一场梦，来得突然，梦得也美好，梦得刻骨铭心。但又总觉得不像真的：我是如此普通和平凡，凡尘中的一颗沙粒，哪儿像领导们心中那样优秀。幸有梦中那些最真切的记忆，让我相信，我真的和一位了不起的人有过半天的见面，我真的跟他说了那么多的话，真的和他在一张餐桌上共进午餐。

我越来越从容地走，淡泊地走，朴素地走，我越来越像自己本来的样子，回归到最早的我。不过，现在的我安静而不孤独，恬淡得像一朵天边的云，只想自己舒舒卷卷，飘飘悠悠，阅尽世上万千景色，带着温馨美好的心灵记忆，悄悄隐进沉沉夜色中，成为真正的我——妈妈心中那个最笨最丑的女孩。

那才是我，本色的我。

二、感动——来自领导的鼓励

2006年8月27日，对草堂小学的全体师生来说，是一个永远难忘的日子，国务委员陈至立、教育部部长周济在省委副书记、省长张中伟，市委副书记、市长葛红林等领导的陪同下来草堂小学视察了。这是国务院、教育部对青羊区教育取得的突出成绩的充分肯定，也是青羊区教育取得的前所未有的荣誉。

一下车，陈至立委员就握住了我的手亲切问候："我们又见面了。"我高兴地说：

"真没想到这么快又见到您，您是我们最尊贵的客人，我们真是太幸福了！"

我们陪同着领导们参观学校，当了解了学校的地理位置之后，陈至立委员环顾四周，不住称赞道："这地点很好啊！得天独厚。"

走到校门口，映入眼帘的是学校执行校长的公告牌，陈至立已经了解了我们的执行校长制度，此时，在听取汇报的时候，仍不住地点头称是。

接着，陈至立委员踏上了通往教学楼的大道——诗路花语。这是孩子们最喜欢的一条路，每块石板上都刻有杜甫脍炙人口的诗篇，孩子们在欢快的步伐中低头吟诵，各种诗词美赋、名言佳句在不知不觉中朗朗上口，陈至立委员赞叹道："这里处处都有文化！"

诗路花语上还有学校的风貌展览，记录着草堂小学辉煌的发展历程。2003年推行均衡教育以来，学校发生了翻天覆地的变化，看着老照片，陈至立委员仔细询问了学校的改造情况，当得知学校只用了短短两年就变得这样漂亮，她赞叹道："成都均衡教育搞得好！"去年，中央电视台直播了草堂小学语文课，在全国引起极大的反响，陈至立委员仔细看了那时的照片，还询问了当时谁是授课教师。

踏入教学楼，迎面而来的就是诗圣杜甫的塑像，旁边即是一个唐代风格的建筑"好雨轩"，这是全校孩子心目中的圣地，是孩子们的社团"草堂诗社"所在地，里面摆着一本本自制的诗集，有一年级到六年级孩子们自己写的诗。陈至立委员翻开一本即兴念起一位一年级孩子写的诗："蜜蜂飞来了……"气氛顿时热闹起来。"好雨轩"对面是一面诗歌墙，上面挂满了小朋友的诗，看着这些充满灵气的作品，她不禁赞叹道："草堂诗社，真是百闻不如一见，硕果累累啊！"转过身来对大家说："我相信将来这里会出很多诗人，不管是专业的还是业余的，到时候他们一定会记得在这个小学度过的难忘的时光。"

拐角过去，就是"一上间"，这是我们的孩子们为卫生间起的名字，卫生间不仅名字特立独行，而且风格亮丽，色彩和谐，连陈至立委员都不禁莞尔："厕所都这么漂亮啊，这么干净的厕所我还是第一次看见。"引得大家哄然一笑。拾级而上，来到了教师之家，这里是全体教师的家，因此取名为"大家"。它充分利用楼顶，打造出一个充满阳光，温馨浪漫的空间，看着这个美丽雅致、错落有序的地方，陈至立委员高兴地问："很好的活动空间，老师们都喜欢吧？"老师们大声回答："当然喜欢！"她笑了："我们看着都喜欢。""大家"里挂着每个老师的生活照，还有一个"微笑长廊"，展示着每位老师最灿烂、最快乐的笑脸，标志着草小崇尚生活、崇尚快乐的教育信条。陈至立委员边走边看，指着一位老师的照片对她说："你的宝宝真漂亮！"让老师们感到她是多么平易近人，多么关心老师。在"微笑长廊"的尽头，有一棵老师们用麻绳编成的大树，寓意"好大一棵树"，象征着成都、青羊、草小教育像大树一样枝繁叶茂。陈至立委员赞赏道："你这个校长当得很好，学校关键是校长，好校长能把资源用好，好校长能团结老师。"她还一再叮嘱青羊区委、教育局领导："要给蓝继红一个宽松的环境，给硬件、软件上的支持。"

在去学生教室的途中，首先见到的是一个个"漂流书栈"，孩子们都把自己的书放到书栈里，也可以把其他的书带回家，第二天再还回来，尽情分享读书的快乐、分享成长的快乐。我向领导们介绍："开始的时候，我们还是担心，要是书丢了怎么办。但是值得自豪的是，到目前为止我们只丢过一本书。"陈至立委员充分肯定："这有助于培养孩子的诚信"，接着她又补充，"这本书也许是孩子带回家真的丢了。"

踏进教室，陈至立委员看着明亮的空间和布置有序的桌椅，忍不住赞叹道："进来就让人精神振奋，课桌椅都比较新颖。"在学生阅览室"碧草书屋"，蘑菇形的桌椅、碧绿的书架，大大小小的苹果屋，充分尊重孩子们的阅读习惯，突破了传统图书室呆板的形象，她对这个精巧的充满人性化的设计很感兴趣："这是他们的童话世界，有一种私密感，对孩子们来说挺神秘的。"

出了"碧草书屋"，就来到了老师们的办公区，走进教师阅览室"桃李书斋"，大家即被它摇摇曳曳的秋千吸引，仔细一看，原来书斋的椅子就是设计成这样的。这里可以品茗，可以喝咖啡，可以听音乐，因此它不仅是知识的天堂，也是一个心旷神怡的休闲场所。是老师们最愿意来的地方。说着说着，陈至立委员、周济部长、张中伟省长、葛红林市长也亲自去体验"秋千"的感觉。坐上"秋千"，周济部长直笑道："一坐上来马上就轻松了。"陈至立委员转过头来对周济部长说："学校我们看了不少，这么有特色的小学还是第一次看到呢。"她笑着对大家说："我都想再进一次小学了。"

随后，大家参观了校长室，在我的办公桌上，放着我和温总理、陈至立委员的合影。张中伟省长笑着说："你很幸运啊，总理不仅请你吃饭，还给你签菜单。"陈至立看到我们的合影十分高兴："这是用你的相机照的吗？还是自己的可靠，我要拿回去收好。"我把相片用相框装好，郑重地交给了陈至立，并委托陈委员将我与总理的合影转交给总理，再一次邀请总理有空来草堂小学看看。陈委员欣然应允。

校长室外面，就是"心晴阳台"，陈至立委员笑着说："我们本来心情就挺好，看过这里之后，心情就更好了。"我向陈委员和各位领导介绍"心晴阳台"的由来，当我提到"人生有时就是活一种心情，心情的质量也是生命的质量"时，陈至立委员非常赞同这种说法，说："你们简直可以编一本书了，你们的话蕴含着很深刻的道理。"陈至立委员、周济部长和张中伟省长还欣然命笔，在纪念册上签下自己的名字。陈至立委员开玩笑说："我们到学校就是向校长报个到，像上班签到一样。"

参观完毕，陈至立委员高度评价了青羊区为推行均衡教育而进行的不懈努力、取得的有目共睹的成绩："区委书记应该受到表扬"，"你（区教育局局长）办教育办得好"。并对我们全体教师表示了鼓励："你们热爱这所学校，用你们的心血来办教育，谢谢你们的努力。"

周济部长也十分高兴："上次在成都召开的全国教育均衡研讨会意义非常重大，要是全国都像你们这样做就好了，感谢你们创造的经验。"

张中伟省长指出："全省、全市要推广青羊区的经验。"

葛红林市长对大家说："感谢你们为成都增光，为青羊区增光，最重要的是为家长培养出了好的孩子。"

这些亲切关怀和谆谆教语，既是青羊教育全体师生无上的光荣，更是青羊创建"西部教育首善之区"的不竭动力。

最后，陈至立委员、周济部长与校长老师们合影留念，并提前祝教师们教师节快乐。这是大家收到的最好的教师节礼物，是草小人终生难忘的回忆。

三、感动——来自老师们的关爱

总理的关怀，领导的鼓励，是我和草小所有老师不竭的动力，然而对我个人来说，最让我难以忘怀的，还是我的同事们对我的关爱。

校长的幸福来源于老师，我忘不了老师们对我的理解，忘不了他们对我的宽容。一次，我曾经有意无意地对付锦校长说：由于管理需要，我有时候必须表现得严格一点儿，也许有些老师会对我有意见吧？付锦说：不会的，老师们都理解你，更明白，你的严格是工作需要，其实老师们都很爱你，不信我可以证明给你看。当时我并没有在意，我不知道，那时候付锦和学校的一些老师就在悄悄策划，要给我一个惊喜了。

不久就是教师节了，青羊区教育局在金色大厅举行了一个大型教师节庆祝活动，在这个活动中，将要颁发青羊区教育均衡突出贡献奖，而那天正好是星期五，是我去接儿子的时间。儿子也已经读初中了，在一所中学住校，每周五就是我们母子团聚的时间，可是因为这个活动，我无法去接孩子了，我了解儿子的失望和难受，可是我又何尝不是如此呢？台上热热闹闹地表演着节目，而我想起儿子，却忍不住暗自神伤。在我上台领奖的时候，主持人向我提了一个问题："蓝校长，您做教育这么多年，感觉最亏欠的是谁？"我毫不犹豫地回答："是我儿子，因为工作，我无法经常陪在他的身边。"我没有想到，这个问题其实是一个"圈套"，主持人接着说："您知道吗，您的老师们为您准备了一个意外的惊喜，您请看……"我顺着主持人的指示看过去，儿子竟然奇迹般地出现在我的眼前！我几乎不能相信自己的眼睛。孩子叫了一声"妈妈"，就扑在我的怀里，母子俩哭成一团。这时，主持人又继续说："您知道吗，蓝校长，今天学校的老师们还为您准备了一份礼物。"我抬起头，眼睛里还全是泪花，这时，当月的执行校长孙鸣抱着什么走上了台。我几乎没有听见孙鸣说些什么，就接下了她手中的东西，然后和孙鸣热情拥抱。让我们看看可爱的孙鸣在执行校长总结里的叙述吧！

因为用心，所以感动

在金色歌剧院的颁奖晚会上，我们要为老大准备一份惊喜。我们准备对她做一番真情表白，请每个老师将真心话留在卡片上。但卡片用什么装呢？首先一定要透明的，还是大容量的。讨论调查和经过楼下资深文具店老板的建议后，我们决定用玩具奶瓶改装。

刘大师（美术老师刘毅）亲自选购了卡纸，然后在教师节前一天的晚上，由蕊带领实习生们加班剪成了各种漂亮的形状。我和朱朱、静思则在楼下办公室守着买回来的包装材料，长夜孤灯。折腾了半天，终于决定交给花店打点。孰料花店早已关门，辛勤的静思终于在某大商场关门前几里迢迢地买到了合适的材料。

　　第二天一早的班主任会上，把卡片交给了年级执行校长，一切都在静悄悄地进行，心里窃喜又兴奋。回到办公室，只见老师们很认真地在考虑写些什么，还像学生作文时候认真地打草稿。

　　中午12点，卡片汇总完毕，包装好后，放进袋子，带上车。

　　下午1点，在车上讨论到底抱哪束花上台。最后还把身上的爱心贴纸贴在花的四周。

　　下午2点金色歌剧院，我和朱朱掩护礼物不让老大看到。

　　颁奖进行中，老大上台，全体激动，老大看到儿子的时候，我鼻子有点儿酸。抱着礼物上台时，自己已经感动得一塌糊涂。为了不哭，我一直笑。那一刻除了拥抱我一向敬畏的老大，我难以用其他方式表达。

　　然后我讲了一堆话，不知道有没有语无伦次。（第二天，付校告诉我，我在台上说："这个奶瓶……"晕啊）

　　后来据说很多人都哭了，也许在那一刻，用心一起为草小奋斗过，用心为老大祝福过的人，都和我一样感动了。

　　其实，最感动的是我，有这样敬业而宽容的老师，我怎么能不被感动？怎么能感觉不到那源于感动的幸福呢？

　　就在这次颁奖晚会结束后不久，我应邀到中央电视台参加奠基节目的录制，我不知道，这次，老师们又为我准备了一个惊喜。那次，我和付锦副校长一起到中央台，在节目录制之前，节目组给我们电话商量具体细节，在确定了一切都已准备好之后，对方突然说了一句："你们还有一本书，也准备好了吧？"听了这话，我如坠九里云雾："书？什么书？"旁边的付锦神色紧张马上接过话头："哦，是介绍我们学校的一本书，我已经准备好了，我可能忘记跟你说这事了，蓝校，待会儿我给你看看。"我听了之后，也不以为意，后来，付锦也没有给我看什么介绍学校的书。

　　我们进入演播大厅，开始录制节目。正当节目进行中，主持人陈伟红神神秘秘地对我说："蓝校长，您知道吗，您的老师们知道您来参加奠基节目，给您准备了一个特别的礼物，他们想用这件礼物表达他们对你的爱和敬意。"接着，陈伟红递给我一个精美的画册，封面是美丽的蓝色与粉红色，上面写着：蓝与红的浪漫。我打开画册，扉页上，印着这样一首诗：

（一）

当色彩的语言
用蓝折射您的睿智与清新
用红透视您的厚重与激情
当情感的色彩
以蓝呈现您的广博与豁达
以红调和您的丰富与温情
我们知道
您的色谱里
还有绿的优雅 橙的明亮 黄的纯粹 紫的虔诚……

（二）

那些环绕头顶的炫目光环
您总是清醒而洒脱地视之为雨后彩虹
是以在您的身上
严肃中有亲切　淡定里有执著
聪慧里有稚气　坚强里有柔软
……
在诗意教育与诗意生活的背景中
我们看到的是一个更真实浪漫的您

（三）

浪漫需要最完美的状态——倾情的投入
浪漫需要最珍贵的成本——真诚的爱
有爱 浪漫才有色彩
所以
天依然湛蓝　却多了星辰的相惜
心依然火红　却多了理解的相知

当蓝与红开始浪漫地交融

您和草小的绿　一路亮丽如歌

我翻开画册，每页上面，都是我在各种场合的照片，与领导们一起，与老师们一起，与孩子们一起……每页上面，都有老师和孩子写给我的温馨而动人的话语，"季之歌"分校的刘玉这样写道：

打开电脑，点击 IE 浏览器，再输入"蓝继红"三个字，会跳出很多页面。

我随意地点击其中一页，满满的全是溢美之词，细细地读了其中一部分，怎么读怎么都觉得好像隔着一层薄薄的纱，缺少了一些可以触摸的真实的情感。

我们都是普通而平凡的老师，在从事着一个工作多年后，才发现，单调的重复和琐碎的事务损耗了我当初飞扬的激情和纯真的梦想，我们只会循规蹈矩，按部就班，真是，我们老忘记自己也有对翅膀，本来就可以展翅高飞。可是，我们却在不是悬崖的悬崖前踌躇甚至倦怠不前。

2004 年那个乍暖还寒的春天，蓝校长来到了我们中间，从此，日子一天天过去，变化也相伴着一天天多起来。她所有关于教育的理想，在学校里，在孩子们和

参加中央电视台奠基节目录制

老师们之中渐渐被浸润开去。走在校园的每一个角落，总会有着别样的发现，这些发现或让我们惊喜，或让我们赞叹，而惊叹之余，她的身影总是淡淡地隐现。她娇小的身躯蕴含着无穷的能量，我们随时都能感受到她的坦诚与真挚。常常会因为她灿烂明媚的笑容，温柔而严厉的语言甚至当众流泪时动情的场景而深深打动。她带来的改变，让我们明白，虽然我们都不是完美的人，但面对生活，面对工作，我们最不能放弃的依然还是一颗真诚的爱心，一个属于自己的理想。她给予我们一双可以高飞的翅膀，为我们搭建了一个展示自我的舞台。在这里，我们尽情挥洒所有的激情，努力实现自身的价值。

对她，我们感激与感动并存。

"雨之灵"分校的唐孟秋这样写道：

第一次知道你，是多年前在杂志上的一篇我同学写的文章中，让我惊讶于竟然有这样毫无保留带徒弟的师傅，这样辛苦的妈妈……

第一次见到你，坐在你的对面，你让我去听了北师大教材的一堂研究课。当我带回听课笔记时，你认真地和我一起学习，然后由衷地感叹：教育是一份良心的工作，是一份慈善事业……这句话到今天都时刻影响、提醒着我！

从小到大，我身边的女性，从书中、媒体中看到的女性，要么温柔而失主见，要么强势而乏女人的温婉可爱，但在蓝校您的身上，对教育教学的精进，对生活的热爱，对身边所有人的那份责任与担待，融合得那样自然、真实、可亲、可爱、可敬！

喜欢你平日与我们分享教学心得，控班经验；喜欢你在会议上为大家推荐"百家讲坛"；喜欢你时时刻刻提醒我们读书和终身学习的重要；喜欢你常常一遇到数学问题就糊里糊涂的模样；喜欢你在我迟到匆忙走进校园时，笑眯眯地帮我整理纽扣；喜欢你在我犯错时告诉我："希望你快乐生活……"；喜欢你这样一个亦师亦友的真女人！

你不会把关爱教师天天挂在嘴上，而是体现在冬天的电热玻板、夏天的空调里；体现在教师的培训、精心安排的集体活动中；体现在美容沙龙讲座，每年体检，教室阅览室图书的更新中……

太多的点点滴滴珍藏于心，感动着不擅长当面表达的我和我的每一位同事们！这些珍贵的片段会成为我心中一盏盏明灯，在这个纷繁的社会中，点亮我成长成熟的路途，提醒我怎样为人师、为人女、为人妻、为人母……谢谢你，亲爱的蓝校！

大家永远的师友！

　　而更让我感动的，是那些可爱的孩子们给我的寄语：

　　　　校园怎会如此热闹非凡

　　　　从"之乎者也"到"ABCD"

　　　　"习惯连锁"步步高升

　　　　收获好习惯

　　　　一星至五星

　　　　"淘书乐"中乐无穷

　　　　书香撒遍整个校园

　　　　老师学生当校长　体验工作也开心

　　　　教师节里贴快乐　传递浓浓师生情

　　　　是谁带给我们如此多的快乐呢

　　　　是您

　　　　是亲爱的蓝校长

　　　　让我们的校园生活充满生气

　　　　带给我们无穷的 HAPPY

　　　　　　　　　　　　　　　　　　　（六年级五班　李俊学）

　　您用火一般的情感温暖着每一个同学的心房，无数颗心被您牵引激荡……您不是演员，却吸引着我们求知的目光，您不是歌唱家，却让知识的清泉叮咚奏响，您不是雕塑家，却塑造出一批又一批学子高尚的品质……蓝校长，您的名字刻在我们心上，这才真正的难忘。

　　　　　　　　　　　　　　　　　　　　　　（学生　易晓菲）

　　我翻看着精美的画册，忍不住热泪盈眶：也许，我做过一些事情，但是，我不能肯定，我的付出是否就配得到这样的回报。我是如此平凡，如此的平淡，上苍却让我遇见一群这样好的老师，他们勤勉、敬业、执着、奉献、宽容、理解、充满爱心。不管创业多么艰难，不管前途多么辛苦，他们都是任劳任怨地与我并肩站立，迎接风，迎接雨，迎接一切可能的挫折和痛苦，和我一起，穿越艰难险阻，迎来草小的磨砺与辉煌，拥有这样老师的学校，怎么能不成为一所成功的学校，拥有这样老师的校长，怎么能不是幸福的校长？

　　而看到老师们写我的文字，更让我在感动、惭愧之余，受到深深地鼓励：

我眼中的蓝校长

何　萍

　　认识蓝校长是在十五年前，其实确切地说那时的"认识"应该叫作"仰慕"。因为听了一节由她执教的省级示范课：她在台上，是聚光灯下万人瞩目的焦点，我在台下，是上千多听课者中微小的一员。那时，她肯定不知道我是谁，但我却记住了她——蓝继红，记住了她课堂上的睿智、美丽和激情，被她深深折服而无限仰慕。那时我们喜欢叫她"蓝老师"。

　　真正认识蓝校长是在五年前，她走进草小担任校长开始。那时她是校长，我是草小一名普普通通的语文老师。因为工作的缘故，我有机会近距离看清这位我崇拜了十多年的偶像：原来她没有传说中的"三头六臂""聪明绝顶"，相反外表柔弱、秀美的她，凭借的是比别人更多的一份执著、热爱、勤勉和敢于付出。她可以在学校资金困难时动用她和行政私人的存款给学校的老师们发放奖金；她可以为了学校的工作而放下家里的事情，可以因为一位老师出了车祸而潸然泪下；她可以独自一人在办公室加班到深夜，可以整个暑假在学校里加班……打那开始我们非常尊敬地叫她"蓝校"。

　　而真正爱上蓝校是从两年前，她从一个校长繁忙的工作岗位上抽身而来，来到我们教研组亲力亲为为学生们上习作课，也指导我们上习作课的开始。

　　从一个普通的语文老师到一名校长，蓝校最割舍不了的就是老师对学生的那份天然的热爱和留恋。她常常来到我们的课堂聆听老师和学生的声音，感受课堂教学的韵动。于她，这是一份享受。那一次她来到一个年轻老师的作文课堂，那是全校闻名的一个潜能班，班里的孩子城乡混杂，家庭环境差，孩子们不仅缺乏良好的学习习惯、学习能力，连自信心也相当不足。了解到任课老师焦急却无奈的现状，蓝校的心情很沉重，她深深理解这位年轻教师，鼓励我们：学生的学习状态取决于老师的教学策略，在草小我们永远追求生动活泼的课堂，追求每一个孩子在课堂上幸福阳光的笑脸。让我们一起来改变吧！接着她做了一个惊人的决定：从下周开始，她来担任这个班的作文教学。要知道那时草小正处于迅速发展的阶段，学校的基建、装修还有教育教学，多少大大小小的事情都让她脱不开身，可她却还要……

接下来，在六年级一班的习作课堂上我看到蓝校的身影，看到她亲切的笑脸，听到她对孩子们诚挚的肯定、鼓励以及热情的赞扬，看到她努力地、艰难地、一点一点地改变着那个班的孩子。当然，教室的最后，还有我们这群蓝校的"大学生"。课后她会和我们一起回味每一个学生的学习状态，反思课堂，总结得失，细细地告诉我们她每一个教学设计、每一句教学语言背后的教育理念。像一个大姐姐般耐心地教我们在课堂上每一句话怎样说，每篇文章怎样读，才更像一个语文老师，告诉我们一个老师如何在课堂上让自己更具外在和内在的魅力、感染力、吸引力……

我们真的看到了奇迹就在蓝校的执著与热爱中慢慢到来：课堂上越来越多的孩子变得自信从容，眼睛里常常盛满笑意，他们镇定地举手发言，流畅地表达，热烈地讨论，从他们心底里飞出快乐的笑声；课外，这些以前最不自信的孩子会围着蓝校，叽叽喳喳，像群小麻雀般……那一刻我们真的笃信：一个老师只要你愿意，只要你肯付出，一切真的可以改变。也就在那一刻，我们对蓝校生出一份深深的敬重，很多老师开始亲切地叫她"蓝姐"。

一直记得蓝校常对我们说的那句话：知道我有多美慕你们吗？美慕你们永远都生活在学生中间。其实蓝校或许不知道，命运给予她这份遗憾的补偿就是——让她一直生活在爱她的老师们中间，让她一直和她的老师们在一起。这就如鱼之于水一样。

蓝校印象
叶　华

微笑，是蓝校长留给每个人的印象。与她相处越久，越发体会到这份微笑的内涵，它是那么真诚，那么深厚，那么博大。在校园，她总是笑脸相迎，无论老师、工人还是孩子们。

中午，我和老师们正组织孩子们准备就餐。我站在楼道里，看着几个孩子陆续洗了手后走回教室，蓝校长也正好笑盈盈地巡视经过，孩子们立即热情地向这位最喜爱的校长老师问好，楼道里亲亲的、暖暖的。这时一个漂亮的小女生走过来，我发现她的鞋带松了，抬手一指开口提醒的话音刚刚响起，蓝校长却已经蹲下身子，拾起拖在地上的鞋绳动手系起来。小女生惊喜地低下头看着，甜甜地、有些不好意思地笑了。绳子在蓝校长的手中打了几个转后被用力地拽紧，当蓝校长和我们都以为鞋带系好时，调皮的鞋带却又松开来，——我注视着松散的鞋带和这双造型有些复杂的靴子，正在担心这会不会让蓝校长尴尬，蓝校长已经毫不介意地重新蹲下身子，理顺散开的绳子，"研究"了一番，认真地重新系起来。好几秒钟的静默，鞋带系好了，蓝校长还很不放心地检验着是否系结实了，站起身子望着小女生心疼地说："这么复杂的鞋带你平常好不好系哟？"

"大人都没系好的鞋带，孩子系起来容易吗"——这是蓝校长的担心。蓝校长就是这样体贴、关爱着身边的每一个人。她从不在意自己有多累，从不把自己看得有多"重"，总是竭尽所能地为老师们服务，为孩子们付出。在她的心中，大事小节、随时随地都把学校的利益放在第一位。

当你在校园里看见她，不要惊奇她的手中慎重地捏着一张废纸——那是她把"流浪"的纸屑送回"家"；从学校门口到办公室，她不走最近的那条斜线，总是绕道走"L"形路线——因为舍不得用高跟鞋去踩塑胶操场；遇到紧急任务，当你在路灯的照射下告别学校时，最后熄灭的那盏灯一定来自她的办公室……这样的细节，比比皆是，每天都在我们的身边。

她对教育的痴迷，对一线教学的执着，让每一个人感动。在一个个特殊儿童的教育之旅中，在诗歌教育、习作评改、随文识字等教学探究中，总有她亲身实践、垂范引领、思考创新，还有和老师们的民主探讨，因为她总是鼓励每一位老师，转变观念、积极学习的同时要勇于创新，形成自己的风格。在她的指导下，学校的诗歌教育颇具影响之后，进入中央电视台现场直播课堂的视野。她将执教诗歌教育课的机会留给学校的青年教师，自己在幕后悉心指导、亲自上示范课、现身说法、示例剖析……甚至直播那天，老师穿的那身契合教学内容和现场上课环境的蓝色旗袍、崭新的高跟鞋，都是前一天晚上到她的私人衣橱里，对一套套衣裙试穿后精挑细选出来的。她就是这样全身心为学校、为老师倾尽心血的人。一个前行者，一个垫脚石，一个永远在你身边的朋友。

是的，她善良、无私、智慧、诗意、执著、忘我……说起她，你想用太多太多的词语，可是你又不忍用其中哪一个词，因为这些词语，相对于活生生的她而言，又是那么空洞与肤浅，那么的不足以表达你对她的认识。几年来，草堂小学的校园、老师和孩子们，发生的变化从内到外，不可思议，令身处其中的我们震惊，也令不曾了解草小的人们震惊。但我知道其中的答案。

　　在草小，我找到一种班主任带一群教师孩子的感觉，绝对不是校长的感觉。幸福，田园，让我每天都愿意到校等老师们，犹如一个班主任等自己的学生一样。做校长的真谛，不是用权力，而是想办法离教师近点儿，近点儿，再近点儿，走近教师，和教师成为朋友，在一起，才是校长真正要练就的本领。把自己放低，再放低，校长为行政服务，行政为老师服务，老师为孩子服务，学校才会圆融、润泽地发展。这个过程很辛苦，惊吓、不安、眼泪……但是，我再一次惊讶地发现：大道从简。我一直苦苦思索过的问题——怎样做一个好校长——似乎有了答案。原来校长和班主任有那么多惊人相似的地方。爱心，耐心，包容，欣赏，一样都不能缺。

　　当初，我离开曾工作八年的学校，心中还真有一种隐隐的痛与担心，不知道未来会是什么样子，不知前路会有什么在等待我。经常坐在当年的校长办公室发呆。面对那样多的困难，不想求人，也不想叫苦，也不知该找谁宣泄内心的茫然。"选择了就不后悔"这是我常常自我勉励的话。

　　与老校长姜幼君的相识，几乎就是一种缘分。那一天，我们都穿着紫色的衣服，在校园里第一次见面、握手，美丽紫色，美丽记忆，从此，我拜到了草堂小学的行政导师，走过艰难，穿过风雨，老校长始终和我们在一起。岁月流逝，她由我的行政导师渐渐变成我的精神母亲，嘘寒问暖，开解排忧。我常常感念老校长留给我一支优秀的队伍，又扶我上马，送我一程又一程。"最好的大哥"，和我同来草小的范思明书记一直是我身边智慧而坚强的高参，他，冷静稳重，老练沉着，每临大事，总是默默地给我支持和帮助。他像一把伞，雨中，总为我撑开。困难时，我常坐在他面前沉默不语，一筹莫展，他总能让我感到我并不孤独，风景在前。在他的精心策划下，学校财力日益好转，教师幸福指数逐渐提升。率真活泼的付锦，走马上任的第一天，早早地坐在校园里等我，在花园边凝望着，遐想着……我开玩笑地说：从那么漂亮的学校过来，习惯吗？她轻松地笑了，说：这里也很漂亮啊，空气又好操场又宽敞。从此，草小多了一位美丽幽默、不叫苦不叫累的副校长，习惯连锁店的开张，班级读书会的启动，诗社活动的丰富，执行校长制度的建设在她的金点子中不断丰满灵动。

　　教师的幸福源于学生，校长的幸福源于教师。怎能忘记，在我发不出加班费的日子里，老师们依然为学校一丝不苟地加班忙碌，还宽慰我说：有事你就布置，面包会有的，不要觉得对不起我们。怎能忘记，在我对教师的课堂提出过高要求时，老师们对我说：我多上几次就好了，过两天，你再来听，就不会失望了。怎能忘记，工作检查时，老师们总是讲：还有哪儿不好，马上改。多少宽容，多少理解，让我一次一次地想：我要努力，我要让每一位为草堂小学努力工作，竭力奉献的教师都能在学校找到自己的位置，找到自己工作的价值。对老师们，我无以回报。

娄进局长、张彬副局长为习惯连锁店揭牌

他们，他们，还有多少他们给过我默默地理解和支持。

对他们，是一个谢字就能表达的吗？

——草堂小学翠微校区首届学生"自理节"闭幕式

不是尾声

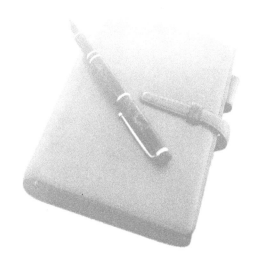

一、一条新的地平线

2008 年 4 月的一天，青羊区教育局娄进局长找到我：

"我们想让你再办一所学校。"

我听了很意外：草堂小学还有许多事要做，难道又要我离开？我说出了我的疑惑。娄局长笑着说：

"不是要你离开草堂小学，而是希望你们扩大规模，再办一所分校。"

我能行吗？我不禁在心里问自己。娄局长似乎看出了我的疑虑：

"办学校跟位置、学生没有必然联系，跟人却有必然联系。局里希望你能借用草堂小学的办学模式，再办一个新的校区。"

我明白，这是教育局对我、对全体草堂小学老师的信任，我接受了这个任务。美丽的张化冰副局长带着我去看了新校址的工地，亲自和我们一次又一次地研究学校的人事安排和特色起航。新到任的李泽亚局长数次来到新校区，从招生到学校设计全面指导，还把涉农学校清波小学的一年级新生交给我们，希望我们把学校办好，造福一方孩子。

新校区在青羊区一个叫清波村的地方，如果不是去工作。恐怕很多老师是怎么也不会走到那里去的。接受了教育局的任务之后，我和几个校级领导去看新校区，看到的景象和四年前我在草堂小学看到的一样，那里还正在施工，烟尘四起，建筑垃圾遍地，看着这景象，我不禁犯疑：下学期，这所学校能按时开学吗？

在全校教师大会上，我向老师们宣布了办分校的消息，为了强调新校区与我们的关系，我无意中还犯了一个错误，我对老师们说，新校区就是我们的亲兄弟，亲姐妹，亲儿子，话音刚落，老师们爆发出一阵哄笑——辈分也太乱了。不过，这也体现了教育局和学校对新校区的基本定位——血脉相连。我们从杜诗"千家山郭静朝晖，日日江楼坐翠微"中为新校区起了一个名字——翠微校区，而为了体现这种血脉相连的关系，我们又从杜诗"浣花溪水水西头，主人为卜林塘幽"中为本部起了一个名字——浣花校区。诗意教育，一脉相承。区教育局决定，由副校长付锦到翠微校区担任执行校长。

七月底，付锦带着老师们进驻翠微校区，开始建筑及设施验收工作，而直到八月底，施工队才结束工作，撤出现场，而那时，离开学只有几天时间了，能按时开学吗？我们唯一可以依赖的，只有我们的老师。于是，我们动员全体老师，在 8 月 29 日、30 日两天时间内，一起动手，完成了校园清洁、器材搬运工作，速度之快，效率之高，即使是草小人都感到吃惊：

暑假的工作是忙碌的，每天都奔波于翠微、浣花两个校区之间。忙得时常忘记了吃饭。尤其是在 8 月，工作的密度到了顶峰，经常一个时间同时做好几件事情。临近开学时，全校老师的两天大扫除，更是让翠微校区变了一个样子。现在回想起来还感觉到这是不可能完成的。

开学典礼，在紧锣密鼓的排练，彩排。9 月 1 日的早晨，我们迎来了草堂小学翠微校区历史性的一天，近乎于完美的开学典礼，为我们暑假工作交上了完美的答卷，同时也为翠微校区今后的工作揭开了新的篇章。事后，我感叹道，把不可能变成了可能的是我们草小的老师，让梦想变成现实的也是我们草小老师。

——邱玉锋

陈懋蓉老师是一位有二十多年教龄的经验丰富的老教师，这个学期，她由清波小学调到草堂小学翠微校区，见证了这所学校从建筑工地变成文化校园的过程，也见证了草堂小学以学生为本的教育理念：

2008 年 8 月 26 日是我从教二十多年一个非常特别的日子。当我们重返清波校园，校领导突然宣布了一个令人震惊的消息。清波小学一年级新生到草堂小学翠微校区上课，随班派四位教师到翠微校区任教。当时我想，一定会派年轻教师去，因为他们年富力强，文化修养也好。哪知结果出乎我和同事们的意料，派了我和其他几位老教师。当时我想，草小是赫赫有名的学校，我们去怎样适应草小的发展需要，怎样去适应新的环境，等等。很多的想法不断地在脑海中涌现。8 月 27 日上午，我们在书记的带领下来到了翠微校区。迈进学校大门，我们傻眼了，新修教学楼还未收工，地上杂乱不堪。钢条、桌子、凳子横七竖八地堆在地上。我们几位老师心中都有一个悬念：这能开学吗？

来到草小本部，蓝校长热情地接待了我们，欢迎我们来到草小，并向我们介绍了草小的一些情况和相关制度。

8 月 29 日到 30 日，在短短两天里教师齐动手，用集体的力量和智慧，去改变校园，让翠微校区发生了翻天覆地的变化，从中我感悟到了草小凝聚力量，团结协作，不计报酬的精神。

图文并茂的科技长廊、体育长廊等展现在我们的眼前；装扮精美的教室，吸引了新生，让本部来参加开学典礼排练的孩子们情不自禁地发出啧啧的赞叹声。刚来到草小一切都觉得那么陌生和不习惯。两个月了，与昔日的同事分别心中有很多不舍和留恋。到了草小，校长、书记的关怀，草小领导富有人性化的管理模式，让我们感到欣慰。在这座富有诗意，充满书香的校园里工作是很多人梦寐以求的。古语云：时事易失，赴机在速。时机是转瞬即逝的，我应该利用机会，迅速地抓住它，在这短短时间中潜心学习草小的先进教育理念，更新自己，不断地提升教师应变和创新能力，在草小充满诗意的环境中受到熏陶，让自己不断进取。

翠微校区的室内体育场

翠微校区周边环境很好，但是尚未完全形成规模，因此生活、交通等均有不便之处，很多次，老师们加班太晚，公交车已经收班了，于是有车的领导和老师们就自发地开车送没车的老师们回家，如果护送不便，至少也送到能打车的地方。为了保证翠微校区的教育教学质量，我们派去的老师全是各科的学科组长或者业务骨干，面对陌生的环境，面对草创的艰难，我们的老师没有一句怨言。

新上任的大队辅导员张睿睿在随笔里写下了她在翠微的第一个月的艰辛：

蓝校开始宣布每个到翠微老师的岗位安排了，"张睿睿，音乐教学、大队辅导员"。"啊——"我禁不住叫了出来，从没想过大队辅导员的工作会交到我的手中，我感动于学校领导对我的信任，也为肩上这个担子开始紧张起来，我该怎么做？接连几天我都睡不好觉，付校好像有心灵感应一般，主动找我谈心，像姐姐一样谈自己当年当大队辅导员的点点滴滴，像老师一样教我如何去看待这个岗位，怎样去熟悉、干好这个让我开始向往的新岗位！豁然开朗的我找到前辈朱子借来"大队宝典"——辅导员杂志，开始一本一本地仔细研读，慢慢地大队辅导员的形象在我脑海里渐渐清晰起来，我开始盼望着开学的新岗位了。

我的新家——翠微校区在艰难与坚持中成功地开学了，摆在我面前的第一个难题是文化建设和开学典礼，我从没想过事情会如此繁杂，每个小细节都要仔细、反复地推敲，在我焦头烂额、欲哭无泪、手忙脚乱的时候，蓝校和付校细心地帮我理清头绪，教我学会分清事情的主次，遇事不要着急，用笔记下来，按着缓急，一件一件地做，当然我的前辈朱子也不怕麻烦地手把手教我，还说随时欢迎我骚扰。在大家的帮助下，翠微校区的第一个开学典礼成功举办了，我也渐渐地摸到了大队辅导员的一点点门道，对以后的工作我有了满满的信心。

开学后的工作繁杂而有趣，我认真地准备每一次升旗仪式，没有小主持人，我自己上，没有升旗手，邀请秋秋老师上，在精心的策划下，翠微的升旗仪式能带给人不一样的感受。作为草小的特色风景——草堂精灵，可不能少，虽然只是一年级的孩子，但在我的"强化训练"下一样尽职尽责、有模有样，特别是校门口的礼仪精灵，让接送孩子的家长们赞不绝口，协调精灵就更不用说了，是老师的好帮手、学校的好护卫，让孩子们的眼操、课间休息越来越好，让校园更加文明。当然还有草小的学生社团——习惯连锁店，在十月份热闹开店了，我和班主任一起做好店招牌、充值卡，让我们可爱的一年级孩子们存入了自己第一个好习惯。

有了新角色的我，在新校区的第一个月忙碌而充实、紧张而快乐，自信地迎接每一次挑战，让自己在一次次挑战中成长，新的岗位新的机遇，人生能有几回搏？努力工作，让自己和翠微校区一起成长、发展！

翠微校区的一切都在草创之中，条件是艰苦的，可是在翠微校区副教导主任韩智坤的笔下，这些艰苦居然都染上了浓浓的喜剧色彩：

自从搬到三环路边的新校区后，和大自然的接触愈发亲密了。小动物们也成为我们打交道的对象之一。螳螂啊、蛐蛐啊、蜻蜓啊，还有许多叫不出名字的小虫子，常常踱到办公室，飞到教室里，不定期地检查我们的工作。思前想后得出一个结论：必定是新校区地大物博，又人烟稀少，人均拥有蚊虫量陡增，我们就成了那些被饥不择食的蚊子们叮咬的对象，就像一只被盯着拔毛的羊。可怜！据我们估计，这些蚊子还不是一般的"虾兵蟹将"，还都是评了职称，带了职务的"小型轰炸机"，一吻就是一个大包，哪能是一般蚊子的水平啊，一定是在这里修炼出来的。

但是和这里的狗狗们比较起来，那些昆虫都只能算小巫见大巫了。最让我们哭笑不得的就是那群经常来串门的狗。它们简直把这里当成了它们撒欢、狂奔的游乐场，在校园的各个角落：花园、旗台、操场、走廊……到处都留下了它们快乐奔走的足迹，所以，如果你到翠微校区来很有可能看到这样一幕场景：三两只狗龇牙咧嘴、欢天喜地地作鸟兽散飞奔，保安上气不接下气地在后面吆喝、追赶。

话说有一天中午我到门卫那里去取东西，一只大黄狗从校门口"嗖"地一下就过去了。这再稀松平常不过了。好笑的是在我还没有回过神来的时候，后面七八只体型、颜色各异的狗紧随其后，一只接一只秩序井然、队列整齐、步伐一致、速度均匀地从我眼前飞驰而过。我还以为外面正拍摄狗狗版的"士兵突击"呢！冲出去找拍摄剧组，连影子都没瞧见一个。估计中国动画片都拍不出这种效果，实在是一节相当精彩的"动物世界"。我在脑海里一遍一遍地回放，一遍一遍地笑。这群小动物真给我们宁静的生活增添了许多欢笑。

就这样，草堂小学又有了一条新的地平线，校园文化，诗歌教育，执行校长，学生精灵，习惯连锁店，自理全明星……一切都在紧张忙碌而又有条不紊地开始了，一切似乎都有草堂小学本部的影子，但是又似乎有些不同，比如在翠微校区，即将开始进行家长执行校长的尝试，真正将家庭教育与学校教育和管理融合在一起，翠微、浣花，这两个亲姐妹，必将成为青羊区教育的两颗灿烂的明珠。

时光荏苒，2015年春天，如果你再一次走进草堂小学翠微校区，你会感受到她华丽完美的转身。一所建校仅六年的新学校，为何而生，又因何而立？让我们一起，去听一所学校六年的心跳，去读一所学校六年的故事，去看一所房子里流淌的那些过往，镶嵌的那些美好、创造的那些精彩……

二、我有一所房子，让教育诗意地栖居

（一）为何而生

回答是：践行均衡理念，让更多孩子享受优质教育资源。

2008 年 9 月，草堂小学翠微校区像一棵嫩芽在成都三环路苏坡立交桥外破土而出。这是草堂小学教育集团的第一所分校，也是迄今为止唯一的一所分校，后来，我们也习惯称之为西区分校。

西区分校第一任教师执行校长邱玉峰回忆说："2008 年整个暑假，我只休息了半天。"即便如此，由于家长对这所新校的不了解与不信任，加之经历过地震后的市民们对新建楼盘的不信任，买房入住的人也少。所以，当年只招到 40 多名学生。无奈之下，青羊区教育局作出决定：从附近的一所村小划拨 60 余名学生到草小西区。这样，草小西区第一学期共有 110 多名学生。

2009 年，情况已经开始微妙变化：当招生季如期而来时，扎根一年的草小西区招到 80 多名学生，尽管还不够多，但较第一年已经翻倍了。时光如水漫过，带走艰辛与难过，带来坚守与光荣……六年过去了，草小西区学生总数已经达到 1100 多人，社区居民与学生家长无比欣慰地感叹：我们拥有不可多得的草小西区，幸亏没有错过！

2011 年年底，青羊区教育局委托第三方组织对全区学校开展软环境（包含依法办学、办学作风、办学质量等）测评，草小本部获得第一，西区分校获得第九，成就了一段名校西移，落地发芽的教育佳话。

2012 年，草小西区与本部正式分开，开始完全的独立运作。

（二）因何而立

回答是：坚持一校两区、两区一制，同样温暖、润泽而有诗意。

2008 年西区分校开学典礼前夕，草小集团全体老师为新校区大扫除，光着脚冲地，搬运物件，让清水楼变成文化氛围浓郁的崭新学校。9 月 1 日当天，我带来本部的师生，为西区分校"扎场子""造气氛"。

西区分校副校长何萍说："就是从开学典礼这天开始，西区分校与本部实行一体化运作的管理模式，一校两区，两区一制，教育教学，同步同声，这是真正意义的高度融合、资源共享。"

西区分校的教师每周都按时到本部去参加校内献课、名师导教等教研活动，和本部的老师们一起集体备课、同题汇课；同时，西区分校也向本部教师开放自己的课堂，展示自己的教学风采，介绍自己的教学经验。

新年，集团两校区一年级孩子隆重的入队活动

2013年，西区分校数学教师张林（化名）突然辞职，让领导层陷入被动。我听说后，马上安排一位优秀教师到分校"堵漏"。事实上，本部也缺数学教师。但我觉得，只要是草小西区有任何需要，我们都会全力支持。

西区分校秉承草堂小学本部诗文化的教育内涵，保持办学理念、办学方向不变，校风、校训、教风、学风一致，让一所同样温暖、润泽、诗意的学校在成都的更西边去诠释青羊教育的精神与风采。但同时，西区分校又坚持与本部"和而不同，各尽其美"，兼具草小共性，创生西区个性，力求让走进这里和生活在这里的每个人都感受草小西区分校独特的文化内涵。

一所学校，最关键的因素是人，是教师。但直到2008年7月2日，首批从草小本部到翠微校区的人员才确定。包括执行校长付锦在内，计12人，平均年龄不到

30 岁。是什么力量推动着这个年轻的团队,以一种顽强扎根的精神,以一种生命力极强的姿态,让诗意教育如花般摇曳在锦城之西?

让教师自己管理自己,让教师自己成就自己,让教师自己发现自己。被发现的教师会成为有成功感、有自信心的教师,发现自己的教师会成为有生命活力与厚度的教师。教师成长了,学校也就成熟了——这就这是个年轻团队快速成长的核心力量和秘诀。

教师执行校长制度是草堂小学独特的管理模式,就是让老师以校长的身份来实现自己的教育梦想。建校之初,草小西区也设立学校和年级两级执行校长,传承草小民主管理模式。在自己的任期内,西区分校教师执行校长谭政玲带领全校师生一起发挥无限想象,遨游在科学的世界——在每一个班设"奇思妙想记录簿",记录孩子们在生活中的金点子;组织孩子们参加"小小魔法家"活动,利用身边的废弃材料变废为宝……

尤其值得一提的是,在草小本部教师执行校长制度的基础上,西区分校创新实施"家长执行校长"制度,邀请家长参与学校管理。首任家长执行校长胡菱给孩子们上了一节别开生面的综合实践课《新年新愿望》,帮助孩子们了解新年民俗、学做新年心愿树;她带领孩子走进成都市特殊学校,把关爱传递给同龄的孩子。

草小西区分校国际运动嘉年华中孩子们与爸爸妈妈一起鼓响非洲鼓,震撼全场

学校的管理，归根到底是对人的管理。教师幸福了，幸福的教师才能教育出快乐的孩子。青年教师徐嘉悦说，新教师到校那一年的生日当天，草小西区领导班子会组织全校老师为他（她）庆祝。教师生病，校长会在第一时间慰问；遇到困难，有情绪时，大哥大姐也会帮忙开导。大家工作上是同事，生活中更像朋友。

（三）何以精彩

回答是：创生西区个性，形成独特的文化内涵。

草小西区分校拥有独特的建筑风格——它是一所绝无仅有的，充满了设计感、设计思想，却不太像学校的建筑。

比如，窄楼梯、错层如"迷宫"般的设计。留美回来的女建筑师王蔚的想法是：知识的学习就如在迷宫般行走，可以让孩子们从现实体验到精神领悟去完成这种对接。

再比如，一截伸出主体建筑之外的天台，学校认为极有安全隐患的设计，却是建筑师"给学生一处通向未知未来的遐想"的设计思想的反映。王蔚说这是她设计的第一所学校，饱含了她对教育、对学校的全部理想与信念。

拿到这样一个与国家游泳中心、国家大剧院等知名建筑同获第五届中国建筑学会建筑创作奖、我国建筑创作优秀成果的最高荣誉奖的建筑作品，我们能够做的，就是用教育的规律、教育的要求去改造和适应她，而这，不正是教育的全部价值与意义吗？

原本，新学校的启动资金是 200 万元，可由于地震，这笔钱拨给了那些有危房的学校。2008 年暑期，学校把被压缩到 20 万元的启动资金投在了一年级教室文化氛围的营造中。

"孩子是人不是物，是鲜活的生命，是充满灵性的独立个体。"这是"装修"这所房子时的基本理念。应该为孩子营造一个"家"，让孩子在学校有归属感、安全感。

有阳光的日子，走进草小西区分校，4 栋通过走廊连为一体的建筑格外引人注目。正对学校大门的墙体，镶着 18 个彩色的椭圆。这些彩色的椭圆图案，就像是水滴。阳光下，"水滴"呈现出不同颜色，代表了学生们的不同个性，表达了学校尊重孩子个性发展的理念。在这所房子里，调皮的孩子在光影斑斓中欢呼雀跃；安静的孩子在楼梯转角处独自畅想；廊前檐下，屡屡撞上雨的呢喃，风的嬉戏……

于是，草堂小学西区分校核心理念得以确立：我有一所房子。

"我"：是学生，是教师，是校长，是家长，是学校的每一位教职员工，是每一个生命个体。"房子"：是人类创造的遮风避雨的建筑实体，是人类建构的自由开放的精神家园。教室，是分享知识、启发创造的小房间；学校，是接续文明、更新未来的大房子；教育，是成就每个人生命价值的高楼大厦。

孩子是这个世界独一无二的存在，他们来到这个大千世界，建造属于自己的房子。给孩子一所"房子"，承载他们所有的爱和梦想。从一所房子出发，他们可以到达世界上任何一个地方。

老师们心中也有一所房子，用爱心打地基，用智慧建房梁，以每一个学生的成长为窗，用每一个饱满的日子搭建。房子是老师们的安身立命之所，是幸福相依之地。给孩子以点燃，而非灌输；给孩子以协同，而非包揽；给孩子以商量，而非命令……

草小西区就是这样一所房子，在这所房子里，校长有睿智果决的办事风格，有宽厚待人的脉脉温情；教师有敢于做事的勇气，不畏困难的担当。

什么是学校？学校就是建一所让孩子感受到爱、温暖、安全的房子；建一所接纳每一个孩子、每一种颜色的房子；建一所汇聚人类最优质精神文化宝藏的房子；建一所培育思考者、行动者、创造者的房子。草小西区就是这样一所房子。这所房子里的每一个人，都会被关爱、学会爱……

三、野逸——教师自由生长之道

我一直觉得，作为一名校长，成全教师就是成全教育的梦想。一位教师如何绽放自己的专业生命，是我从当校长的第一天起就在关注的问题。结合我自己的成长经历，我想，给予足够的空间和时间，让每一位教师找到自己自由生长的道路，帮助教师真正体验到教育的愉悦和生长的幸福，才是教师生命幸福的源泉，也是这一问题的密码所在。

我选择了一个关键词——野逸。

野逸，既有自然萌发教育思考的随心，也有教育行动中自由生长的闲适野趣，还有生长路上摇曳多姿的生命发展之美，更有教师突破自身的局促和环境的束缚，达到一种超越境界的喜悦。

为什么是这个词？

我在草堂博物馆王飞副馆长所著的《诗意草堂》一书中看到他这样描述草堂：

它清新、典雅、自然、舒展……亭台廊榭掩映在苍楠翠竹之间，让人感觉和谐、匀称、舒坦。园中花木也不做过分修剪，枝条往往旁逸横出，透着几分灵气、几分野逸、几分清雅。

"野逸"这个词让我一下子想到草堂小学的那棵树。

那棵树紧挨着学校塑胶操场的跑道生长。2004 年 8 月，学校修完塑胶操场没多久，我们眼看着它一天天枯下去。我急得都快哭了。有人提出把它换成参天古木，以增加学校的气象。可它的校龄超过我们所有人，早已是许多人关于学校的记忆符号和文化符号，怎么能随便换呢？后来，把修好的塑胶跑道挖开，才发现大树根部的一大部分已经被水泥封死。我们赶紧把水泥刨了，填进泥土，为它修剪枝叶，剔除枯死的树冠，注入营养液。精心照管下，大概半年多以后，这棵树开始重新长出新芽，焕发出生命的活力。

这棵树起死回生的过程让我受到很深的触动。它虽然残缺，但一样有生长的权利，只要给它适宜的土壤，它就会不顾一切向上生长。这样的生命状态，向我们传达着静默的信念和自由生长的精神。萌发、破土、生长、磨难、复活、再生……其间，有欲望在扩散，有情愫在弥漫，有力量在抽枝。一切都是那么自然，一切都是那么自在。这种自然自在，成就了草堂小学校园的野逸之美——自然、朴素、简静。每一棵树、每一片草、每一朵花都得到自己立身的土壤，呼吸的空气，沐浴的阳光。由此，我联想到学校发展、师生成长何尝不是如此？

那种缺少人情味儿的硬邦邦、干巴巴的口号、标语，那种设置了太多刚性原则和太多不容置疑的规定的管理制度，就像树根周围的水泥一样，窒息着教师的成长和发展。所以，我们从释放空间入手，没有以管理的名义过多干扰教师的工作，而是顺应教师的秉性个性才能，充分调动教师参与学校发展的积极性，甚至激情，才有了后来各种蓬勃生长的原生制度、原生课程，它们貌似不完美，却始终在不完美中行走，奔向建造完美的方向，犹如生命的生长。

正如四川省教育科学研究所周林研究员所说："草堂小学的教师水平不高，常常由着学生的性子来，这恰好是有水平的教师队伍；主持工作的领导班子水平不高，常常由着老师的性子来，这恰恰是有水平的领导班子。"

用"常常"而不是"总是"来描述，说明我们并非完全由着性子想怎么样就怎么样。那种任其发展的无边界自由生长，恰是没有教育信仰的生命表现出的虚弱混沌的状态，是我们不提倡的。行走在教育信仰的天空下，自有一份仰望和尊严，这是我们最在意的。

野逸在古诗中有三种意思：

（1）纯朴闲适；（2）放纵不羁；（3）隐逸的人生或隐居生活。

从教育的角度来观照，"野"可以解释为"田野""野性"，象征人的自然天性，"逸"有潇洒飘逸、超出一般的意思，指向超越的境界。从中，我提炼出草堂小学教师发展的三种境界：

第一境：回归自然，释放初心

教育从发生到展开直至结果都将面对自由而活泼的具体的人，而不是概念化的被架空的人。作为人的教师是否成长，其判断标准往往是外在的，来自管理班子、来自同事、家长、学生，甚至社会，少有来自教师本人。其实每一位教师都在内心给过自己一个良师的称号，但当这一评价与别的评价不一致时，自我的评价总是变得悄无声息。自由生长则意味着倾听教师的内心，尊重每个教师的自由本性，在理解、激励、商量和妥协中对接教师的愿望与需求，让每位教师坚守自己的秉性和本心，长成好老师。让教师的生长从外在的社会要求回到内在自我的自然表达。好老师不是"做"出来的，而是自然野逸地"长"出来的。

意外的"喜乐课程"

两年前，三年级（3）班的小朋友在学校后门捡到一只小狗，交给了班主任朵朵老师。朵朵老师和孩子们很想收养它，可又担心小狗扰乱学校秩序，左右为难。我们知道了非常理解：要不这狗就由你们班养着吧。这个意外的爱心之举却成就了草小校本改革最有特色和最具创意的亮点。班里的小朋友给小狗起了一个名字"喜乐"，进而生发出一份"喜乐课程"，成为孩子们最热爱的课程。学校为喜乐建了"大别墅"，修了宽敞的花园。孩子们成立"喜乐基金"，用于喜乐的各项开支；设定了"喜乐开放日"，把喜乐带到操场去和小朋友见面；喜乐吵到老师的时候，同学们

会以喜乐的名义给老师写信道歉；喜乐生病住院了，朵朵老师带着孩子们去探望，制作健康卡；在喜乐的住所面临拆迁时讨论：当钉子户还是拆迁户？在学校最近的"班级之星"评选中，喜乐还以40票的压倒性优势获得了"班级之星"的称号。朵朵老师说，她很感谢喜乐，孩子们在照顾它的过程中学会了爱、责任、协作等，在活生生的生命交往中不知不觉学会面对生命不可避免的意外，善待生命的美好。

这个课程的初始，就是人皆有之的与各种生命共在的自然初心。没有规定，没有预设，没有频繁的评估，一切发生都自然自在，充盈着一种"喜乐"的生命力。

第二境：生成无法预约的精彩

顺应天性，因势利导，激活教师潜能，就可能带来一个看似管理上的"问题"：教师不再是可以操控的对象，学校不可能完全通过某种想象中的科学、准确、规范、高效的制度设计和工作流程的成功运行，达到一种所谓的管理境界。但换个角度，换种思路，"凡墙皆是门"，每一种管理上的瓶颈，都可以成为下一个创新的起点。

我们所做的，就是更多去关注教师的兴趣，而不是强制规范。我喜欢"兴趣"这个词在德文里的意思：在自己的规定中，执着于自己天性的敞开，周转于自己的本质状态，做受内心引导的事。发现教师的兴趣，尊重其兴趣，理性地鼓励、支持其发展兴趣，信任教师由兴趣启动的教育行动，不轻视、不责难、不干扰，并对结果充满热情期待。

数学老师爱上诗歌在草堂小学部不足为奇，奇的是这一兴趣居然让数学课与诗歌缔结奇缘。

2014年5月的一天，初夏明媚的阳光透过草堂仰止堂门前的银杏树，洒下一地斑驳。仰止堂里传来阵阵孩子们诵诗的声音。难道里面在上语文课？走进去一看：孩子们时不时地在纸上画着，有弯曲的河流，古朴的茅屋……貌似是一堂美术课。可仔细聆听孩子们的描述，我从诗句里可以推断出：草堂故居位于河曲的西岸，河水从屋子的东边流过，河流的走向——南北弯曲，局部稍朝西方偏移。这好像又是一堂和方位有关的数学课。课后问孩子：你觉得这是一堂什么课？有的说：我认为它是一堂数学课，数学老师上的嘛。有的说：我觉得它是一堂语文课，因为在课中我们了解到杜甫是唐代的名记者，他在成都居住期间留下了大量描写周边景物的诗篇。有的还说：我觉得这是一堂美术课，我们用手中的画笔画出了我们心目中的草堂古貌图。你们喜欢这样的课堂吗？喜欢！青羊区教科院的教研员张莹老师也听了课，她说：这是一堂融合了国学、数学、地理学、音乐、美术等学科的全科课程，它又有很浓的数学味儿，整堂课始终利用杜甫的诗句进行推理，辨别方位。它是一堂基于草堂小学孩子们深厚的诗歌功底而产生的，不可复制的独一无二的课程，是草堂文化与学科课程相结合的草堂课程的一次自由生长。

　　执教的数学老师胡婷婷在 2013 年 11 月的一个下午，与数学组的老师们在学校的文化行走时间，走进杜甫草堂仰止堂寻找数学学科与草堂文化的结合点。当时大家的心里都没底：草堂文化都是侧重文科方面的，与语文、国学、艺术很好结合，可是和数学怎样结合呢？有老师提出：让学生当小小解说员，结合方向的知识介绍草堂。有的说：可以借助草堂的园林，结合图形周长与面积的知识，教孩子进行园林设计。还有的说：草堂故居是典型的川西民居，我们就讲川西民居，讲讲为什么不用一根钉子就可以建成坚固的房梁，这里面就有力学和数学的知识。可是，不管是当小小解说员学习方向的知识，结合周长与面积学习园林设计，还是利用力学和数学的知识认识川西民居，这都是在任何一个公园、一个园林、一座川西民居都可以实现的，不能体现与草堂文化结合的独特性和不可复制性。一下午的讨论没能确定主题，胡老师也没把再想其他主题的事情放在心上。但草堂故居却常常在不经意间出现在胡老师眼前，挥之不去，心中总想试一试，欲罢不能。小小讲解员、园林设计、川西民居、剪纸……一个个被否掉。甚至有朋友开玩笑：杜甫的茅屋被秋风吹破，杜甫在深夜冻得瑟瑟发抖，留下了心理阴影，求阴影部分的面积，这就是草堂文化与数学学科的结合。大家都觉得草堂文化与数学学科相结合简直不可思议！我也在这种怀疑中苦苦思索着到底怎样结合，既能体现草堂文化的独特性，又能体现数学学科的逻辑性，还能让小学生听懂，感兴趣。

　　直到有一天，她在网上读到了一篇《成都杜甫草堂古环境探微》。一下子来了灵感。对啊！杜甫是现实主义诗人，在大量写实的杜诗中，十分忠实地反映了草堂故居当时所处的地理位置以及环境特征。我们何不借助杜诗进行推理，让孩子们利用所学过的方位的知识还原杜甫草堂的古貌图呢？何况，草堂小学的很多孩子家就住在草堂附近，每天上学放学都要从草堂，从浣花溪边上经过。他们每天都吟诵着杜甫的诗句。这样的课题与他们的生活经验十分贴近，他们一定会感兴趣的。课题就叫《草堂古貌》。课题确定了。接下来是备课。大量地查阅资料，了解杜甫所处时代的一些历史事实，筛选适合用来推断的杜诗诗句。精心设计教学的每个环节，力求引领孩子们进行主动地思考和严密地推理。精心制作 PPT，添加了许多草堂的图片，配上古雅清逸的乐曲，想让课堂氛围与古朴典雅的仰止堂所契合。由于《草堂古貌》里涉及许多杜诗诗句，需要孩子们深入理解。胡老师请语文老师帮忙，带领孩子诵诗，理解诗句的意思，感受诗句所描写的意境。

最终《草堂古貌》一课走进了社区课堂——仰止堂，呈现了开头的那一幅景象。四十分钟的时间里，孩子们从杜甫的诗句里学习方位，了解杜甫草堂和浣花溪的位置关系以及河流的走向，还原杜甫草堂古环境图。"清江一曲抱村流""南江绕舍东"，孩子们从诗句中判断出原来草堂故居位于河曲的西岸，河水从屋子的东边流过。而"舍南舍北皆春水"则结合诗句的意境和两岸的特点，帮助孩子们确定了河流的走向——南北弯曲，局部稍朝西方偏移。《绝句》让孩子们了解到当时的浣花溪水量丰富，岸边风轻林茂，鹭鸟起落，西岭逶迤，杜甫敲棋落子，水槛垂钓，举杯邀友，赋诗行吟，清贫恬淡。结合以上推理，在清逸的古乐之中，孩子们用手中的水彩笔画出了他们心中的草堂古貌图。

数学课不再是只能坐在教室里，进行逻辑严谨的演算，数学也可以充满诗意，也可以很美。正是在这样生趣盎然的草堂课程之中，孩子们能够恣意生长，朝着诗意的方向，做最好的自己。

第三境：向教育更深处漫溯

作为校长，对这所自己工作了十年的学校，却似乎有许多的不知道。花工哪天心血来潮又种了一片花，不知道；哪个年级组又开了一个全年级家长会，不知道；老师们正在花样百出地酝酿哪些课程，不知道；多少孩子和家长在校园里鼓捣什么新生事物，可能也不知道……

草堂小学"美得很野逸"，在这所学校，我永远都猜不到明天会有什么事情发生。草堂小学在自由生长中发展，在教育的等待中充满惊喜。

学校发展拐点上有三次等待，三次不期而遇，三次野逸生长：

（1）长出诗意教育

2004 年，我在苦苦为学校寻找生长之路的困惑中，等来了何萍、叶华、谢嵋、曹畅四位老师连续三天跟我聊诗歌，执着地要一间房子办诗社。从这里出发，我们不仅建起了全校性的草堂诗社，开辟专设会址，而且由此开启了草堂诗歌教育的大门，成全了学校诗意教育的理念和行动。2006 年，学校确立了"植养人文气韵，奠基诗意人生"为办学理念。从此,诗意教育之路一走已逾十年:茅屋秋风蔚起人文钟百代,草堂秀色列成桃李诵三千。

（2）长出教师执行校长制度

2005 年,我在孤独寂寞的校长"独行侠"生活中,等来王敦蓉老师鼎力相助,在笑谈中出任第一任教师执行校长,等来她召集兄弟姐妹们开会时那句改变草小管理制度的话:"闹什么闹,蓝校长都在帮我,干活儿!"。角色转变,责任转变,意识转变。从此,我们自己命名的"草堂小学教师执行校长制度"得以生长,设立校级和年级分校教师执行校长。建立年级分校,拥有学校下放的相关的人权、财权和事权,组建自己的分校校部和教导处。老师们根据自身的优势和爱好在分校中兼职参与分校管理。反转型管理应运而生,开启制度文化建设新路径。

（3）长出草堂课程

2011 年,因为生命能量被激活,教师的教育教学活动如野花一般创意层出不穷,迫切呼唤梳理整合,在这样的背景下,学校分管教学副校长范强带领 19 位老师联合开展了课程建设九讲,为我们的课程命名"草堂课程",为课程建设迷茫寻路,艰难破冰。从此,定制课程让草堂课程体系出现"月映千川"的美好景象。

①校级定制课程

《国旗下的戏剧课程》之《二十四节气》《华夏神话》《中国成语故事》经过孩子们的演绎,踏着时间的脚步呈现出清新活泼的面貌,陪伴师生一年又一年,让我们感先贤智慧,循日月之化,秉天地正气,守人伦进退。

《社区课程》充分利用社区资源,由社区内的家长、教育工作者和我们的老师组成执教队伍,为孩子们提供学习课程。草堂、武侯祠、蜀江锦苑、省博物馆学习杜诗、古书修补、雕版印刷、拓碑、川派盆景等传统文化课程。

②年级定制课程

《种植课程》《汉字中的中国情》在传承中创新。种植课程随着学校生态园的建设而呈现出更强的实践特色。繁体字课程进入《马牛羊犬》《春夏秋冬》的字群主题研究阶段,循着汉字的起源,回忆文明的最初;踏着汉字的印记,亲历历史的进程;体味汉字的魅力,汲取先贤的智慧。

《家长课程》继"博物馆""走世界"系列之后,又稳健步入"职业系列",由家长讲述职业生活,引领孩子学会尊重理解各行各业,也是对孩子的人生规划。

《走进非遗》通过民族传统节日的再认识，承担起唤醒民族集体记忆重任，沿着"本土的非遗""祖国的非遗""世界的非遗"的轨迹推进。

③教师定制课程

由教师自己独立开发和定制的《海量阅读》《诗歌教育》《魔方》《扑克牌》《孔明锁》《国际数棋》《线描童画》《诗意画》等课程。

为配合教师的课程开发，学校为小狗"喜乐"建了"喜乐别墅"，为种植课程开辟"草露园"，为诗歌课程、川派盆景课程修了"诗意之路"，还将为活字印刷、花艺茶艺课程建"千古事""粗茶淡饭"和"细细开"课程情境教室……为了一份彼此的生长与成全，创造一片自由从容的探寻空间。

在这一过程中，杜诗操也走进央视《朝闻天下》：沉着的鼓点敲击，清朗的吟诵声起，草小的孩子们每天都会做一套草小特有的校本课间操——杜诗操。说起这杜诗操，有一个关于梦想生长的小故事。

在一次何颖惠校长常规的接待工作中，她和来宾一起漫步诗路花语，遥望操场。二年级的孩子们正在体育秦老师的带领下做"座位体前屈"练习。忽闻嘹亮的吟诵声，从孩子们的那个方向传来——"好雨知时节，当春乃发生……"，原来是孩子们在一边吟诵诗歌，一边练习"座位体前屈"，谁吟诵声音最持久，谁"座位体前屈"的动作也就保持最持久。来宾们都笑言："草小的孩子能文能武啊！"

几天后，与秦老师聊及这一参观花絮。秦老师说："体育课中，吟诵诗歌来代替常规口令，孩子们非常有兴趣，诗歌是越背越多，动作也是越来越持久。我还有一个小小的心愿，能否尝试将诗歌与课间操结合起来，我们自己创编一套属于我校的校本课间操。"

学校与老师之间，维系的是一份彼此的依靠与成全。于是，一个实现秦老师梦想的杜诗操原创团队组建了。一套完整杜诗操，我们认为至少涉及四大不同的学科和领域：韵律操、武术、诗歌、音乐。学校音乐组、体育组以及邀请体育学院的武术专业老师作为武术顾问，还特邀我作为杜诗操的诗歌顾问加盟到原创团队中，并由秦老师领衔整个创意团队的整体工作。邀请我，是老师们给我的莫大荣幸。

我负责一起遴选杜诗，何校长和音乐组团队一起反复斟酌韵律和意境都适合的音乐，秦老师与体育组团队一起对每一个动作精雕细琢，经过一个月的艰难创作，"杜诗操"这样一套由草堂小学原创，体现学校诗意教育，专属草堂课程的校本课间操应运而生。

杜诗操将武术的元素与儿童广播操动作相整合，以庄严的少先队队礼贯穿其中，同时，再配以杜甫的名篇佳作，如《蜀相》《客至》《成都府》《赠花卿》《江村》《茅屋为秋风所破歌》等九首。孩子们随着有动感的音乐，一边做"杜诗操"，一边大声吟诵杜诗。杜诗操开场是段恢宏的吟诵："春雨润物，茅屋秋风，沉郁诗圣！"古典韵味，应和现代节拍，寓教于练，健身明心，通过朗朗的诵读和强健的动作，传递出对诗圣杜甫，这位中国诗坛上的集大成者的一份懂得、一份崇敬与爱。而诗歌中所传达出的诗人对大自然沉醉的爱，对先贤的景仰与感怀，对亲朋好友的深情与诚挚，对家国的忧忍与理想，也会在孩子们伸腰展肢、举手投足的肢体锻炼中浸濡渗透，润泽学子。

一路走来，我们对教育的理解，从以知识传递为本到如今以人为本，如校训所言，"诗意的方向，最好的自己"，让每个老师、每一个孩子长成他（她）自己，其间经历种种蜕变的过程，就是不断突破自己，让生命之花绽放的过程。

好的学校就应该为教师和孩子营造一种从容不迫高贵优雅的成长环境，让他们顺遂自然生长规律，慢慢长大，细细绽放。

我感觉，教师的自由生长需要以管理者与教师在相互支撑、相互烦扰中产生的深刻的相互理解为前提，否则双方都会"百年孤独"，生长成长都会流于被动。尤其是管理者要善于默默地注视、温情地理解真实的教育情境中教师的喜怒哀乐，形成有教育温度的工作气场；要善于用热情的陪伴、幕后的支持，形成管理过程中积极向上的牵引力，引导彼此精神世界的逐渐接近，逐渐开放，逐渐生长；要善于以教师立场、敬畏之心而非管理之心对待教师，校长待老师一如老师待学生。以平等之心而不是制度的居高临下对待教师，相信同舟才有共济，相信遗憾才产生精彩，相信自然才导出志愿，以更多的邀请、更多的期待、更多的欣赏、更多的参与、更多的投入，和老师一起，共同自由生长。让每一个生命个体，都具备健全发展的可能，让那些可能，那些小小的梦想……在野逸的生长中，逐渐照亮灰暗的现实。

就像雅斯贝尔斯描述的那样，教育就是"一棵树摇动另一棵树，一朵云推动另一朵云"。从一棵树的新生，到一所学校的重生，其间发生的最美好的事情，就是这样的"成全之道"。

今天，当写完这二十余万字的书稿之后，我眼前又浮现出了那个矮小瘦弱的小女孩的形象，我看到她在小学五年级的作文本上这样写道：

我长大以后，要当一位老师。我要做一个爱学生的老师，认真批改作业，不会不爱学生，特别是不会不爱我这样的学生，我要对他们特别特别好，我要做一个每天对着孩子微笑的老师。

看到这里，我微笑了，我想告诉她：你终于成为这样的一个老师，更重要的是，有更多的老师，也成了你希望中的那种老师。

合上书稿之前，我似乎觉得有一个声音在告诉我：这本书不是你一个人写的，甚至不是完全用文字写的，是你和许多的领导，许多的老师用行动、用汗水、用关爱、用付出写的。没有他们，就没有今天的你，没有今天的草堂小学，没有他们，也就没有教育的未来。